B V
72

Karsten Müller / Luis Engel

Spielertypen im Schach

Ihre Stärken und Schwächen

Joachim Beyer Verlag

ISBN 978-3-95920-129-2

1. Auflage 2020

Ein Imprint des Schachverlag Ullrich, Zur Wallfahrtskirche 5,
97483 Eltmann

Inhaltsverzeichnis

Zeichen und Symbole

+	Schach
#	matt
x	schlägt
!	guter Zug
!!	ausgezeichneter Zug
?	schwacher Zug
??	grober Fehler
!?	beachtenswerter Zug
?!	fragwürdiger Zug
□	einzig spielbarer Zug (zum Sieg oder Remis führend)
+−	Weiß hat entscheidenden Vorteil
±	Weiß steht besser
⩲	Weiß steht etwas besser
=	die Stellung ist ausgeglichen oder remis
−+	Schwarz hat entscheidenden Vorteil
∓	Schwarz steht besser
⩱	Schwarz steht etwas besser
↑	mit Initiative
→	mit Angriff
⇄	mit Gegenspiel
⊙	Zugzwang
⌓	besser ist
∞	unklar
=∞	mit Kompensation für den materiellen Nachteil
1−0	die Partie endete mit einem Sieg von Weiß
½−½	die Partie endete remis
0−1	die Partie endete mit einem Sieg von Schwarz
CBM	ChessBase Magazin

Vorwort

Im Rahmen der Vorbereitung auf meinen nächsten Gegner oder meine nächste Gegnerin versuche ich häufig, deren typische Spielereigenschaften mit Hilfe einer Datenbank in möglichst kurzer Zeit zu erforschen. Dabei spielen immer wieder bestimmte Charakterzüge eine Rolle, die ich diesem Spieler zuzuordnen versuche. Typische Fragen dazu sind etwa:

- Mag sie dynamische Stellungen oder baut sie ihr Spiel möglichst strategisch auf?
- Wie reagiert er in Zeitnot oder wenn er unter Druck gerät?
- Geht sie gerne in Endspiele?
- Wie hoch ist seine Risikobereitschaft?

Hier kann es hilfreich und zeitsparend sein, beispielsweise durch gespielte Eröffnungen Rückschlüsse auf den Spielertypus und damit auch auf Stärken und Schwächen zu ziehen – oder über bekannte Spielereigenschaften Hinweise auf die Wahrscheinlichkeit betreffs der Wahl bestimmter Eröffnungsvarianten zu bekommen.

Diese und zahlreiche weitere Überlegungen werden in dem vorliegenden Buch gebündelt und systematisch dargestellt. Die Einteilung in vier prototypische Spielernaturen ist ausgesprochen hilfreich bei der Beantwortung von Fragen, die nicht nur die Partievorbereitung betreffen, sondern beispielsweise auch die Bestimmung der eigenen Charakteristik als Schachspieler. Darüber hinaus gibt das Werk Amateuren und Schachinteressierten einen hilfreichen Leitfaden an die Hand, um sich ein eigenes Bild von diesem oder jenem Spieler machen zu können.

Interessant und aufschlussreich ist es für mich, Einblicke in die Denkweise anderer Spielertypen zu bekommen. Die Beschäftigung mit den unterschiedlichen Denkansätzen und den daraus resultierenden starken und wirkungsvollen Eigenschaften anderer ist sicherlich für jeden Schachspieler nützlich und kann dabei helfen, das eigene Spektrum zu erweitern. So scheint es tatsächlich möglich zu sein, den eigenen Spielertypus durch Einsicht, Willen und Training zu beeinflussen bzw. zu verändern. Dies ist aus meiner Sicht eine wichtige Botschaft des vorliegenden Buchs.

Ich wünsche allen Leserinnen und Lesern beim Nachvollziehen der zahlreichen Partiebeispiele und beim Lösen der Aufgaben nicht nur weitere interessante Erkenntnisse, sondern vor allem auch viel Vergnügen.

Vincent Keymer, im August 2020

Einleitung

Das in diesem Buch behandelte Thema (das unserer Meinung nach deutlich unterschätzt wird) dient dem tieferen Verständnis dieser speziellen Art von Menschen, die sich intensiv mit dem Schachspiel beschäftigen. Unsere Darstellung der 'Spielertypen' basiert im Prinzip auf der Einteilung, die Lars Bo Hansen in seinem exzellenten Buch 'Foundations of Chess Strategy' (GAMBIT 2005) vornimmt. Darin nimmt der Autor – vereinfacht gesagt – ein Modell aus der Wirtschaftstheorie (welches sich unter dem Oberbegriff 'human resources' mit Fragen der menschlichen Typologie beschäftigt) und überträgt es auf Schachspieler bzw. grenzt es auf diese spezielle Gruppe von Menschen ein.

Natürlich ist dieses Modell nicht das einzig mögliche und selbstverständlich bringt das sogenannte 'Schubladendenken' generell auch allerlei Gefahren mit sich. Allerdings habe ich das Modell schon bei vielen Seminaren und Trainingsveranstaltungen in Vereinen vorgestellt. Und da ich immer erstaunt war, wie gut es passte, entstand irgendwann die Idee zu diesem Buch.

Als Spieler gehöre ich dem Typus 'Aktivspieler' an – als Trainer und Autor jedoch dem des 'Theoretikers'. Da es mir in den anderen beiden Bereichen entsprechend an Kompetenz mangelt, war ich sehr erfreut, dass sich mit GM Luis Engel ein 'Pragmatiker' als Co-Autor fand. Nun fehlte es uns nur noch im Bereich der 'Reflektoren' an Kompetenz, obwohl wir zuversichtlich sind, dass unsere Darstellung auch diesbezüglich spannende Einblicke ermöglicht.

Das Ziel sollte natürlich sein, so universell wie möglich zu werden. Man gewinnt zwar in aller Regel mit seinen Stärken, aber es ist schon sinnvoll, auch an den Schwächen zu arbeiten und die spezifischen Stärken und Schwächen des jeweiligen Gegners mit in die Entscheidungsfindung einzubeziehen. In Stellungen, in denen es nur einen einzigen Zug gibt, sollte man diesen natürlich auch finden, aber die verschiedenen Spielstile sind vor allem in Stellungen von Bedeutung, in denen es eine große Auswahl von Möglichkeiten gibt. Allerdings auch in der Art von Stellungen, welche man aufgrund des eigenen und des gegnerischen Stils möglichst herbeiführen sollte.

Des weiteren kann man einen Stil natürlich auch imitieren und gegen bestimmte Gegner kann das sogar die passende Strategie sein. So haben zum Beispiel Aktivspieler und besonders Hyperaktiv-Spieler bestimmte extrem herausragende Charakteristika, und wenn man sich als Gegner darauf gut einstellen kann, ist das sehr wertvoll. Ein Beispiel ist Kramniks Sieg im WM-Match London 2000 gegen den Aktivspieler Kasparow. Kramnik gelang es, das Spiel stets in die gewünschte Richtung zu lenken, so dass Kasparow erst gar keine Gelegenheit erhielt zu zeigen, was er in Stellungen mit Angriff und Initiative alles drauf hat.

Neben bekannten Klassikern, die wir unter diesen Gesichtspunkten neu einordnen, haben wir auch viele eigene Beispiele eingebaut und hoffen, dass das nicht zu vermessen wirkt. Wir kennen uns in eigenen Partien natürlich besser aus und die Beispiele sind auch nicht so bekannt. Weiterhin haben wir viele Aufgaben eingebaut, damit der Leser auch auf diesem Wege eine Einordnung seines eigenen Spielstils vornehmen kann. Und selbst wenn man bezüglich des Modells skeptisch ist, sollten Beispiele und Aufgaben auf jeden Fall gutes Trainingsmaterial zu den verschiedenen Themen bieten.

Für Schachspieler dürfte dieses Spiel wohl unter anderem so interessant sein, weil es eben diese verschiedenen Zugänge und Stile gibt. Müsste in jeder Stellung immer exakt ein 'bester Zug' gefunden werden, würde das viele doch eher abschrecken, weil es zu sehr an reine Mathematik erinnern würde. In diesem Buch werden Unterscheidungen und Schubladendenken mit gutem Grund überbetont, weil nämlich dieses Herangehen zu klareren Bildern führt. Die Wirklichkeit ist natürlich zum Glück nicht derart ein- bzw. vierdimensional. Dennoch hoffen wir, dass es hilft, das Thema Spielstile auch einmal aus diesem von Lars Bo Hansen entwickelten Blickwinkel zu betrachten.

An dieser Stelle bedanken Luis Engel und ich uns bei Vincent Keymer für sein Vorwort, bei Harald Fietz für seine guten Ideen, bei Robert Ullrich und Thomas Beyer für das Layout und die Präsentation und bei Lothar Nikolaiczuk für seine hervorragende Arbeit, die weit über ein normales Lektorat hinausging.

GM Dr. Karsten Müller und GM Luis Engel

Hamburg, im September 2020

Kapitel 1 – Aktivspieler

Beispiele für Aktivspieler

Weltmeister: Aljechin, Tal, Spasski, Kasparow, Anand

Sonstige namhafte Spieler: Schirow, Morosewitsch, Topalow, Pillsbury, Anderssen, Bronstein, Larsen, Taimanow, Aronjan, Judit Polgar, Karsten Müller

Hyperaktiv-Spieler: Tal, Neschmetdinow

Ihre Stärken

Aktivspieler bewerten Initiative und Angriffschancen relativ hoch und das Material niedriger. Bei Hyperaktiv-Spielern ist das besonders ausgeprägt. Sie sind oft bereit, sehr große Opfer zu bringen, um Angriffschancen zu bekommen. Typisch dafür ist Tals berühmtes Zitat: „Es gibt korrekte Opfer – und meine." Sie haben oft ein gutes Gespür für Initiative und Dynamik und sind dafür auch bereit, statische Schwächen in Kauf zu nehmen. Dies kann natürlich auch eine Schwäche sein, sorgt aber oft für Unterhaltung auf dem Brett. Eine ihrer Stärken besteht in der Regel in der konkreten Variantenberechnung, die auf intuitiver Abschätzung basiert.

Ihre Schwächen

Sie machen manchmal verpflichtende Bauernzüge, die zwar im Moment gut aussehen, langfristig jedoch weit mehr schaden als nutzen. Sie neigen dazu, eigenen Königsangriff zu überschätzen, während sie den gegnerischen unterschätzen. Sie sind in der Verteidigung deutlich weniger gut und bringen oft intuitive Opfer, die objektiv eigentlich inkorrekt sind.

Mitunter haben sie keine gute Zeiteinteilung und kommen entsprechend oft in Zeitnot, weil sie zu lange nach etwas suchen, das es gar nicht gibt, und zwar besonders dann, wenn ihre intuitive Stellungseinschätzung nicht der objektiven Stellungsbewertung entspricht. Da sie oft gut im Blitz- und Schnellschach sind, können sie eher mit dieser Schwäche leben, aber wirklich förderlich ist sie natürlich nicht. Daher werden Aktivspieler im Laufe der Zeit oft pragmatischer, was man zum Beispiel gut an den Weltmeistern Tal und Kasparow sehen kann.

So ordnet Lars Bo Hansen die Weltmeister Aljechin, Spasski und Kasparow auch den Pragmatikern zu, was natürlich auch ganz in Ordnung ist. Da wir allerdings in diesem Kapitel so viele Partiebeispiele von Kasparow sehr gut verwenden können, fiel uns zumindest *seine* Zuordnung als Aktivspieler leicht. Der Übergang der Stile ist hier allerdings fließend und selbst Michail Tal könnte ab etwa 1966 den Pragmatikern zugeordnet werden.

Ihre Risikobereitschaft

Sie gehen oft Risiken ein und versuchen in aller Regel, auch das 3. Ergebnis (sprich: den eigenen Sieg) im Spiel zu halten. Daher können besonders bei Hyperaktiv-Spielern lange Partieserien ganz ohne Remis vorkommen. Unter Umständen kann dies allerdings auch zum Nachteil ausschlagen. So sind z.B. die beiden legendären 0:6 Niederlagen von Taimanow und Larsen gegen Fischer im Jahr 1971 zu erklären. Beide haben einfach unverdrossen immer weiter auf Gewinn gespielt, statt umzuschalten und ein konsolidierendes Remis zur Schadensbegrenzung anzustreben.

Ihre Trainingsoptionen

Neben dem Vertrauen auf die eigenen Stärken mittels der Arbeit an den Eröffnungen und dem Lösen von Taktikaufgaben kommt auch die Zielsetzung stark in Frage, pragmatischer und universeller zu werden. Außerdem kann sich das Studium der Partien von Reflektoren als nützlich erweisen. Kasparow hat zum Beispiel enorm von seinen WM Kämpfen gegen Karpow profitiert. Wem das zu weit geht, der kann auch Partien aus der späteren Periode von Tal studieren (also ab seinem 'Wandlungsjahr' 1966) oder solche aus dem späteren Schaffen von Kasparow. So kann man nachvollziehen, wie diese es geschafft haben, universell und pragmatisch zu werden, ohne ganz das Feuer ihrer Jugend zu verlieren.

Ihre Gegner

Wenn Aktivspieler aufeinander treffen, so führt dies oft zu spektakulären Duellen, die nicht immer so ausgehen, wie man aufgrund der Elozahlen annehmen möchte. Besonders gefährliche Gegner für Aktivspieler sind starke Reflektoren, wie es sich zum Beispiel in den WM-Kämpfen 'Carlsen – Anand' und im ersten WM-Kampf 'Karpow - Kasparow' gezeigt hat. Denn in solcher Konstellation kommen die Stärken der Aktivspieler nicht zur Geltung, weil die Reflektoren dies mit ihrem guten Gespür für aktive Prophylaxe zu verhindern wissen.

Ihre Eröffnungen

Oft treiben Aktivspieler die Theorie spezieller Varianten voran. Besonders legendär war diesbezüglich Kasparows ChessBase-Datei mit ihren vielen spektakulären Neuerungen und Neubewertungen.

Typische Eröffnungen

Mit Weiß kommen in Frage: 1.e4, scharfe Varianten des offenen Sizilianers, Königsgambit, Evans-Gambit.

Mit Schwarz zum Beispiel die Najdorf-Variante und Königsindisch.

1.1 Hyperaktiv–Spieler

Für diesen auf höchstem Niveau eher seltenen Spielertypus ist *Material* ein weniger wichtiges Bewertungskriterium. Der junge Michail Tal ist ein Paradebeispiel und der einzige Hyperaktiv–Spieler, der es bisher auf den Weltmeisterthron geschafft hat.

Für ihn sind Zitate wie die folgenden charakteristisch:

„Es gibt korrekte Opfer – und meine."

„Zentralisiere und opfere!"

„Der Gegner kann stets nur eine Figur pro Zug schlagen."

„Greift der Gegner eine deiner Figuren an, so greife zwei von seinen an."

Dieser Stil sorgt zwar für sehr unterhaltsame Partien, aber spannende bzw. inhaltsreiche Endspiele entstehen natürlich nur äußerst selten. Dafür jedoch hagelt es spektakuläre Mattangriffe und intuitive Opfer, wie z.B. in der folgenden Partie.

01.01
Botwinnik – Tal
Moskau 1960 (6. WM–Partie)
E69

1.c4 ♘f6 2.♘f3 g6 3.g3 ♗g7 4.♗g2 0–0 5.d4 d6 6.♘c3 ♘bd7 7.0–0 e5 8.e4 c6 9.h3 ♕b6 10.d5 cxd5 11.cxd5 Sc5 12.♘e1 ♗d7 13.♘d3 ♘xd3 14.♕xd3 ♖fc8 15.♖b1 ♘h5 16.♗e3 ♕b4 17.♕e2

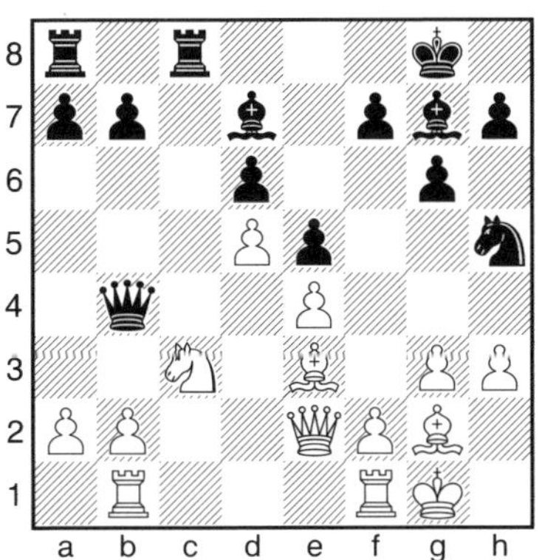

17...♖c4?!

Objektiv ist dieser Plan zu ambitioniert, allerdings passt er sehr gut zu Tals Stil. Schließlich steht Aktivität in seinem (schachlichen) Weltbild an erster Stelle.

– Laut Computer ist zwar 17...♕c4 die objektiv beste Wahl, aber da dieses Herangehen überhaupt nicht Tals Stil entspricht, wäre es praktisch keine gute Wahl gewesen.

– Stark in Betracht kam hingegen 17...b5!?, denn von der Schwäche des Feldes c6 lässt sich ein Hyperaktiv–Spieler natürlich nicht abschrecken.

18.♖fc1 ♖ac8?! 19.♔h2?!

– Botwinnik verpasst den Moment, mit 19.a3! am Damenflügel die Initiative zu ergreifen; z.B. 19...♕b3 (19...♕a5?! 20.♗f1+–) 20.♗xa7 ♗h6 (20...b6?! 21.♕c2+–) 21.♗e3±.

– Und auch 19.♗f1!?± (ein Vorschlag von Dariusz Gorzinski) kam stark in Betracht.

19...f5 20.exf5 ♗xf5 21.♖a1

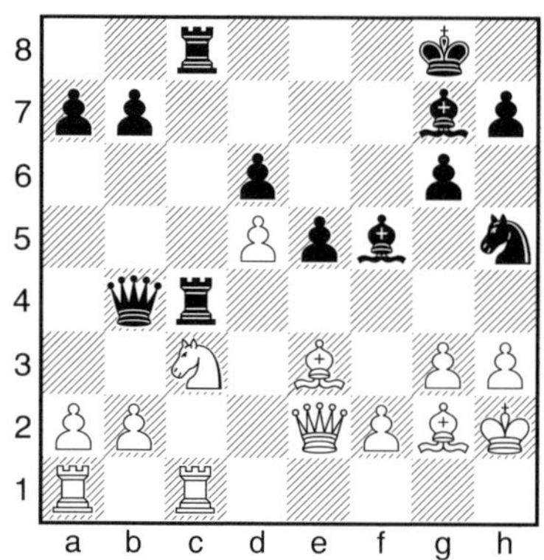

Es folgt eins von Tals viel diskutierten Opfern. Aus praktischer Sicht ist es sicher gut, denn am Brett sind die weißen Probleme kaum zu lösen. Objektiv ist es allerdings nicht korrekt – eben getreu Tals Motto: Es gibt korrekte Opfer – und meine.

21...♘f4!?

21...♘f6 war objektiv vonnöten. Allerdings hätte Weiß nach 22.a3 ♕b3 23.g4 ♗d7 die Wahl zwischen 24.♗xa7 und 24.♕c2, was Botwinnik mit Sicherheit sehr zugesagt hätte.

22.gxf4 exf4 23.♗d2?

Die Widerlegung war allerdings tief verborgen – nämlich im 26. Zug nach der Einleitung 23.a3 ♕b3 24.♗xa7 ♗e5.

1) Nach 25.♗f3? nimmt 25...♖a8 Weiß die Butter vom Brot.

Zur damaligen Zeit war stattdessen die folgende Variante Gegenstand hitziger Diskussionen zwischen den gegnerischen Lagern: 25...b6? 26.♕d1(?) ♕xb2 27.♖a2

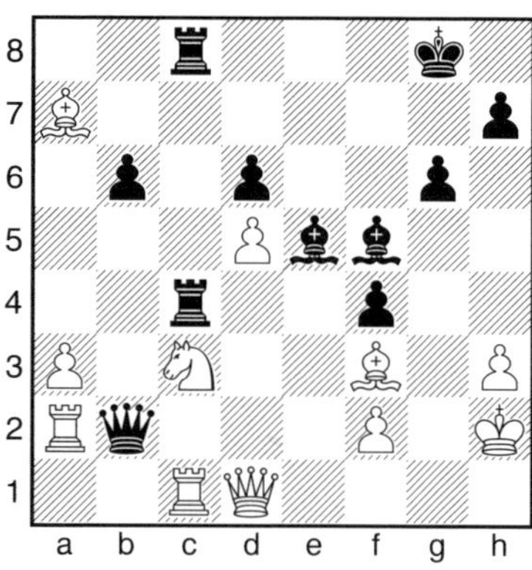

27...♖xc3

„Es ist bezeichnend, dass die schwarzen Züge von derselben Art sind. Das kann mit Einschränkung als indirekter Beweis für die Korrektheit der Kombination angesehen werden. Schwarz hat sehr leichtes Spiel, während Weiß nach Verteidigungsressourcen Ausschau halten muss." (Tal)

28.♖xb2 ♖xc1 29.♕e2

„...auch hier macht sich der Materialmangel nach 29...♖8c3 (von A. Konstantinopolski gezeigt) vorerst nicht bemerkbar." (Tal)

Überhaupt scheint Schwarz über genügend Kompensation zu verfügen; z.B. 30.♖xb6 ♗d3 31.♖b8+ ♔g7 32.♖b7+ ♔f8 33.♕d2 ♗e4=.

2) Aber nun zurück zur oben erwähnten Widerlegung nach 25.f3 b6.

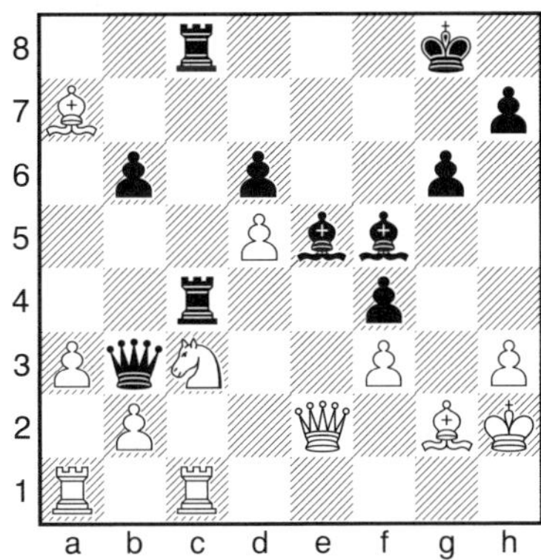

26.a4!!

Es war sowohl den Akteuren als auch den damaligen Kommentatoren entgangen, dass Weiß seinem Läufer a7 auf diese Art eine helfende Hand reichen kann.

(Tal gibt nur das forcierte 26.♕d1(?) an, was direkt ins Remis mündet: 26...♕xb2 27.♖a2 ♖xc3 28.♖xb2 ♖xc1 29.♕d2 ♗xb2 30.♕xb2 ♖b1 31.♕f6 ♖c2=.)

26...♕b4

(– 26...♗xc3? 27.bxc3 ♖xc3 28.♖xc3 ♕xc3 29.♖e1 ♕a5 30.♕e7 ♖a8 31.♕b7+– Ragosin

– 26...♖b4 27.♘d1 ♖xc1 28.♖xc1 ♕xa4 29.♖c7±)

27.a5 bxa5 28.♗f2± (Kasparow) Schwarz sollte nicht genug Kompensation für die Figur haben. Dennoch wird es sehr lange dauern, bis Weiß seine Figuren durch genaues Spiel entknoten und aktivieren kann.

23...♕xb2?

23...♗e5 24.f3 ♕xb2 25.♘d1

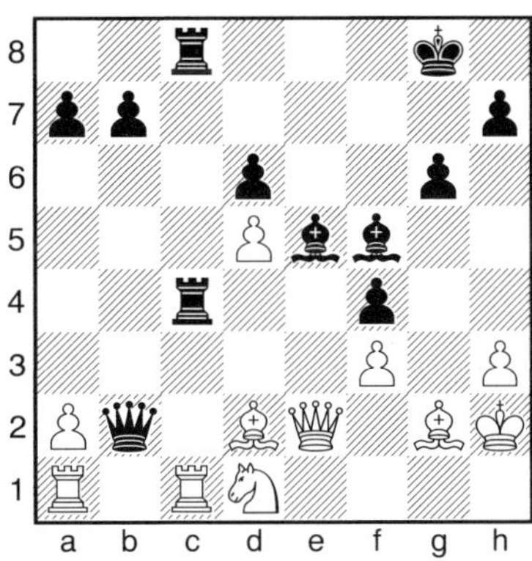

25...♕xa1!

(Kasparow gibt 25...♕d4?! 26.♖xc4 ♖xc4 27.♖c1 ♖xc1 28.♗xc1 ♕xd5 29.♘f2 mit leichtem Vorteil an, aber auch hier ist die schwarze Aktivität sehr beachtlich.)

26.♖xa1 ♗xa1 27.♘f2 ♖c2 28.♘g4 ♗xg4 29.hxg4 ♗e5 und die schwarze Initiative wiegt das geopferte Material mindestens auf.

24.♖ab1 f3 25.♖xb2?

Botwinnik hofft vergeblich, sich durch Damentausch zu entlasten. So verpasst er die Gelegenheit, selber zum Angriff überzugehen – und zwar mit der Aktivspieler-Lösung 25.♗xf3 ♗xb1 26.♖xb1 ♕c2

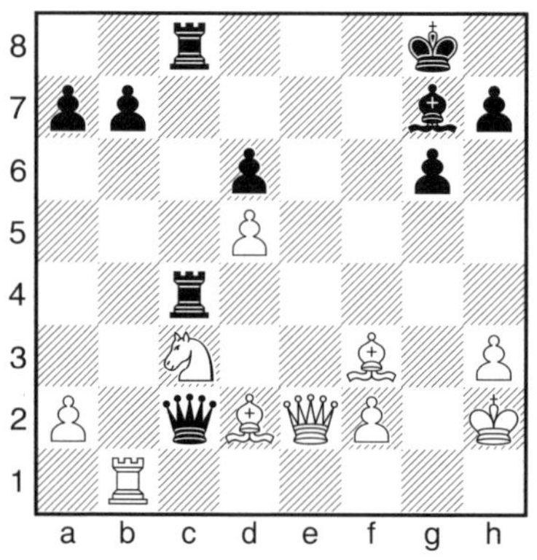

27.♗e4!? (Flohr)

(27.♖c1 ♕f5 28.♗g4 gewinnt allerdings auch.)

27...♖xe4

(27...♗e5+ 28.♔g2 ♖xe4 29.♘xe4 ♕xb1 30.♘xd6 ♗xd6 31.♕e6+ ♔g7 32.♕d7+ +-)

28.♘xe4 ♕xb1 29.♘xd6 ♖f8 30.♕e6+ ♔h8 31.♘f7+ ♖xf7 32.♕xf7+-

25...fxe2 26.♖b3 ♖d4 27.♗e1 ♗e5+ 28.♔g1

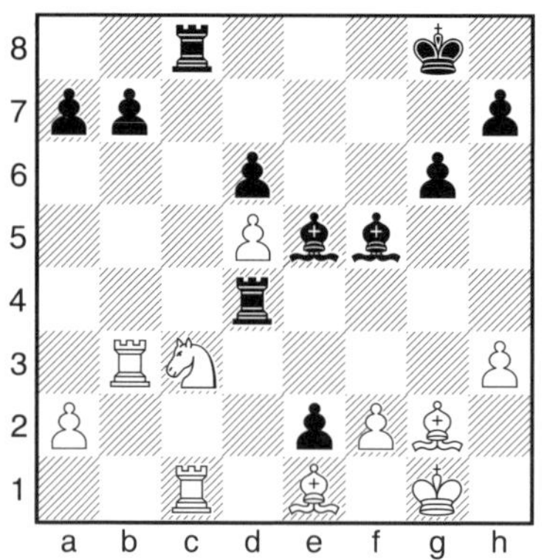

28...♗f4?!

Hier verpasst Schwarz das wunderschöne und direkt tödliche 28...♖xc3!! 29.♖bxc3 ♖d1 30.♖c4 ♗b2-+ (Tal).

29.♘xe2 ♖xc1 30.♘xd4 ♖xe1+ 31.♗f1 ♗e4 32.♘e2 ♗e5 33.f4 ♗f6 34.♖xb7 ♗xd5 35.♖c7 ♗xa2 36.♖xa7 ♗c4 37.♖a8+ ♔f7 38.♖a7+ ♔e6 39.♖a3 d5 40.♔f2 ♗h4+ 41.♔g2 ♔d6 42.♘g3 ♗xg3 43.♗xc4 dxc4 44.♔xg3 ♔d5 45.♖a7 c3 46.♖c7 ♔d4 0–1

Im Rahmen dieses Buches können wir hier natürlich nur an der Oberfläche kratzen. Eine diesbezüglich tiefere Quelle ist z. B. 'Zaubern wie Schachweltmeister Michail Tal' von Karsten Müller und Raymund Stolze, Edition Olms 2010.

Bevor wir zu den ersten Aufgaben kommen, hier ein Hinweis für Leser, die ihre diesbezügliche Leistung gern auf irgendeine Weise auswerten – im gegebenen Fall im Hinblick auf die Frage, welchem Spielertypus man angehören mag. Am einfachsten kann ein solcher Versuch offenbar auf der Basis erfolgen, wie viele Aufgaben aus den jeweiligen Kapiteln man zu lösen vermochte.

Bei den Aufgaben 05.01 bis 05.16 wird außerdem eine konkrete Zuordnung vorgenommen, welchen Spielertypen die jeweilige Lösung in aller Regel am leichtesten fallen sollte. Natürlich ist die ganze Sache nicht unbedingt eindeutig zutreffend, sondern eher eine interessante Spielerei.

Aufgaben zum Thema: Angreifen wie die Magier

A01.01
Tal – Platonow
Dubna 1973

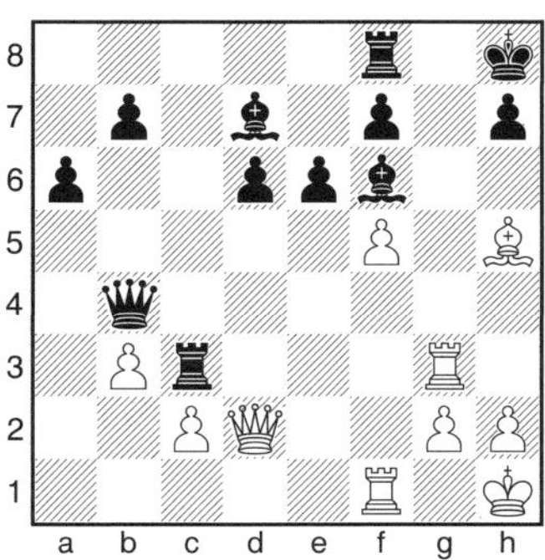

Weiß zieht und gewinnt

Welchen magischen Zauberhammer hatte Tal in der Hinterhand?

A01.02
Tal (2615) – Rantanen (2460)
Tallinn 1979

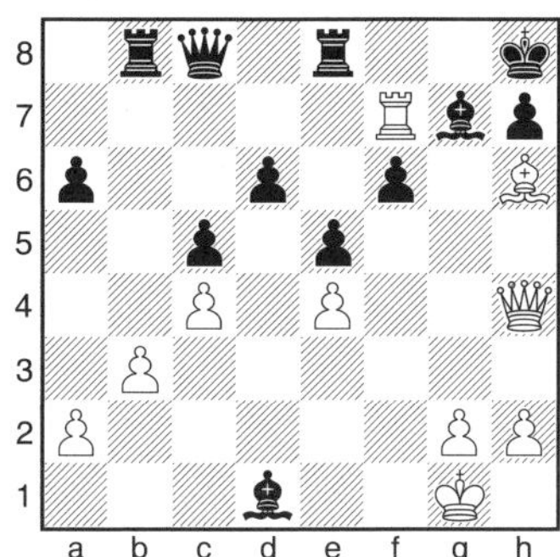

Weiß zieht und gewinnt

Wie rechtfertigte Tal sein großzügiges Opferspiel?

A01.03
Tal – N.N.
Riga 1966 (Simultan)

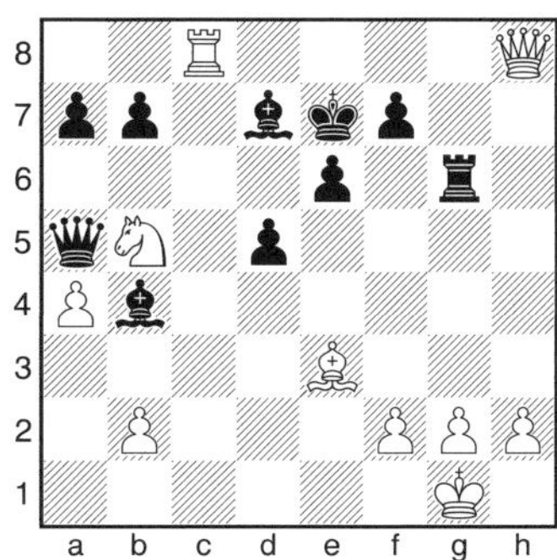

Weiß zieht und gewinnt

Viele Wege führen hier nach Rom. Doch Tal fand (im Simultan!) den besten, schönsten und effektvollsten. Können Sie das auch?

A01.04
Tal – N.N.
Berlin 1975 (Simultan)

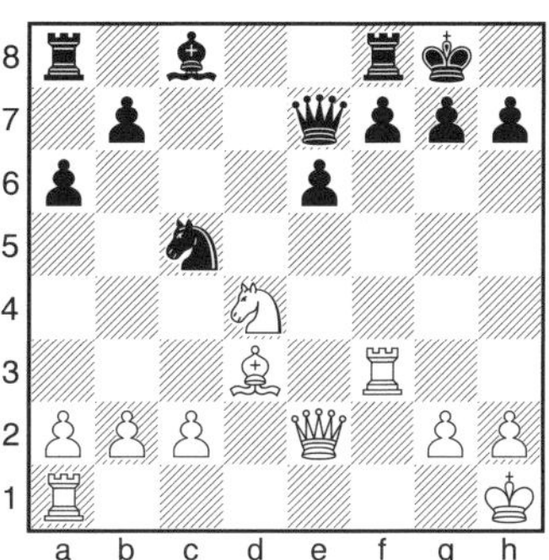

Weiß zieht und gewinnt

Auch hier fand Tal selbst im Simultan den überzeugendsten Weg zum Gewinn. Können Sie das auch?

Aufgaben zum Thema: Intuitive Opfer

A01.05

Tal (2635) – Pähtz, T. (2480)

Halle 1974

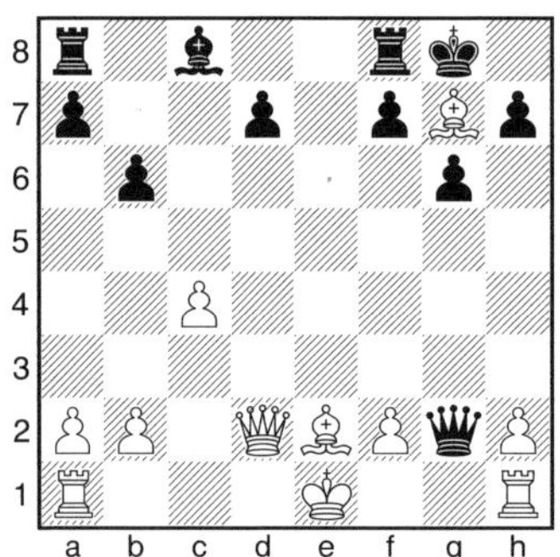

Tal entkorte 16.♕d4.
War das korrekt?

A01.06

Tal (2565) – Auer (2310)

Porz 1991

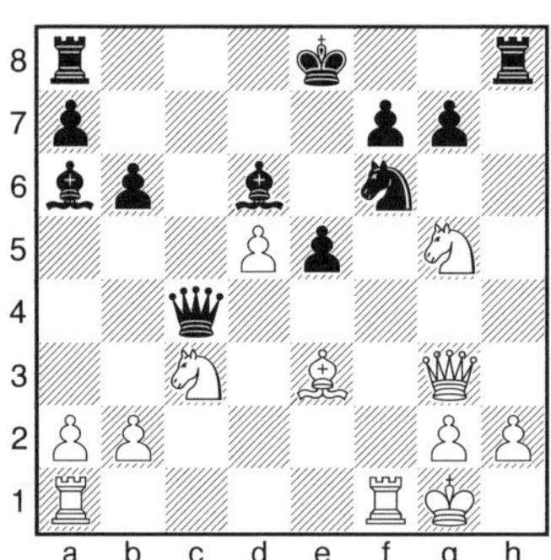

Ist 18.♘e6 die richtige Wahl?

A01.07

Tal – Kortschnoi

Riga 1958

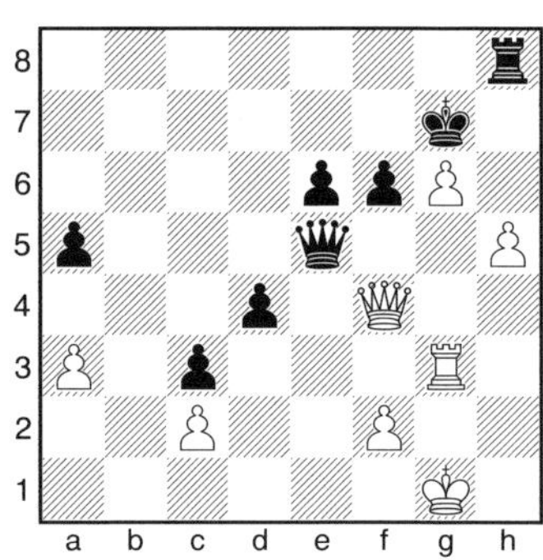

Ist 33.h6+ gut?
Falls nicht, was sollte Weiß spielen?

A01.08

Tal – Koblenz

Moskau 1960

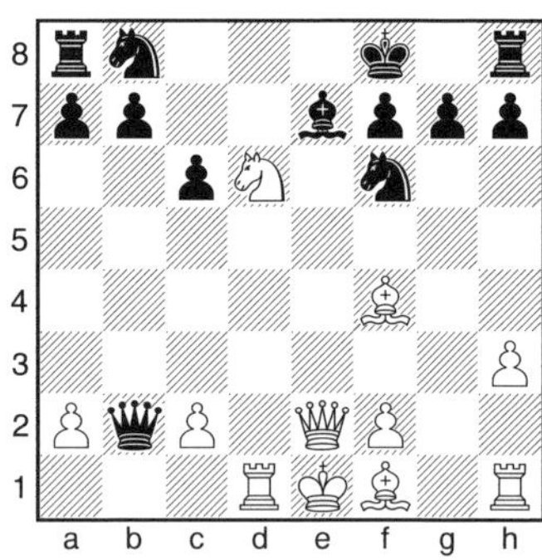

Ist 14.♕xe7+ eine gute Wahl?

1.2 Aktivspieler

Sie kommen relativ häufig vor und haben schon viele Weltmeister gestellt, während es mit Michail Tal bisher erst ein Hyperaktiv-Spieler auf den höchsten Schachthron geschafft hat. Viele Jugendspieler beginnen mit diesem Stil und werden dann im Laufe der Zeit durch Erfahrung immer pragmatischer.

A) Opfer für direkten Königsangriff

Aktivspieler achten mehr als Hyperaktiv-Spieler darauf, dass ihre Angriffskombinationen auch korrekt sind. Weil sie sich allerdings oft auf eine eher intuitive Abschätzung verlassen, kann es dennoch zu inkorrekten Opfern kommen. (Hingegen würden Pragmatiker so gut wie nie ein objektiv schlechtes Materialopfer bringen, weil sie sogar größten Wert auf Korrektheit legen.) Kasparows folgende Kombination – eine der beeindruckendsten der Schachgeschichte – ist objektiv korrekt. Dabei ist es gut möglich, dass er dies intuitiv gespürt hat, ohne für jede Verteidigungsmöglichkeit eine konkrete Widerlegung ausgebrütet zu haben.

01.02
Kasparow (2812) – Topalow (2700)
Wijk aan Zee 1999

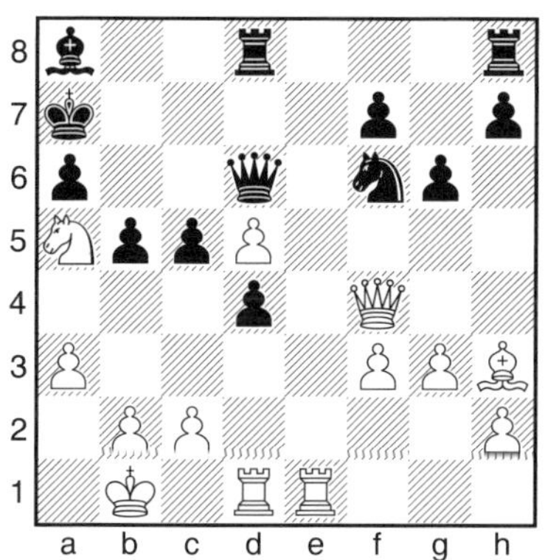

24.♖xd4! cxd4??

Nach der pointierten Riposte 24...♔b6! steht Schwarz angesichts des sicheren Königs und des Raumvorteils am Damenflügel sogar geringfügig besser.

25.♖e7+!!

Nachdem der Gegner 'gehorcht' hat, bekommt er umgehend die erste Pointe von Kasparows Kombinationsfeuerwerk präsentiert.

25...♔b6

25...♕xe7? (25...♔b8 26.♕xd4+-) 26.♕xd4+ ♔b8 27.♕b6+ ♗b7 28.♘c6+ ♔a8 29.♕a7#

26.♕xd4+ ♔xa5

Nach 26...♕c5 27.♕xf6+ ♕d6 gewinnt der überirdische Zug 28.♗e6!! mit der Hauptdrohung 29.b4 nebst ♕d4+.

27.b4+ ♔a4

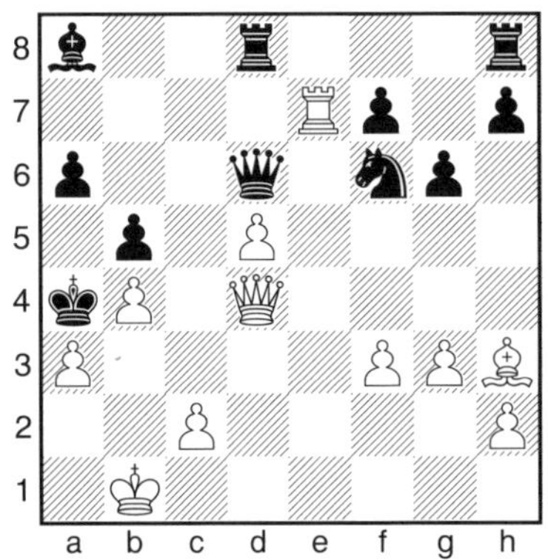

28.♕c3?!

Hier verpasst Kasparow den genialen direkten Gewinnzug 28.♖a7!! (von GM Kavalek gefunden), der wie folgt in den Abgrund führt.

1) 28...♘xd5 29.♖xa6+!! ♕xa6 30.♕b2 ♘c3+ 31.♕xc3 ♗d5 32.♔b2

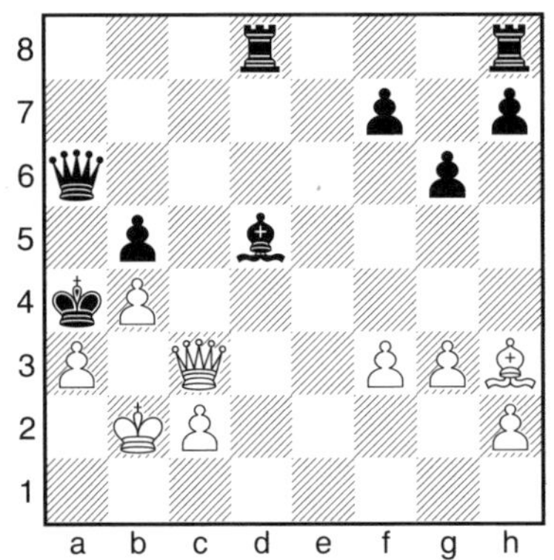

Es ist geradezu unfassbar, dass Schwarz nach diesem Königszug völlig machtlos gegen die Mattdrohung 33.♕b3+ ♗xb3 34.cxb3# ist.

2) 28...♗b7 29.♖xb7

2.1) 29...♘xd5 30.♗d7!!

– 30...♖a8 31.♗xb5+ axb5 32.♖a7+ ♕a6 33.♕xd5 ♕xa7 34.♕b3#

– 30...♖xd7 31.♕b2 Sc3+ 32.♕xc3 ♕d1+ 33.♔a2 ♖d3 und nun folgt die Pointe 34.♖a7!+–.

2.2) 29...♕xd5 30.♖b6 a5 (30...♖a8 31.♕xf6 a5 32.♗f1+–) 31.♖a6 ♖a8 32.♕e3!! ♖xa6 (32...♖he8 33.♖xa8 ♖xa8 34.♔b2+–) 33.♔b2 axb4 34.axb4 ♕a2+ (34...♔xb4 35.♕c3+ ♔a4 36.♕a3#) 35.♔xa2 ♔xb4+ 36.♔b2 ♖c6 37.♗f1+–

28...♕xd5 29.♖a7

29.♔b2? ♕d4–+

29...♗b7 30.♖xb7

Nach 30.♕c7? ♕d1+ rettet Schwarz sich ins Dauerschach.

30...♕c4!?

30...♖he8?! scheitert an 31.♖b6 ♖a8 32.♗f1!!+– (Ligterink) 32...♖e1+ (32...♘d7 33.♖d6 ♖e1+ 34.♔b2) 33.♕xe1 ♕d4 (33...♘d7 34.♖b7 ♕xb7 35.♕d1! Greengard) 34.♖d6 ♘d5 35.♖xd5 ♕xd5 36.♕c3 ♖d8 37.♗d3 ♖d7 38.♗e4 ♕c4 39.♕xc4 bxc4 40.♗c6+.

31.♕xf6

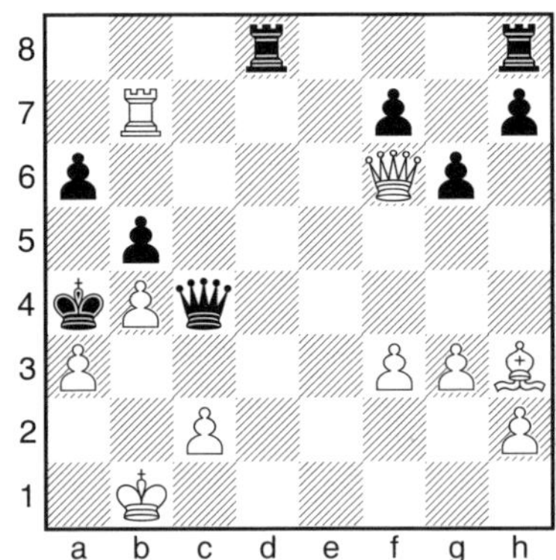

31...♔xa3?!

Danach triumphiert Kasparows Angriffsgenie mehr oder weniger direkt.

31...♖d1+! war weit zäher, wie die folgenden Varianten zeigen.

32.♔b2 ♖a8

(32...♕d4+?! 33.♕xd4 ♖xd4 34.♖xf7 ♖d6 35.♖e7 ♖a8 36.♗e6+-)

33.♕b6 ♕d4+

(33...a5?! 34.♗d7! ♖d5 35.♕e3+-)

34.♕xd4 ♖xd4

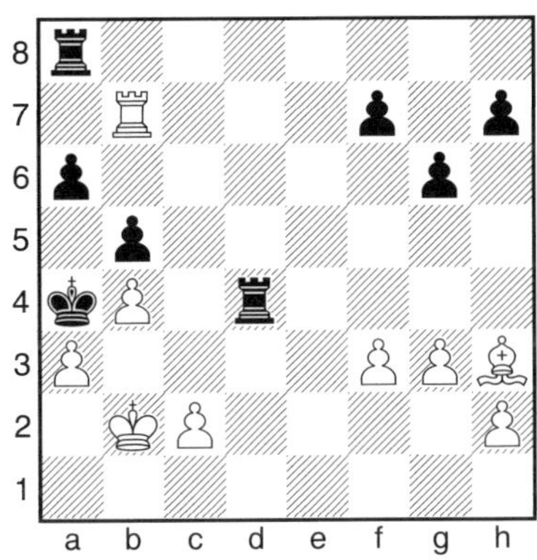

Und nun sollte Weiß nach 35.♗d7!! laut Computer langfristig gewinnen, weil Schwarz sich nicht befreien kann; z.B. 35...♖d6 36.g4 ♖f6 37.f4 h6 38.h4

– 38...♖d6 39.f5 g5 40.h5 ♖f6 41.♖c7 a5 42.♖b7 axb4 43.♗xb5+ ♔a5 44.a4 ♖d6 45.♖xf7

– 38...♖xf4 39.♗c6 ♖c4 40.♗d5 a5 41.♗xc4 bxc4 42.♔c3

32.♕xa6+ ♔xb4

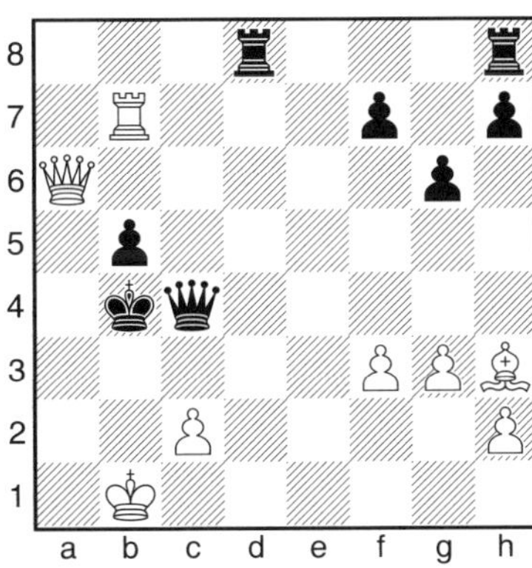

33.c3+!

Das ist riesenstark, denn spätestens hier muss Kasparow die gesamte Endkombination gesehen haben. (Sonst hätte er noch mit 33.♗d7± vorliebnehmen können.) Hier reicht eine intuitive Abschätzung natürlich nicht und auch ein Aktivspieler muss genauestens rechnen.

33...♔xc3 34.♕a1+ ♔d2

34...♔b4 35.♕b2+ ♕b3 36.♖xb5+ +- bzw. 35...♔a5 36.♕a3+ ♕a4 37.♖a7+ +-

35.♕b2+ ♔d1

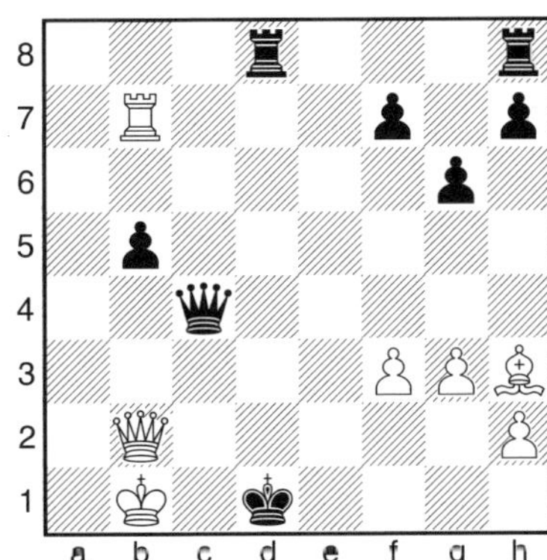

Diese Stellung eignet sich gut als Taktikaufgabe: Weiß zieht und gewinnt!

36.♗f1!!

Ein letzter gewaltiger Donnerschlag.

36...♖d2

36...♕xf1? 37.♕c2+ ♔e1 38.♖e7+ ♕e2 39.♕xe2#

37.♖d7!

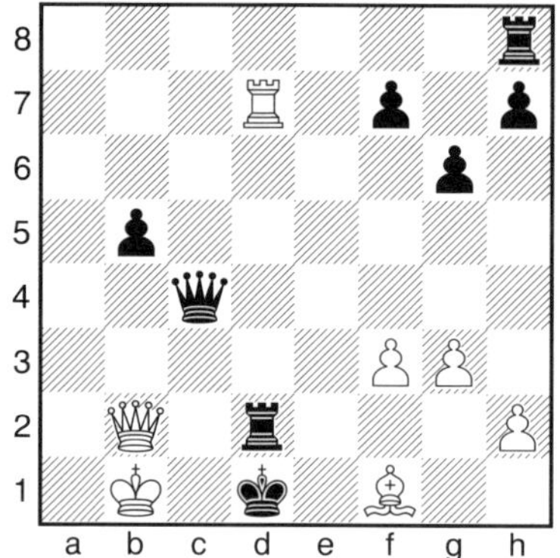

Und die krönende Schlusspointe.

37...♖xd7 38.♗xc4 bxc4 39.♕xh8 ♖d3 40.♕a8 c3 41.♕a4+ ♔e1 42.f4 f5 43.♔c1 ♖d2 44.♕a7 1–0

B) Opfer für Initiative

Dieses Mittel setzen Aktivspieler gerne und häufig ein, wobei sie ein gutes Gespür für dynamische Kompensation haben. Am klarsten sind dabei Faktoren wie starke Springerstützpunkte oder ein starker Läufer ohne Gegenspieler – wie beispielsweise im folgenden Fall.

01.03
Kasimdjanow (2678)
Kasparow (2804)
Linares 2005

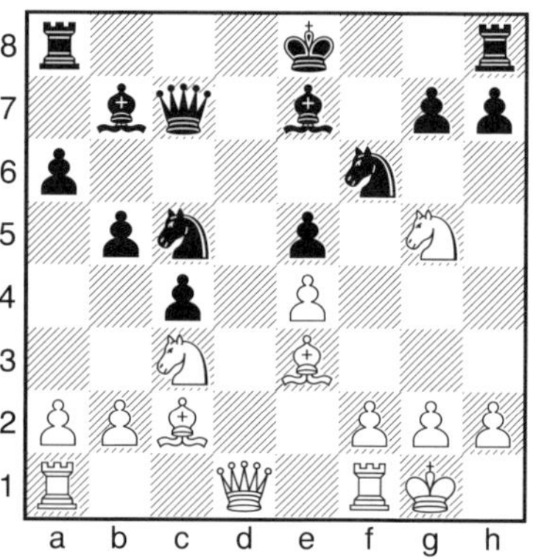

Schwarz am Zug

Das folgende Qualitätsopfer stammt eigentlich von dem Computerprogramm 'Deep Junior'. Denn Kasparow und seinem Mitarbeiter Dokhojan war aufgefallen, dass selbiges nach ...

17...0–0!?

... eine *positive* Bewertung für Schwarz anzeigte!

Anzumerken ist, dass 'Alpha-Beta Computerprogramme' eigentlich von ihrer 'Natur' her Pragmatiker sind, wo–

bei die Bewertungsfunktion selbstredend eine 'Theorie von außen' hereinbringt. So war 'Deep Junior' wegen seiner relativ geringen Bewertung des Materials quasi der Aktivspieler unter den Engines jener Zeit. Allerdings ist die Stellung objektiv wohl ungefähr ausgeglichen, woran man sieht, dass 'Deep Junior' das Material etwas zu niedrig bewertete.

18.♗xc5 ♗xc5 19.♘e6 ♕b6 20.♘xf8 ♖xf8

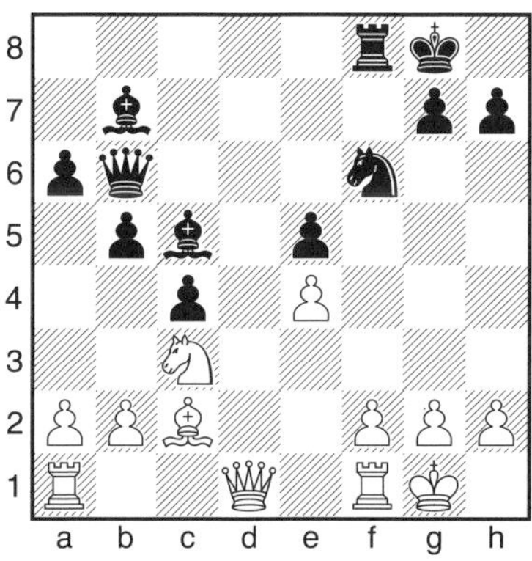

Hat ein Läufer eines Läuferpaares keinen Gegenspieler, so kann man diesen (mit einem Ausdruck des Trainers Holger Borchers) als 'grünen Läufer' bezeichnen. (Mehr dazu sowie zur 'Steinitzschen Restriktionsmethode' im Kapitel 'Theoretiker' auf Seite **93**.) Hier stellt der mächtige 'grüne Läufer' auf c5 einen Hauptbestandteil der schwarzen Kompensation dar.

21.♘d5

Kasimdjanow will sich durch Abtausch entlasten, aber das hat einen gewissen Preis. Denn es verliert nicht nur den Bauern f2, sondern geht vor allem auch auf Kosten der Königssicherheit, was gegen einen starken Aktivspieler stets bedenklich ist. Allerdings spricht laut Computer objektiv nichts gegen den Textzug.

Aus praktischer Sicht war 21.♕e2!? möglicherweise besser. Laut Kasparow sollte die Stellung nach 21...♕e6 im dynamischen Gleichgewicht sein.

21...♗xd5 22.exd5 ♗xf2+ 23.♔h1

23.♖xf2?? ♘g4–+

23...e4

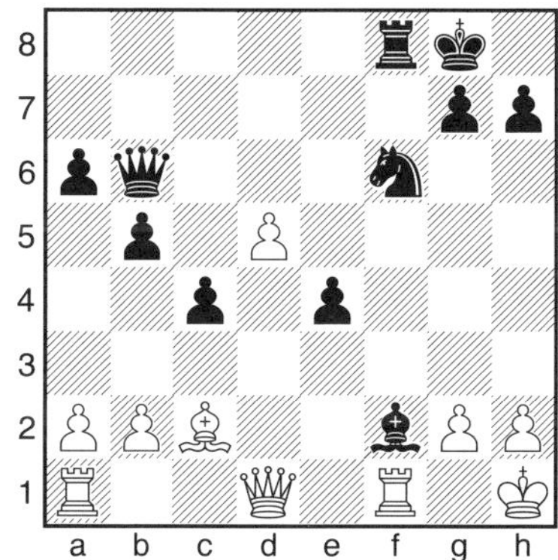

24.♕e2?

Nun kommt dieser Zug zu spät und angesichts des e-Freibauern in Verbindung mit dem Königsangriff hat Schwarz schon mehr als genug Kompensation für die Qualität.

Weiß musste das von Schwarz angeschlagene dynamische Tempo der Initiative mitgehen; z.B. 24.d6 e3 25.a4 g6 26.axb5 axb5 27.b3 c3 28.♕d3 ♕c5 29.♗d1 ♖d8 30.♖a6=.

24...e3 25.♖fd1?

Ein Fehler kommt selten allein, und nach der Wahl des falschen Turms gewinnt Schwarz im Königsangriff. Mit 25.♖ad1 ♕d6 26.♗f5 war der Schaden in Grenzen zu halten.

25...♕d6–+ 26.a4

– Nun konnte 26.♗f5 mit 26...♕e5 beantwortet werden; z.B. 27.♗e6+ ♔h8 28.a4 ♘e4 29.axb5 ♗g3.

– Und auf 26.♖d4 folgt 26...h5 27.♖ad1 ♘g4 28.♖xg4 hxg4 29.♕xg4 ♖f6.

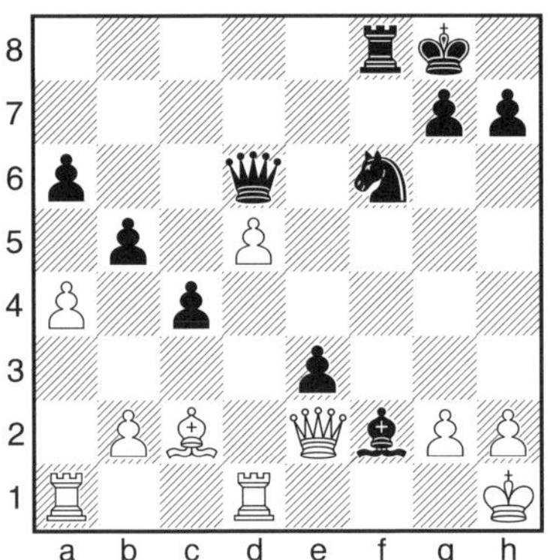

26...g6!

Das lässt nicht nur den gegnerischen Läufer auf Granit beißen, sondern es bereitet auch ♘h5 vor. Solche Züge, die Angriff und Verteidigung verbinden, sind oft besonders gut.

27.axb5 axb5 28.g3 ♘h5 29.♕g4

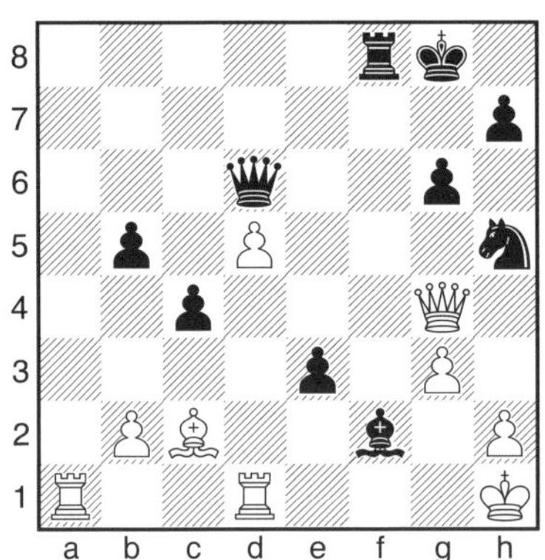

Nun ist bereits die Zeit für die Abschlusskombination gekommen.

29...♗xg3! 30.hxg3

– 30.♕e6+ ♕xe6 31.dxe6 ♗h4

– 30.♖g1 ♗xh2 31.♕xh5 ♗xg1 32.♖xg1 ♖f1 33.♕g4 ♖f2 34.♖g2 e2

30...♘xg3+ 31.♔g2

31.♔g1 e2

31...♖f2+ 32.♔h3 ♘f5 33.♖h1 h5 34.♕xg6+ ♕xg6 35.♖hg1 ♕xg1 36.♖xg1+ ♔f7 0–1

Solche Qualitätsopfer kommen häufiger vor und mitunter setzt der Aktivspieler (oder im folgenden Fall die Aktiv*spielerin*) einfach so ungerührt fort, als wäre das Materialverhältnis vollkommen ausgeglichen.

01.04
Motylew (2634)
Polgar, J. (2681)
Chalkidiki 2002

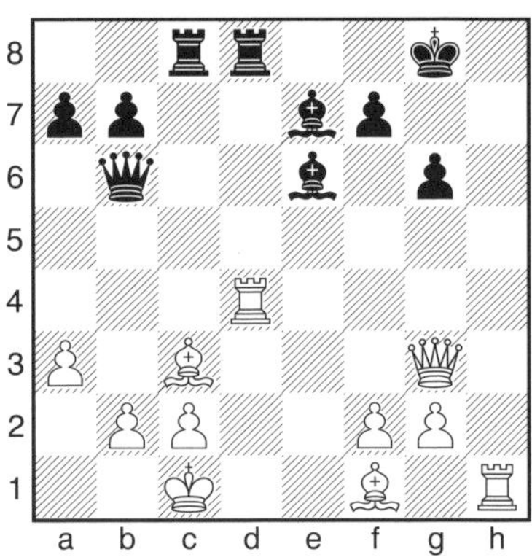

Schwarz am Zug

20...♖xc3!

Dieser Läufer muss einfach beseitigt werden, denn er schützt den weißen König und bedroht den schwarzen.

Nach hingegen 20...♖xd4? 21.♕e5 ♗g5+ 22.♕xg5 ♖xc3 23.bxc3 ♕d8 24.♖h8+ ♔xh8 25.♕e5+ ♔g8 26.♕xd4 hat nur Weiß Gewinnchancen.

21.bxc3

– 21.♖xd8+? ♕xd8 22.♕xc3 ♗g5+ –+

– 21.♕e5? ♗f6! 22.♕xf6 ♖xc2+! 23.♔xc2 ♗b3+ –+ (Wells in CBM)

21...♖xd4

„21...♗xa3+ 22.♔d2 ♖xd4+ ist ebenfalls spielbar, aber der Partiezug wirkt höchst gelassen und unterstreicht die feste Überzeugung, dass die schwarzfeldrige Dominanz den Tag entscheiden wird." (Wells)

22.cxd4 ♕xd4 23.c3 ♕c5 24.♔d2?!

24.♔d1= war genauer.

24...♗g5+?!

24...♗f6 macht noch mehr Druck.

25.♔c2?

Objektiv wäre die Stellung nach 25.♔d1 dynamisch ausgeglichen.

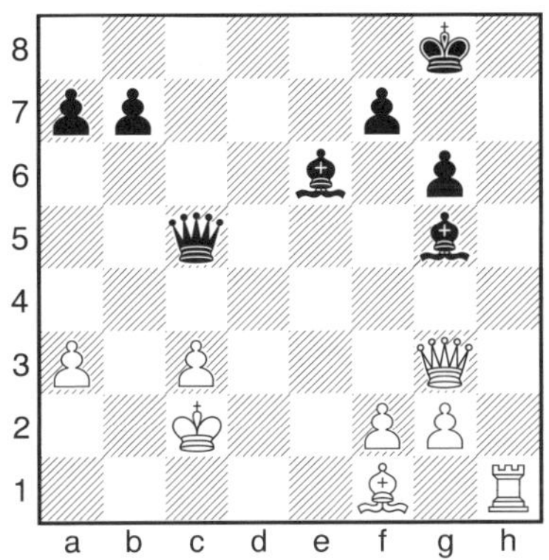

25...♔g7!

„Solche Ruhe und Geduld beruht auf der gegebenen qualitativen Überlegenheit der Kräfte. Ich bin sicher, dass Judit sich nicht fühlte, als hätte sie Material weniger. Ihre Figuren strahlen eine Überlegenheit aus, welche alle Zahlenspiele rund um relative materielle Werte ad absurdum führt." (Wells)

26.♗d3 ♗f6

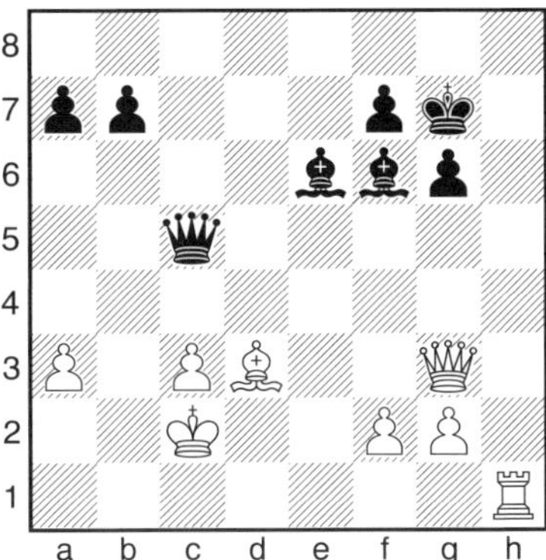

27.♖b1?

Das verliert forciert. Allerdings ist die weiße Lage ohnehin nicht beneidenswert.

Die Alternativen 27.c4 b5 28.♕e3 ♕xa3 29.♔d1 bxc4 30.♕h6+ ♔g8 31.♗c2 und 27.♔d1 ♕xc3 28.♕e3 boten noch praktische Remischancen. Am Brett ist die weiße Stellung wegen des offenen Königs allerdings schwer zu spielen.

27...♕xc3+ 28.♔d1 ♗g5 29.♔e2 ♗g4+ 30.♔f1

30.♕xg4 ♕d2+ 31.♔f1 (31.♔f3?! ♕xd3#) 31...♕xd3+ –+

30...♗f4 0–1

Natürlich kommen auch dynamische Bauernopfer vor, wie beispielsweise im folgenden Duell zweier Aktivspieler. Allerdings geht dieses nicht 'entsprechend der Elozahlen' aus. Überhaupt haben Aktivspieler auch gegen stärkere Vertreter ihrer Art mitunter Gewinnchancen, weil die Kontrolle hier nicht so wichtig ist und oft alle drei Ergebnisse denkbar sind.

01.05
Schirow (2740)
Polgar, J. (2630)
Buenos Aires 1994 (B54)

1.e4 c5 2.♘f3 e6 3.d4 cxd4 4.♘xd4 Sc6 5.♘c3 d6 6.g4 a6 7.♗e3 ♘ge7 8.♘b3 b5 9.f4 ♗b7 10.♕f3?!

Vor dieser Partie war dies der Normalzug, aber Judit Polgar weist überzeugend nach, dass die Dame hier unglücklich platziert ist.

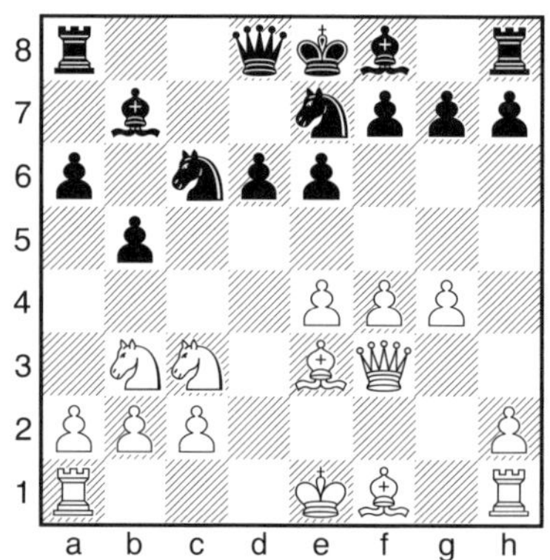

10...g5!

Eine sehr inspirierte Neuerung.

11.fxg5?!

11.0–0–0 war rein praktisch gesehen vermutlich die bessere Wahl.

11...♘e5 12.♕g2 b4 13.♘e2

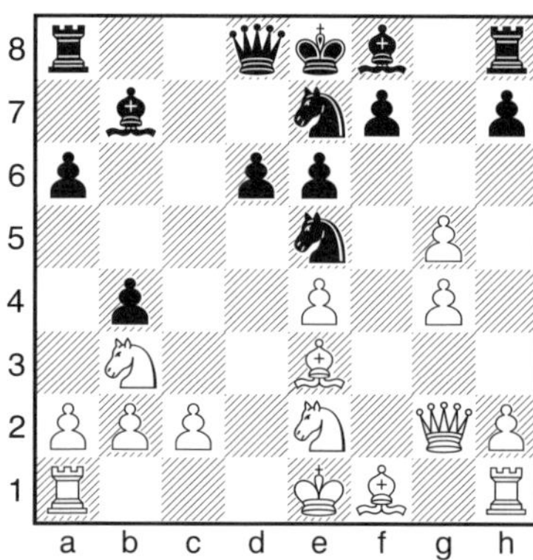

13...h5!!

Sehr kreativ! Eine typische Stärke der Aktivspieler: Solange der dynamische Druck erhöht werden kann, lassen sie nicht locker.

14.gxh5?

Dieses undynamische Schlagen spielt Schwarz in die Karten. Hingegen wären nach 14.0–0–0 hxg4 weiterhin alle drei Ergebnisse gut möglich gewesen.

14...♘f5

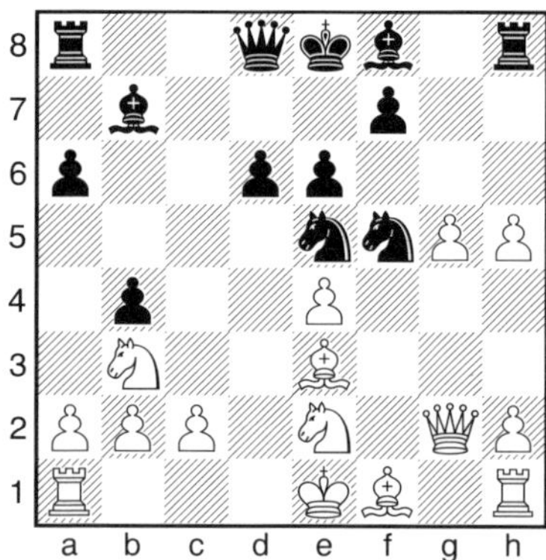

Aktivspieler sind oft nicht so gut in der Verteidigung, was natürlich nur in Relation zu dem sehr hohen Niveau ihrer Angriffskünste zu verstehen ist.

15.♗f2?

Ein Fehler kommt selten allein. Die Alternative 15.exf5 ♗xg2 16.♗xg2 ♖c8 17.h4 ♘c4 18.♗f2 bot bessere Chancen, im Trüben zu fischen.

15...♕xg5 16.♘a5?

Danach ist Weiß völlig verloren, obwohl guter Rat sowieso schon teuer war; z.B. 16.♘bd4 ♘h4 17.♕xg5 ♘hf3+ 18.♘xf3 ♘xf3+ 19.♔d1 ♘xg5–+.

16...♘e3!

Ein gewaltiger Konter.

17.♕g3

17.♕xg5? ♘f3#

17...♕xg3 18.♘xg3 ♘xc2+ 19.♔d1 ♘xa1 20.♘xb7 b3 21.axb3 ♘xb3 22.♔c2 ♘c5 23.♘xc5 dxc5 24.♗e1 ♘f3 25.♗c3 ♘d4+ 26.♔d3 ♗d6 27.♗g2 ♗e5 28.♔c4 ♔e7 29.♖a1 ♘c6 0–1

C) Initiative für strukturelle Schwächen

Aktivspieler nehmen auch Bauernschwächen in Kauf, wenn sie die dynamische Kompensation für ausreichend halten, wie beispielsweise im folgenden Fall.

01.06

Topalow (2805) – Anand (2787)

Sofia 2010 (D56)

1.d4 d5 2.c4 e6 3.♘f3 ♘f6 4.♘c3 ♗e7 5.♗g5 h6 6.♗h4 0–0 7.e3 ♘e4 8.♗xe7 ♕xe7 9.♖c1 c6 10.♗e2 ♘xc3 11.♖xc3 dxc4 12.♗xc4 ♘d7 13.0–0 b6 14.♗d3 c5 15.♗e4 ♖b8 16.♕c2 ♘f6!?

Anand verfolgt eine faszinierende Idee, die bis zum Zeitpunkt dieser Partie unterschätzt worden war.

17.dxc5 ♘xe4 18.♕xe4 bxc5

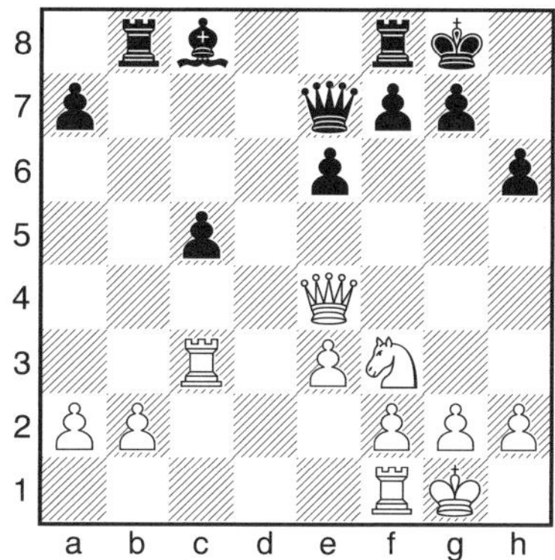

Diese Stellung war zwar auch vorher schon gelegentlich anzutreffen, aber Anand hatte erkannt, dass Schwarz dank seiner Aktivität ausreichende Kompensation für die geschwächte Struktur hat.

19.♕c2 ♗b7 20.♘d2 ♖fd8 21.f3 ♗a6

Erst dieser Zug ist die eigentliche Neuerung im Vergleich zu 21...♕d6, H. Bellmann-G. Schulze, Fernpartie 1998.

22.♖f2 ♖d7 23.g3 ♖bd8 24.♔g2 ♗d3 25.♕c1 ♗a6 26.♖a3 ♗b7 27.♘b3 ♖c7 28.♘a5 ♗a8 29.♘c4 e5 30.e4

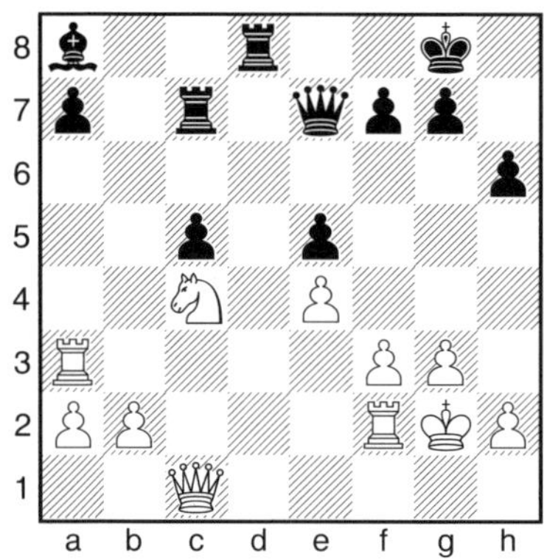

30...f5!

Schwarz injiziert der Stellung einen guten Schuss Dynamik. Das Gespür dafür ist eine typische Stärke von Aktivspielern.

Nach 30...♖d4? 31.♘e3 hätte Weiß hingegen alles unter Kontrolle.

31.exf5?

Ungeachtet des gegnerischen Läufers gestattet Topalow die weitere Stellungsöffnung. Aktivspielern fehlt mitunter das Gefühl für die eigene Königssicherheit.

Nach 31.♘d2 wäre noch alles im Lot.

31...e4 32.fxe4?

Ein Fehler kommt selten allein. Allerdings sind auch die Alternativen 32.♔h3 exf3 33.♘d2 ♕g5 und 32.♖e3 exf3+ 33.♔g1 ♕f6 aufgrund des unsicheren weißen Königs wenig vertrauenerweckend.

32...♕xe4+ 33.♔h3 ♖d4! 34.♘e3

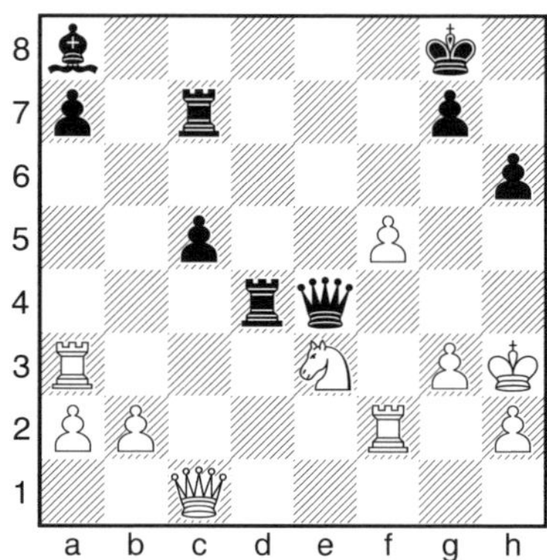

34...♕e8!!

Diesen Damenrückzug hatte Topalow übersehen. Nun gerät sein König unweigerlich ins Kreuzfeuer.

35.g4 h5 36.♔h4 g5+

Die Computerlösung 36...♕d8+!? gewinnt ebenfalls; z.B. 37.♔xh5 ♔f7 oder 37.f6 hxg4 38.♔g3 ♕d6+.

37.fxg6 ♕xg6 38.♕f1 ♖xg4+ 39.♔h3 ♖e7 40.♖f8+

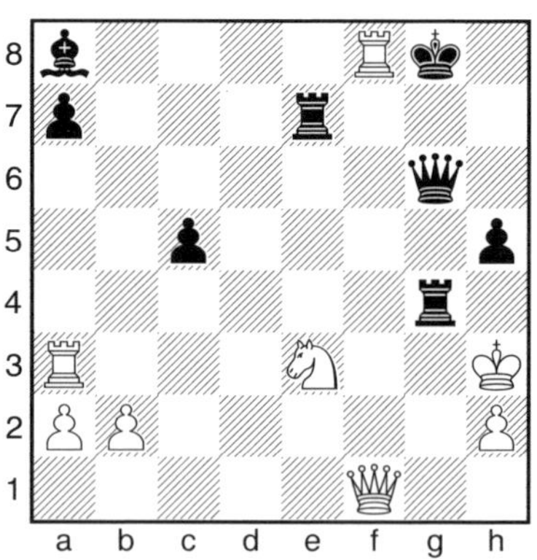

40...♔g7?!

Noch besser war 40...♔h7! 41.♖h8+ ♔xh8 42.♕f8+ ♕g8 43.♕h6+ ♖h7 44.♕f6+ ♖hg7 45.♕h6+ ♕h7.

41.♘f5+

41.♖xa8? trifft auf 41...♖xe3+ 42.♖xe3 ♖h4+ 43.♔xh4 ♕g4#.

41...♔h7!

Notwendige Genauigkeit, denn 41...♔xf8? 42.♘xe7+ ♕f7 scheitert an 43.♘g6+ ♖xg6 44.♕xf7+ ♔xf7 45.♖xa7+ (Golubev in 'Chess Today 3472').

42.♖g3 ♖xg3+ 43.hxg3 ♕g4+ 44.♔h2 ♖e2+ 45.♔g1 ♖g2+ 46.♕xg2 ♗xg2 47.♔xg2

Das Bauernendspiel nach 47.♖f7+ ♔g6 48.♖g7+ ♔xf5 49.♖xg4 hxg4 50.♔xg2 ♔e4 51.♔f2 ♔d3 (Golubev) ist wegen des aktiven schwarzen Königs gewonnen.

47...♕e2+ 48.♔h3 c4

48...♕xb2 gewinnt ebenfalls.

49.a4 a5 50.♖f6 ♔g8 51.♘h6+ ♔g7 52.♖b6 ♕e4 53.♔h2 ♔h7 54.♖d6 ♕e5 55.♘f7 ♕xb2+ 56.♔h3 ♕g7 0–1

D) Aktivspieler treiben die Eröffnungstheorie voran

Dafür ließen sich natürlich sehr viele Beispiele finden. Besonders Kasparows Arbeit zu Beginn der Ära von ChessBase und Computern sticht diesbezüglich heraus, weil er sehr früh die Möglichkeiten des Computereinsatzes erkannte. Auf diesem Gebiet hat auch Anand zusammen mit seinem Sekundantenteam stets sehr gute Arbeit geleistet, die beispielsweise im folgenden Fall reife Früchte erntet.

01.07
Aronjan (2802) – Anand (2772)
Wijk aan Zee 2013 (D46)

1.d4 d5 2.c4 c6 3.♘f3 ♘f6 4.♘c3 e6 5.e3 ♘bd7 6.♗d3 dxc4 7.♗xc4 b5 8.♗d3 ♗d6 9.0–0 0–0 10.♕c2 ♗b7 11.a3 ♖c8 12.♘g5 c5!

„Dieser Zug war unser großer Wurf, den wir bei der Vorbereitung auf das Match gegen Gelfand gefunden hatten. ... Entsprechend sieht es so aus, als könnte Schwarz – nahezu ungeachtet dessen, was Weiß tut – einfach c5 spielen. Der Vorteil von 11...♖c8 liegt also darin, dass man keine Mühe hat, sich an den nächsten Zug zu erinnern..." (Anand in 'CBM 153')

13.♘xh7 ♘g4

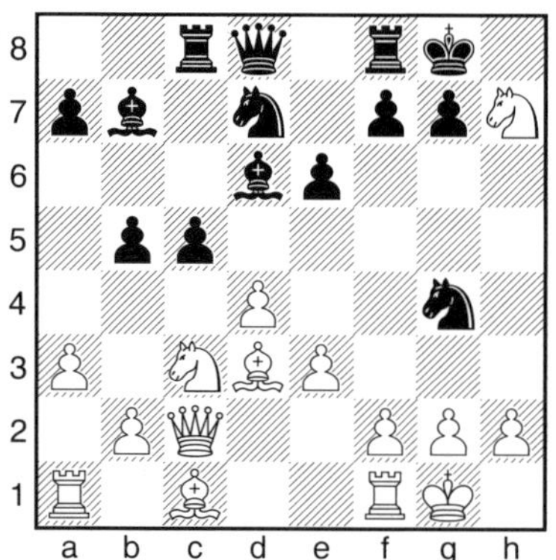

14.f4?!

Der sicherere Zug 14.h3 ist die kritische Fortsetzung, worauf Anand 14...♝h2+ 15.♔h1 ♛h4 16.d5 ♖fd8⩱ angibt.

14...cxd4 15.exd4?!

15.♘xf8 ♝xf8 16.h3 dxc3 17.hxg4 ♘f6 mag das geringere Übel sein, aber leicht zu spielen ist es für Weiß natürlich auch nicht.

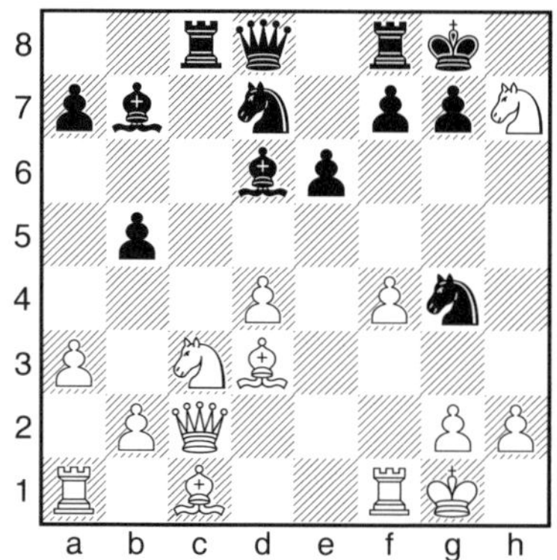

15...♝c5!!

Anand erinnerte sich während der Partie daran, dass sein Springer in einer kritischen Variante auf d3 auftaucht, und so fiel ihm dieser vorbereitete Hammer wieder ein.

16.♗e2?

Danach ist der schwarze Angriff zu stark.

Die letzte Chance bestand in 16.dxc5 ♘xc5 17.♘xf8 ♘xd3 18.h3 ♕d4+ 19.♔h1 ♘df2+ 20.♖xf2 ♘xf2+ 21.♔h2 ♚xf8 (21...♘d3!? Δ22.♘d7 a5) 22.♕h7 ♘d3 23.♕h8+ ♚e7 24.♕h4+ (Anand). Aber nach 24...♕f6 bleibt Schwarz natürlich am Drücker.

16...♘de5!!

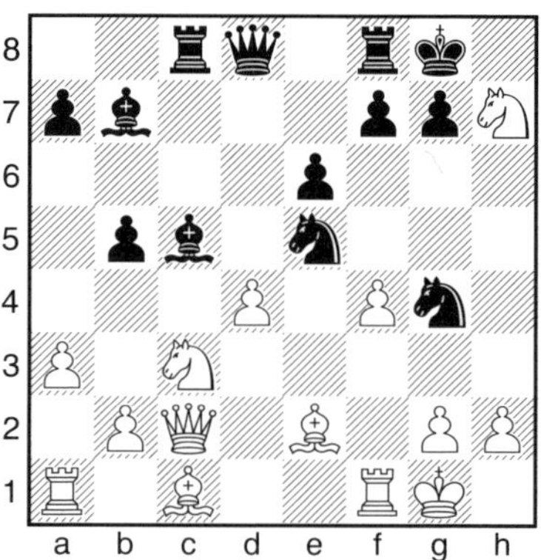

„Dies ist einfach ein brillanter Zug. Wenn es also einen Zug gibt, auf den ich in dieser Partie wirklich stolz bin, dann ist es dieser.“ (Anand)

17.♗xg4

17.fxe5? scheitert an 17...♕xd4+ 18.♔h1 ♕g1+ 19.♖xg1 ♘f2# (Anand).

17...♝xd4+ 18.♔h1 ♘xg4 19.♘xf8

19.♘g5 f5 20.h3 ♖f6 21.♘f3 ♖h6−+ (Anand)

19...f5!!

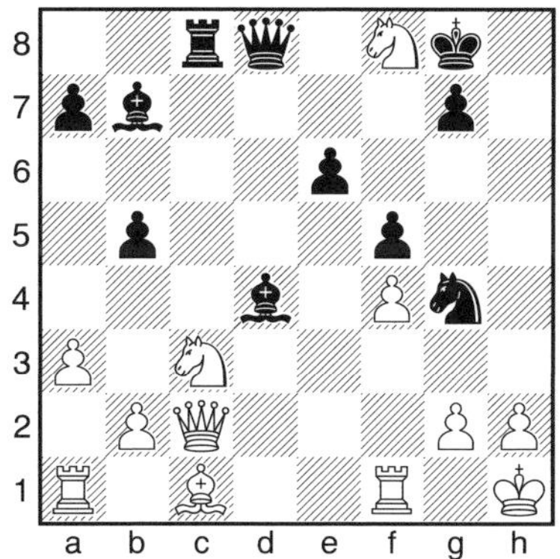

„Dieser Zug gefällt mir sehr. Hier brauchte ich nicht viel Zeit, denn die Ideen sind sehr offensichtlich. Die Dame kommt nach h4, oder sie geht nach f6, man schlägt den Springer, und Weiß hat keine richtige Verteidigung. Das war also ziemlich einfach." (Anand)

20.♘g6 ♕f6 21.h3

21.♘e5 trifft auf 21...♘xh2−+ (Anand) Δ22.♔xh2? ♕h4#.

21...♕xg6 22.♕e2 ♕h5

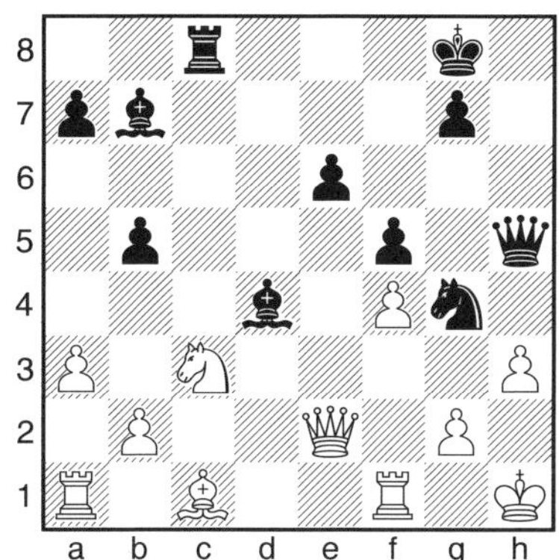

23.♕d3?

23.♖f3 war erzwungen, aber das Endspiel nach 23...♘f2+ 24.♔h2 ♗xf3 25.♕xf3 ♕xf3 26.gxf3 ♗xc3 27.bxc3 ♖xc3 sollte Schwarz gewinnen (Anand).

23...♗e3 0–1

Die Neuerung im kommenden Beispiel war während des Wettkampfs gefunden worden. Vermutlich hätte Anand die Eröffnung nicht wiederholen sollen.

01.08
Kasparow (2795)
Anand (2725)

New York 1995

10. PCA-WM-Partie (C80)

1.e4 e5 2.♘f3 Sc6 3.♗b5 a6 4.♗a4 ♘f6 5.0–0 ♘xe4 6.d4 b5 7.♗b3 d5 8.dxe5 ♗e6 9.♘bd2 Sc5 10.c3 d4 11.♘g5 dxc3 12.♘xe6 fxe6 13.bxc3 ♕d3

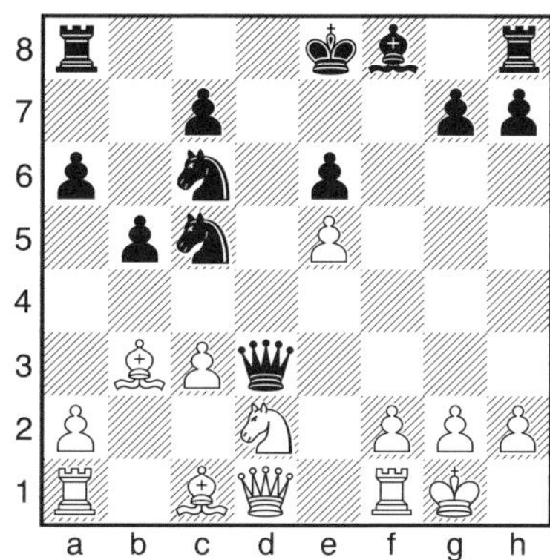

So weit war alles in der 6. Matchpartie auf dem Brett gewesen, doch nun weicht Kasparow ab und spielt statt 14.♘f3 die Neuerung, die er am Wochenende zuvor gefunden und genau unter die Lupe genommen hatte.

14.♗c2!! ♕xc3 15.♘b3 ♘xb3?

An dieser Stelle investierte Anand 45 Minuten. Doch nun gibt es bereits kein Entrinnen mehr aus Kasparows Vorbereitungs-Maschinerie.

Tatsächlich war 15...♖d8! 16.♗d2 ♕xe5 17.♖e1 ♕f6 das geringere Übel.

16.♗xb3 ♘d4

16...♕xa1? wird nach 17.♕h5+ in folgenden Varianten widerlegt.

1) 17...♔d7 18.♗xe6+ ♔xe6 19.♕g4+ ♔f7 20.♕f3+ ♔e6 21.♕xc6+ ♗d6 22.exd6+-

2) 17...g6 18.♕f3 ♘d8

(18...0-0-0 19.♕xc6 ♕xe5 20.♕xa6+ ♔d7 21.♗b2+-)

19.♕f6 ♖g8 20.♗xe6 ♗e7

(20...♖g7 21.♗a3 ♕xf1+ 22.♔xf1 ♗xa3 23.♗d5+-)

21.♗d7+! ♔xd7 22.e6+ ♘xe6 23.♕xa1+-

17.♕g4 ♕xa1

17...♘xb3? 18.♕xe6+ ♗e7 19.♗g5 ♕c5 20.axb3+-

18.♗xe6 ♖d8

18...♕c3? 19.♗d7+ ♔f7 20.♗e3 ♗c5 21.e6+ ♔g8 22.♕e4 ♖b8 23.e7+-

19.♗h6!

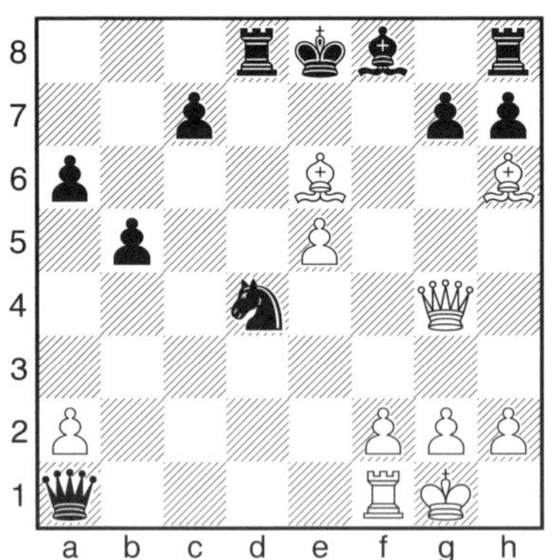

Ein weiterer Blitzeinschlag, den Kasparow entsprechend blitzschnell aufs Brett warf.

19...♕c3?

Anand sucht in typischer Manier aktives Gegenspiel, aber seine Rechnung geht nicht auf.

Die letzte praktische Chance bestand in der Reduzierung von Angriffspotenzial mittels 19...♕b2! 20.♗xg7 ♕e2, obwohl Weiß nach 21.♗xh8 ♕xg4 22.♗xg4 ♗e7 23.e6 am Drücker bleibt.

20.♗xg7 ♕d3 21.♗xh8

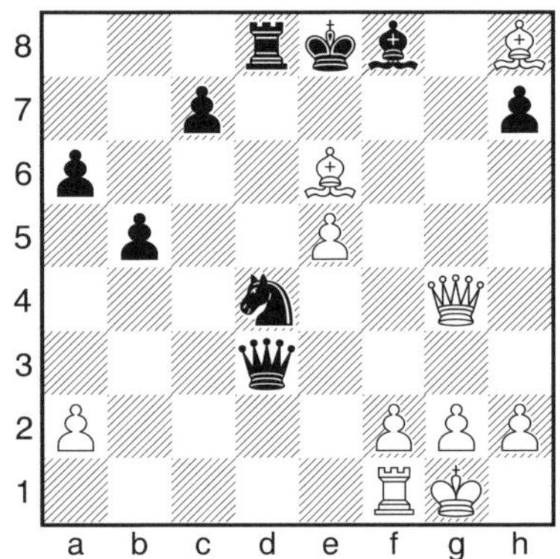

21...♕g6?!

21...♘e2+ Δ22.♔h1 ♖d4! war zäher.

(22...♘g3+? 23.hxg3 ♕xf1+ 24.♔h2 ♕d3 25.♗f5!+-)

Allerdings sollte Schwarz angesichts von 23.♗f7+ ♔xf7 24.e6+ ♔e7 25.♗xd4 ♘g3+ 26.hxg3 ♕xf1+ 27.♔h2 ♕c4 28.♕e4+- langfristig auch verloren sein.

22.♗f6 ♗e7 23.♗xe7 ♕xg4

23...♔xe7? 24.♕h4+ ♔e8 25.♗g4 ♘f5 26.♕h3+-

24.♗xg4 ♔xe7

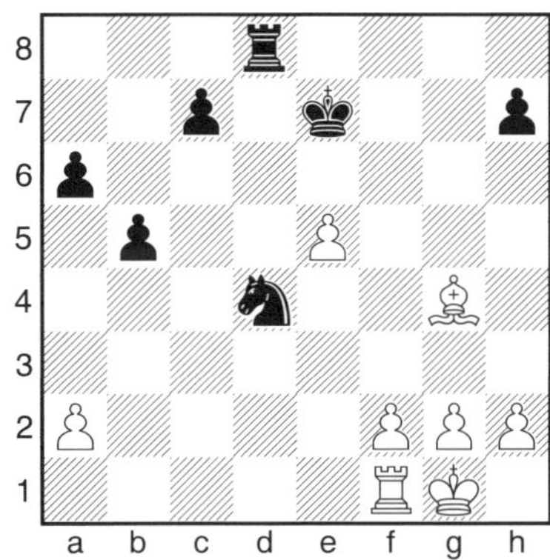

25.♖c1!

Nach diesem wichtigen Zug, der die Mobilisierung des schwarzen Damenflügels sehr erschwert, ist der Rest eine Sache der Technik.

Kasparow dachte hier länger nach und bemerkte später:

„Es war lange her, dass ich einmal zwei Wochen ohne Sieg gewesen war, und deshalb wollte ich die Sache nach meiner brillanten Neuerung nicht verderben".

25...c6 26.f4 a5 27.♔f2 a4 28.♔e3 b4 29.♗d1 a3 30.g4 ♖d5 31.♖c4 c5 32.♔e4 ♖d8 33.♖xc5 ♘e6 34.♖d5 ♖c8 35.f5 ♖c4+ 36.♔e3 ♘c5 37.g5 ♖c1 38.♖d6 1–0

Aufgaben zum Thema: Aktivspieler können gut rechnen!

A01.09
Kramnik (2772) – Anand (2783)
5. WM-Partie, Bonn 2008

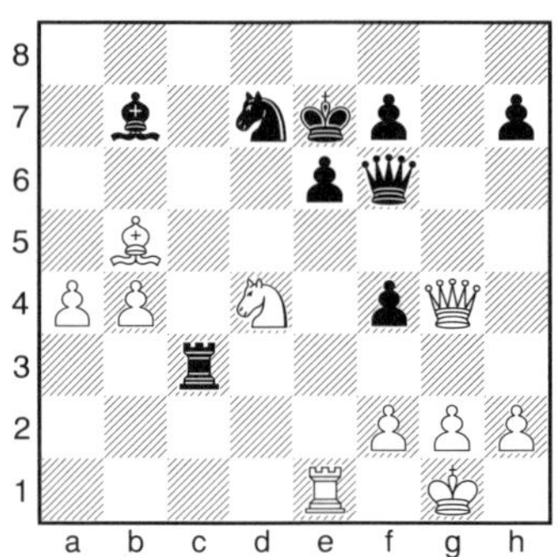

Wie widerlegte Schwarz 29.♘xd4?

A01.10
Vallejo Pons (2686)
Kasparow (2804)
Linares 2005

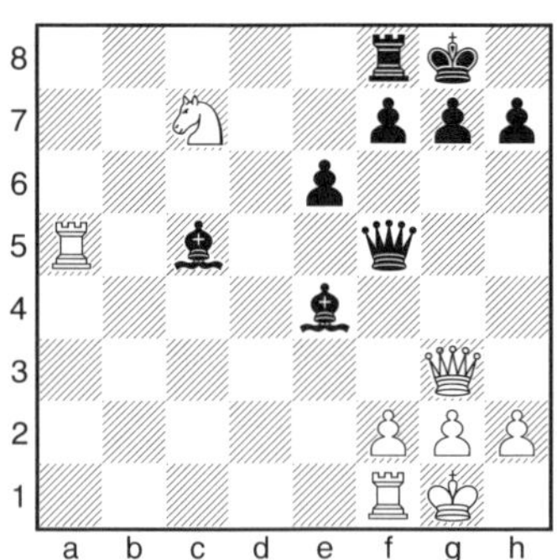

Schwarz am Zug

Was hatte Vallejo Pons bei 27.♖a5 übersehen?

A01.11
Anand (2780)
Fridman, D. (2667)
Baden-Baden 2013

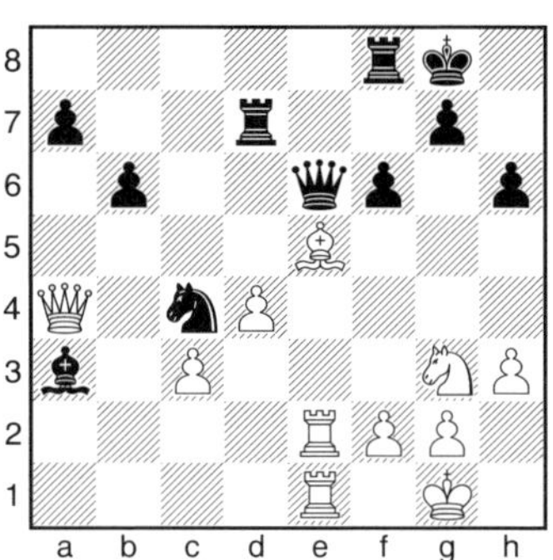

Wie nutze Weiß die fehlende Koordination der schwarzen Kräfte aus?

A01.12
Kasparow (2812)
Short (2697)
Sarajevo 1999

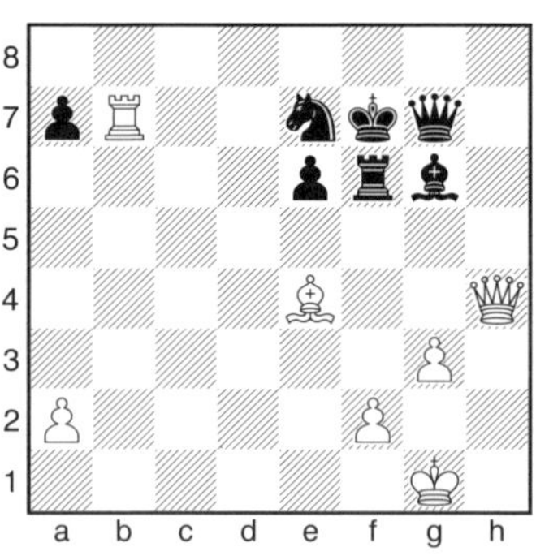

Wie legte Weiß los?

A01.13
Anand (2765) – Lautier (2660)
Biel 1997

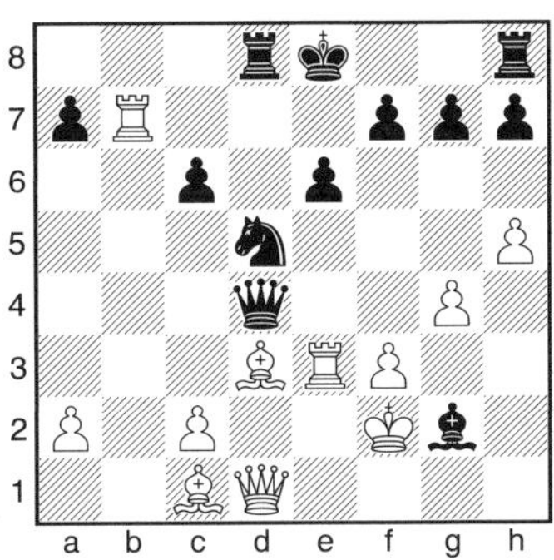

Wie nutzte Weiß die ungedeckte schwarze Dame?

A01.14
Lobron (2585)
Polgar, J. (2665)
Dortmund 1996

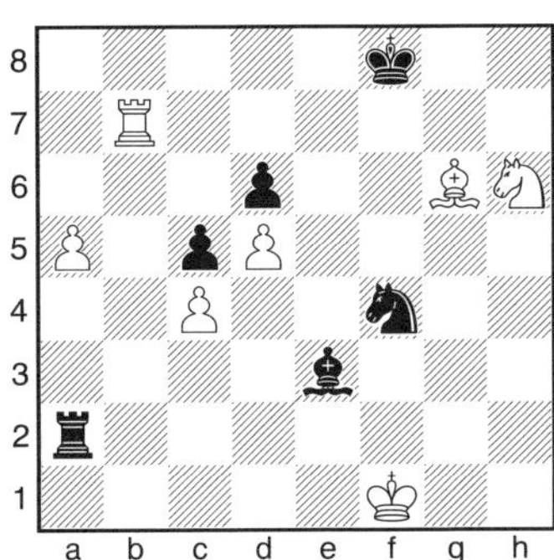

Mit welcher ‘kleinen Kombination’ gewann Schwarz?

A01.15
Kasparow – Rogers (1865)
WM U16, Frankreich 1976

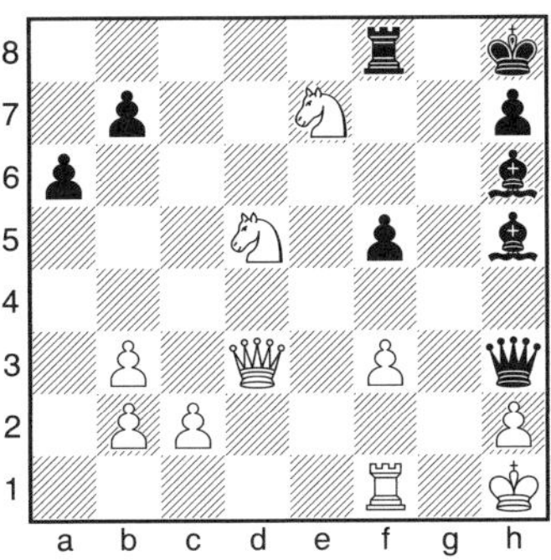

Wie nutze Weiß die buchstäbliche Randstellung der schwarzen Figuren aus?

A01.16
Anand (2804) – Carlsen (2876)
Stavanger 2015

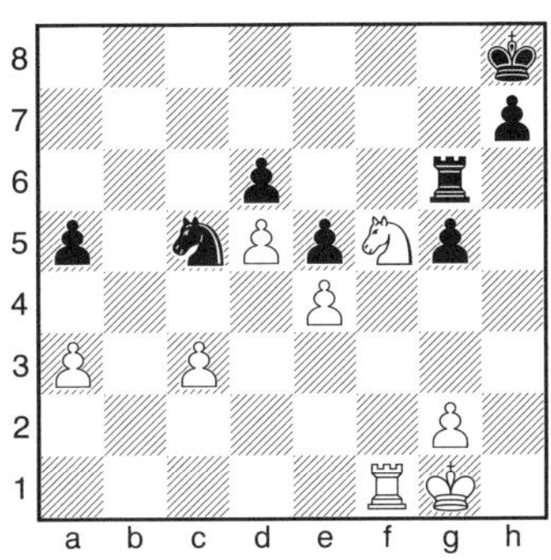

Weiß am Zug

Wie lautet die Pointe von Weiß?

Aufgaben zum Thema: Direkter Königsangriff

A01.17
Polgar, J. (2555)
Hansen, L.B. (2525)
Vejstrup 1989

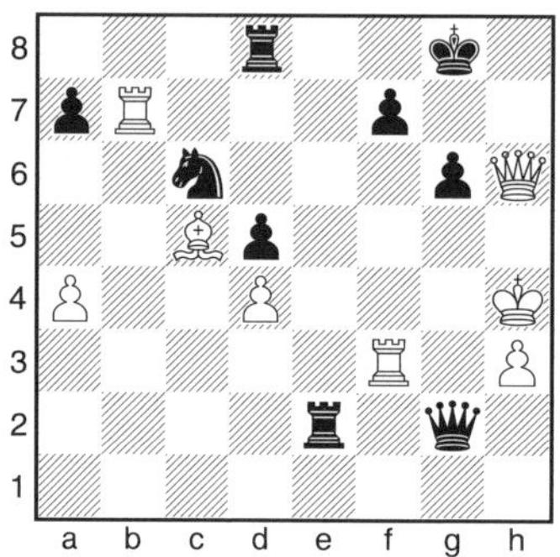

Weiss am Zug

Was hatte Hansen übersehen?

A01.18
Kasparow (2851)
Schirow (2751)
Frankfurt 2000

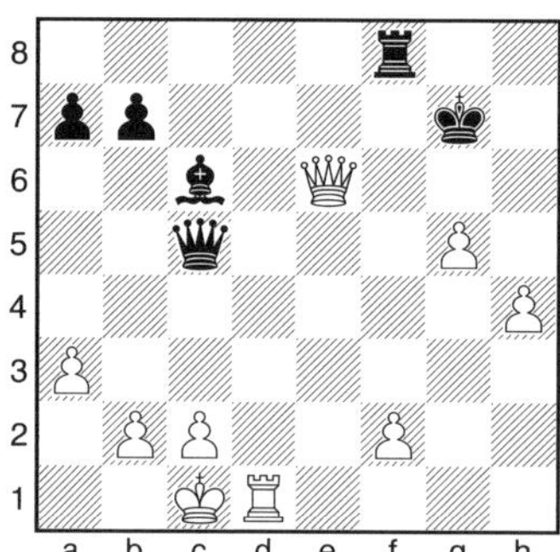

Weiß zieht und gewinnt

A01.19
Kasparow (2775)
Salow (2630)
Barcelona 1989

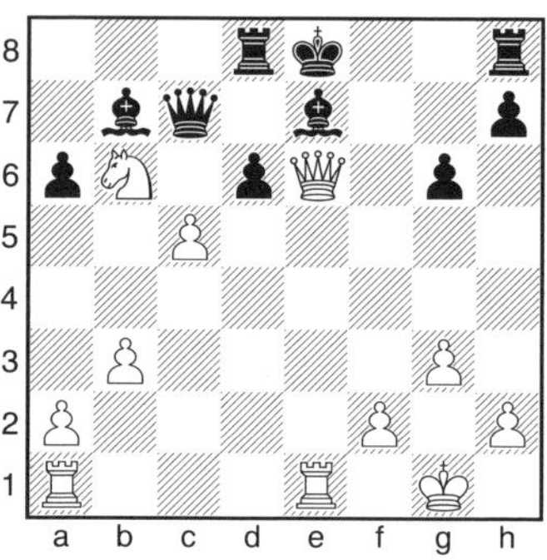

Wie krönte Weiß seine Kombination?

A01.20
Schirow (2755)
Anand (2799)
Morelia/Linares 2008

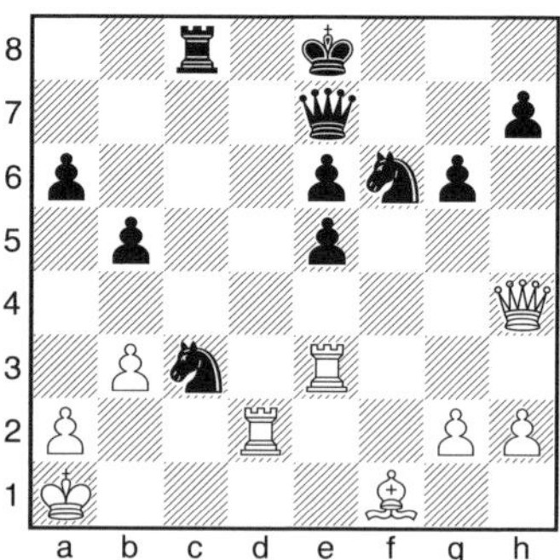

Wie setzte Schwarz den Schlussangriff an?

A01.21
Polgar, J. (2630)
Rogers (2595)
Biel 1993

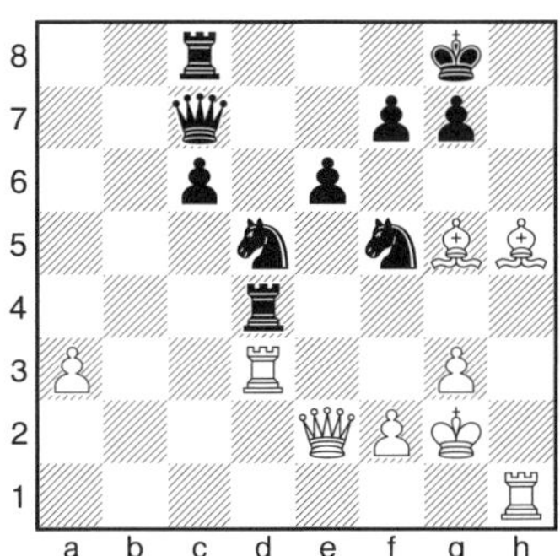

Wie legte Weiß los?

A01.22
Polgar, J. (2365)
Schilingirowa (2240)
Thessaloniki 1988

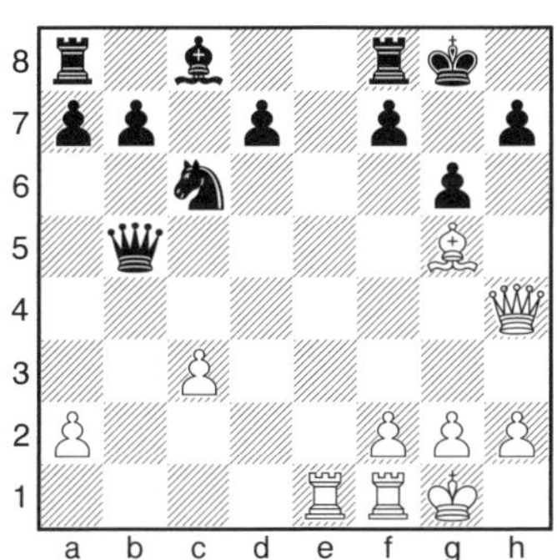

Wie schloss Weiß den Angriff ab?

A01.23
Anand (2762) – Bologan (2641)
Neu-Delhi/Teheran 2000

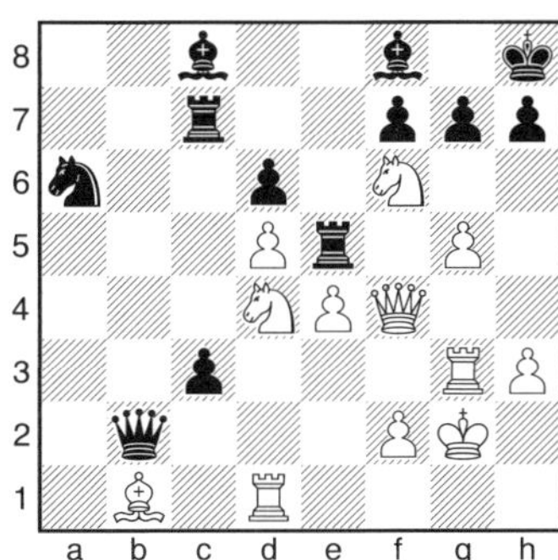

Wie setzte Weiß seinen Angriff fort?

A01.24
Kasparow (2851)
Van Wely (2646)
Wijk aan Zee 2000

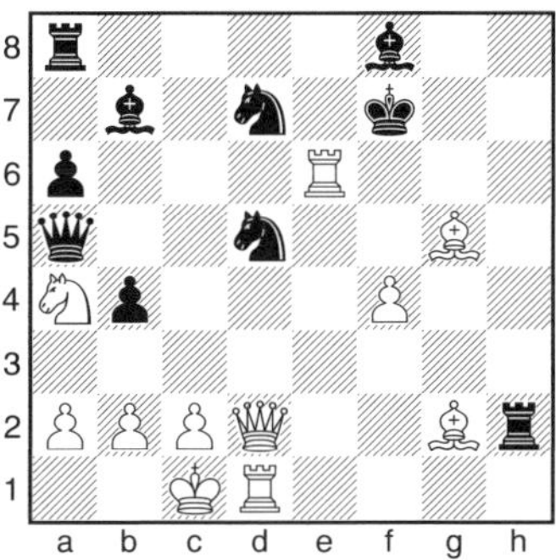

Wie setzte Weiß seinen Angriff fort?

Aufgaben zum Thema: Opferangriff

A01.25
Anand (2787) – Topalow (2805)
4. WM-Partie, Sofia 2010

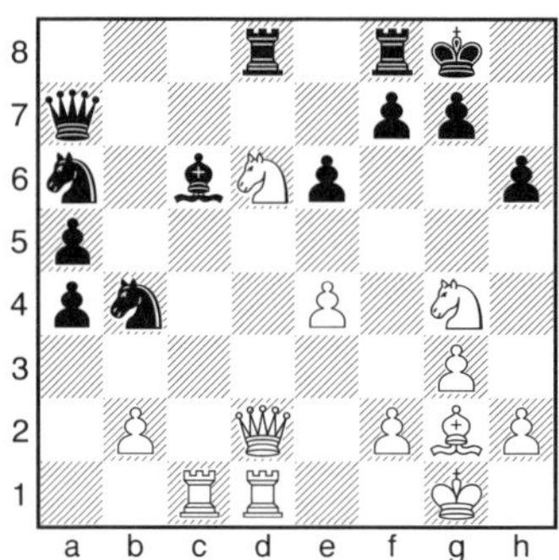

Wie legte Weiß los?

A01.26
Anand (2783) – Hammer (2608)
Stavanger 2013

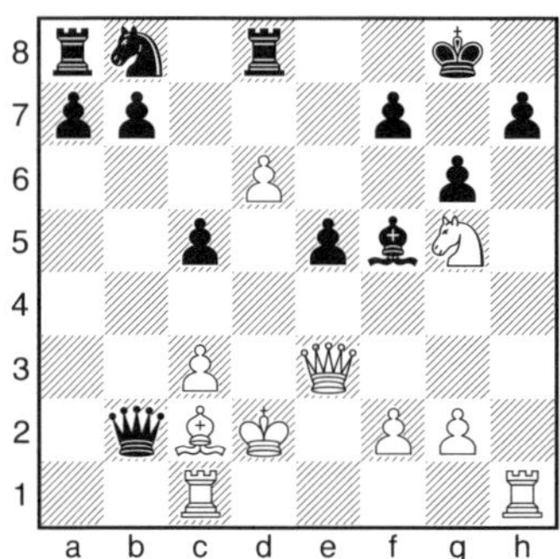

Wie legte Weiß los?

A01.27
Müller, K. – Sagrebelny
Budapest 1991

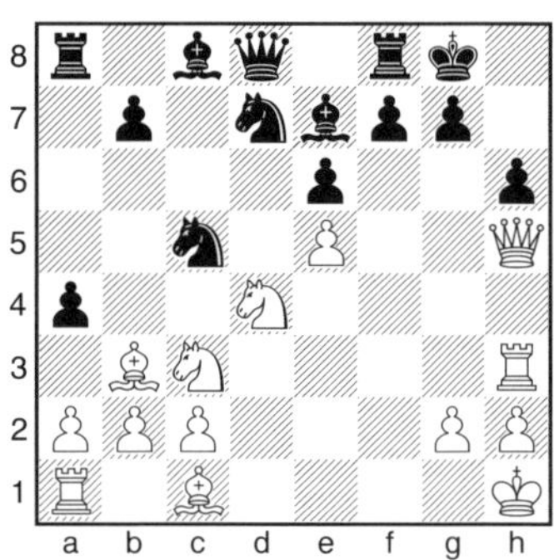

Wie legte der Autor los?

A01.28
Kasparow – Begun (2380)
Minsk 1978

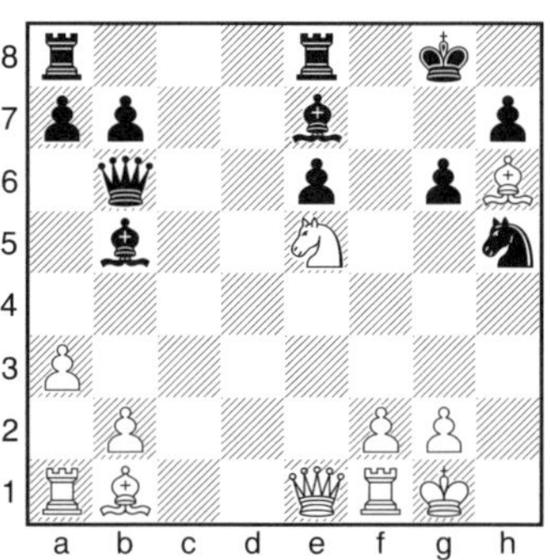

Was hatte Weiß geplant?

A01.29
Müller, K. (2505)
Schurade (2350)
Templin 1997

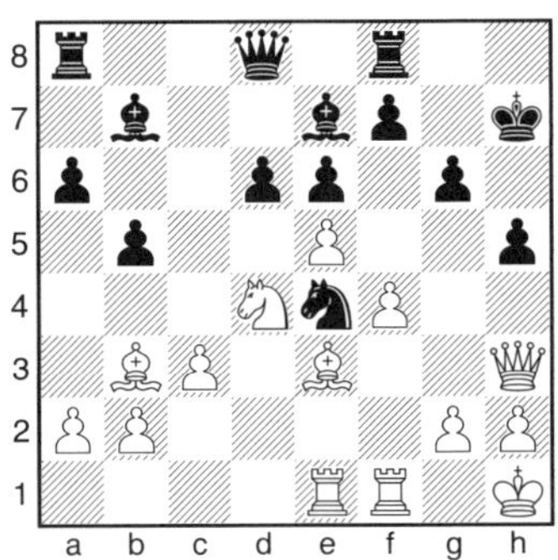

Wie legte der Autor los?

A01.30
Magerramow – Kasparow
Baku 1977

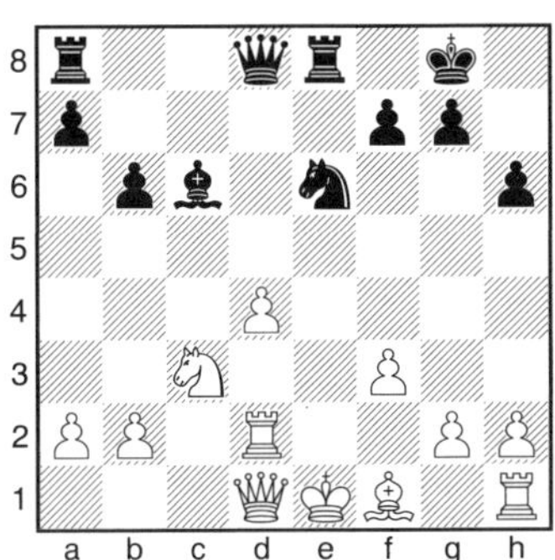

Schwarz am Zug

Wie nutzte der damals 14jährige Kasparow seinen Entwicklungsvorsprung?

A01.31
Kasparow (2805)
Kramnik (2725)
Nowgorod 1994

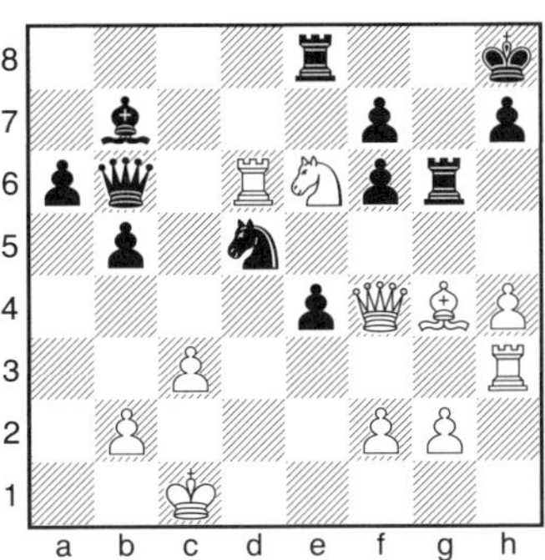

Wie legte Weiß los?

A01.32
Topalow (2805) – Anand (2787)
1. WM-Partie, Sofia 2010

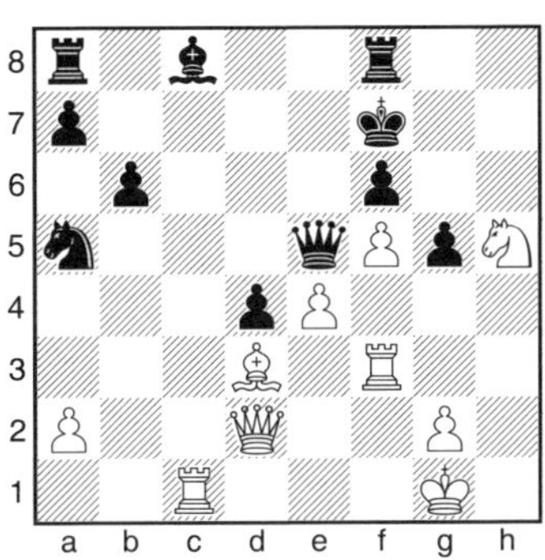

Weiß am Zug

Was hatte Anand bei 23...♔f7? unterschätzt?

A01.33
Aljechin – Apsenieks
Folkestone 1933

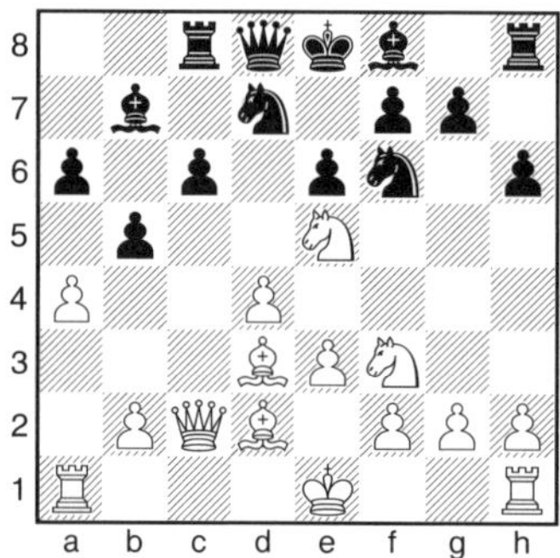

Wie legte Weiß los?

A01.34
Kan – Aljechin
Moskau 1909

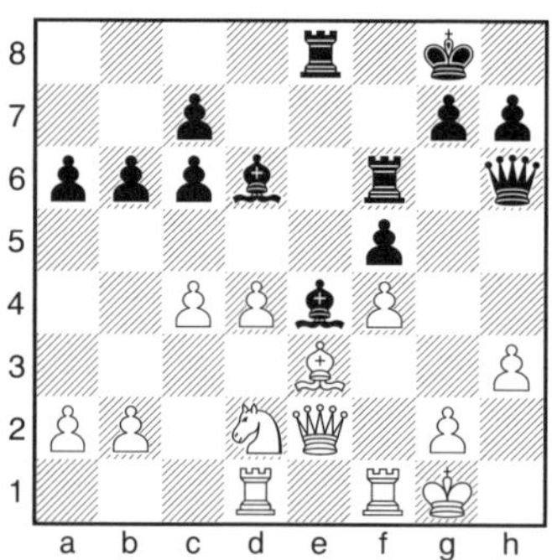

Schwarz am Zug

Wo ist das schwächste Glied der weißen Verteidigung?

A01.35
Aljechin – van Mindeno
Holland 1933 (Simultan)

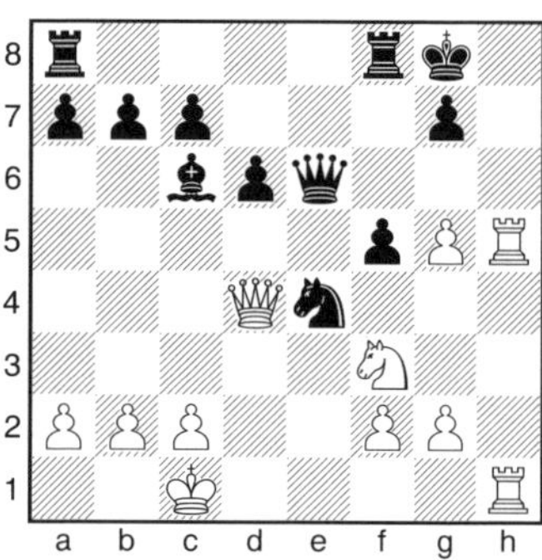

Weiß zieht und gewinnt

A01.36
Aljechin – Feldt
Odessa 1916 (Simultan)

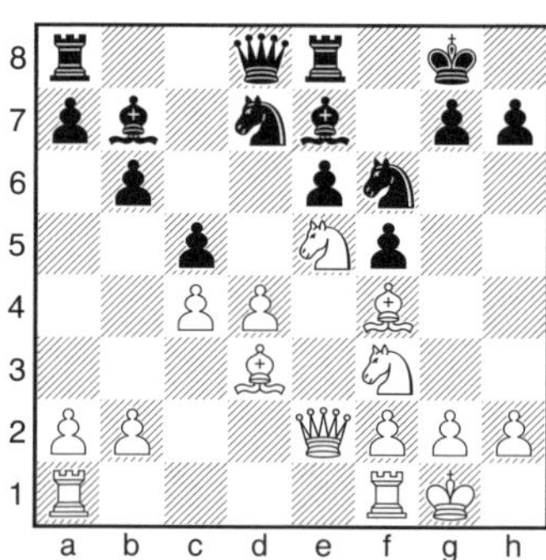

Wie entfesselte Weiß den Sturm?

A01.37
Aljechin – Hofmeister
Petrograd 1917

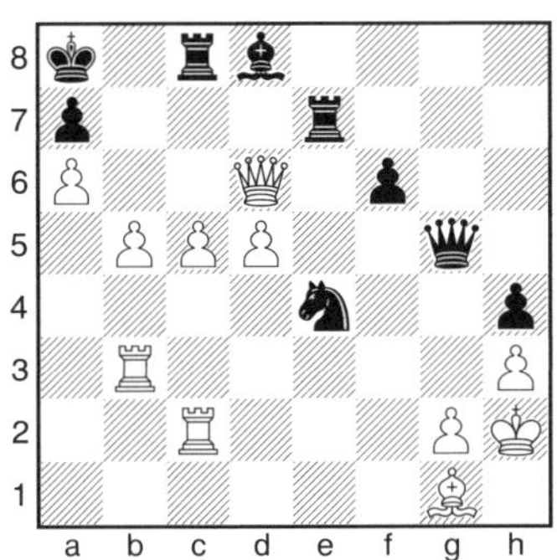

Wie wies Weiß nach, dass sein Angriff zuerst kommt?

A01.38
Aljechin – Rubinstein
Karlsbad 1923

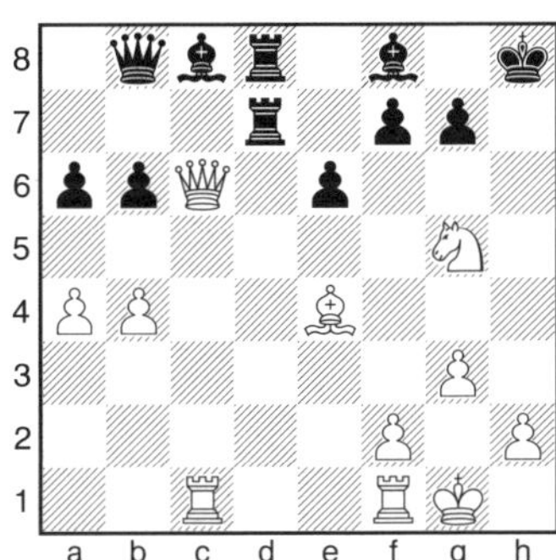

Welchen Donnerschlag hatte Weiß in petto?

A01.39
Andruet (2450)
Spasski (2565)
Deutschland 1988

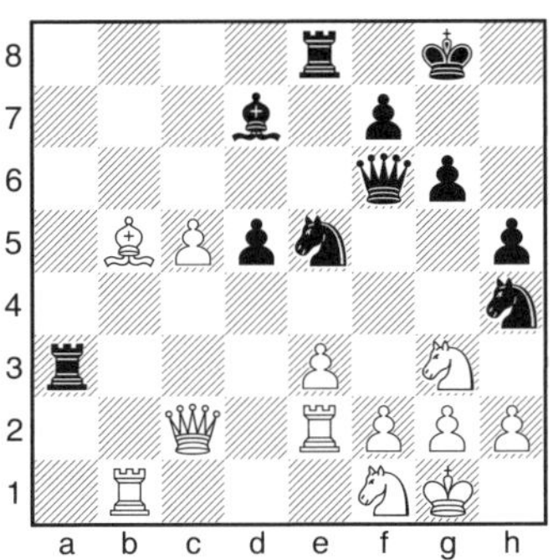

Wie stürmte Schwarz die weiße Burg?

A01.40
Spasski – Taimanow
Moskau 1955

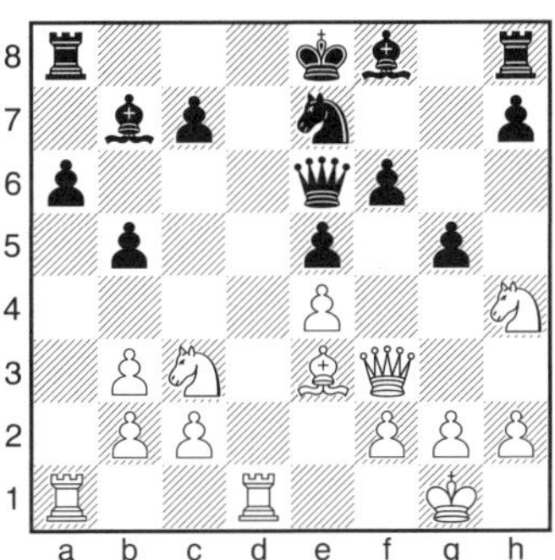

Wie legte Weiß los?

A01.41
Larsen – Spasski
Belgrad 1970

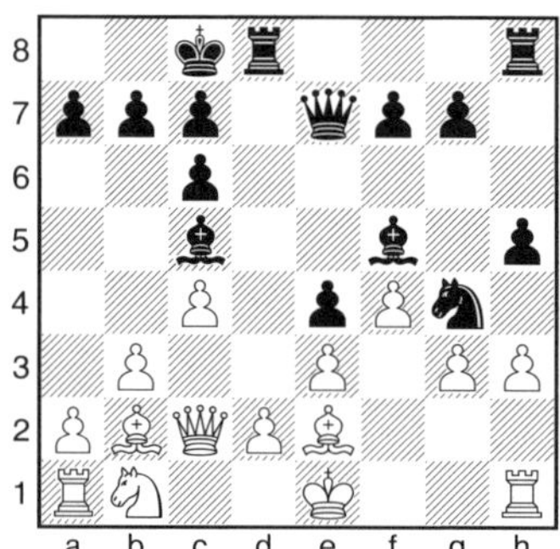

Wie legte Schwarz los?

A01.42
Spasski – Darga
Varna 1962

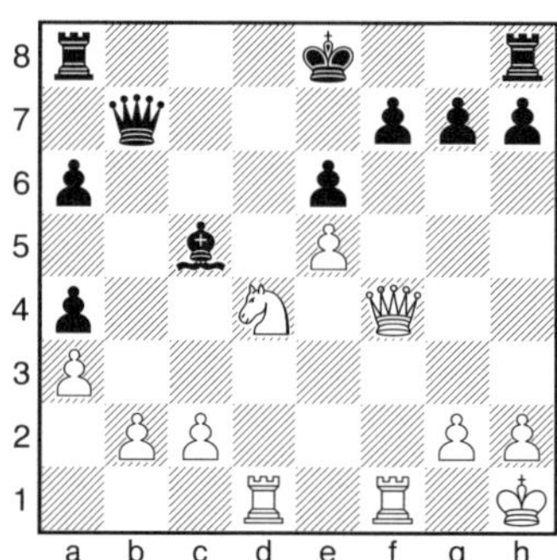

Wie nutzte Weiß seinen Entwicklungsvorsprung?

A01.43
Spasski – Bronstein
Moskau 1961

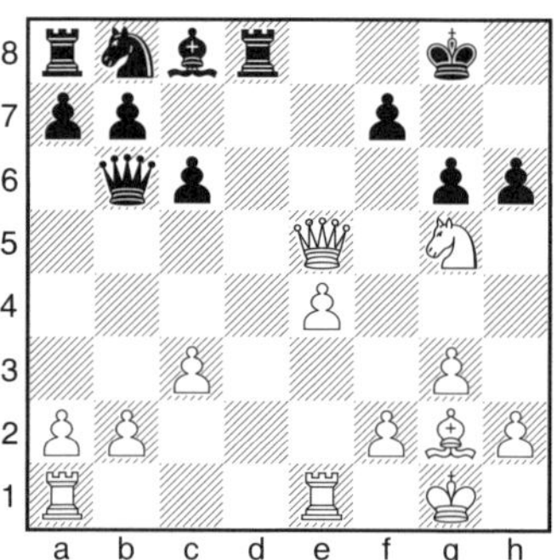

Weiß zieht und gewinnt

A01.44
Spasski – Bronstein
Leningrad 1960

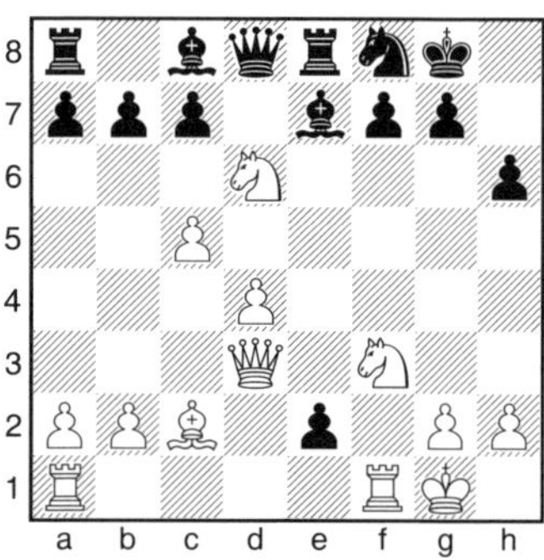

Wie reagierte Weiß auf die Bedrohung seines Turms f1?

Aktivspieler im Endspiel

Aktivspieler sind gut, wenn es um konkrete Berechnungen und aktive Optionen geht. Nicht so gut sind sie in der nicht aktiven Verteidigung, oder wenn es um langfristige strategische Pläne geht. Es folgen zuerst einige Szenarien, die Aktivspielern entgegenkommen.

A) Stärken von Aktivspielern

A1) Verteidigung von Turmendspielen

Aktivspieler sind oft nicht so gut in der Verteidigung, es sei denn, diese kann *aktiv* geführt werden. Speziell in Turmendspielen ist aktive Verteidigung ja häufig geradezu 'gesetzlich vorgeschrieben', und dort können die Stärken von Aktivspielern selbstredend erheblich zur Entwicklung der passenden Strategie beitragen.

01.09
Müller, K. (2500)
Rozentalis (2591)
Deutschland 2006

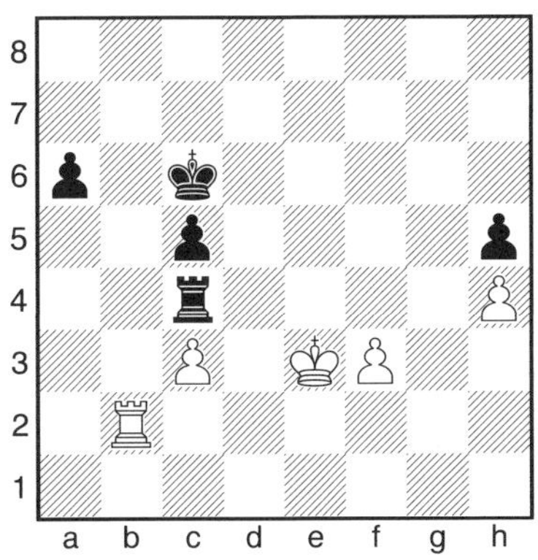

Weiß sollte entweder alles auf seine Trumpfkarte 'Freibauer' setzen – oder den Turm auf günstige Weise aktivieren.

50.f4 ♔d5

50...♖xc3+ 51.♔e4 ♖h3 52.f5 ♖xh4+ 53.♔e5 c4

(53...♖h1 54.f6 ♖f1 55.♔e6 c4 56.f7 ♔c5 57.♖b8=)

54.f6 ♖h1

(54...♔d7? geht wegen 55.♖b8+– völlig nach hinten los. Aktivspieler haben aufgrund solcher Optionen öfter „Glück in der Stellung", weil sie oft das 'dritte Ergebnis' im Spiel halten.*)*

55.♖f2 ♖e1+ 56.♔d4 ♖e8 57.♔xc4=

51.♖d2+ ♔e6 52.♖g2 ♖xc3+ 53.♔d2 ♖f3 54.♖g5 ♖xf4 55.♖xc5 ♖xh4 56.♔e3 ♖h3+ 57.♔e4 ♖h4+ ½–½

Richard Rapport ist ein sehr kreativer Angriffsspieler und diese Schneidigkeit zeigt er auch in der folgenden Verteidigung.

01.10
Rapport (2540)
Laznicka (2688)
Frankreich 2011

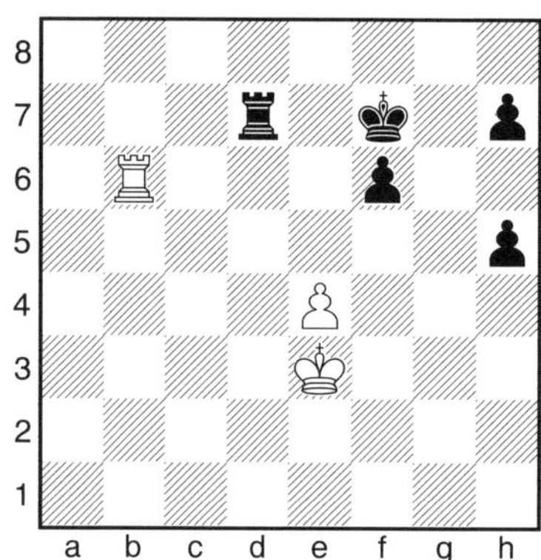

51.e5!?

So verschafft Weiß seinen Figuren ein Maximum an aktiven Optionen, während die gegnerischen in vollkommene Passivität gedrängt werden.

51...fxe5 52.♔e4 ♖e7

Nach 52...h4 53.♔xe5 h3 führt am einfachsten 54.♖b3!? zum Remis.

(54.♖h6?! ♖d3 55.♔e4? verliert, denn nach 55...♔g7 56.♖h4 ♖a3 57.♔f5 h5!! gerät der weiße Turm in eine tragikomische Lage.)

54...h2 55.♖h3 ♖d2 56.♔f4 ♔g6 57.♔g3 ♖d3+ 58.♔xh2=

53.♖h6 ♔g7 54.♖xh5 ♔g6 55.♖h1!

Nun ist die Schachdistanz zwischen Turm und König groß genug.

Der Übergang ins Bauernendspiel mit 55.♖xe5?? ♖xe5+ 56.♔xe5 verliert nach 56...♔g5 57.♔e4 ♔g4 58.♔e3 ♔g3 59.♔e2 ♔g2 60.♔e3 h5 61.♔f4 h4 62.♔g4 h3−+.

55...h5 56.♖g1+ ♔h6

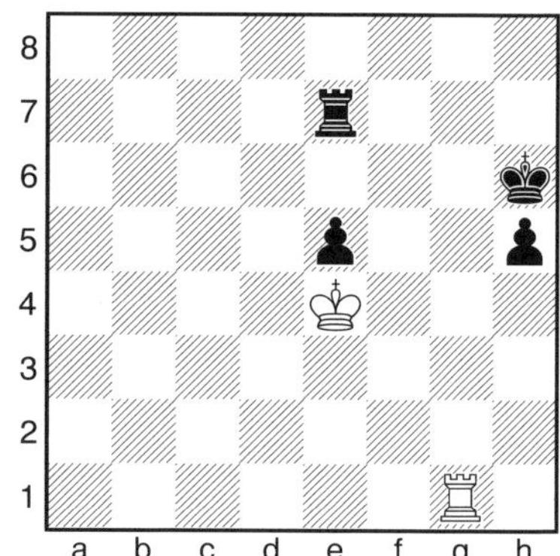

57.♔f5!?

Die aktive Lösung, obwohl 57.♖h1 ebenfalls remisiert.

57...♖f7+

– Nach 57...e4 58.♔f6 ♖e8 59.♖g6+ ♔h7 60.♖g7+ ♔h8 61.♖g5 gewinnt Weiß zuerst den h- und dann den e-Bauern.

– 57...h4 58.♖g6+ ♔h5 59.♖g5+ ♔h6 60.♖g6+ ♔h7 61.♖g4 h3 62.♖h4+ =.

58.♔xe5 h4 59.♔e4 ♔h5 60.♖g8 h3 61.♔e3 ½–½

Remis aufgrund von 61...♔h4

– 62.♔e2 (oder auch 62.♖h8+) 62...h2 63.♖h8+ ♔g3 64.♖g8+ ♔h3 65.♖h8+ ♔g2 66.♖g8+ ♔h1 67.♖g6=

– Nicht jedoch 62.♖g6? h2 63.♖h6+ ♔g3 64.♖g6+ ♔h3 65.♖h6+ ♔g2 66.♖g6+ ♔f1 67.♖h6 ♖f2 68.♖h8 ♔g1 69.♖h7 ♖g2−+.

Aufgaben zum Thema: Turmendspiele

A01.45
Bogdanovski (2430)
Müller, K. (2265)
Pula 1989

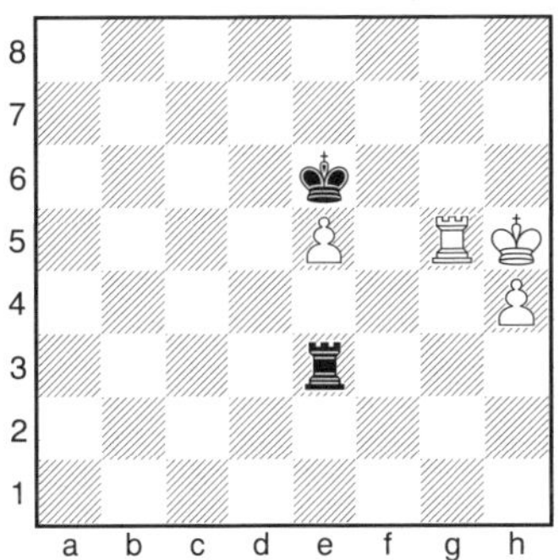

Schwarz hat zwei Remiszüge. Finden Sie mindestens einen davon!

A01.46
Caruana (2773) – Anand (2780)
Sao Paulo/Bilbao 2012

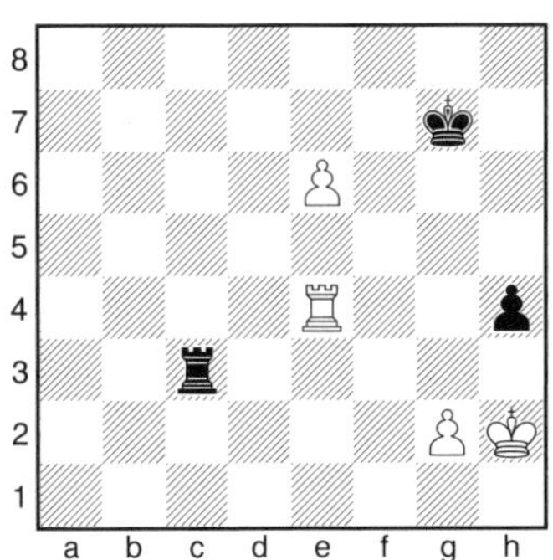

Wie rettete sich Schwarz?

A01.47
Kramnik (2754)
Grischuk (2710)
Wijk aan Zee 2005

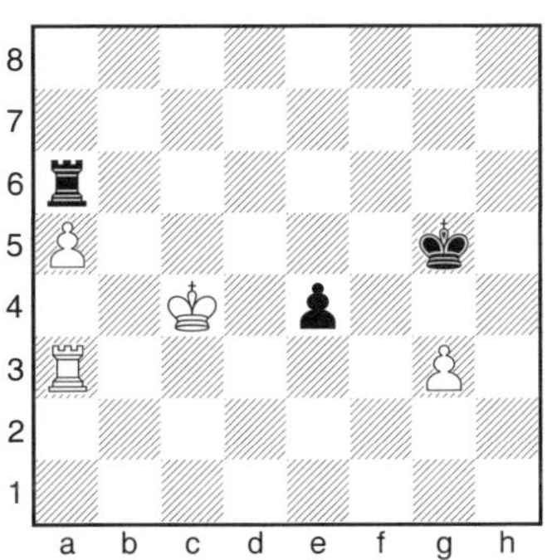

Wie rettete sich Schwarz?

A01.48
Solic (2222) – Pruijssers (2443)
Sarajevo 2010

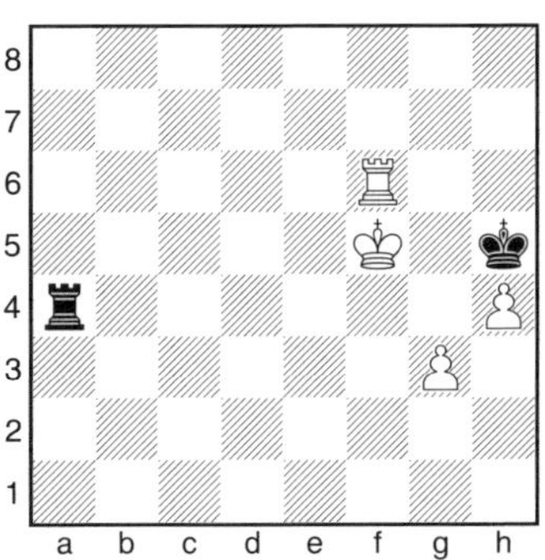

Wie rettete sich Schwarz?

A2) Dynamische Trümpfe sind wichtig

Denn dann kommt Aktivspielern ihre Fähigkeit zum intuitiven Aufspüren von dynamischen Chancen und verborgenen Risiken zugute, obwohl sie diese mitunter auch überreizen.

A2.1) Gefährliche Freibauern

In einem solchen Szenario spielt das reine Abzählen des Materials oft nicht die Hauptrolle. Im folgenden Fall sah ich mich gegen den Turnierfavoriten ungeachtet der Minusqualität nie ernsthaft in Verlustgefahr.

01.11
Hausner (2440)
Müller, K. (2380)
Hamburg 1990

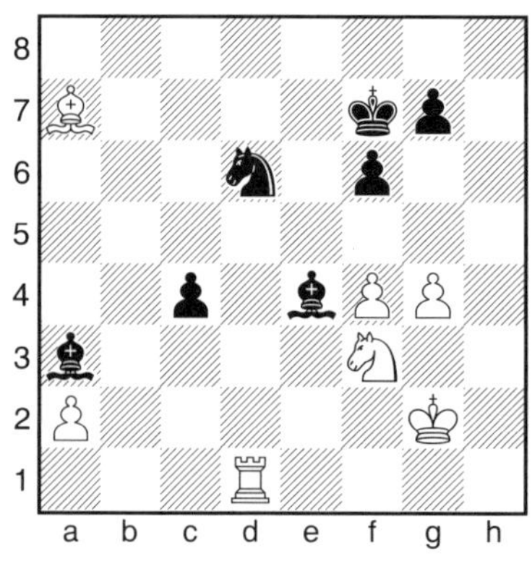

Schwarz am Zug

Der schwarze Freibauer und das Läuferpaar gleichen die Stellung bequem aus – zumindest aus der Sicht eines Aktivspielers.

43...c3

Freibauern müssen laufen!

44.♗e3 c2 45.♖e1

– 45.♖a1? Sc4 46.♗c1 ♗c5 47.a4 ♗d4 48.♖a2 ♗e3 49.♖a1 ♘d2−+

– 45.♖xd6? ♗xd6 46.♗c1 g5 47.fxg5 fxg5 48.♗xg5 ♗a3 49.♔f2 c1♕ 50.♗xc1 ♗xc1−+

45...♗b4!

Ein starker Mückenstich. Das Läuferpaar wird ja oft mit solchen Quälgeistern verglichen und im diesem Beispiel passt der Mückenschwarmvergleich auch gut. Vor solch frei umherfliegenden Mücken ist man nirgends sicher.

Nach 45...♘c4?! kann Weiß sich mit 46.♗c1! entlasten, was ihm natürlich in die Karten spielt. Nun muss Schwarz ums Remis kämpfen, was aber mittels 46...♗xc1 47.♖xc1 ♘d2 48.♖xc2 ♗xc2 49.♘xd2 ♔e6= gelingt.

46.♖e2

46.♖c1!? ♘c4 47.♔f2 ♘b2 (47...♗a3 48.♘d4 ♗xc1 49.♗xc1=) 48.♘d4 (48.♘e1? ♘d1+ 49.♔e2 ♗xe1 50.♔xe1 ♘xe3−+) 48...♘d1+ 49.♔e2 ♘c3+ =

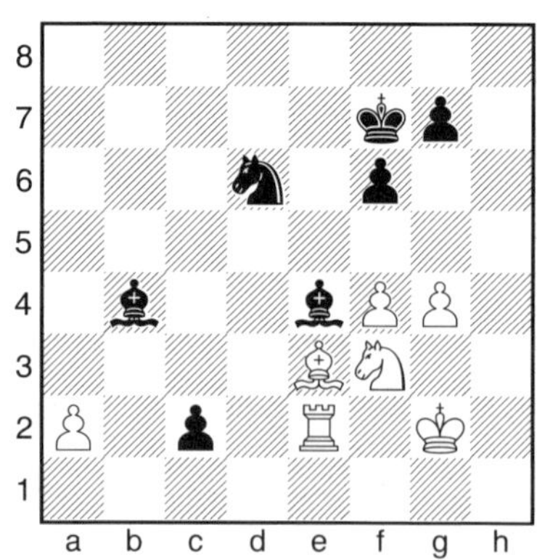

46...♗d3!

Der nächste Mückenstich.

47.♘d4?!

47.♖e1! ♗xe1 48.♘xe1 ♗e4+ 49.♔f2 Sc4 50.♗c1 ♔e6 51.f5+ ♔e5 52.♔g3=

47...♘c4!

Nun folgt zur Abwechslung ein Huftritt.

48.♗c1!

48.♘xc2? ♗xc2 49.♗a7 ♗d3 50.♖f2 ♗e1 51.♖f3 ♗e4−+

48...♗c3! 49.♘b5!

49.♖xc2? ♗xd4−+

49...♗xe2 50.♘xc3 ♗xg4

Nach der Transformation hat Schwarz einen gesunden Mehrbauern, der jedoch vermutlich nicht verwertet werden kann.

51.♘d5?

Deutlich genauer war 51.♘b5 ♗f5 52.♘d4 ♗e4+ 53.♔f2 mit Remischancen.

51...♗e6?

Die direkte Aktivierung des Königs mit 51...♔e6 war angesagt.

52.♘b4?

52.♘c3 ♗f5 53.♘b5 bot gute Remischancen.

52...♗f5 53.♔f2 ♗e4

53...♔e6!?−+ war genauer.

54.♘a6 ♔e6 55.♘c5+ ♔d5 56.♘b3

56.♘xe4?! ♔xe4 57.♔e2 ♔d4!−+

56...♗f5 57.♔e2

57.♔f3 g6 58.♔e2 ♔e4−+

57...♗g6?

Das ist zu langsam, denn der König musste direkt weiter vordringen: 57...♔e4 58.♘c5+ (58.♘d2+ ♘xd2 59.♗xd2 ♗g4+ 60.♔e1 ♗d7−+) 58...♔d4 59.♘a6 ♗e6 60.♘c7 ♗d7 61.♔e1 ♔d3 62.♘a6 ♔c3 63.♘c5 ♗f5 64.♔e2 ♘b6−+.

58.♘d2 ♘b6 59.♘f1?

Nun kann der König doch noch günstig weiter vordringen.

Stattdessen bot 59.♘b3 praktische Remischancen.

59...♔d4 60.♗b2+ ♔e4 61.♗c1 ♔d4 62.♗b2+ ♔e4 63.♗c1 ♗h5+?

63...♘c4−+ war genauer.

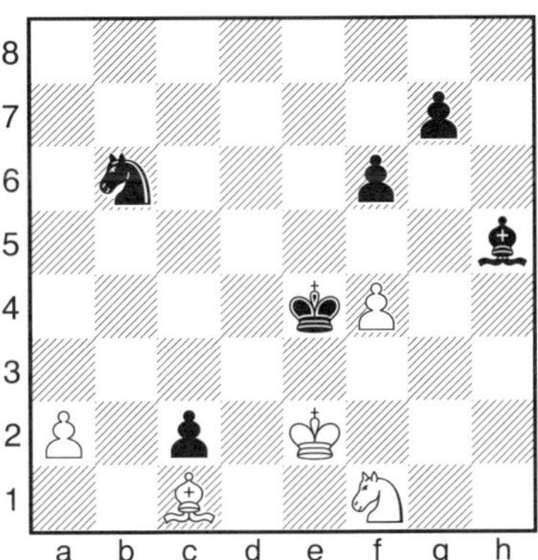

64.♔f2?

64.♔d2 ♗e8 (64...♗d1? 65.♘e3 ♔xf4 66.♘xd1 cxd1♕+ 67.♔xd1+ ♔f3 68.♗b2=) 65.♔xc2 ♘d5 66.♔b3 bot praktische Remischancen.

64...♔d3! 65.♘e3 ♗f7 66.a3 ♘a4 67.♘g2 ♘c5 68.♘e1+ ♔c3 69.♔e3 ♗g6 70.♗d2+ ♔b2 71.♘xc2 ♗xc2 72.♗b4 ♘e6 73.♗d6 ♔b3 74.♔d2 ♗e4 75.♔e3 f5 76.♗e7 g6 77.♗d6 ♗c6 78.♔d3 ♗b5+ 79.♔e3 ♔c4 80.♗e5 ♔d5 81.♗f6 ♘c5 82.♗e7 ♘e4 83.♗f8 ♘d6 84.♔f3 ♘c4 85.♗e7 ♔d4 86.♗b4 ♗c6+ 87.♔g3 ♔e4 88.♗c5 ♘b2 89.♗d6 ♘d3 90.♗c7 ♘c5 91.♗d6 ♘e6 92.♗b8 ♗e8 93.♗d6 ♘d4 0−1.

Aufgaben zum Thema: Freibauern

A01.49
Medina Garcia – Tal
Palma de Mallorca 1966

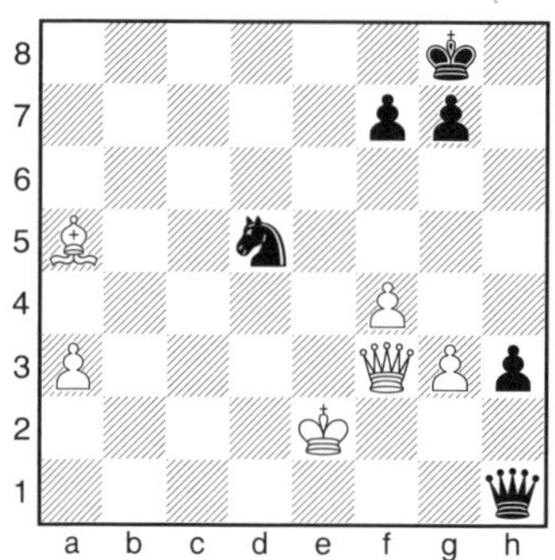

Wie gewann der Magier aus Riga?

A01.50
Topalow (2777)
Iwantschuk (2781)
Bilbao 2008

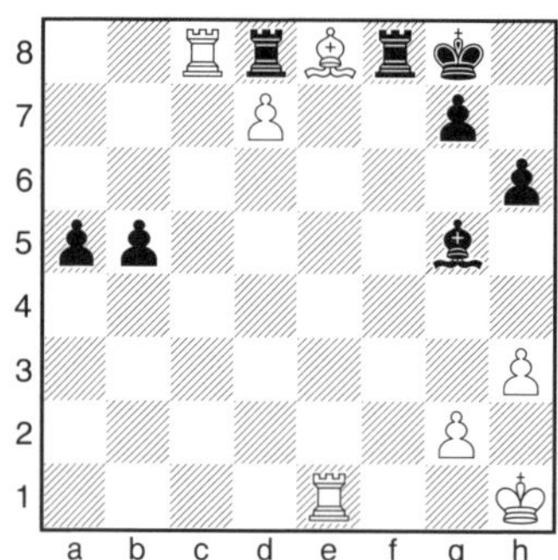

Wie münzte Weiß seinen mächtigen d–Freibauern um?

A01.51
Topalow – Schirow
Linares 1998

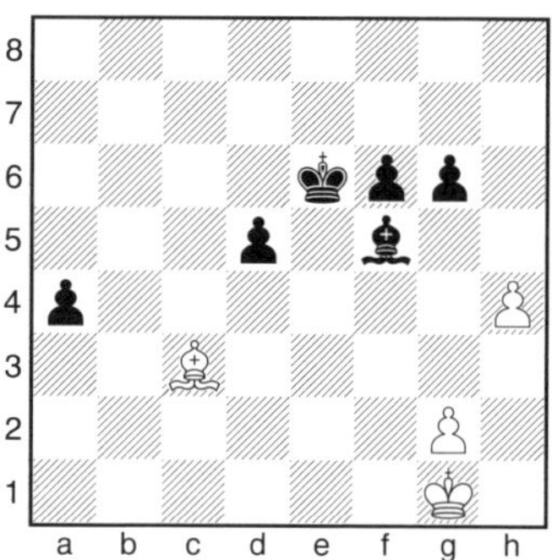

Schwarz zieht und gewinnt

A01.52
Spasski (2650)
Byrne, R. (2595)
San Juan 1974

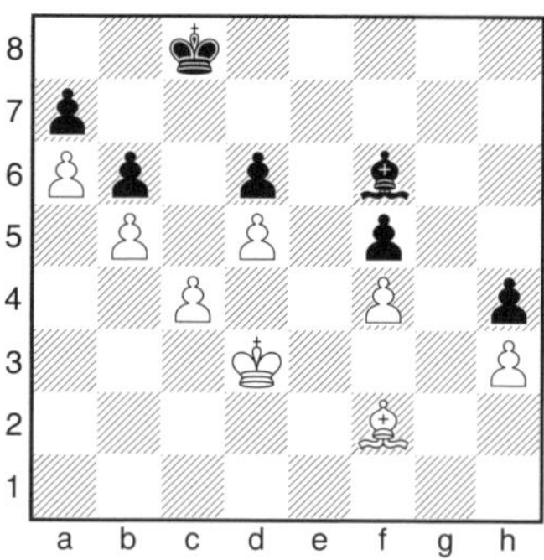

Wie legte Weiß los?

A2.2) Endspieltypen, in denen Initiative und Angriff besonders wichtig sind

Natürlich ist es immer gut, Initiative oder Angriff zu haben – oder am besten beides. Jedoch gibt es typische Szenarien, in denen diese Faktoren, die einem Aktivspieler entgegenkommen, besonders wertvoll sind.

A2.2.1) Endspiele mit Turm und Springer

Im Endspiel 'Turm + Springer gegen Turm + Springer' lautet die wichtigste und pointiert formulierte Faustregel: Eine leichte Initiative wiegt schwer! – Aktivspieler sind hier gut, wenn *sie* die Initiative haben – jedoch nicht so gut, wenn sie sich gegen feindliche Initiative zur Wehr setzen müssen.

01.12
Anand (2784)
Kasimdjanow (2595)
Wijk aan Zee 1999

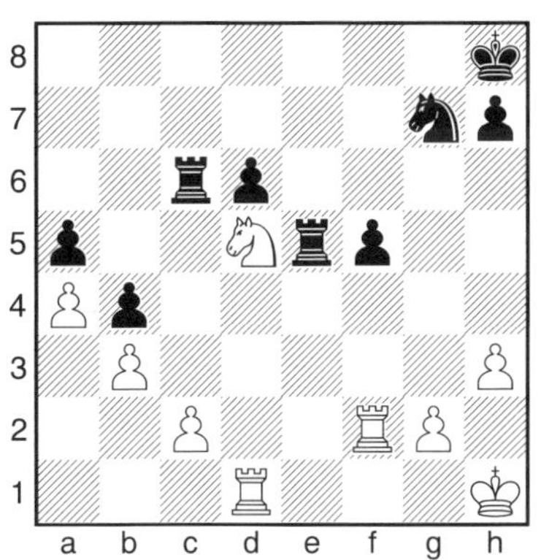

Weiß am Zug

Weiß steht strukturell besser, aber ein Gewinn ist noch in weiter Ferne. Anands Umgang mit der Initiative ist mustergültig.

28.♔h2 ♔g8 29.♖d3

Weiß bereitet die Überführung des Springers nach c4 vor.

29...♔f7 30.♘e3 ♔e7 31.♘c4 ♖ec5 32.♖fd2 ♘e8?

Dieses Springermanöver ist zu langsam, denn die weißen Türme können nun über die e-Linie eindringen.

Die letzte praktische Remischance bestand in 32...f4 33.♖d4 ♘e6 34.♖xd6 ♖xd6 35.♘xd6 ♘d8.

33.♖e2+ ♔f7 34.♖de3 ♘f6

34...♘c7 35.♖e7+ ♔g6 36.g3+-

35.♖e7+ ♔g6?!

35...♔f8 36.♖a7+-

36.♖2e6 f4?!

36...♖d5 37.♔g3 h5 38.♖d7 h4+ 39.♔f3+-

37.♘xd6 f3 38.♖f7 ♖f5

38...♖xd6 39.♖fxf6+ +-

39.♖g7+ 1-0

A2.2.2) Endspiele mit Türmen und ungleichfarbigen Läufern

Bei diesem Endspieltyp geht es nicht um die Remis-Tendenz, sondern darum, dass ungleichfarbige Läufer – ganz ähnlich wie im Mittelspiel – den Angreifer begünstigen.

Die folgende Hängepartiestellung habe ich zunächst als Sekundant von Alexey Schirow analysiert, der sie auch in seinem Buch „Fire on Board" bringt. Danach zeigte ich die Analyse dem bekannten Trainer C.D. Meyer und sie war länger Thema beim Hamburger Kadertraining. In den ersten Veröffentlichungen gingen wir davon aus, dass der Abgabezug 61...♔g8?! verliert. Aber nach 15 Jahren rief C.D. Meyer an und ich musste von da an alles ändern.

Das Beispiel lässt mich bis heute nicht los und ich habe es fast allen meinen Schülern und bei vielen Trainingssitzungen und Seminaren gezeigt. Daher kann ich neue Erkenntnisse von Vincent Keymer und Dommaraju Gukesh bieten. Beide waren zu dem relevanten Zeitpunkt 13 Jahre alt und auf dem Weg zum Großmeister bzw. schon dort angekommen. Es ist eines meiner absoluten Lieblingsbeispiele.

01.13
Schirow (2670) – Lautier (2635)
München 1993

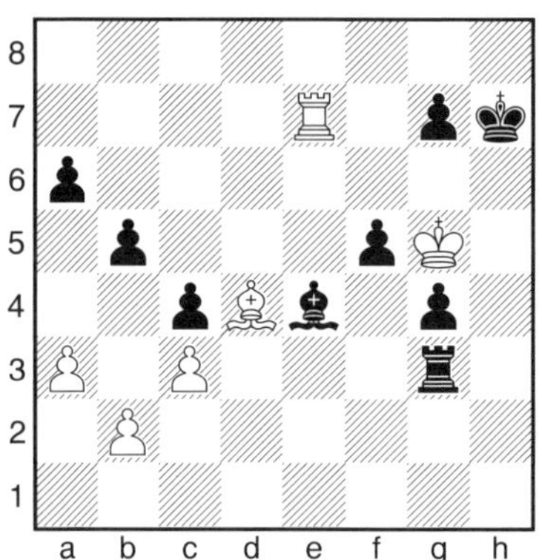

In dieser Stellung gibt es sogar *drei* Remiszüge.

61...♔g8?!

Lautier hatte in der Tat den Zug abgegeben, den wir vor allem erwartet hatten. Ich dachte allerdings 15 Jahre lang, dass er verliert bis eines Tages C.D. Meyer anrief.

Kurz vor der Wiederaufnahme der Hängepartie hatten Alexey und ich noch eine andere Variante analysiert: 61...♖h3 62.♖xg7+ ♔h8 63.♔g6 f4+ 64.♔g5 ♖d3? (◯64...♗c2=)

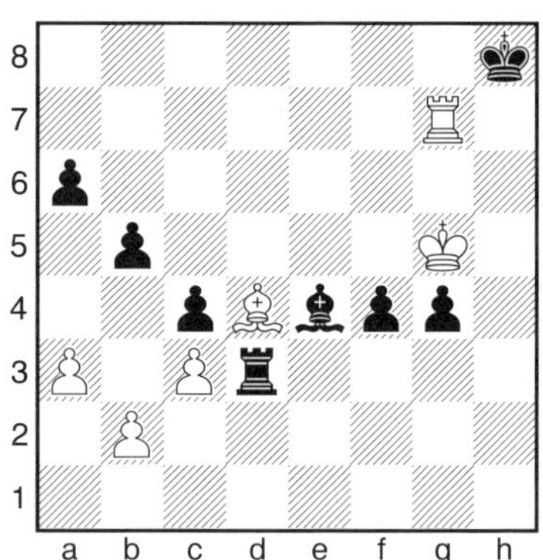

Hier fand ich zum Glück den Gewinn.

(Alexeys Notebook hat keinen Saft mehr und wir hatten uns noch nicht um einen Adapter gekümmert. Fritz hätte das sicher auch und vor allem schneller gefunden.)

65.♖e7+ ♖xd4 66.cxd4 g3 67.♖xe4 g2 68.♖e1 f3 69.♔g6 f2 70.♖e8#

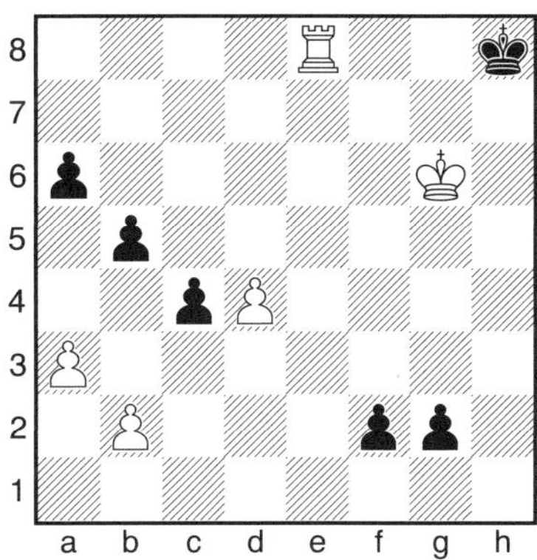

Das war mein wichtigster Beitrag als Sekundant zu Alexeys Turniersieg. Er hatte zwar keinen direkten Einfluss, aber Alexey begann daran zu glauben, dass er in der Hängepartie Gewinnchancen hat.

61...♖d3 ist ebenfalls spielbar.

62.♔g6 ♗c6

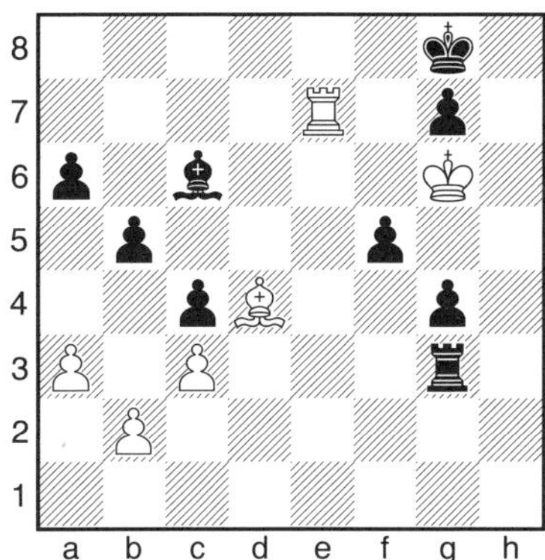

63.♗c5!?

Diesen Trick hatte Lautier zum Glück in der Analyse seiner Hängepartie nicht berücksichtigt.

63...♖d3?

63...♔h8!! ist paradoxerweise der einzige Remiszug, den Fritz auf Alexeys Notebook auch noch gefunden hatte, kurz bevor der Akku leer war. Lautier hat vermutlich zur Analyse keinen Computer eingesetzt, die damals ja noch nicht so stark waren wie heute. Nun sollte Weiß mit 64.♗d4 ♔g8 die Stellung wiederholen und danach zu 65.♖xg7+ greifen: 65...♔f8

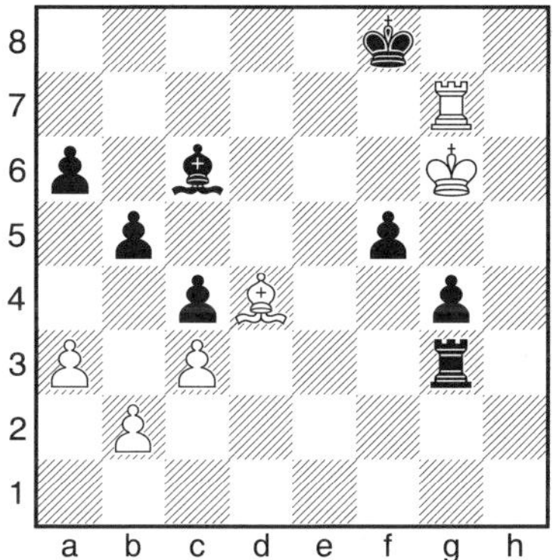

66.♖c7!? Meine Verbesserung, die ich aber erst später fand.

(66.♔f6= kam in der Post mortem Analyse von Schirow und Lautier vor.)

66...♗g2!

(Es geht auch 66...♗h1, während alle anderen Züge verlieren.)

1) Beim Training (in Hamburg Mitte 2019) fragte Gukesh nach 66...♗e8+? 67.♔f6 ♖g2.

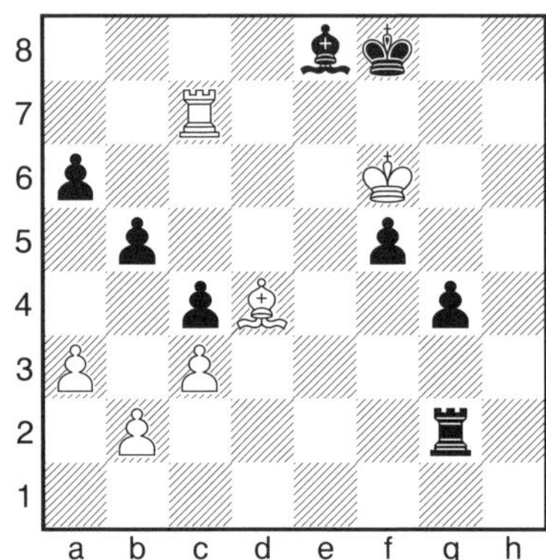

Und es war ein Computer, der den Gewinn fand: 68.♖h7

(68.♖c8? ♖e2 69.♗c5+ ♔g8 70.♗e7 gewinnt zwar den Läufer, aber nicht die Partie: 70...g3 71.♖xe8+ ♔h7 72.♖d8 ♖xe7 73.♔xe7 g2 74.♖d1 f4 75.♔f6 f3 76.♖d7+ =.)

68...♔g8 69.♖g7+ ♔h8 70.♖e7 ♗c6 71.♖e6 ♗d7 72.♖d6 ♗e8 73.♖d8+−

2) 66...♗d5? 67.♖c5 ♗e6 (67...♗b7 68.♖e5+−) 68.♔f6

Erst jetzt kann dieser Zug erfolgen, weil er mit Tempo geschieht.

68...♗d7 69.♖c7

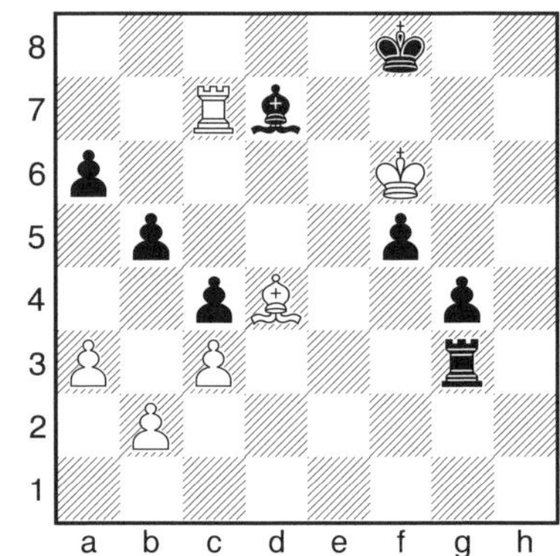

Nun hat Schwarz nur die Wahl, wie er verlieren möchte; z.B. 69...♔e8 70.♖a7 ♔d8 (70...♗c8?! 71.♖e7+ ♔d8?! 72.♗b6#) 71.♗b6+ ♔c8 72.♖c7+ ♔d8 73.♖c5+ ♔e8 74.♖e5+ ♔f8 75.♗c5+ ♔g8 76.♖d5 ♖d3 77.♗d4+−.

3) 66...♗e4? 67.♔f6+− ♔e8 68.♔e6 ♔d8 69.♖c5 ♗b7 70.♗f6+ ♔e8 71.♖c7 ♖e3+ 72.♗e5 ♖xe5+ 73.♔xe5

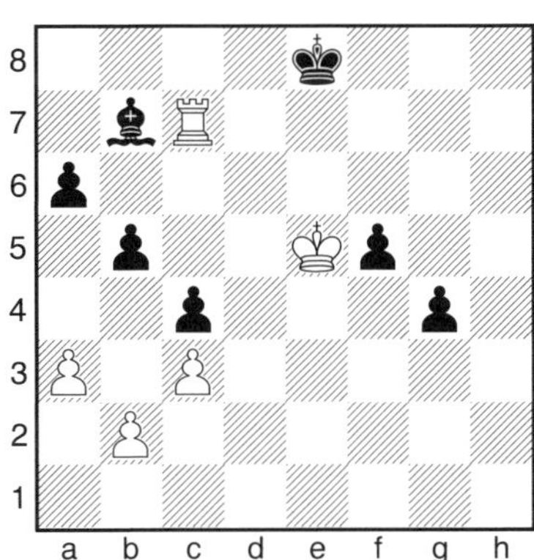

Ich dachte 15 Jahre lang, dass Weiß gewinnt, aber das stimmt nicht, wie C.D. Meyer mit Hilfe von Engines nachwies, nachdem die 'Sechssteiner Tablebases' für die Suche verfügbar waren. Zwar fand ich zusammen mit Vincent Keymer Fehler in seiner Analyse, die aber reparabel sein sollten.

73...♗e4 74.♔f4 ♔d8 75.♖a7 ♔c8 76.♖xa6 ♔b7 77.♖g6 ♗d3 78.♔e5 ♔c7 79.♔d4

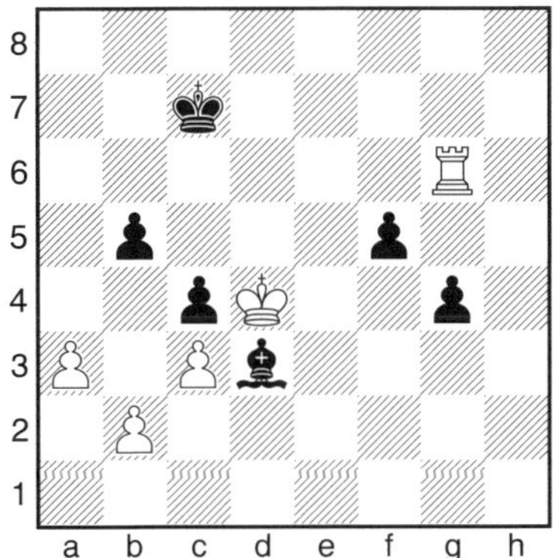

Und hier fand Vincent Keymer 79...♗c2!

(C.D. Meyers 79...♗e2? verliert hingegen: 80.♖f6 ♗d3 81.b3 Der Ausheber! 81...g3 82.bxc4 bxc4 83.♔e3 g2 84.♔f2 ♗e4 85.♔g1 ♔b7 86.♖d6 ♔c7 87.♖d4 ♔b6 88.♖xc4+−)

Eine Beispielvariante lautet 80.♔c5 ♔d7 81.♔xb5.

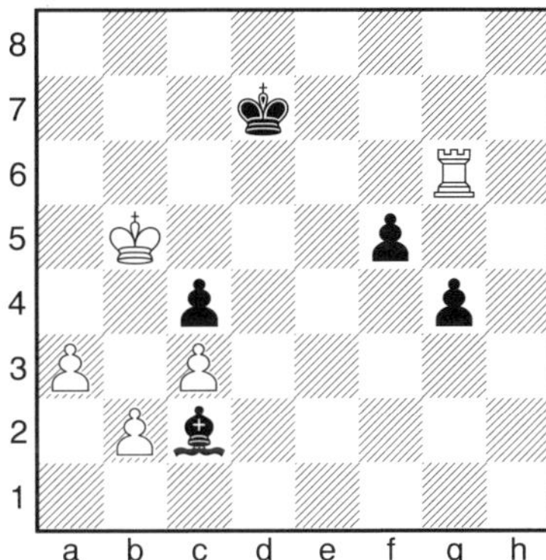

Nun kommt das schwarze Gegenspiel gerade rechtzeitig: 81...♔e7 82.♔xc4 ♔f7 83.♖g5 ♔f6 84.♖g8 ♔f7 85.♖d8 g3 86.♖d2 f4 87.♔d4 f3 88.♔e3 f2=. (Schirow in 'Endgame Magic 136' im Jahr 2019)

64.♖xg7+ ♔h8 65.♗d4! ♖xd4 66.cxd4 f4 67.♖c7 ♗e4+ 68.♔h6 ♗d5

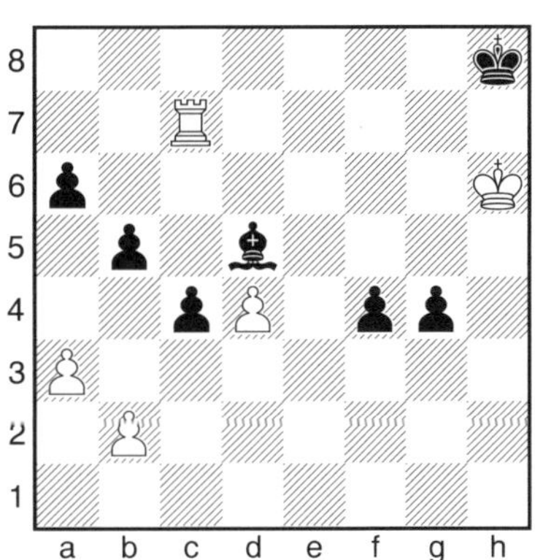

69.♖c5!

Schirow ist nun stets ein Tempo schneller.

69...♗g8 70.d5 f3 71.d6 ♗e6

71...f2 72.♖f5 g3 73.d7 g2 74.d8♕ g1♕ 75.♕f6+ ♕g7+ 76.♕xg7#

72.♖e5 ♗d7 73.♖e7 f2 74.♖xd7 ♔g8 75.♖g7+ ♔f8 76.d7 1–0

Diese Analyse basiert auf einem Artikel, der Ende Mai 2020 im 'Schachmagazin 64' erschien.

Mit dem energischen Einsatz von Initiative können mitunter sogar starke Reflektoren geschlagen werden. Im folgenden Beispiel setzen wir bereits etwas früher ein.

01.14
Carlsen (2690) – Anand (2779)
Morelia/Linares 2007

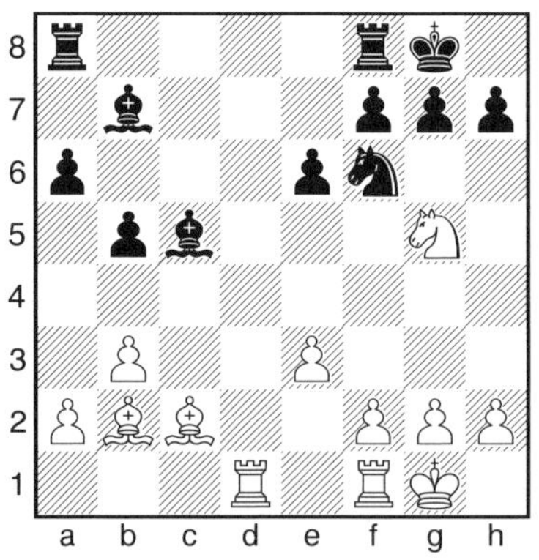

Schwarz am Zug

Der weiße Angriff ist nur Strohfeuer.

17...♔h8!!

Solch effektive prophylaktische Königszüge sind ein Markenzeichen starker Aktivspieler. Hier ist der Zug allerdings auch direkt taktisch begründet, denn nach 17...h6? 18.♗xf6 gxf6 19.♘h7 ♖fd8 20.♗e4!? ♗xe4 21.♘xf6+ ♔g7 22.♘xe4 hätte Weiß deutlichen Vorteil (Marin in 'CBM 117').

18.g3?!

18.♗xf6 gxf6 19.♖d7 fxg5 20.♖xb7=

18...h6 19.♗xf6 hxg5 20.♗b2

20.♗xg5? f6–+ (Marin)

20...♖ac8 21.♖c1 ♖fd8

21...♗f3?! 22.♗d1=

22.♖fd1 ♗f3 23.♖xd8+ ♖xd8 24.a3 b4 25.a4 f5 26.♔f1 f4

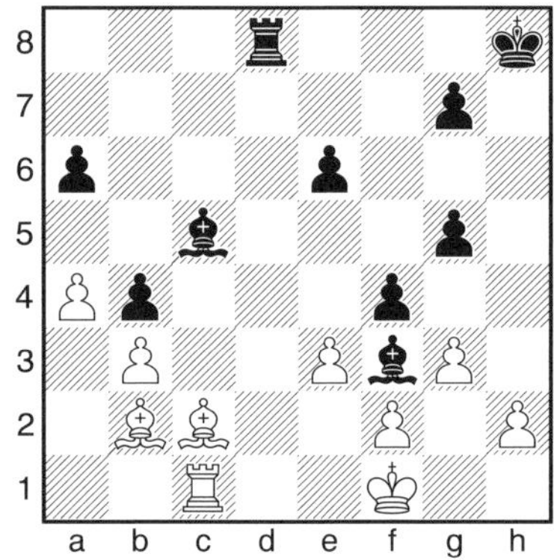

Anand erhöht den Druck und bringt die Spannung auf den Siedepunkt.

26...g4 27.♔e1 ♗d6 28.♗d1 ♗b7 29.a5 ♔g8 30.♗e2 ♔f7 31.♗c4= (Marin)

27.♗e4?

Diese Entlastung geht nach hinten los.

Hingegen hätte 27.gxf4 gxf4 28.exf4 ♖d2 29.♗g6 (Marin) den Tag gerettet; z.B. 29...♖xf2+ 30.♔e1 ♖e2+ (30...♖xb2?? 31.♖xc5+–) 31.♔f1=.

27...♗xe4 28.♖xc5

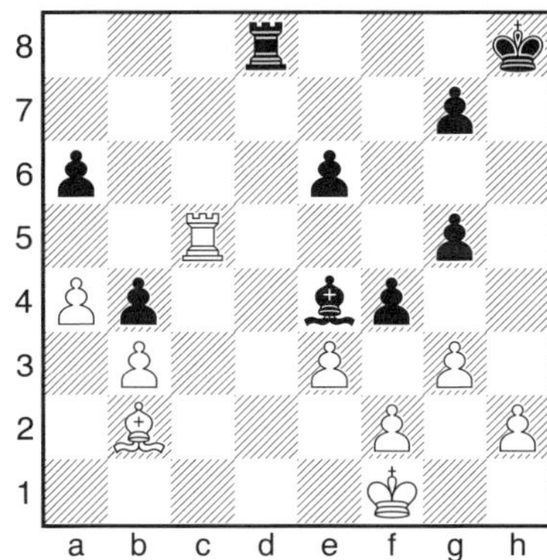

Die ungleichfarbigen Läufer begünstigen hier klar die Seite mit der Initiative und die weiße Stellung dürfte nun nicht mehr zu halten sein.

28...♖d1+ 29.♔e2 ♖b1 30.♗c1 f3+ 31.♔d1?! ♖xb3 32.♖c4?! ♗d3 33.♖c8+?!

Danach ist Weiß definitiv verloren, aber guter Rat war bereits teuer.

33...♔h7 34.e4 ♖b1 35.♔d2 ♗xe4 36.♔e3 ♗d5 37.♗d2 ♖b3+ 38.♔d4 ♖b2 39.♗e3 ♖e2 40.♖c1 ♗a2 0–1

B) Endspielschwächen von Aktivspielern

Aktivspieler wollen in der Regel etwas unternehmen. Wenn das allerdings nicht klappt, haben sie mitunter ein Problem, denn da sie mitunter zu ungeduldig sind und kein Sitzfleisch haben, verstoßen sie oft gegen das Endspielprinzip: Nichts überstürzen! – Dabei kommen speziell voreilige Bauernzüge häufig vor, wie beispielsweise in der folgenden Stellung.

01.15
Larsen – Torre
Leningrad 1973

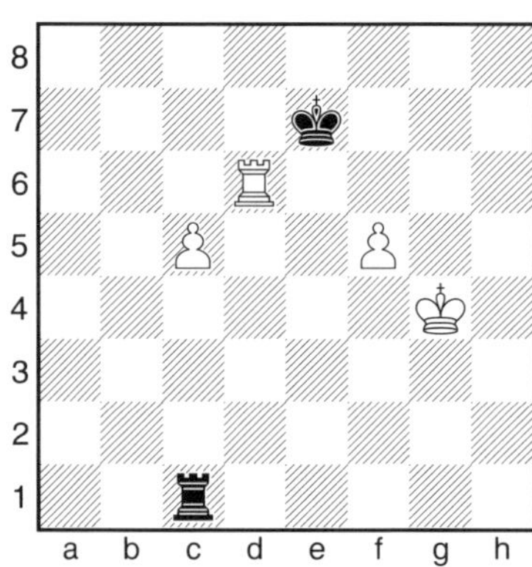

Weiß am Zug

81.f6+?

Dies ist einer der erwähnten 'typischen Fehler' von Aktivspielern.

Hier nur zwei von vielen Gewinnfortsetzungen.

– 81.♖e6+ ♔f7 82.c6 ♖f1 83.♔g5 ♖f2 84.♖h6

– 81.♖d5 ♖f1 82.c6 ♖c1 83.♖e5+ ♔f7 84.♖e6 ♖c2

81...♔f7 82.c6 ♔g6! 83.♔f3 ♖e1!

Nun spielt der weiße König nicht mehr mit.

84.♔f4 ♖e2 85.♖d5 ♖c2 86.♖d6 ♖e2 87.f7+ ♔xf7 88.♔f5 ♔e7 89.♖d7+ ♔e8 90.♔f6 ♖e1 91.♖d5 ♖c1 92.♖d6 ♖f1+ 93.♔e6 ♖e1+ 94.♔d5 ♖d1+ 95.♔c5 ♖xd6 96.♔xd6 ♔d8 ½–½

Auch sind Aktivspieler oft nicht ausreichend zäh in der Verteidigung.

01.16
Kramnik – Kasparow
2. WM-Partie, London 2000

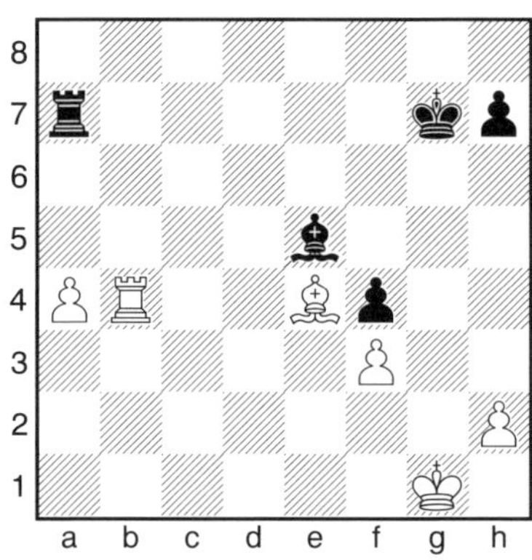

Schwarz am Zug

34...♖d7?

Diese Aktivierung ist nicht gut, weil der Turm danach in der Verteidigung fehlen wird, während er im Angriff nichts ausrichten kann.

Daher verdiente Kramniks Vorschlag 34...♗d6 35.♖c4 ♖a5 mit Remischancen den Vorzug.

35.♔g2 ♖d2+?!

Ein weiterer Schritt in die falsche – weil nur pseudoaktive Richtung.

36.♔h3

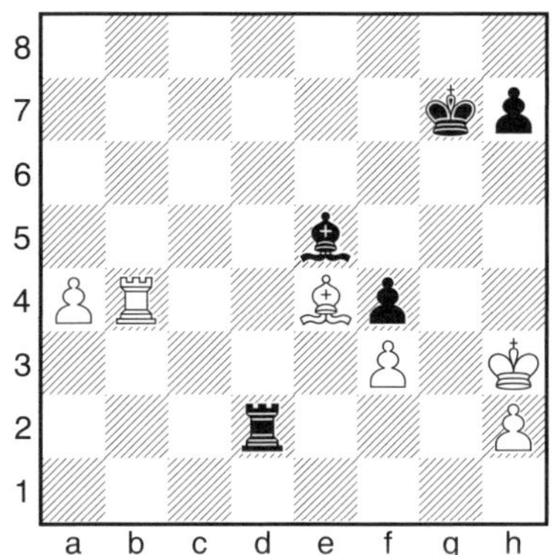

36...h5?!

Dieser weitere pseudoaktive Zug schwächt letztlich nur den h-Bauern. Allerdings ist die Stellung auch ohne diesen weiteren typischen Aktivspieler-Fehler kaum noch zu halten.

Zumindest war 36...♖a2 37.♗d5 ♖c2 38.♖b7+ ♖c7 39.♖b5 ♗c3 jedoch deutlich zäher.

37.♖b5 ♔f6 38.a5 ♖a2 39.♖b6+

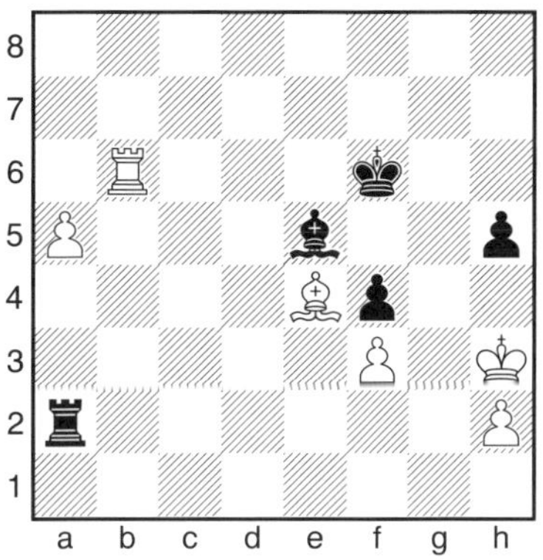

39...♔e7??

In Zeitnot lässt Kasparow eine direkte Gewinnkombination zu.

Nach der erzwungen Alternative 39...♔g7 gibt Kramnik in 'New in Chess 1/2001' folgende Varianten an: 40.a6 ♗d4 41.♖g6+ ♔f8 42.♗b7 ♖a5 43.♖d6 ♗g1 44.♖d1 ♗e3?!

(44...♗f2!? ist zwar zäher, sollte aber nach 45.♖d2 ♗g1 46.♖d5 ♖a2 47.♔h4 ♗xh2 48.♖xh5+– ebenfalls verlieren.)

45.♖d5 ♖xd5 46.♗xd5 ♔g7 47.♔g2 ♔f6 48.h4+–

40.♗d5 1–0

Angesichts von 40...♖xa5 41.♖e6+ ♔d7 42.♖xe5 ♔d6 43.♖xh5 ♖xd5 44.♖xd5+ ♔xd5 45.♔g4+– warf Schwarz das Handtuch.

Aufgaben zum Thema: Verteidigung im Endspiel

A01.53
Anand (2817) – Topalow (2775)
Monaco (Blind) 2011

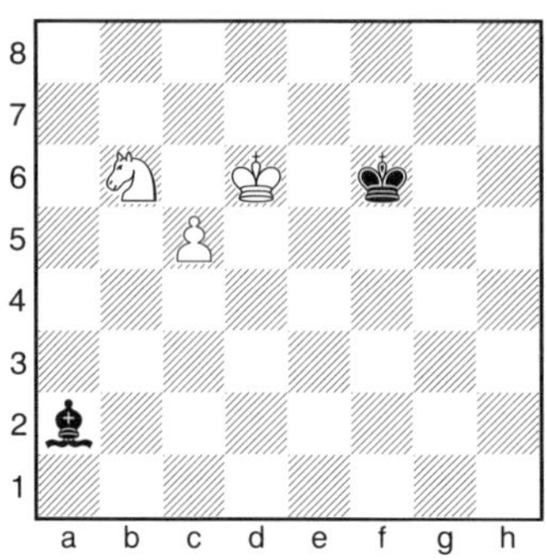

Wie hätte Schwarz remis halten können?

A01.54
Kramnik – Kasparow
4. WM-Partie, London 2000

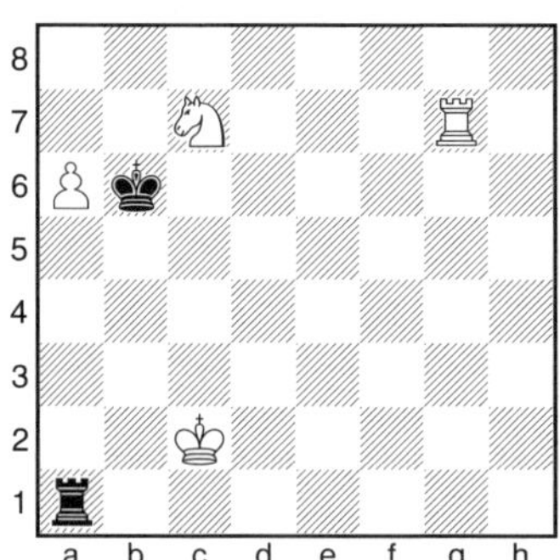

Warum war 58...♖h1 ein Fehler? Was würden Sie spielen?

A01.55
Kramnik (2785) – Radjabow (2744)
Kazan 2011

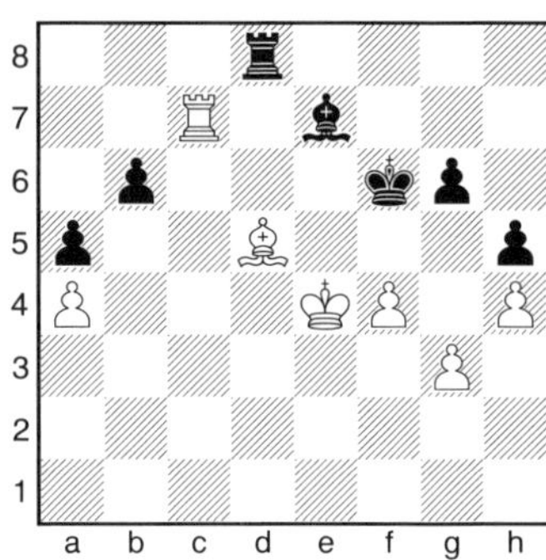

Wie sollte Schwarz sich verteidigen?

A01.56
Karpow – Kasparow
9. WM-Partie, Moskau 1984

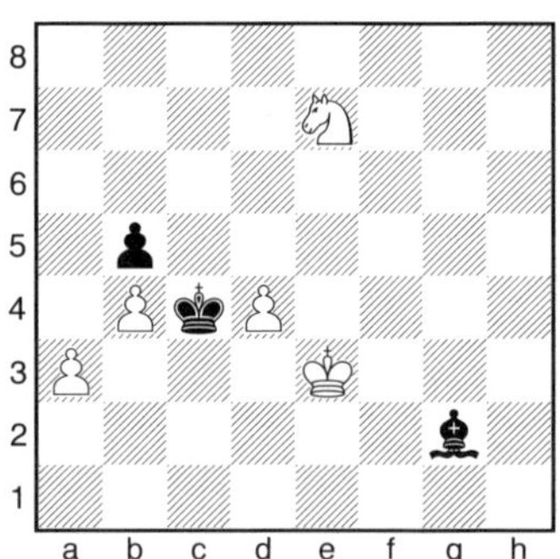

Finden Sie den einzigen schwarzen Remiszug!

Schwächen von Aktivspielern

Da Aktivspieler in der Regel immer etwas unternehmen wollen, ist es im Spiel gegen sie am besten, wenn es gelingt, die Stellungen auszutrocknen und dem Aktivspieler somit keine Initiative zu geben. Ein sehr zum Studium empfohlenes Beispiel ist der WM-Kampf Kramnik gegen Kasparow, London 2000. Ein wesentlicher Teil von Kramniks Strategie beruhte dabei auf einem frühen Damentausch in der 'Berliner Mauer'-Variante der Spanischen Partie, wodurch ja das dynamische Potenzial schon enorm reduziert wird. Eine andere Möglichkeit besteht in starker aktiver Prophylaxe, wie sie von Reflektoren oft angewendet wird. Dazu seien die WM-Wettkämpfe von Anand gegen Carlsen zum Studium empfohlen. Wir wollen hier auf konkrete Bereiche eingehen, in denen Aktivspieler oft Schwächen haben.

Aktivspieler sind nicht so gut in der Verteidigung, es sei denn, sie kann aktiv geführt werden.

Selbstredend ist der Drang nach aktiven Handlungen im Schach generell keine schlechte Strategie, aber gerade in der Verteidigung kann ein solches Herangehen den eigenen Untergang sogar noch beschleunigen. Daher ist es im Kampf gegen Aktivspieler gut, wenn man die Lage unter Kontrolle hält, das dynamische Potenzial möglichst verringert und die aktiven Optionen austrocknet. Kramnik ist das im WM-Kampf gegen Kasparow in London 2000 mustergültig gelungen. Die folgende 10. Partie war seine zweite Gewinnpartie, während Kasparow noch gar kein Sieg gelungen war.

01.17
Kramnik – Kasparow
London 2000 (E54)

1.d4 ♘f6 2.c4 e6 3.♘c3 ♗b4 4.e3 0–0 5.♗d3 d5 6.♘f3 c5 7.0–0 cxd4 8.exd4 dxc4 9.♗xc4 b6 10.♗g5 ♗b7 11.♖e1 ♘bd7 12.♖c1 ♖c8 13.♕b3 ♗e7 14.♗xf6 ♘xf6 15.♗xe6

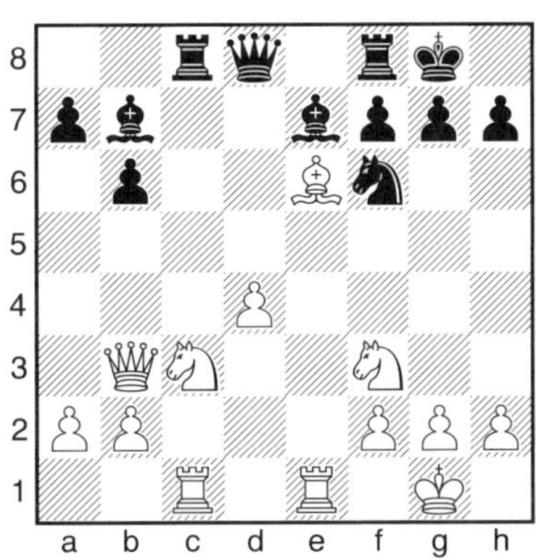

Das Diagramm zeigt sozusagen die Schlüsselstellung dieser Partie.

15...fxe6?

Danach steht Schwarz mit dem Rücken zur Wand und es wird nur auf zwei

Ergebnisse gespielt, was Kramnik sicher sehr zugesagt hat. Die Frage ist also, ob es Alternativen gibt und wie diese zu bewerten sind. Vielleicht war Kasparow auch dadurch etwas aus dem Gleichgewicht gebracht, dass Kramnik erneut das vorangegangene Theorieduell gewonnen hatte.

Wie auch immer, ist seine Reaktion nicht kaltblütig genug. Laut Kramnik führte 15...♖c7! Δ16.♘g5 ♕xd4 zu akzeptablem Spiel und war klar vorzuziehen, denn in dieser Stellung würde auf alle drei Ergebnisse gespielt, was Kasparow viel mehr entgegenkäme als seinem in Führung liegenden Gegner.

16.♕xe6+ ♔h8

16...♖f7?? scheitert an 17.♘g5 ♕e8 18.♘xf7 ♕xf7 19.♕xe7+-.

17.♕xe7

GM Kantsler attestiert Weiß in 'ChessBase Magazine 55' bereits klaren Vorteil.

17...♗xf3 18.gxf3 ♕xd4 19.♘b5!

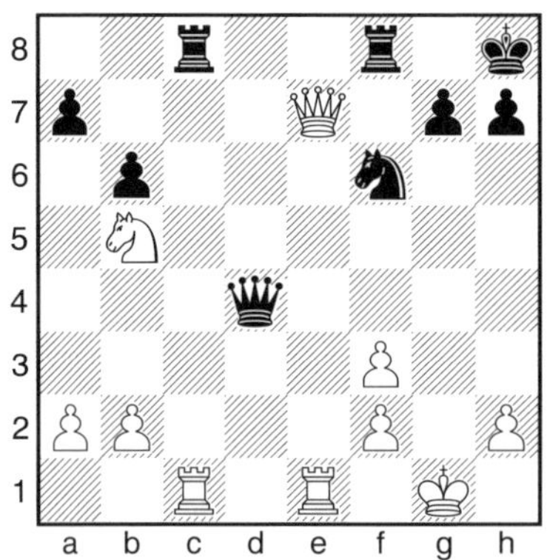

Der Springer dringt mit Tempo in die schwarze Stellung ein.

Stattdessen würde 19.♕xa7? nach 19...♘g4! 20.♘e4 ♘e5 zu Gegenspiel führen.

19...♕xb2?

Die nächste sehr kritische Verteidigungssituation und wieder greift Kasparow daneben.

1) 19...♕f4? ist ebenfalls schwierig für Schwarz, wie sich in der Partie L. Hazai – H. Danielsen, Valby 1994, herausstellte.

20.♖xc8 ♖xc8 21.♘d6 ♕xf3?

(Laut IM Langrock hält 21...♖a8 22.♘e8 ♘h5!? den Schaden in Grenzen.)

22.♘xc8 ♕g4+ 23.♔f1 ♕h3+ 24.♔e2 ♕xc8 25.♔d2 h5 26.♖g1 ♘g4 27.h3 ♕f5 28.♕d8+ ♔h7 29.♕d3 ♕xd3+ 30.♔xd3 ♘xf2+ 31.♔e3 ♘xh3 32.♖g3 1–0

2) Hingegen verspricht Kramniks Anregung 19...♕d2! nach wie vor Remischancen; z.B. 20.♖xc8

(20.♘d6? trifft auf 20...♘g4 21.fxg4 ♕xf2+ mit Dauerschach.)

20...♖xc8 21.♘d6 ♖b8

3) Und auch 19...♕d3 20.♖xc8 ♖xc8 21.♘d6 ♖a8 ist noch durchaus spielbar.

20.♖xc8!

– Nach 20.♘d6? verteidigt sich Schwarz mit 20...♕xc1 (20...♖xc1?? 21.♕xf8+ ♘g8 22.♘f7#) 21.♖xc1 (21.♕xf8+?! ♖xf8 22.♖xc1 ♘d5) 21...♖xc1+ 22.♔g2 ♔g8.

– Und nach 20.♖c7? verfügt er über 20...♘g8.

20...♖xc8 21.♘d6! ♖b8

21...♖a8 22.♘e8 ♘g8 23.♕d7 a5 24.f4 b5 25.f5 b4 26.f6+-

22.♘f7+ ♔g8 23.♕e6!

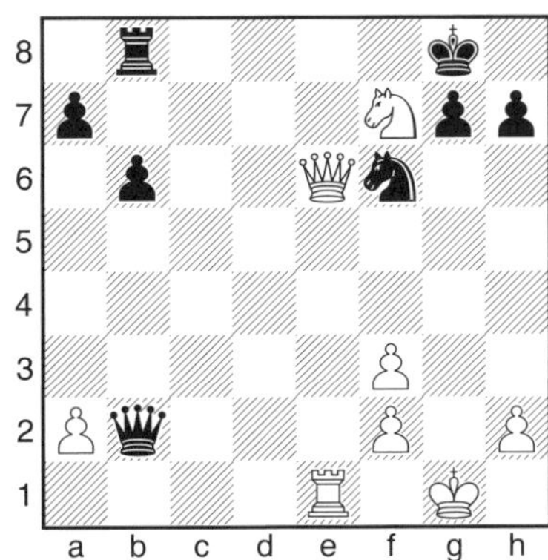

Der weiße Angriff ist nicht mehr abzuwehren.

23...♖f8?!

– 23...h5 24.♘g5+ ♔h8 25.♕f5 ♕xa2 26.♖e7 ♕a3 27.♖f7 ♔g8 28.h4 ♖f8 29.♖xf6 ♖xf6 30.♕h7+ ♔f8 31.♕h8+ ♔e7 32.♕xg7+ ♔e8 33.♕xf6+–

– 23...♖e8? 24.♘h6+ ♔f8 25.♕f7# bzw. 24... ♔h8 25.♕g8+ ♖xg8 26.♘f7#

– 23...h6 24.♘xh6+ ♔h7 25.♕h3 ♖e8 26.♘f5+ ♔g8 27.♘e7+ ♔f8 28.♕e6 g5 29.♖e5+– (A. Schulz im CBM)

24.♘d8+ ♔h8 25.♕e7 1–0

– 25...♖e8? 26.♕xe8+ ♘xe8 27.♖xe8#

– 25...♖xd8 26.♕xd8+ ♘g8 27.♕d5+–

Aufgaben zum Thema: Verteidigung

A01.57
Kasparow (2775)
Kramnik (2775)
Dos Hermanas 1996

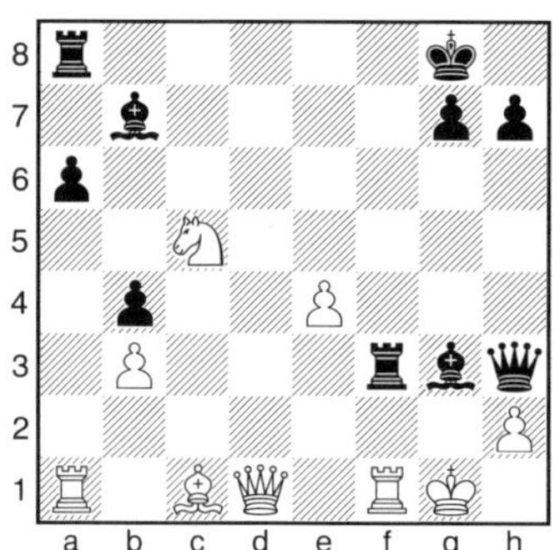

Wie hätte Weiß sich verteidigen sollen?

A01.58
Kunsztowicz (2305)
Müller, K.
Hamburg 1988

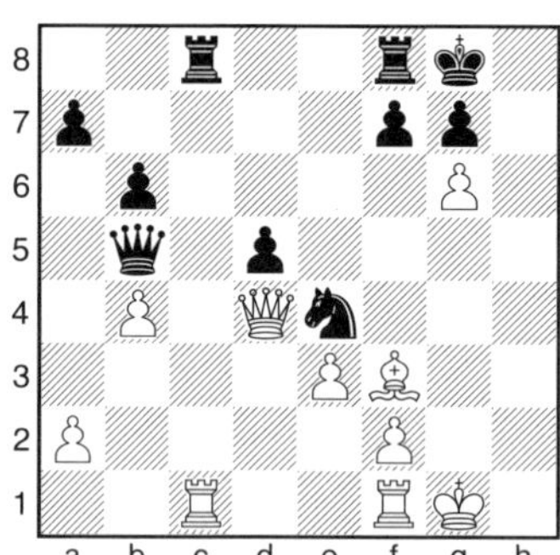

Wie hätte sich Schwarz verteidigen sollen?

A01.59
Almasi (2668)
Müller, K. (2523)
Graz 2001

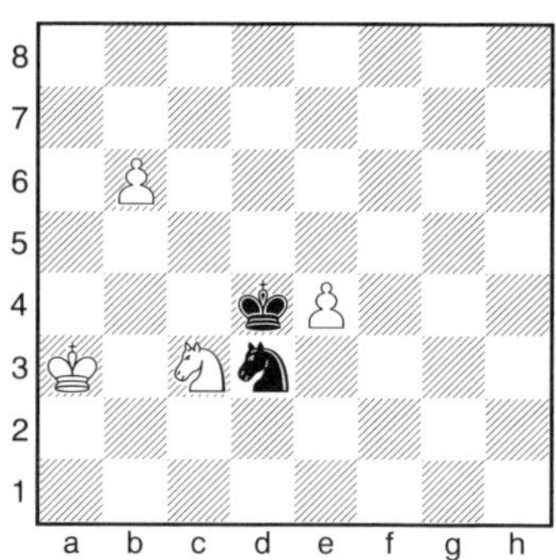

Wie hätte sich Schwarz retten können?

A01.60
Morosewitsch (2748)
Van Wely (2646)
Wijk aan Zee 2000

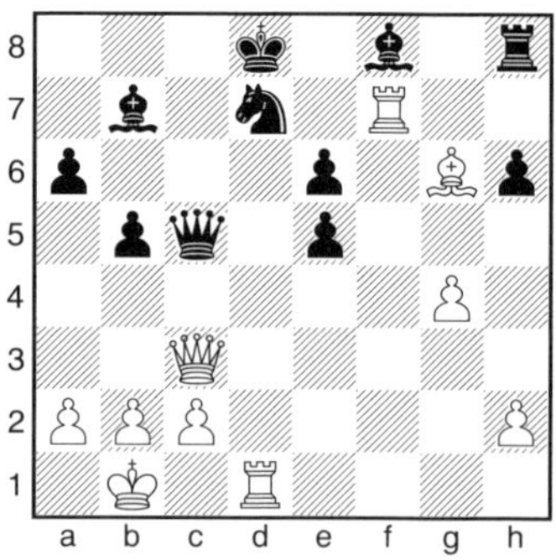

Wie hätte sich Schwarz retten können?

Pseudoaktive schwächende Bauernzüge

Dies ist ein typischer Fehler von Aktivspielern. Ihnen fehlt mitunter das Gespür für die langfristigen Nachteile einer solchen Entscheidung.

01.18
Kholmow (2540)
Kasparow (2200)
UdSSR 1978

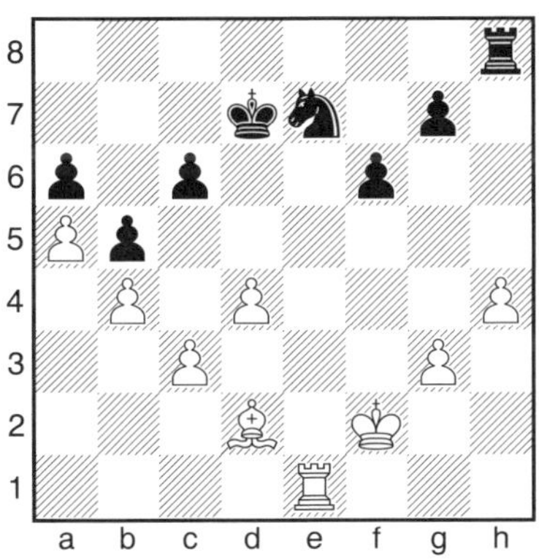

Schwarz am Zug

Die schwarze Festung ist uneinnehmbar, wenn er sich weißfeldrig verschanzt. Kasparow wählt jedoch eine andere Strategie.

32...g5?

Nach 32...♘d5 33.♔f3 f5 34.♖e5 g6 hat Schwarz eine solide Blockadestellung.

33.♖h1?!

Zwar kann Weiß auch so von dem gegnerischen Fehler profitieren, da er den Königsflügel nicht selbst hätte öffnen können.

Allerdings war 33.hxg5! (D. Gorzinski) noch viel stärker, wie die folgenden Varianten zeigen: 33...♖h2+ 34.♔f3 fxg5 (34...♖xd2 35.gxf6 ♘g6 36.f7+-) 35.♗xg5 ♘d5 36.♖e2 ♖xe2 37.♔xe2 ♘xc3+ 38.♔f3 ♘d5 39.♗d2 ♔e6 40.g4 ♔f6 41.♔e4 ♔e6 42.g5 ♘e7 43.d5+ cxd5+ 44.♔d4+-.

33...♘f5 34.h5 ♘d6 35.♔f3 ♔e6 36.g4 Sc4 37.♖e1+ ♔f7 38.♖e2 ♖d8 39.♗e1 ♖d5 40.♗g3 ♖d7 41.♔e4 ♖e7+ 42.♔d3 ♖d7 43.h6 ♖d8 44.h7 ♖h8 45.♖h2 ♔e7

45...♔g6 46.d5 cxd5 47.♔d4+-

46.d5! cxd5 47.♔d4 ♔f7 48.♗c7 ♔e6

48...♔g6 49.♖h3 ♖xh7 50.♖xh7 ♔xh7 51.♔xd5+-

49.♖h6 ♔e7 50.♔xd5 ♘e3+ 51.♔c6 ♘xg4 52.♖h5 ♘e3 53.♗b6 ♘f5 54.♗c5+ ♔e6 55.♔b7 ♔d7 56.♔b6 ♘d6 57.♖h6 ♘e4 58.♗d4 g4 59.♗xf6 ♘xf6 60.♖xf6 ♖xh7 61.♖g6 ♖e7 62.♖xg4 ♖e6+ 63.♔b7 ♔e7 64.♖g5 ♖d6 65.♖c5 1–0

In der Verteidigung müssen die Konsequenzen eines Bauernzuges stets besonders sorgfältig abgewogen werden.

01.19
Short (2665)
Kasparow (2775)
Amsterdam 1996

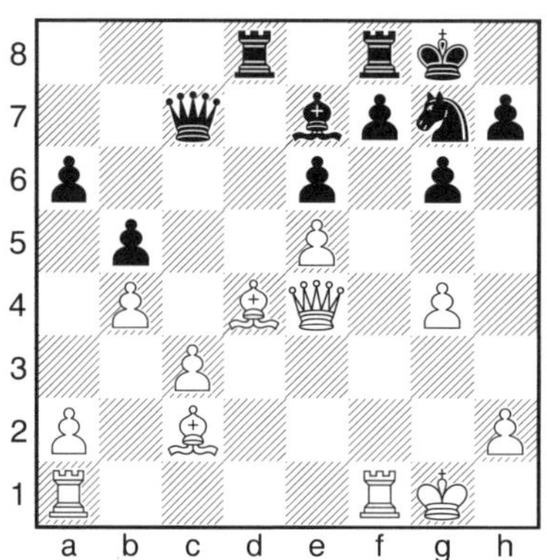

Schwarz am Zug

20...h5?!

Ganz abgesehen davon, dass dieser Zug nur die Königsstellung schwächt, spielt Schwarz am falschen Flügel. Allerdings ist seine Lage ohnehin nicht beneidenswert.

Der Computer empfiehlt 20...♕c8 mit der möglichen Folge 21.♖f3 ♖d7 22.a4 (22.♖af1 ♕d8) 22...♖fd8 23.axb5 axb5 24.♗b6 ♖f8 25.h3 ♖d2 26.♖a7 ♖d7 27.♖a2, obwohl die schwarze Stellung sehr schwierig bleibt.

21.h3 a5?!

Auch dieser weitere Bauernzug bringt mehr Schaden als Nutzen.

22.a3 ♖d7 23.♖f3 ♕d8

Natürlich nicht 23...♖fd8? wegen 24.♖xf7 ♔xf7 25.♕xg6+ ♔g8 26.♖f1.

24.♖b1?! ♗g5 25.♖bf1 axb4 26.axb4 ♗e7?

Mit 26...h4 war der Schaden einzugrenzen.

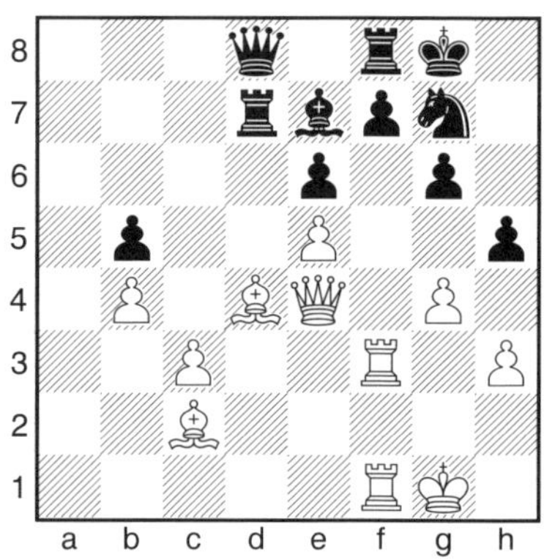

27.♖b1?

Short verpasst den Moment.

Nach 27.gxh5! ♘xh5 entscheidet 28.♖xf7!! ♖xf7 29.♖xf7 ♔xf7 30.♕xg6+ ♔f8 31.♕h6+ ♘g7 32.♗g6!, so dass die Schwächung durch 20...h5 nun hätte ausgenutzt werden können.

Er steht zwar immer noch besser, aber die Partie wurde nach einigen weiteren Zügen nur remis.

Allerdings kann auch der Angreifer nicht beliebig mit den Bauern vorstürmen.

01.20
Müller, K. (2490)
Lutz (2565)
Deutschland 1996

1.e4 c5 2.♘f3 d6 3.d4 cxd4 4.♘xd4 ♘f6 5.♘c3 a6 6.♗c4 e6 7.0–0 ♗e7 8.♗e3 0–0 9.♗b3 b5 10.f3 ♕c7 11.♕d2 Sc6 12.a4 b4 13.♘xc6 ♕xc6

14.♘e2 a5 15.♘d4 ♕d7

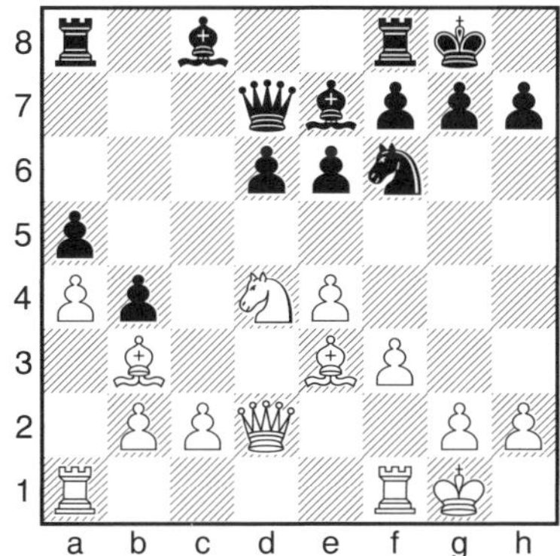

16.g4?!

Dieser verpflichtende Vorstoß, der die Chancen ebenso erhöht wie das Risiko, ist typisch für meinen Aktivspieler-Stil.

Der Computer bevorzugt 16.♖fc1 ♗b7 17.c3 bxc3 18.bxc3 ♖fc8 19.c4 ♕d8 20.♖ab1 ♘d7 21.♖d1 Sc5 22.♗c2 mit leichtem Vorteil.

16...♗a6 17.g5 ♘e8

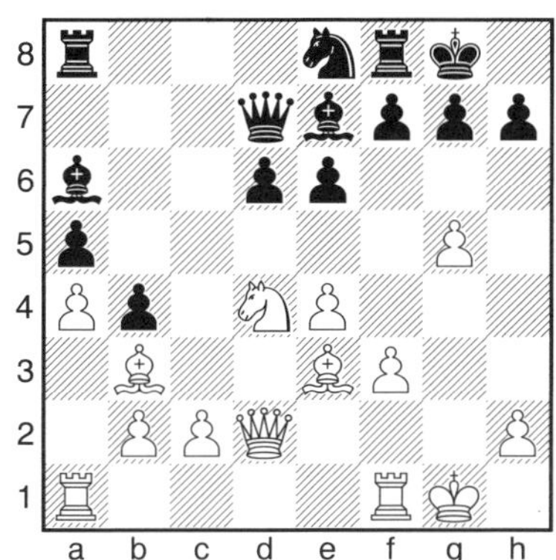

18.f4?

Dieses Qualitätsopfer geht nun endgültig zu weit. Zwar bietet es praktische Chancen, aber bei bester schwarzer Verteidigung kann es objektiv einfach nicht korrekt sein.

Die Alternative 18.♖fd1= war objektiv besser, auch wenn sie nicht recht zum Vorstoß des g-Bauern passen will.

18...d5?!

Das direkte 18...♗xf1 war angesagt.

19.f5?! ♗xf1 20.♖xf1

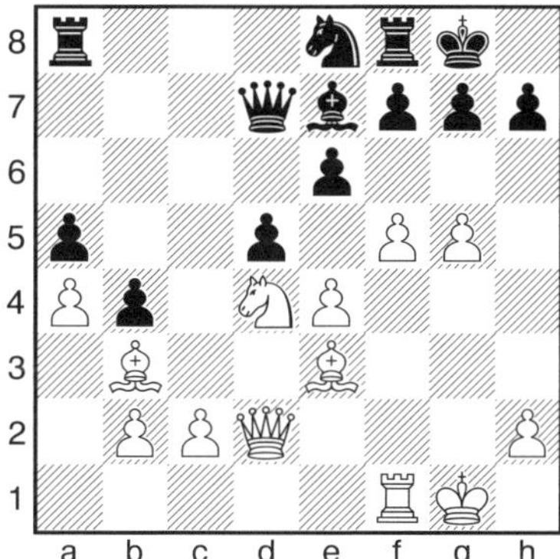

Die Spannung ist am Siedepunkt angekommen. Objektiv sollte das weiße Herangehen nicht korrekt sein, aber am Brett ist es natürlich nicht einfach zu parieren.

20...♘d6?

Nach dem prophylaktischen 20...♔h8 mit der möglichen Folge 21.exd5 exd5 22.♕g2 ♗c5 23.♖f4 g6–+ hat Weiß nicht die geringste Kompensation.

21.fxe6 fxe6 22.♘xe6 ♖xf1+ 23.♔xf1 ♔h8 24.♕xd5 ♕b7 25.♕xb7 ♘xb7 26.♗d5 ♖a6 27.♗d4 ♘d8 28.♘xg7 ♗c5 29.♗f6 ♖xf6+ 30.gxf6 ♗d4 31.♘h5 1–0

Aufgaben zum Thema: Verteidigung gegen Aktivspieler

Zwar kann man sich auf ein Handgemenge einlassen, sollte dann jedoch taktisch absolut auf der Höhe sein. Ansonsten ist es besser, die Aktivität frühzeitig einzudämmen.

A01.61
Müller, K. (2505) – Lutz (2590)
Deutschland 1997

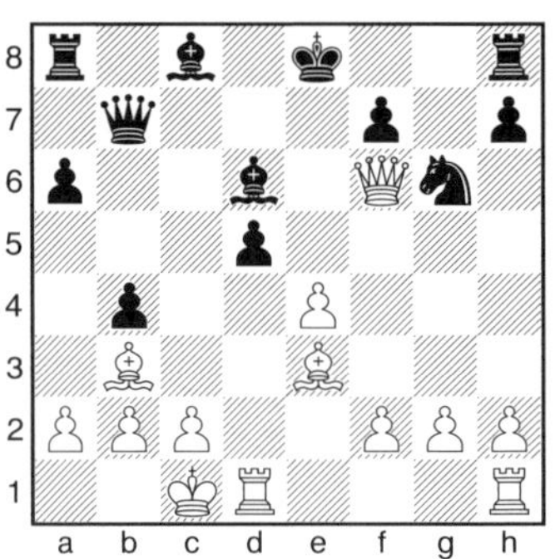

Wie soll Schwarz sich verteidigen?

A01.62
Anand (2725)
Gelfand (2700)
Wijk aan Zee 1996

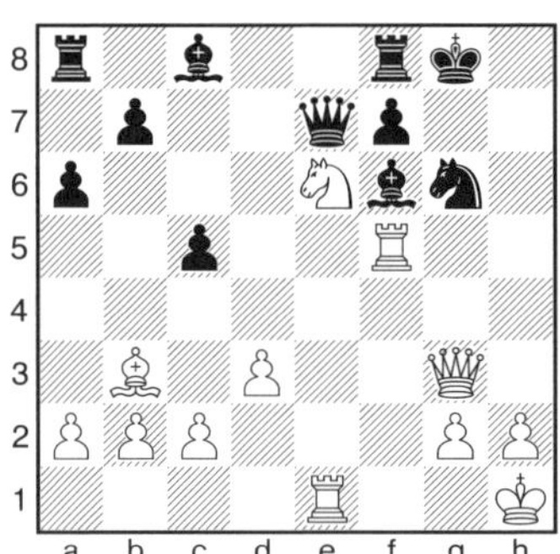

Wie hätte Schwarz den Angriff abschlagen können?

A01.63
Reti – Aljechin
Baden-Baden 1925

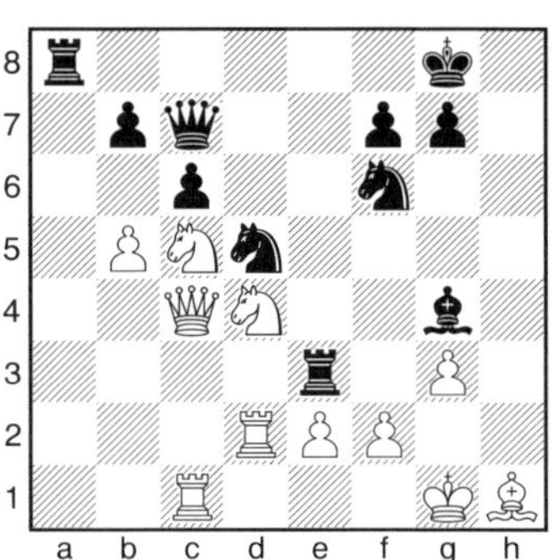

Aljechins letzter Zug 26...♖e3!? war ein echter Kracher.

Wie hätte Weiß reagieren sollen?

A01.64
Schirow (2739)
Carlsen (2714)
Moskau 2007

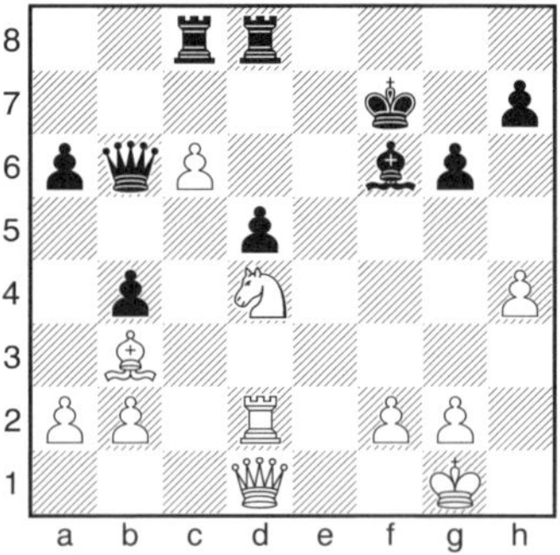

Wie hätte Schwarz sich verteidigen sollen?

A01.65
Müller, K. – Sellack
Deutschland 1987

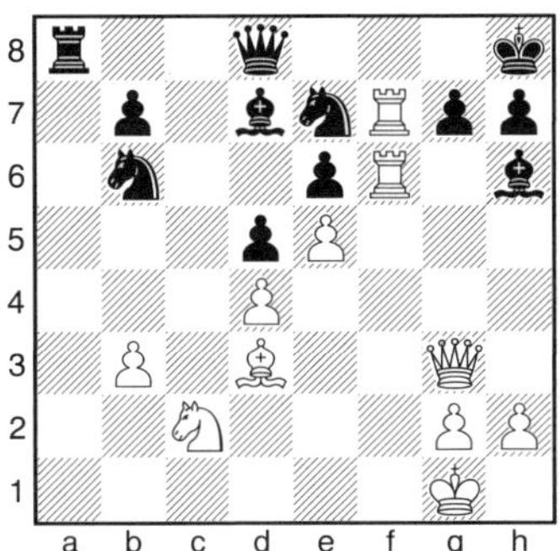

Finden Sie die einzige schwarze Verteidigung!

A01.66
Müller, K. (2513)
Sielecki (2424)
Deutschland 2000

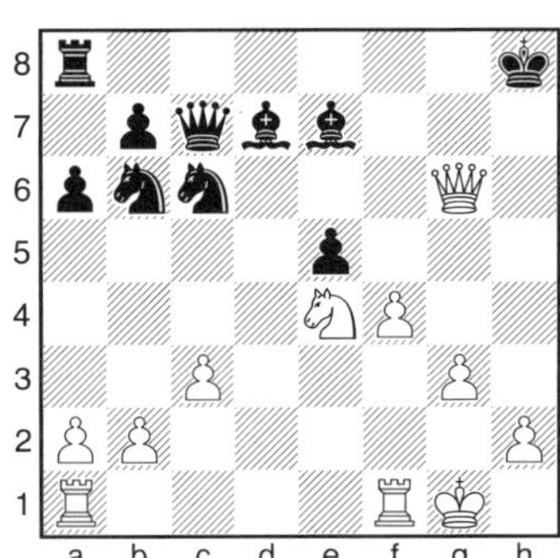

Finden Sie mindestens einen der beiden schwarzen Remiszüge!

A01.67
Müller, K. (2515)
Waitzkin (2465)
Bermuda 1998

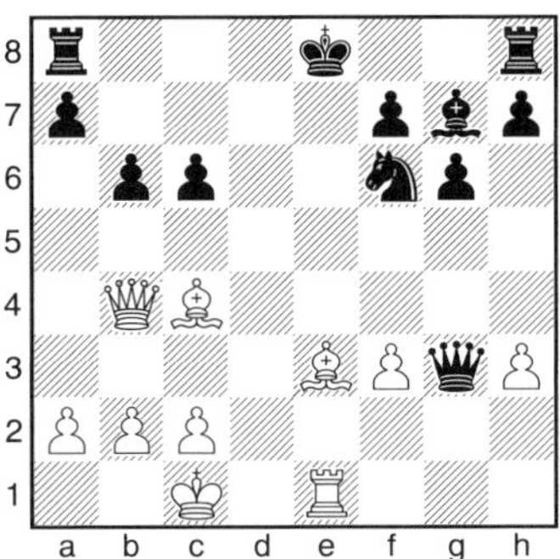

Wie kann Schwarz nachweisen, dass Weiß für einen ganzen Turm nicht genug Kompensation hat? (Schwarz darf nicht mehr rochieren!)

A01.68
Müller, K. (2490)
Wilhelmi (2355)
Hamburg 1996

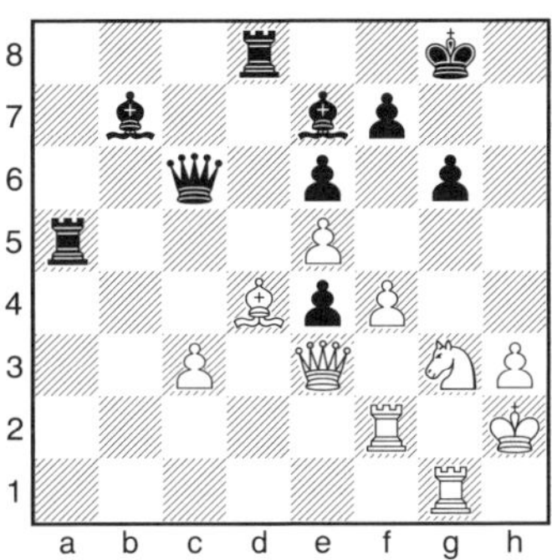

Wie soll sich Schwarz verteidigen?

Musterpartien gegen Aktivspieler

Eine effektive Strategie gegen Aktivspieler besteht darin, das Spiel auszutrocknen und positionell klar und übersichtlich zu gestalten. Dazu ein mustergültiges Beispiel von Judit Polgar.

01.21
Polgar, J. (2670)
Anand (2770)
Wijk aan Zee 1998 (B90)

1.e4 c5 2.♘f3 d6 3.d4 cxd4 4.♘xd4 ♘f6 5.♘c3 a6 6.♗e3 e5 7.♘f3 ♗e7 8.♗c4 0–0 9.0–0 ♗e6 10.♕e2 b5 11.♗b3 ♗xb3?

Durch diesen strategischen Fehler werden die weißen Felder in Anands Lager chronisch geschwächt und es gelingt ihm nicht, selbst Aktivität zu entfalten.

Nach 11...♕c8 steht Weiß zwar minimal besser, aber es ist nicht viel los.

12.axb3 ♘bd7 13.♖fd1 ♕c7 14.♗g5 ♖fc8 15.♘e1!

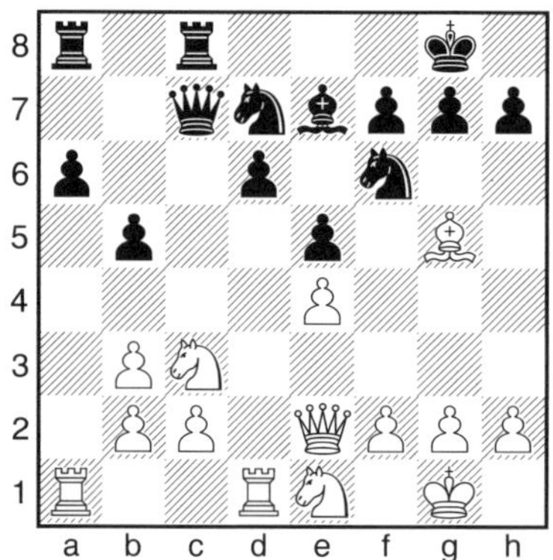

Mit dieser sehr starken Umgruppierung stellt Judit Polgar ihre Universalität unter Beweis, denn sie spielt die ganze Partie in typischem Reflektor-Stil.

15...♕b7 16.♗xf6 ♘xf6 17.♘d5 ♘xd5 18.♖xd5

Nun ist das Thema 'guter Springer gegen schlechten Läufer' ganz klar erkennbar, ohne dass auf Seiten Anands Aktivität in Sicht ist.

18...♖c5 19.♖ad1 ♖xd5 20.♖xd5 ♖c8 21.c3 b4 22.c4 g6 23.g3 ♖c5 24.♖d1

Der Turm muss natürlich auf dem Brett bleiben. In solchen Fragen des Abtauschs sind Reflektoren sehr stark, aber hier ist es auch für eine Aktivspielerin selbstverständlich, dass genügend Angriffspotenzial erhalten bleiben muss.

24...a5 25.♘c2 ♔g7 26.♕d3 ♖c6 27.♘e3 ♕c8 28.♔g2 ♕e6 29.♕e2 ♗d8 30.♘d5 ♖c5 31.♕e3 ♗e7 32.♖d3 ♗d8 33.♕d2 ♖c6 34.♕d1 ♔g8

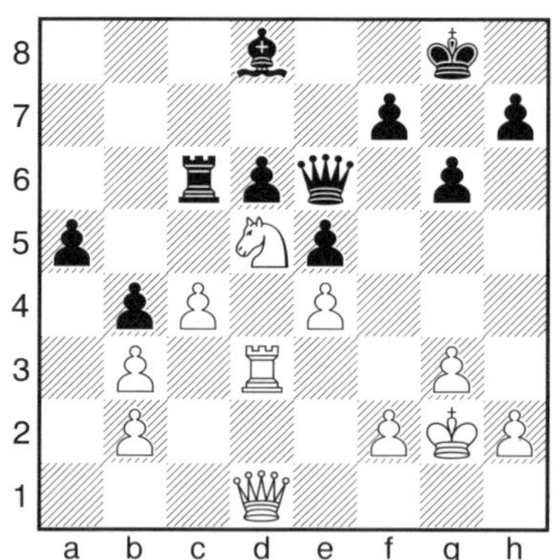

Hier geht es um die Stellungsöffnung im Interesse der weißen Schwerfiguren.

35.h4 ♔g7?!

Eine für Aktivspieler typische Ungenauigkeit.

Mit 35...h5 war die weiße Aufgabe, am Königsflügel Angriffslinien zu öffnen, deutlich zu erschweren.

36.h5 ♗g5 37.♕f3 ♖c8 38.♖d1 ♖c6 39.♕e2 ♖c8 40.♖h1 ♔g8

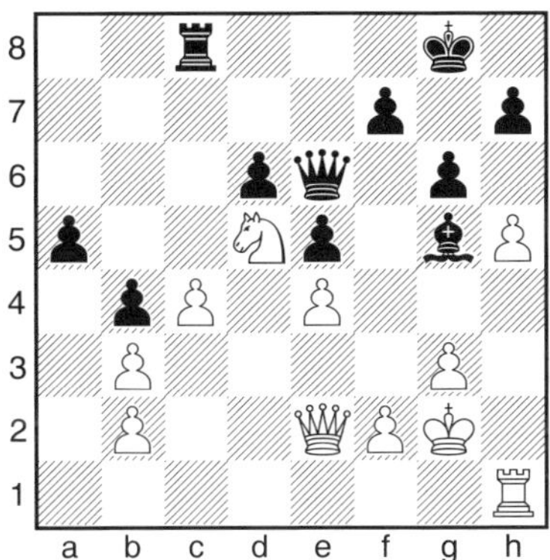

Nun ist es nicht leicht, Fortschritte zu machen. Weiß wählt den Ansatz von Aktivspielern.

41.f3!?

Dies schafft die zusätzliche Option ♕f2, wenngleich zum Preis einer etwas geschwächten eigenen Königsstellung.

41...♖b8 42.♕f2 ♖b7 43.hxg6

Ein günstiger Zeitpunkt für den Abtausch, weil der h-Bauer nicht zurückschlagen darf.

43...fxg6

43...hxg6? 44.♕g1 f5 (44...♗f6 45.♕h2 ♗g7 46.♕h4+-) 45.♕h2 ♗f6 46.♕h6 ♗g7 47.♕g5 ♖d7 48.♖a1+- (Baburin)

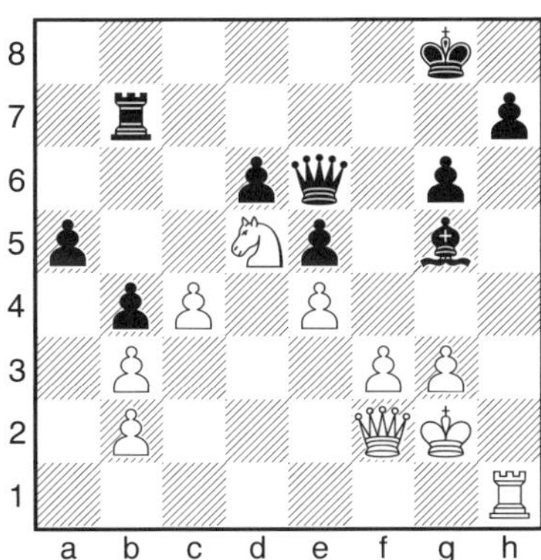

44.c5!?

Nachdem die schwarze Königsstellung geschwächt wurde, öffnet Weiß weitere Angriffslinien, um auf beiden Flügeln Druck ausüben zu können.

44...dxc5 45.♕xc5 ♗d8 46.♖c1 ♔f7 47.♕e3 ♔g7 48.♖c4 ♖d7 49.♕c1 h5 50.♖c6 ♖d6 51.♖c8 ♕d7 52.♕c5

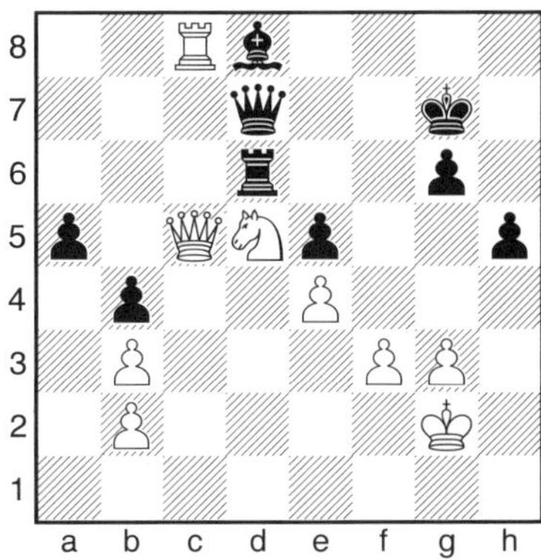

Der weiße Angriffsdruck hat enorm zugenommen und die Verteidigung ist sehr schwierig. Außerdem sind ja Aktivspieler oft nicht so zäh in der Verteidigung.

52...♔h6?

Hier steht der König auch nicht wirklich sicherer.

Nach dem phantastischen Konter 52...♗b6!! mit den Möglichkeiten 53.♘xb6 ♖d2+ bzw. 53.♕c4 53...♗d8 kann Weiß nicht gewinnen, weil auch der eigene König zu unsicher steht. Hier zeigen sich also die Spätfolgen von 41.f3!?.

53.♖b8?!

Statt dieser Ungenauigkeit hätte 53.♖a8!? mehr Druck gemacht; z.B. 53...g5 54.♘e3 ♖f6 55.♕d5 ♕xd5 56.exd5 ♖f8 57.g4 mit sehr guten Gewinnchancen.

53...♗f6?!

Laut Computer war 53...♔g7!? richtig. Allerdings ist die Verteidigung dieses Stellungstyps sehr schwierig – und zwar besonders für Aktivspieler.

54.♕e3+

54.♕xa5? ♖c6–+

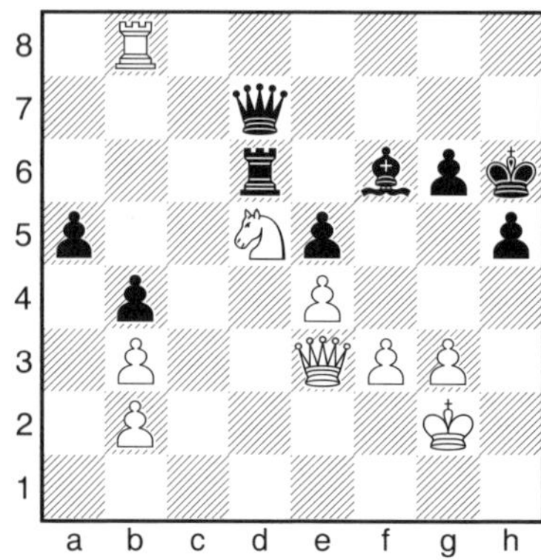

54...♗g5?

Danach verliert Schwarz forciert.

54...♔g7 war die letzte Chance, obwohl Weiß nach 55.♖a8 ♕b5 56.♘c7 ♖d3 57.♕e2 ♕d7 58.♘d5 ♖d4 59.♕e3 starken Druck behält.

55.f4 exf4

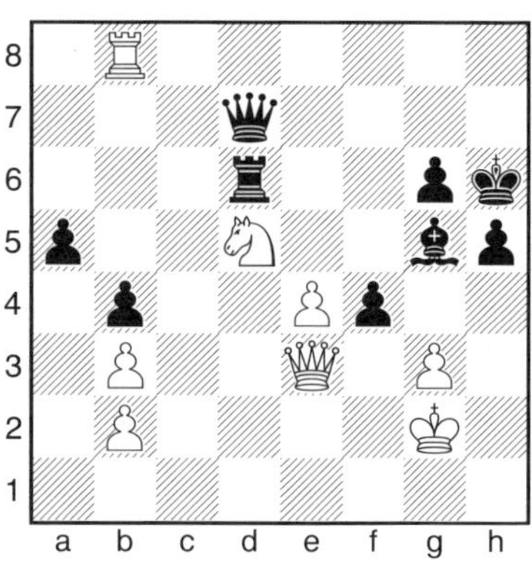

56.♖h8+ 1–0

Es könnte noch folgen: 56...♔g7 57.♕d4+ ♗f6 58.♕xf6+ ♖xf6 59.♖h7+ ♔xh7 60.♘xf6+ ♔g7 61.♘xd7+–.

GM Sergei Tiwjakow ist ein typischer Theoretiker. Er ist technisch sehr stark und verhindert jegliches Gegenspiel durch aktive Prophylaxe. Außerdem hat er große Erfahrung mit der 'Maroczy Struktur', die das strategische Thema der folgenden Partie bildet.

01.22
Tiwjakow (2673)
Anand (2799)
Deutschland 2012 (B51)

1.e4 c5 2.♘f3 d6 3.♗b5+ ♘d7

„Als langjähriger Drachenspieler hatte ich mich unzählige Male mit 3.♗b5+ auseinanderzusetzen. Da ich auch regelmäßig 3...♘d7 gespielt habe, war ich mit den hauptsächlichen Ideen wohlvertraut. Natürlich ist 3...♗d7 der beste Zug, aber Schwarz hat danach kaum noch Gewinnchancen. Verständlicherweise wollte Anand eine komplexere Stellung anstreben, um auf Gewinn spielen zu können. Doch seine Strategie ging letztlich nach hinten los." (Tiwjakow in 'CBM 148')

4.d4 cxd4 5.♕xd4 a6 6.♗xd7+ ♗xd7 7.c4

„Heutzutage ist diese Stellung sehr populär und bei Turnieren selbst auf den höchsten Ebenen anzutreffen. Der Charakter der Stellung ist dem Maroczy-System sehr ähnlich, das ich viele Jahre lang mit Schwarz gespielt habe. Der Hauptunterschied besteht darin, dass Weiß seinen schlechten weißfeldrigen Läufer bereits losgeworden ist. Ein Läufer ist allerdings ein Läufer, so dass Schwarz im Interesse seines Läuferpaars die Stellung am Damenflügel öffnen sollte." (Tiwjakow)

7...e5 8.♕d3 h6?!

Die andere Hauptvariante 8...b5!? entspricht Anands Stil eigentlich mehr. Allerdings ist sie theoretisch sehr tief ausgeforscht und Tiwjakow kennt sich bestens aus.

9.♘c3 ♘f6 10.0–0 ♗e7

Nach 10...b5 11.cxb5 axb5 12.♘xb5 ♕b8 (12...♘xe4? 13.♕xe4 ♗xb5 14.♘xe5+–, Tiwjakow) 13.♘c3 ♗e7 hat Schwarz keine völlig ausreichende Kompensation. Verglichen mit der Partiefolge wäre es aber vielleicht die praktisch bessere Wahl gewesen, weil die entstehende Stellung von ihrem Charakter her dem Aktivspieler Anand eher entgegenkommt.

11.a4!?

Weiß erschwert prophylaktisch den Vorstoß b7–b5. Außerdem ist zu beachten, dass die weißen Bauern auf weißen Feldern den schwarzfeldrigen Läufer in dem Sinne ergänzen, dass sie quasi eine Art weißfeldrigen Ersatzläufer bilden.

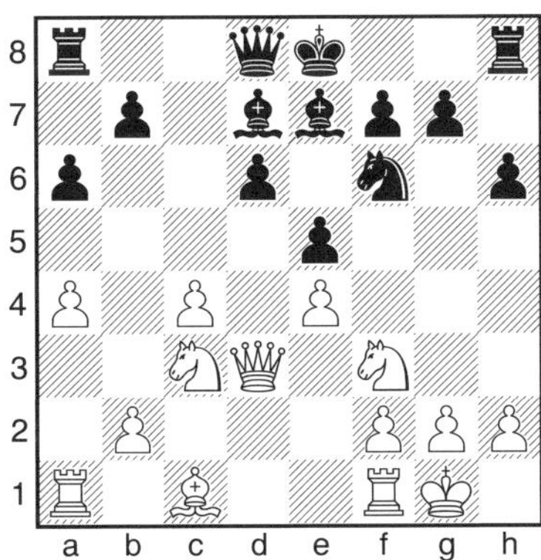

11...b6?

Danach kann Schwarz seine Hoffnung auf mehr Dynamik begraben und die statische Verteidigung einer Stellung mit so vielen Schwächen ist sehr schwierig.

In der Hauptvariante 11...0–0 wäre 12.b3?! eine Ungenauigkeit, die dynamisch mit 12...b5!= beantwortet werden könnte.

12.b3 ♖a7?!

Das wirkt gekünstelt, aber die schwarze Stellung ist bereits sehr unbequem.

13.♖d1 ♗c8 14.♗a3 ♖d7 15.♘d2 0–0 16.♘f1 ♗b7 17.♘e3 ♖e8 18.♘cd5 ♘xd5 19.♘xd5

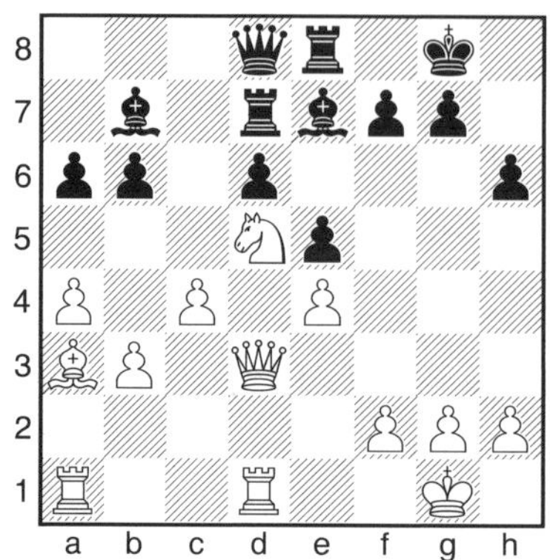

19...♗xd5

Dieser Abtausch ist natürlich eine sehr schwerwiegende Entscheidung, zumal der Läufer b7 die relativ beste schwarze Figur ist. Objektiv wird sie allerdings auch vom Computer gebilligt und es sind in der Tat keine guten Alternativen in Sicht.

20.♕xd5 ♕a8?!

Aus praktischer Sicht keine gute Entscheidung.

20...♖c7 bot bessere Chancen, denn nach z.B. 21.♖d3 ♕c8 22.♖ad1 ♖c6 steht Weiß zwar klar besser, aber es ist noch mehr Potenzial auf dem Brett.

21.♕xa8!?

Der Damentausch ist eine Stilfrage. Von Seiten eines technisch so starken Spielers wie Tiwjakow gegen einen so starken Aktivspieler wie Anand ist er jedoch bestimmt eine gute Wahl.

Objektiv dürfte 21.♕d3 allerdings genauso stark sein.

21...♖xa8 22.♖d5 f6 23.♖ad1

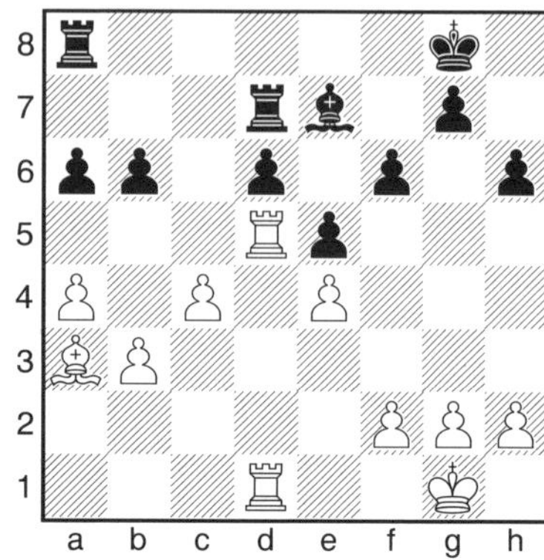

23...♖ad8?

Stellungen mit statischen Schwächen passiv zu verteidigen ist immer eine heikle Sache. Auch passt das folgende Szenario viel besser zu Tiwjakows Stil als zu Anands.

Jedenfalls war 23...♔f7! aus praktischer Sicht vorzuziehen. Danach wäre die weiße Wahl keineswegs leicht, wie Tiwjakows Varianten 24.g3 ♔e6 25.f4 g6 bzw. 24.♗xd6 ♗xd6 25.♖xd6 ♖xd6 26.♖xd6 b5 zeigen. In beiden Fällen würde auf zwei Ergebnisse gespielt und Weiß hätte es deutlich schwerer als in der Partie.

24.g3!

Danach kommt f2–f4–f5 stets rechtzeitig.

24...g5 25.f4 gxf4 26.gxf4 ♔f7

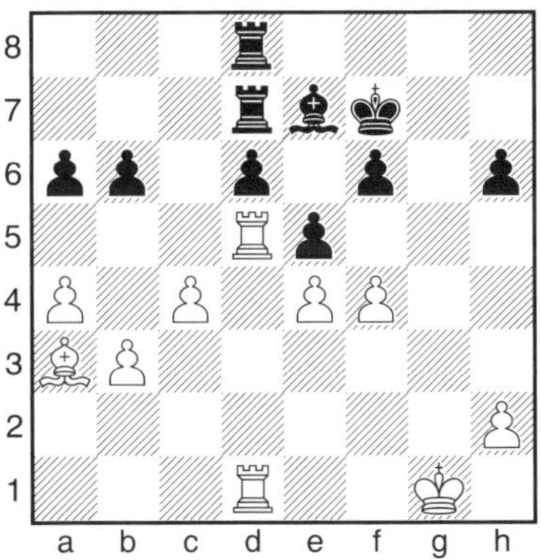

27.♔f2!

So kombiniert Weiß die starke Aktivierung des Königs mit der Prophylaxe hinsichtlich des Gegenspiels auf der g-Linie.

Hingegen würde 27.f5? ♖g8+ 28.♔f2 ♖g4= dem Schwarzen in die Karten spielen.

27...exf4

27...♖g8 28.fxe5 fxe5 29.♗xd6+-

28.♔f3 ♔e6 29.♗c1 ♖c8 30.♗xf4 ♗f8 31.h4 ♖c6 32.h5

Das legt die Schwäche h6 fest und schafft in typischer Weise einen Ankerplatz für einen weißen Turm auf g6.

32...♖b7

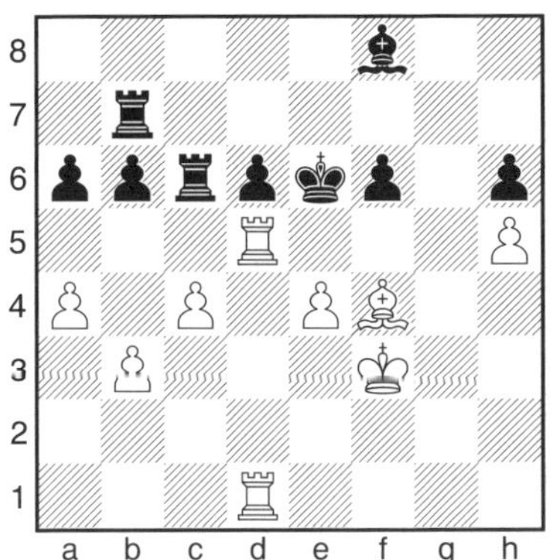

33.♗e3!

Ein weiteres Beispiel für starke aktive Prophylaxe. Nicht nur wird der befreiende dynamische Vorstoß b6-b5 maximal erschwert, sondern auch die Schwäche b6 aufs Korn genommen.

Der direkte Ansatz 33.♖g1? lässt 33...b5 zu. Zwar steht Weiß immer noch besser, aber es ist bei weitem nicht so klar wie in der Partie.

33...♖b8

33...b5 34.cxb5 axb5 35.a5!+- (Tiwjakow)

34.♗d4 ♖c7 35.♖g1 ♗g7

35...♖g7 36.♖g6 ♖xg6 37.hxg6+- (Tiwjakow)

36.♖g6 ♖f7 37.♗e3 ♖d7 38.♖f5 ♖f7 39.♔g4

39.♔e2!?+- (Tiwjakow)

39...♗f8

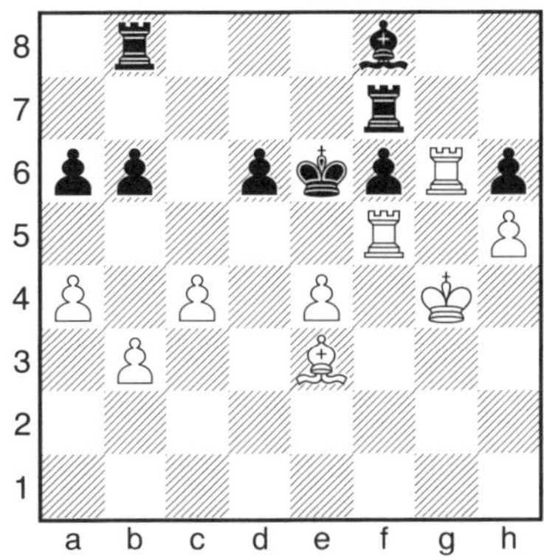

40.♗xh6

Dieser Gewinnweg erfordert genaue Berechnungen im Turmendspiel.

Einfacher war es daher, zuerst den Druck noch weiter zu erhöhen; z.B. 40.♗d4 ♗g7 (40...♗e7 41.♔f3+-) 41.♔f3 ♖bb7 42.♔e2 ♖b8 43.♔d3 ♖bb7

44.♔c3 ♖b8 45.a5 bxa5 46.♖xa5 ♖a8 47.b4 ♔e7 48.b5 ♔e6 49.♖xa6+−.

40...♗xh6 41.♖xh6 ♖g7+

41...♖g8+!? war zäher, rettet aber auch nicht; z.B. 42.♖g6 ♖xg6+ 43.hxg6 ♖f8 44.♖h5 ♖g8 45.♖h6 ♔e5 46.♔h5 f5 47.♖h7 fxe4 48.♔g5 e3 49.♖e7+ ♔d4 50.g7 ♔d3 51.♔f6 e2 52.♔f7 ♖xg7+ 53.♔xg7 ♔d2 54.♔f7 e1♕ 55.♖xe1 ♔xe1 56.♔e6+−.

42.♔f4 ♖f8

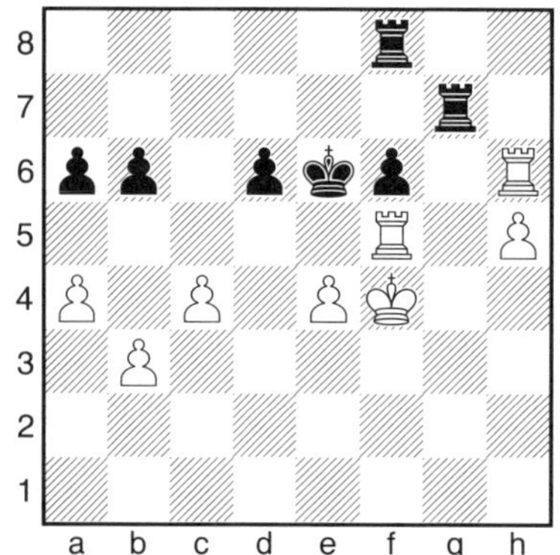

43.a5!

Dieser Zwischenzug ist ein weiterer Beweis guter Technik, obwohl auch 43.e5?! dxe5+ 44.♖xe5+ ♔f7 45.♖f5 ♔e6 46.a5 ♖g1 47.♖e5+ zum Gewinn reichen sollte (Tiwjakow).

43...♖g1

Nach 43...bxa5 44.e5 dxe5+ 45.♖xe5+ ♔d6 46.♖xa5+− bzw. 45...♔f7 46.♖f5 ♔e7 47.♖xa5+− (Tiwjakow) zeigt sich der Vorteil von 43.a5!.

44.axb6 ♖b1

44...♖f1+ 45.♔g3 ♖g8+ 46.♖g6 ♖xg6+ 47.hxg6 ♖g1+ 48.♔f4 ♖xg6 49.♖a5+−

45.b7 ♖xb3 46.e5 dxe5+ 47.♖xe5+ ♔d6 48.♖f5 ♔e6

48...♖xb7 49.♖hxf6+ ♖xf6 50.♖xf6+ ♔c5 51.♖xa6+−

49.♖h7 ♖d8 50.♖d5 1–0

Im Hinblick auf die Folge 50...♖xd5 51.cxd5+ ♔xd5 52.h6.

Kapitel 2

Theoretiker

Weltmeister: Steinitz, Botwinnik, Kramnik

Sonstige namhafte Spieler: Tarrasch, Nimzowitsch ('Mein System'), Peter Leko, Anish Giri, Georg Meier, Ulf Andersson, Nikola Sedlak, Sergei Tiwjakow, Ruslan Ponomarjow, Hans Berliner, Matthias Wahls, Victor Moskalenko, Mark Dvoretzki, Josif Dorfman ('Die Schachmethode'), Alexander Bangijew ('Felderstrategie'), Lars Bo Hansen

Lars Bo Hansen verwendet im Englischen die sehr gut passende Bezeichnung 'theorist'. Im Deutschen ist die Bezeichnung schwieriger und statt 'Theoretiker' kommt auch Dogmatiker, Systematiker oder Wissenschaftler in Betracht.

Ihre Eigenschaften

Man kann Schach als konkretes Spiel ansehen und stets ausschließlich Varianten berechnen. Man kann aber auch eine allgemeine Theorie entwickeln. Diese kann ganz allgemein gehalten sein, wie beispielsweise, dass man immer die Anzahl der eigenen Zugmöglichkeiten maximieren sollte – oder sie kann spezieller auf konkrete Strukturen zugeschnitten sein. Ein Geheimnis der Faszination des Schachs könnte übrigens darin bestehen, dass sämtliche allgemeinen Theorien eines gemeinsam haben: Sie sind letztlich alle nicht ganz überzeugend.

Allerdings wäre die Sache sonst ja auch zu einfach und Schach wäre nur ein Teilgebiet der Mathematik. Nur in bestimmten theoretischen Endspielen gibt es Faustregeln, die mathematischen Gesetzen gleichkommen. In allen anderen gibt es Ausnahmen – und mitunter sogar weit mehr Ausnahmen als Regelfälle! Entsprechend besteht die wahre Kunst gar nicht darin, die Faustregeln auswendig zu lernen, sondern darin, seine Intuition hinsichtlich der Ausnahmen zu schulen.

Wir wollen in der Folge mit speziellen Theorien zu solchen Strukturen und weiteren positionellen Themen weitermachen und verstehen den Spielertyp des Theoretikers in genau diesem Sinne. In der Regel werden diese Strukturen bzw. positionellen Themen durch die Eröffnung aufgeprägt und bestimmen auch zumindest das frühe Mittelspiel. Mitunter kann sich ihre Wirkung jedoch sogar bis ins Endspiel erstrecken – wie z.B. in der Französischen Verteidigung, im Wolga-Gambit oder in gewissen sizilianischen Varianten.

Ihre Stärken

Theoretiker kennen sich in ihren Strukturen extrem gut aus. Sie sind mit allen Manövern und Plänen bestens vertraut und können sich bei deren Anwendung auch auf ihre diesbezüglich geschärfte Intuition verlassen. In den ihnen vertrauten Strukturen sind Theoretiker unglaublich stark. Ihre Eröffnungssysteme sind sehr stabil und können langfristig genutzt werden. Theoretiker spielen logisch und systematisch. Beispielsweise zeigen Botwinniks Anmerkungen zu seinen Partien dies ganz klar auf. Viele Vertreter dieses Typus' sind gut in theoretischen Endspielen und kennen die gesamte relevante Endspieltheorie auswendig.

Ihre Schwächen

Sie halten an ihren Prinzipien fest, auch wenn diese mitunter nicht zur Stellung passen. In solchen Fällen kommen sie oft in Zeitnot. Sie sind etwas unflexibel und bleiben ihren Eröffnungen auch dann treu, wenn sie damit keine guten Ergebnisse erzielen. Natürlich können auch ihre jeweiligen spezifischen Theorien selbst Schwachpunkte haben. Wir gehen hier allerdings von starken Theoretikern aus, die zumindest in ihrem Geltungsbereich und Anwendungsgebiet über sehr plausible Theorien verfügen. Allerdings mangelt es einigen Theoretikern mitunter etwas an dem Gespür für die Grenzen des jeweiligen Anwendungsgebietes – wie auch an der erforderlichen Flexibilität, um in einer konkreten Stellung bei Bedarf auf andere Lösungsansätze umzuschwenken.

Wie spielen Theoretiker gegen die anderen Spielertypen?

Natürlich sind sie stets bemüht, unter Einsatz 'ihrer' Eröffnungen in 'ihre' Stellungen zu kommen. Allerdings sind sie bei Bedarf auch in der Lage, sich anzupassen und Strategien auf den Gegner zuzuschneiden, wenn sie sich ein entsprechend passendes Bild machen können. So kommen beispielsweise Theorien ins Spiel – wie etwa diejenige, dass man gegen Angriffsspieler möglichst das dynamische Potenzial reduzieren sollte, was ja Kramnik im WM-Kampf gegen Kasparow auf so mustergültige Weise umzusetzen vermochte.

Wie sollte man *gegen* Theoretiker spielen?

Man sollte versuchen, ihre mitunter mangelnde Flexibilität zu nutzen und sie aus 'ihrer' Stellung herauszubringen. Gelegentlich kann es passieren, dass sie mit dieser oder jener Eröffnung in der letzten Zeit 0 aus 5 geholt haben – und dass sie diese ungeachtet dessen erneut spielen. Bei alle anderen Spielertypen wäre so etwas höchst unwahrscheinlich, aber gegen einige Theoretiker kann es sich durchaus lohnen, sich trotzdem oder gerade deswegen auf die besagte Eröffnung vorzubereiten. Für Aktivspieler kann das erste Match 'Tal gegen Botwinnik' zum Studium empfohlen werden. Derweil zeigte sich im WM-Kampf 'Anand gegen Kramnik' der Wert von Neuerungen, die zu hochtaktischen Stellungen führten, in denen der Theoretiker Kramnik sich nicht mehr zu Hause fühlte, weil sein Wissen um die Strukturen plötzlich wertlos war.

Typische Systemeröffnungen, die zu klaren Strukturen führen

– sowie einige ihrer bekanntesten Verfechter:

Berliner Mauer im Spanier (Kramnik)

Französisch (Botwinnik, Moskalenko)

Rubinstein-Variante im Franzosen (Georg Meier)

Damengambit Abtauschvariante mit Botwinniks berühmter Bauernwalze im Majoritätsangriff mit f3 nebst e4

'Fort Knox' im Franzosen (1.e4 e6 2.d4 d5 3.♘c3 dxe4 4.♘xe4 ♗d7 gefolgt von ♗c6, ♗xe4, c6 usw.)

Londoner System (Sedlak)

Stonewall im Holländer (Moskalenko)

Beschleunigter Drache im Sizilianer (1.e4 c5 2.♘f3 ♘c6 3.d4 cxd4 4.♘xd4 g6)

Maroczy Struktur mit beiden Farben (Tiwjakow)

Sweschnikow (Peter Leko)

A) Die positionelle Schule

Unter Schachtrainern und Buchautoren sind Theoretiker überrepräsentiert, denn verständlicherweise möchten sie ihre Theorien weitergeben. Einige Theoretiker haben regelrechte Schulen gebildet, und Teile der legendären 'Sowjetischen Schachschule' lassen sich auf Botwinniks Einfluss zurückführen. Diese Schulen behandeln natürlich weit mehr als nur Systemeröffnungen. Da sie in aller Regel eine ganze Reihe positioneller und strategischer Prinzipien lehren, wird Schach fast zu einer akademischen Wissenschaft. Berühmte Werke wie Nimzowitschs 'Mein System', Berliners 'The System' und Dorfmanns 'Die Schachmethode' gehen in diese Richtung. In der Literatur wird der 1. Weltmeister, Wilhelm Steinitz, häufig als Begründer der positionellen Schule angesehen, die dann im Laufe der Zeit näher dargestellt wurde. Wir möchten uns diesbezüglich in keine historische Diskussion einmischen, denn es geht uns hier nur um die praktischen Vor- und Nachteile dieses Ansatzes.

Wir stützen uns hier auf Dorfmanns 'Schachmethode', gemäß derer eine Liste positioneller Elemente in etwa folgendermaßen aussehen könnte, wobei natürlich noch viel mehr Faktoren zur Stellungsbewertung denkbar sind.

Statische Kriterien (nach Dorfmann):

1. statische Königsstellung
2. materielles Kräfteverhältnis
3. Stellung nach Damentausch
4. Bauernstruktur

Dynamische Kriterien (unsere Auswahl):

1. Entwicklungsvorsprung
2. Initiative
3. Aktivität
4. Mobilität
5. schlechte Figurenstellung
6. mangelnde Harmonie

Dementsprechend lautet die Faustregel: Hat man statischen Vorteil, sollte man Komplikationen meiden, Gegenspiel stoppen und die Stellung langsam aber sicher durch Manövrieren verstärken, bis sie reif für die Transformation eines Vorteils in einen anderen ist. – Wenn man hingegen statisch im Nachteil – oder der eigene Vorteil dynamischer Natur ist, sollte man Dynamik anstreben.

Da es sich hierbei natürlich um eine sehr vereinfachte Sichtweise handelt, ist es wichtig, ein Gespür dafür zu entwickeln, was diese bezüglich der praktischen Entscheidungsfindung bedeutet. Wir werden dies in der Folge anhand einiger Beispiele und Aufgaben näher erläutern.

02.01
Orzech (2372)
Asendorf (2356)
Deutschland 2012

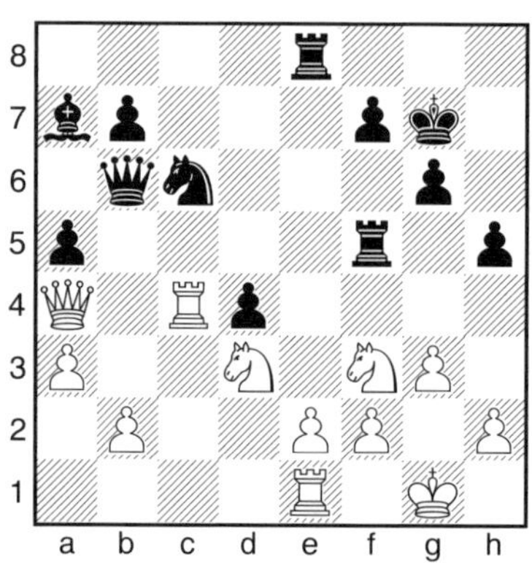

Schwarz am Zug

In dieser Stellung sind die Konturen einer Tarrasch-Verteidigung deutlich erkennbar, wobei allerdings die forsche Turmpostierung auf f5 aus dem Rahmen fällt. Rein statisch betrachtet steht Weiß angesichts seiner Bauernstruktur besser. Er hat eine weißfeldrige Blockade errichtet, auf deren Basis langfristig ein positionelles Powerplay in die Wege geleitet werden kann. Der Läufer a7 hat zwar Potenzial, kann aber bei unachtsamem Spiel auch unversehens zu einem schlechten Läufer werden. Folglich sollte Schwarz möglichst dynamisch agieren.

34...♖e7?

Dieser statische Zug verpasst den Moment für eine chancenreiche Transformation, welche sogar dann ratsam wäre, wenn sie nur zum dynamischem Ausgleich führen würde.

Das starke Qualitätsopfer 34...♖xf3!! hätte zu heftigem und langanhaltendem Angriff geführt, und zwar nach der forcierten Folge 35.exf3 ♖xe1+ 36.♘xe1 d3 37.♘xd3 ♘e5

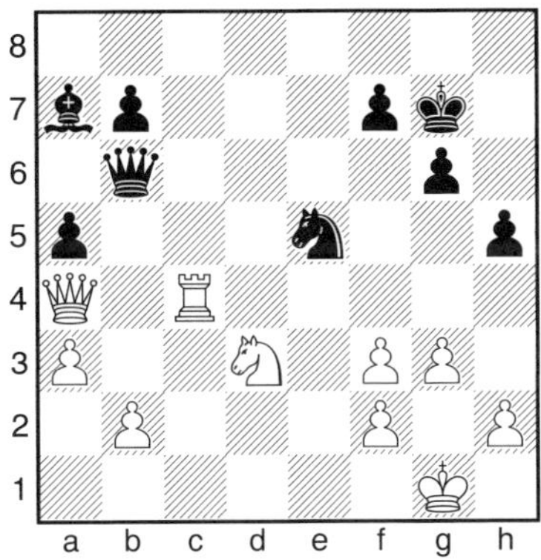

Und nun z.B. 38.♕c2 ♘xd3 39.♖c7 (39.♔f1 ♘e5!) 39...♘e5 (39...♕d6 40.♖xb7 ♗xf2+ 41.♔f1 ♘c5) 40.♔g2 g5! mit schwarzem Vorteil in allen Fällen.

35.♕c2 ♖b5 36.♖c1 ♕d8 37.♕d2 ♕b6 38.♖1c2 ♕d8 39.♘f4 ♘e5?

39...♖e8 war angesagt.

40.♘xh5+!

So verwandelt Weiß seinen statischen Vorteil in einen dynamischen.

40...gxh5 41.♕g5+ ♔h7 42.♕xh5+ ♔g7 43.♕g5+ ♔h7 44.♕h4+ ♔g7 45.♘xe5 ♖bxe5 46.♖c8 ♕b6 47.♕h8+ ♔g6 48.♖g8+ ♔f5 49.♕h3+ ♔e4 50.♖cc8 ♖f5 51.g4 ♖f6 52.♖g5 ♖e5 53.♕g2+ ♔f4 54.♕g3+ ♔xg5 55.♕xe5+ ♔xg4 56.h3+ 1–0

Im folgenden Beispiel ist kein Geringerer als der 1. Weltmeister höchstpersönlich am Werk.

02.02
Steinitz – Von Bardeleben
Hastings 1895

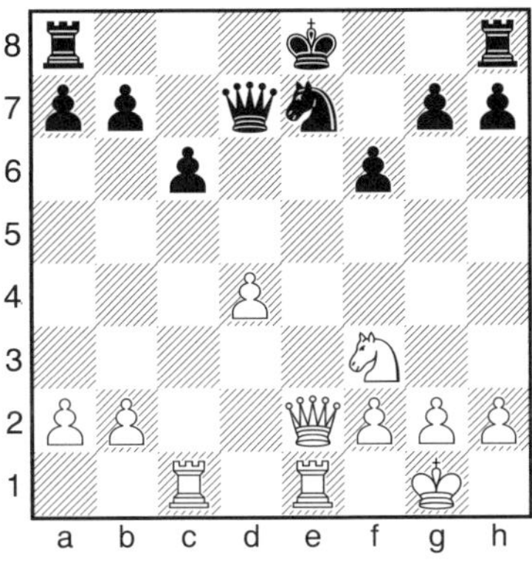

Weiß am Zug

Angesichts einer für Weiß katastrophalen statischen Bilanz hat er gar keine andere Wahl, als sich dynamisch ins Zeug zu legen.

17.d5!!

Der Isolani wird in typischer Weise als Rammbock eingesetzt, um Zugstraßen für die weißen Figuren zu öffnen.

17...cxd5?!

17...♔f7 war angezeigt; z.B. 18.dxc6 bxc6 19.♖ed1 (19.♕c4+!? ♕d5 20.♕g4 ist ebenfalls gefährlich.) 19...♕e6 20.♕xe6+ ♔xe6 21.♘d4+ ♔f7 22.♘xc6 (Kasparow) und Weiß hat gute praktische Gewinnchancen.

18.♘d4 ♔f7 19.♘e6 ♖hc8?!

Das trifft auf eine wunderschöne Widerlegung.

Allerdings ist Schwarz ohnehin nicht mehr zu retten; z.B. 19...♘c6 20.♘c5 ♕d6 21.♘xb7 ♕d7 22.♘c5 ♕d6 23.♕h5+ g6 24.♕h4 ♘e5 25.f4 Sc4 26.b4 f5 27.♖e6 ♕d8 28.♕h6 ♘d6 29.h4 ♘e4 30.h5 ♘xc5 31.hxg6+ ♔xe6 32.♖xc5+-.

20.♕g4 g6 21.♘g5+ ♔e8

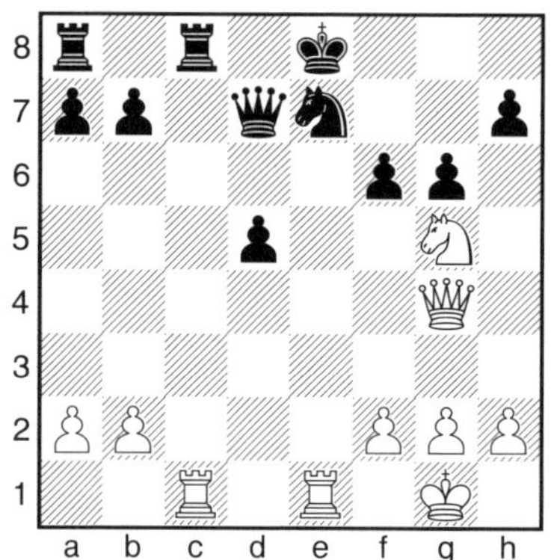

22.♖xe7+!!+-

Der fliegende Turm startet seine Reise mit einem Raketenstart.

Hingegen hätte 22.♘xh7? ♖xc1 23.♘xf6+ ♔f7 24.♖xc1 ♕e6 den weißen Vorteil viel zu billig verkauft.

22...♔f8

22...♔xe7 (22...♕xe7 23.♖xc8+) 23.♖e1+ ♔d6 (23...♔d8 24.♘e6+ ♔e8 25.♘c5+) 24.♕b4+ ♖c5 (24...♔c7 25.♘e6+ ♔b8 26.♕f4+ ♖c7 27.♘xc7) 25.♖e6+ ♕xe6 26.♘xe6

23.♖f7+! ♔g8 24.♖g7+!!

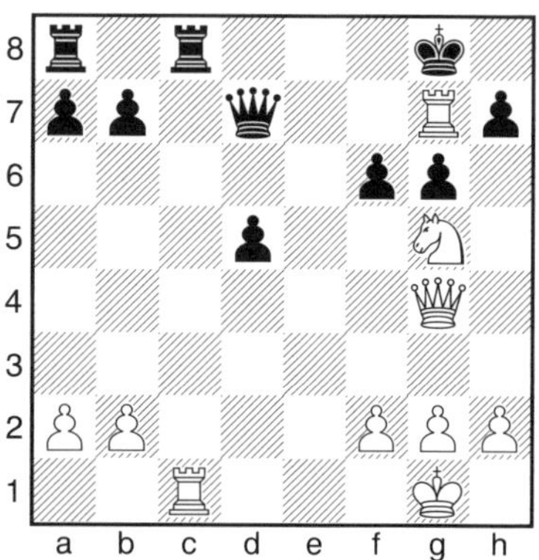

Der fliegende Turm setzt seine Mission einfach fort.

24...♔h8

24...♔f8 25.♘xh7+ ♔xg7 26.♕xd7+

25.♖xh7+

An dieser Stelle verließ von Bardeleben wortlos den Turniersaal. Später ließ er per Kurier seine Aufgabe mitteilen. Steinitz zeigte den Zuschauern das verblüffende Finale:

25...♔g8 26.♖g7+ ♔h8 27.♕h4+

Das zwingt Schwarz dazu, endlich diesen Alptraum von einem Gespensterturm zu schlagen.

27...♔xg7 28.♕h7+ ♔f8 29.♕h8+ ♔e7 30.♕g7+ ♔e8 31.♕g8+ ♔e7 32.♕f7+ ♔d8

(32...♔d6 33.♕xf6+ ♕e6 34.♕xe6#)

33.♕f8+ ♕e8 34.♘f7+ ♔d7 35.♕d6#

Dieses Meisterwerk wird wohl zu Recht als die spektakulärste Steinitz-Partie angesehen.

Aufgaben zum Thema: Statik oder Dynamik?

A02.01
Iwantschuk (2740)
Kramnik (2790)
Linares 1998

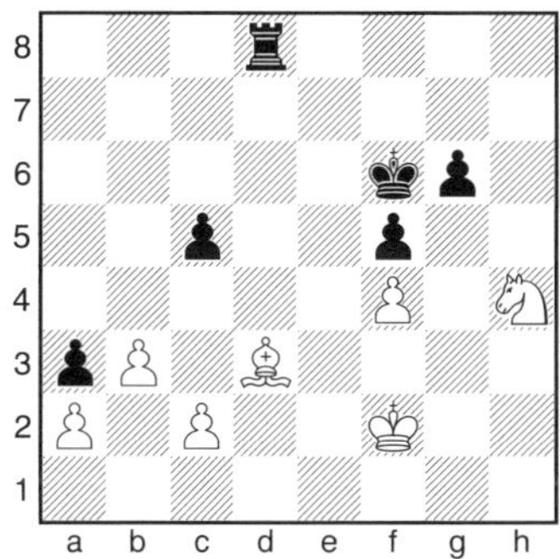

Soll Schwarz dynamisch agieren?

A02.02
Kramnik (2770) – Leko (2741)
14. WM-Partie, Brissago 2004

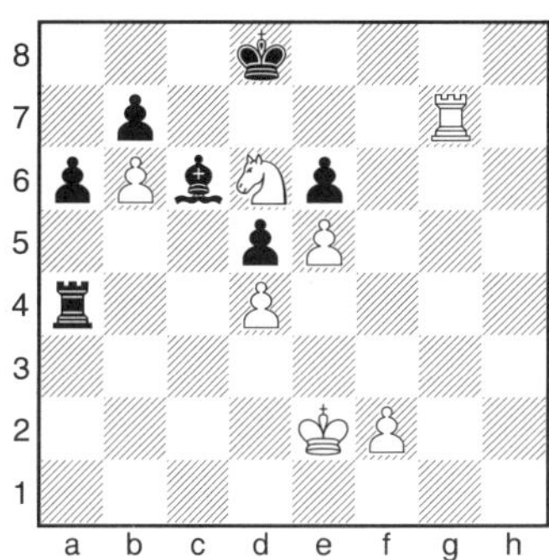

Soll Weiß statisch 34.♔e3 spielen oder dynamisch mit 34.f4 loslegen?

A02.03
Harmonist – Tarrasch
Breslau 1889

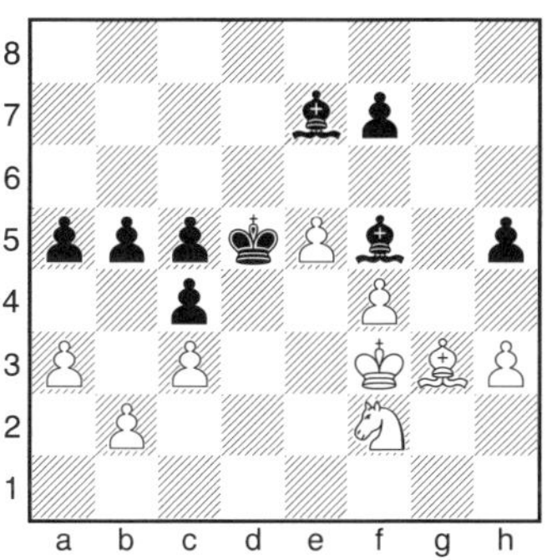

Soll Weiß abwarten oder umgruppieren?

A02.04
Richter – Tarrasch
Nürnberg 1888

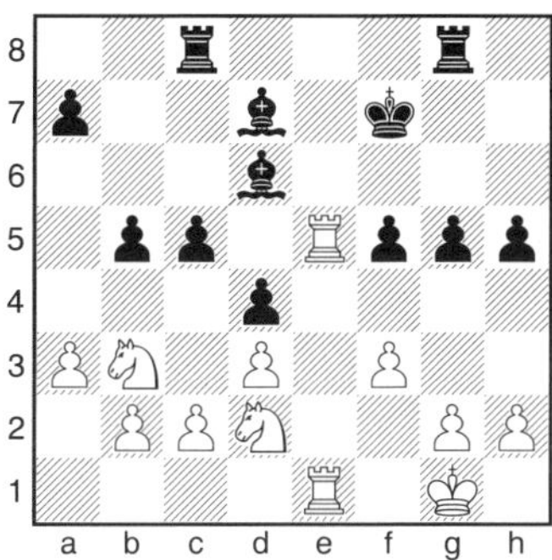

Wohin soll der weiße Turm ziehen?
Soll Weiß statisch oder dynamisch agieren?

B) Das Spiel von Theoretikern ist logisch und einleuchtend

Zur Veranschaulichung dieser Tatsache diente bereits das diesbezüglich höchst instruktive Beispiel 01.22 'Tiwjakow – Anand'. Wenn Theoretiker ihren Stellungstyp erhalten und es positionelle Trümpfe gibt, auf die sie setzen können, dann sind sie sehr stark. In solchen Fällen haben ihre Partien zumeist eine klare Linie, die sich wie ein roter Faden von Anfang bis Ende durchzieht.

B1) Spiel gegen Schwächen

In der folgenden Partie spielt Botwinnik seine strategische Initiative konsequent aus und lässt Aljechin nicht den Hauch einer Chance.

02.03
Botwinnik – Aljechin
Holland 1938 (D41)

1.♘f3 d5 2.d4 ♘f6 3.c4 e6 4.♘c3 c5 5.cxd5 ♘xd5 6.e3 Sc6 7.♗c4 cxd4 8.exd4 ♗e7 9.0–0 0–0 10.♖e1 b6?!

Eine solche Schwächung (wie hier die der weißen Felder) sollte man gegen einen Theoretiker tunlichst vermeiden, und tatsächlich wird Aljechin seine Entscheidung noch bitter bereuen.

10...♗f6 wird am häufigsten gespielt.

11.♘xd5 exd5 12.♗b5 ♗d7?

Mit 12...♗b7 war der Schaden zu begrenzen.

13.♕a4!

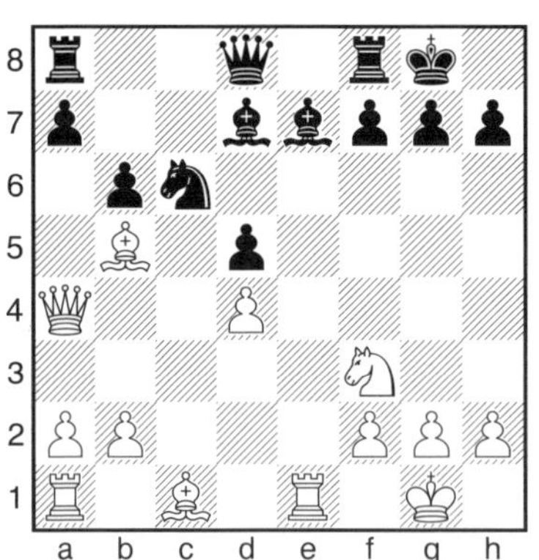

Botwinnik erhöht den weißfeldrigen Druck.

13...♘b8 14.♗f4 ♗xb5 15.♕xb5 a6 16.♕a4 ♗d6 17.♗xd6 ♕xd6 18.♖ac1 ♖a7 19.♕c2 ♖e7?

Das spielt letztlich Weiß in die Karten.

19...g6 war eine bessere praktische Wahl. Weiß steht natürlich trotzdem klar überlegen, aber dies wäre nicht so einfach nachzuweisen.

20.♖xe7 ♕xe7

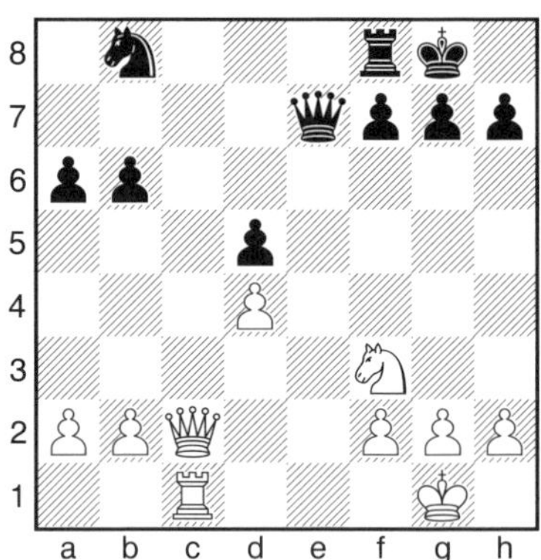

21.♕c7!

Im folgenden Endspiel 'Turm + Springer gegen Turm + Springer' wiegt die leichte weiße Initiative schwer.

21...♕xc7 22.♖xc7 f6 23.♔f1 ♖f7 24.♖c8+ ♖f8 25.♖c3!

Der aktive weiße Turm darf natürlich nicht getauscht werden.

25...g5?!

Dieser pseudoaktive Zug verschlimmert die Lage, aber guter Rat war ohnehin schon teuer.

26.♘e1

26.h4 h6 27.h5+– war sogar noch stärker.

26...h5

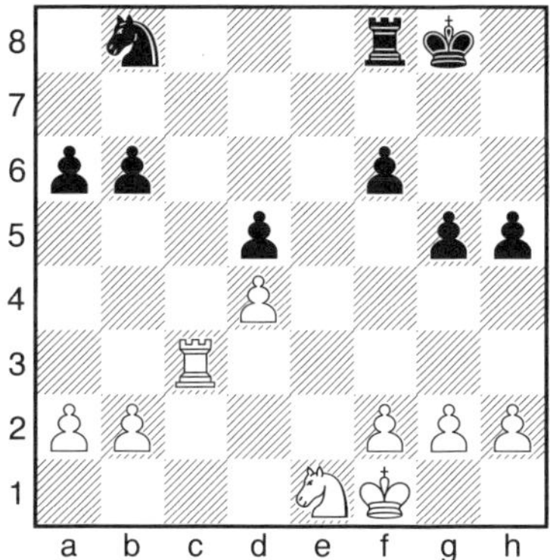

27.h4!!

Mit diesem strategischen Meisterzug unterminiert Botwinnik die gegnerische Königsflügelstruktur. Was die Behandlung verschiedener Bauernstrukturen anbetrifft, sind Theoretiker in aller Regel extrem stark und kennen alle diesbezüglichen Muster in- und auswendig.

27...♘d7?!

27...♔f7!? war zäher, sollte aber auf lange Sicht auch verlieren; z.B. 28.♖c7+ ♔g6 29.hxg5 fxg5 30.♘f3 ♔f5

(30...g4?! 31.♘h4+ ♔g5 32.g3 ♖f6 33.♖g7+ ♔h6 34.♖b7+–)

31.♖h7

– 31...♔g6 32.♖b7 b5 33.♔e2 ♖c8 34.♔d2 Sc6 35.♖d7+–

– 31...g4 32.♖xh5+ ♔e4 33.♖h4 (33.♘e5+–) 33...♖f4 34.♘e5 ♔xd4 35.♘xg4+–

28.♖c7 ♖f7 29.♘f3! g4 30.♘e1 f5 31.♘d3 f4 32.f3!?

Das legt die Schwäche f4 fest und die schwarze Stellung somit lahm.

32...gxf3 33.gxf3 a5 34.a4 ♔f8 35.♖c6 ♔e7 36.♔f2 ♖f5 37.b3 ♔d8 38.♔e2 ♘b8?!

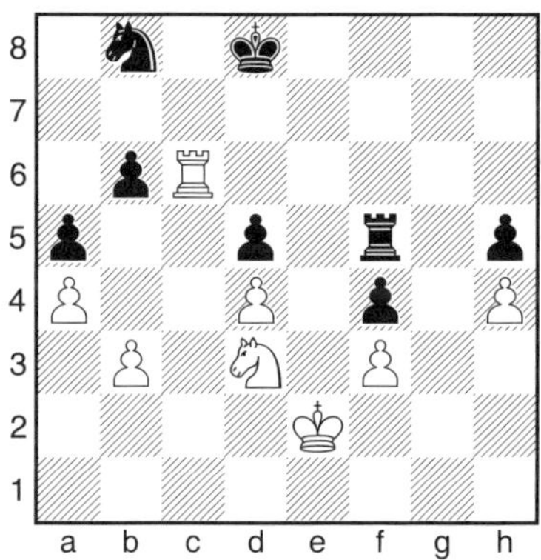

39.♖g6!

In diesem Endspieltyp geht es vor allem um Dominanz und Kontrolle. So hätte Schwarz nach 39.♖xb6? ♔c7 40.♖g6 ♘c6 Gegenspiel erhalten.

39...♔c7 40.♘e5 ♘a6 41.♖g7+ ♔c8 42.♘c6 ♖f6 43.♘e7+ ♔b8 44.♘xd5 ♖d6 45.♖g5 ♘b4 46.♘xb4 axb4 47.♖xh5 ♖c6

47...♖xd4 48.♖f5 ♔c7 49.h5+– (Kasparow)

48.♖b5 ♔c7 49.♖xb4 ♖h6 50.♖b5 ♖xh4 51.♔d3 1–0

Aufgaben zum Thema: Spiel gegen Schwächen

A02.05
Gabriel (2575) – Hickl (2565)
Bad Homburg 1997

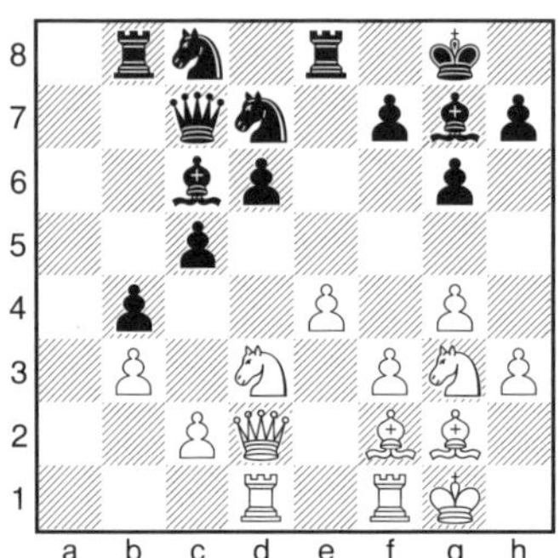

Was hat aus schwarzer Sicht oberste Priorität?

A02.06
Kramnik (2710) – Ribli (2610)
Groningen 1993

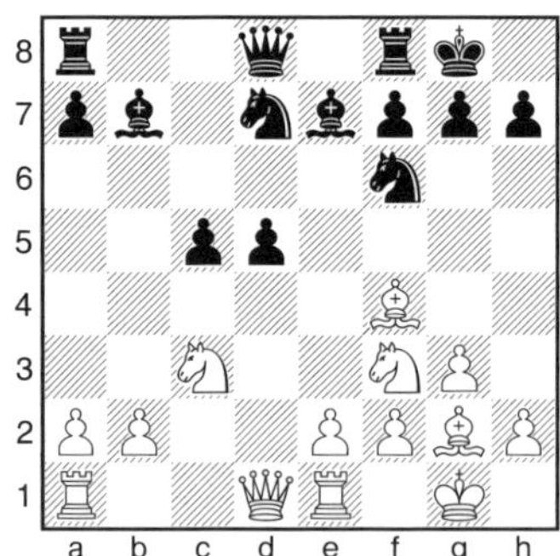

Wie legte Weiß los?

A02.07
Gurevich, M. (2694)
Ivanov, M. (2454)
Frankreich 2001

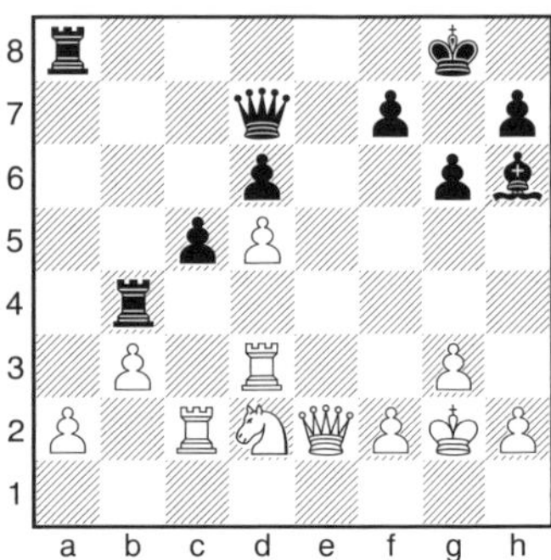

Was hat aus weißer Sicht oberste Priorität?

A02.08
Kramnik (2780)
Carlsen (2826)
Bilbao 2010

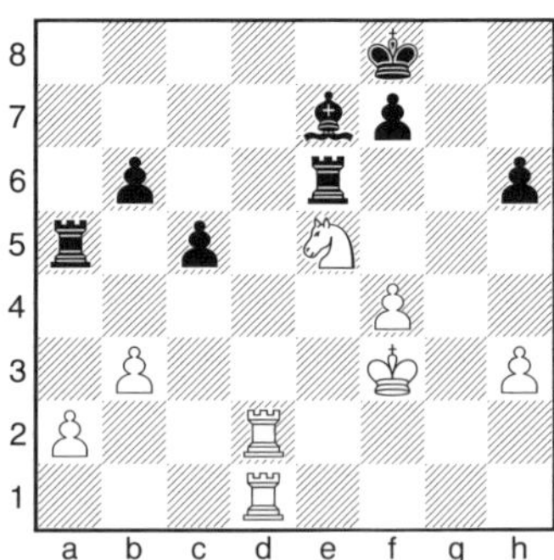

Kramnik fand den besten Zug. Können Sie das auch?

B2) Gute Bauernführung, maximale Flexibilität und Verhinderung jeglichen Gegenspiels

So lässt sich stark vereinfacht der Stil des schwedischen Großmeisters Ulf Andersson beschreiben. Allerdings setzt diese Strategie den Gegner oft nicht genug unter Druck, was entsprechend zu sehr vielen Remispartien führen kann. Wenn sie hingegen aufgeht, entstehen oft Lehrpartien zum Thema perfekte Technik.

02.04
Andersson (2560)
Robatsch (2435)
München 1979 (A30)

1.♘f3 ♘f6 2.c4 c5 3.g3 b6 4.♗g2 ♗b7 5.0–0 g6 6.b3 ♗g7 7.♗b2 0–0 8.♘c3 d5 9.♘xd5 ♘xd5 10.♗xg7 ♔xg7 11.cxd5 ♕xd5 12.d4 cxd4 13.♕xd4+ ♕xd4 14.♘xd4 ♗xg2 15.♔xg2

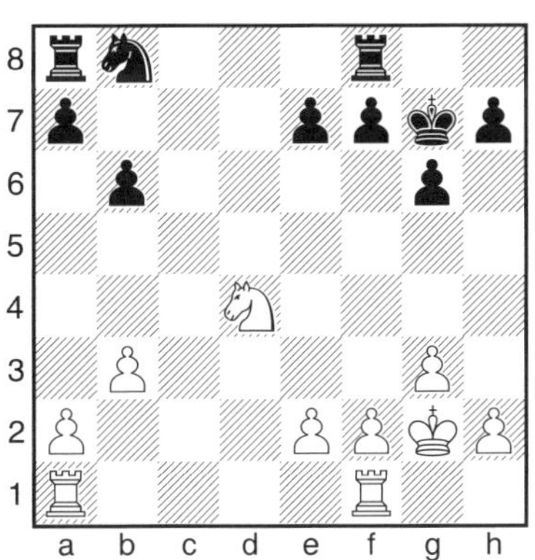

Weiß hat eine Idealstellung zur Anwendung seiner Strategie erreicht, denn da Gegenspiel weit und breit nicht in Sicht ist, stellt die leichte strategische Initiative sicher, dass Weiß auf zwei Ergebnisse spielen kann. Dabei ist allerdings ein Remis das bei wei tem wahrscheinlichere.

15...a6?!

Nach diesem etwas gekünstelten Zug gestaltet sich die Verteidigung recht unbequem. Besonders Aktivspieler dürften sich ohne Damen und ohne Aussicht auf aktives Gegenspiel auch rein psychologisch sehr unwohl fühlen.

Der Hauptzug 15...♖c8 weist eine hohe Remisquote auf.

16.♖ac1 ♖a7 17.♖c2 ♖d8 18.e3 e5 19.♘f3 f6?

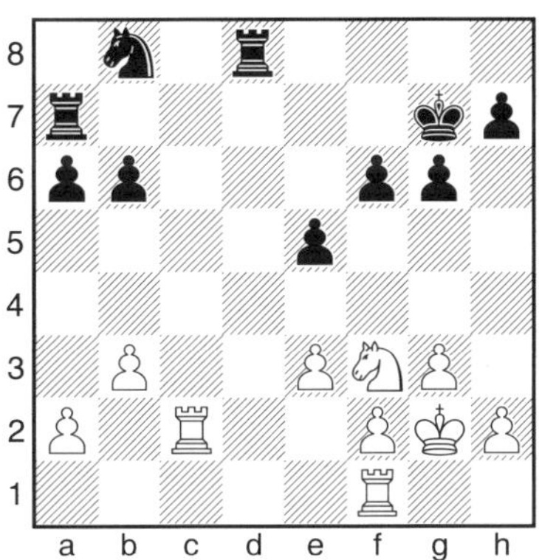

Dieser Zug erzeugt nur weitere Schwächen.

Die aktive Alternative 19...e4 20.♘d4 ♖d5 war das geringere Übel.

20.g4!

Ein typischer Bauernvorstoß in dieser Struktur. Solche Muster kennen Theoretiker auswendig.

20...♖d6?! 21.♖fc1 ♘d7?

21...♖b7 war zäher, auch wenn Weiß nach 22.♘d2 am Drücker bleibt.

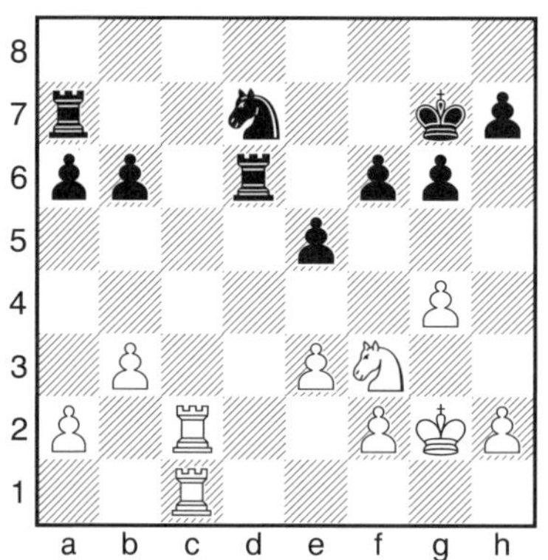

22.♖c6!

Der aktive Turm e7 soll abgetauscht werden, damit Schwarz nur mit passiven Figuren verbleibt.

22...♖xc6

22...♖d5 23.♖1c2 ♖b7 24.♘d2±

23.♖xc6 ♔f7 24.♘d2 ♔e7 25.♘e4 ♖b7?!

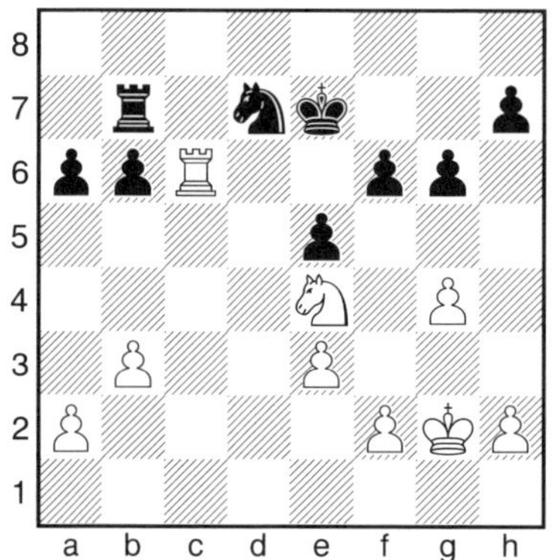

26.b4

Bauernzüge werden von Andersson sehr passend eingesetzt. So richtet sich der Textzug gegen den schwarzen Springer und der Turm b7 steht sowieso denkbar ungünstig für schnelles Gegenspiel.

26...♖b8 27.♘c3 f5

27...♖b7 28.♘d5+ ♔f7 29.♔f3 a5 30.b5 ♔g7 31.♖e6+−

28.♘d5+ ♔f7 29.♔g3

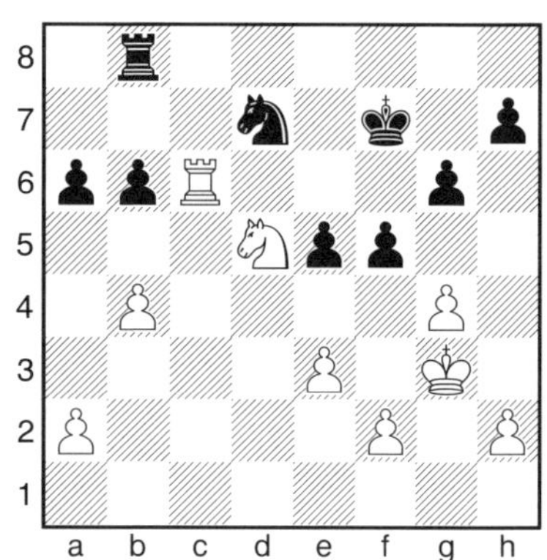

29...h5?

Ein für Aktivspieler typischer Fehler, der den Untergang beschleunigt. Allerdings sollte Schwarz auf lange Sicht ohnehin verloren sein; z.B. 29...fxg4 30.♔xg4 a5 31.b5 a4 32.h4 ♖b7 33.♔g5 ♔g7 34.h5 gxh5 35.♔xh5 e4 36.♔g5 ♘e5 37.♖xb6 ♖f7 38.♘f4+−.

30.gxf5 gxf5 31.♖d6!

Der Turm erinnert Schwarz an sein Hauptproblem: den dominierten Springer.

31...♖b7 32.♔h4 ♔g7 33.♔xh5 1–0

Auch im folgenden Fall kommt Schwarz wegen des nicht nachlassenden Drucks langsam aber sicher vom Kurs ab.

02.05
Andersson (2560)
Franco Ocampos (2360)
Buenos Aires 1979 (A16)

1.♘f3 ♘f6 2.c4 g6 3.♘c3 d5 4.cxd5 ♘xd5 5.e4 ♘xc3 6.dxc3 ♕xd1+ 7.♔xd1

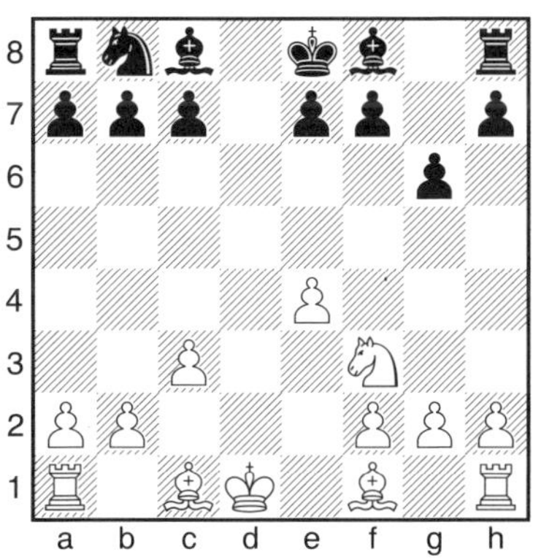

Bei dieser typischen Andersson-Eröffnung ist das Verlustrisiko so gut wie Null. Natürlich ist ein Remis das höchstwahrscheinliche Ergebnis, aber Schwarz muss doch ein wenig aufpassen.

7...f6 8.♗e3 e5 9.♘d2 ♗e6 10.♗c4 ♗xc4?!

10...♔f7 ist genauer.

11.♘xc4 ♘d7 12.b4!?

Es ist wichtig, weitere Vereinfachung erst einmal zu unterbinden.

Nach 12.♔c2?! ♗c5= verbleibt zu wenig Potenzial auf dem Brett.

12...♘b6 13.♘a5 0-0-0+ 14.♔c2 ♗e7 15.a3 f5 16.♗xb6

Andersson zementiert das folgende Ungleichgewicht.

Da 16.f3!? mehr Potenzial auf dem Brett behält, kam es ebenfalls stark in Frage.

16...axb6 17.♘c4

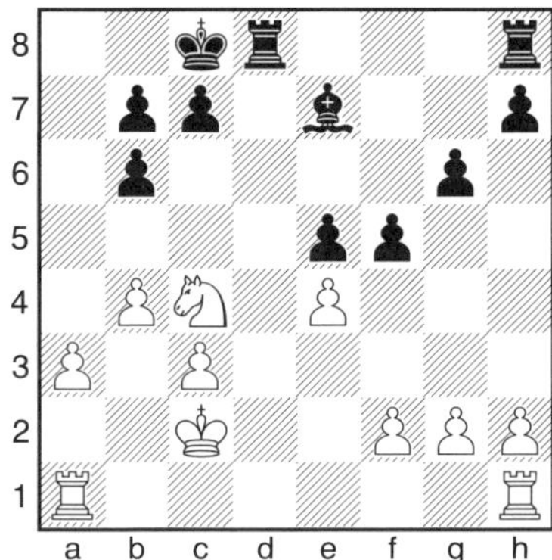

17...♗f6?

Dies ist ein Verstoß gegen das positionelle Prinzip, dass die Figurenstellung Vorrang vor der Bauernstruktur hat. Der sogenannte 'Chamäleon-Läufer' läuft nun Gefahr, zu einem schlechten Läufer zu werden. Ein Chamäleon-Läufer ist ein potenziell schlechter Läufer, der aber wichtige Funktionen innerhalb der Stellung erfüllt. Theoretiker verwenden gern solche Begriffe für positionelle Phänomene und leiten mitunter eine ganze Sammlung davon aus ihren Theorien ab.

Der Begriff 'Chamäleon-Läufer' wurde von Raj Tischbierek als Übersetzung der englischen Bezeichnung 'double edged bishop' vorgeschlagen, die Esben Lund in seinem Buch 'The secret life of bad bishops' eingeführt hatte. Die entsprechende Faustregel lautet: So, wie das Chamäleon seine Farbe ändert, so ändert sich auch die Stellungsbewertung.

Im gegebenen Fall wird es zu einem *schlechten* Läufer, wodurch sich die schwarze Stellung in eine Verluststellung verwandelt – ganz so, wie es die Faustregel vorhersagt. Typische Beispiele für Chamäleon-Läufer sind der französische Läufer c8 (bei schwarzen Bauern auf e6, d5 gegen weiße auf d4, e5) und der königsindische Läufer g7 (bei schwarzen Bauern auf d6, e5 gegen weiße auf e4, d5).

Nach der Alternative 17...fxe4 18.♖ae1 ♖hf8 19.♖hf1 b5 20.♘d2 ♖d5 21.♘xe4 ♔d7 hätte Weiß nur einen symbolischen Vorteil.

18.a4! ♗g7 19.♖he1 ♖he8 20.b5

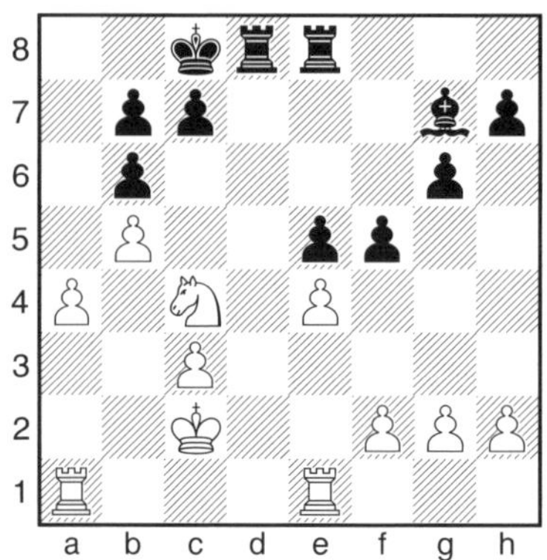

20...f4?

Das macht das Chamäleon endgültig zum schlechten Läufer.

20...fxe4 war erneut angesagt; z.B. 21.♖xe4 ♖f8 22.f3 ♖f4 23.♖ae1 ♖xe4 24.♖xe4 ♖e8 und Schwarz sollte sich noch halten können, obwohl schon nicht mehr so bequem.

21.a5 bxa5 22.♖xa5 b6 23.♖a7 ♗f6 24.♖ea1 ♖e6 25.♖1a6 ♖de8 26.♔b3! ♗d8?! 27.♖a8+ ♔d7 28.♖a2?!

28.♖6a7!?+-

28...♗f6 29.♖d2+ ♔e7 30.♖a7 ♖c8 31.♖d5 ♔e8 32.h3 ♔e7 33.♘b2 ♔e8 34.♘d3 ♗g7

34...c6 35.♖dd7 cxb5 36.♘b4 ♖a8! (36...♖e7? 37.♘d5 ♖xd7 38.♘xf6+ ♔e7 39.♘xd7+-) 37.♖xh7 ♖xa7 38.♖xa7 ♗d8 39.♘d5+-

35.c4 ♗f6 36.c5 bxc5 37.♘xc5 ♖e7 38.♖a6 ♗h8 39.♔c4 ♗g7 40.f3

Mir war lange nicht klar, warum dieser Zug genau jetzt erfolgt, bis mich die Teilnehmer eines Seminars bei den Chess Tigers in Bad Soden aufklärten: Nach dem folgenden Zug 41.♘e6 stehen *alle* weißen Figuren auf weißen Feldern, was Ulf Andersson sicher unsäglich große Freude bereitete.

40...♖b8 41.♘e6 ♗f6 42.♖c6 1–0

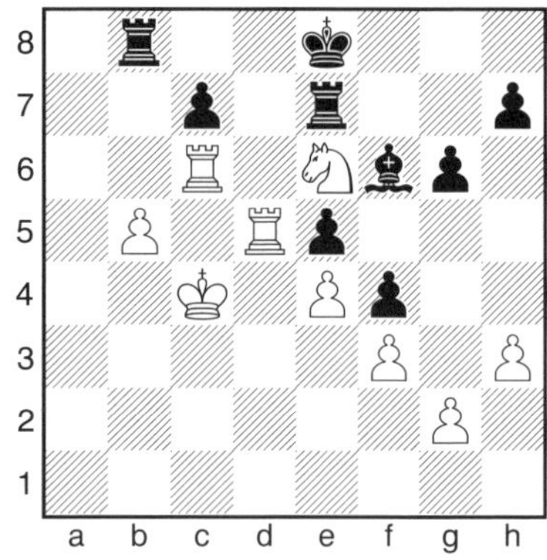

Als beeindruckendes Ergebnis des mustergültig vorgetragenen weißfeldrigen Powerplays bleibt totale Dominanz!

B3) Strategische Endspiele mit klaren Merkmalen

Theoretiker sind sehr stark, wenn sie klaren Mustern folgen können, die zu ihrer Theorie passen. Im folgenden Beispiel gelingt Ruslan Ponomarjow ein mustergültiges Endspiel aus einem Guss.

02.06
Ponomarjow (2681)
Huschenbeth (2589)
Deutschland 2019

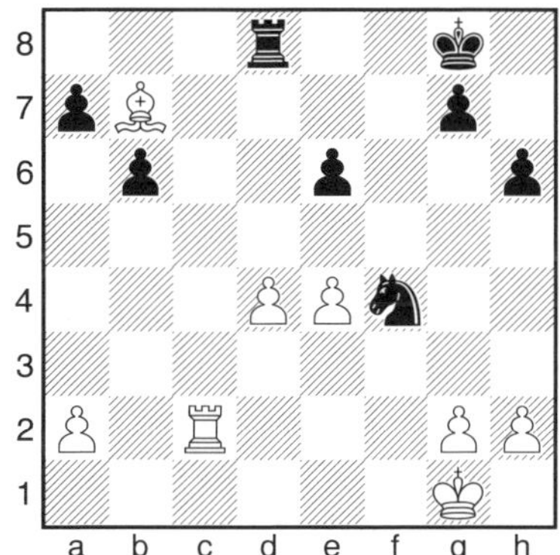

25.d5!

Weiß muss Dynamik im Spiel halten.

25...exd5

25...e5?! 26.♗a6 ♘h5 27.♔f2 ♘f6 28.♔e3 ♘e8 29.a4 ♔f8 30.♗d3 ♔e7 31.♗b5 ♖d6 32.♗xe8 ♔xe8 33.♖c7 ist noch schlechter.

26.g3!

Dieser Tritt wirft den Springer aus seiner Bahn.

26...♘d3 27.♗xd5+ ♔h7 28.♖c7 ♘c5?!

Der Computer bevorzugt das aktivere 28...♖e8!? 29.♔g2 ♖f8 30.♖xa7 ♖f2+ 31.♔g1 ♖d2 32.h4 ♘e5 mit praktischen Remischancen.

29.♔f2!

Der König ist im Endspiel ein wichtige Kraft und sollte möglichst aktiviert werden. Das passt natürlich sehr gut zur Endspieltheorie. Einige Autoren verwenden diese Tatsache sogar zur Definition des Endspiels im Unterschied zum Mittelspiel.

Verfehlt war übrigens 29.♖xa7? ♖e8 30.♖a8 ♖xa8 31.♗xa8 ♔g6 32.♔f2 ♔f6 33.♔e3 ♔e5=.

29...♖d7 30.♖c8!

Der Turm muss auf dem Brett bleiben, sonst kann Weiß schwarzfeldrig nichts mehr ausrichten – wie z.B. nach dem Fehler 30.♖xd7? ♘xd7 31.♔e3 ♔g6 32.♔d4 ♔f6 33.♗c6 Sc5=.

30...♖e7 31.♔e3 ♔g6 32.♔d4 ♘e6+?!

Das hiernach entstehende Turmendspiel ist verloren, weil der weiße König den Freibauern wirkungsvoll unterstützen kann.

Daher war 32...♔g5 zäher, obwohl die Sache auch dann nicht gut haltbar aussieht; z.B. 33.♖c6 ♔g4 34.♖g6+ ♔h5 35.♖d6 ♔g4 36.e5±.

33.♗xe6! ♖xe6 34.e5 ♖e7

34...♔f7 35.♖c7+ ♖e7 36.♖xe7+ ♔xe7 37.♔d5 ♔d7 38.h3 g6 39.a3 b5 40.♔c5 a6 41.♔b6+−

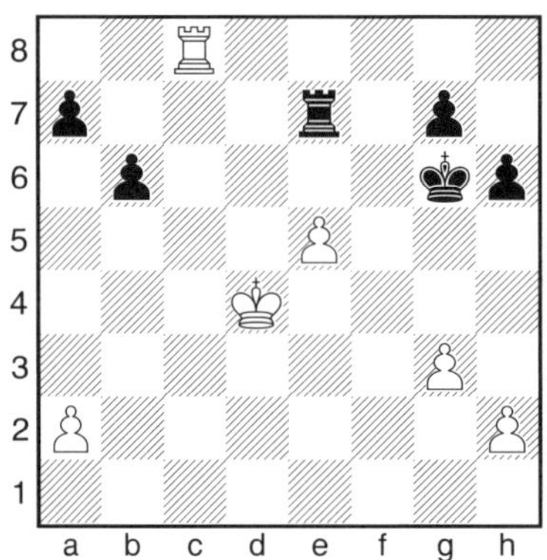

35.♖f8!+−

Dieser sehr starke Zug sendet ein klares Signal an den schwarzen König: Finger weg von dem Freibauern!

35...♖d7+ 36.♔c4 b5+

36...♖d2 verliert ebenfalls, wie folgende Beispielvariante belegt: 37.e6 ♖e2 38.♔d5 ♖d2+ 39.♔c6 ♖e2 40.♔d7 ♖d2+ 41.♔e8 ♖xa2 42.e7 ♖xh2 43.♔d7 ♖e2 44.e8♕+ ♖xe8 45.♖xe8 ♔f5 46.♔d6 ♔g4 47.♖e3 g5 48.♔e5 h5 49.♔f6 h4 50.gxh4 gxh4 51.♖e4+ ♔g3 52.♔g5 h3 53.♖e3+ ♔g2 54.♔g4 h2 55.♖e2+ ♔g1 56.♔g3 h1S+ 57.♔f3 ♔f1 58.♖a2 ♔e1 59.♔e3 ♔d1 60.♔d3 ♔c1 61.♖a1+ ♔b2 62.♖xh1.

37.♔c5!

Das Eindringen des Königs entscheidet den Tag.

37.♔xb5? ♖d5+ 38.♔a6 ♖xe5 39.a4 ♖e2=

37...b4

37...a5 38.e6 ♖a7 39.♖f2 b4 40.♖e2 ♔f6 41.♔b6

– 41...♖e7 42.♔xa5 ♖b7 43.e7

– 41...♖a8 42.e7 ♖e8 43.♔xa5

38.e6 ♖b7 39.♖f2 a5

39...♖b6 40.♔d5 ♖b5+ 41.♔d6 ♖b6+ 42.♔d7 ♖b7+ 43.♔d8 ♖b8+ 44.♔c7 ♖e8 45.♔d7 ♖b8 46.e7

40.♔d6 ♖b6+ 41.♔d7 ♖b7+ 42.♔d8 ♖b5 43.e7 ♖d5+

43...♖b8+ 44.♔c7 ♖a8 45.♖f8 ♖a7+ 46.♔d6

44.♔c7 ♖e5 45.♔d7 1−0

In Endspielen ‘Turm + Springer gegen Turm + Läufer’ möchte die Springerpartei in aller Regel die volle Kontrolle, damit die relative Langsamkeit des Springers nicht ins Gewicht fällt. Außerdem ist es gut, wenn der Läufer schlecht ist und der Felderkomplex, auf den er keinen Einfluss hat, zur Schwäche neigt.

Und aufgrund all dessen kann Kramnik im folgenden Beispiel ein typisches weißfeldriges Powerplay aufziehen.

02.07
Nakamura (2770)
Kramnik (2781)
Dortmund 2011

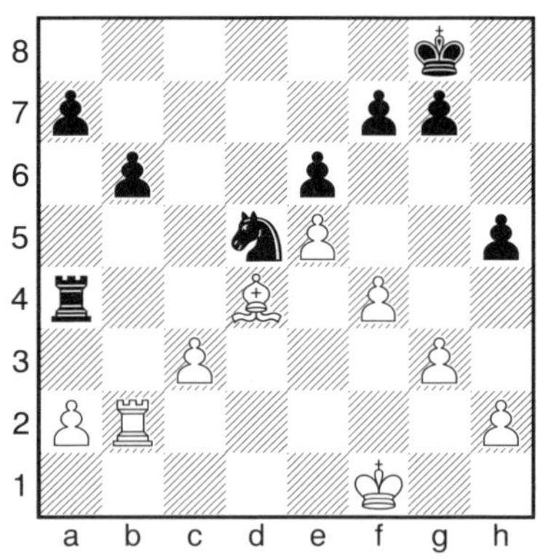

30...♔h7!

Der König macht sich auf die Socken.

31.♔f2 ♚g6 32.♖c2?

32.♔f3 ♜a3 33.h3 wäre eine genauere Realisierung des weißen Verteidigungskonzepts gewesen. Allerdings sollte Schwarz nach 33...h4 34.g4 ♜a4 auf lange Sicht trotzdem gewinnen.

32...♜a3! 33.h3

– 33.c4 ♞b4 34.♖e2 (34.♖d2 ♚f5–+) 34...♚f5 35.h3 ♞d3+ 36.♔g2 h4 37.g4+ ♚g6 38.♗e3 ♜c3 39.♔f3 ♞b4 40.♔f2 Sc2–+

– Nach dem passiven 33.♔e2 ♚f5 34.♔d2 ♚g4 35.♔c1 b5 36.♔b2 ♜a4 37.♔b3 a6 38.a3 g6 39.♖f2 ♚h3 40.♖d2 unterminiert Schwarz die weiße Struktur mit 40...h4–+.

– 33.♔f3 ♞b4 34.♖c1 Sc6 35.♔e4 ♜xa2 36.h3 ♜h2 37.♔f3 ♜b2 38.g4 ♜h2 39.♔g3 ♜d2 40.♗e3 h4+ 41.♔xh4 ♜d3 42.♗f2 ♜f3 43.♗g3 b5–+

33...b5 34.♖b2

Nach 34.♗c5 ♜xc3 35.♖xc3 ♞xc3 36.♗xa7 ♞xa2 37.g4 b4 38.♔e3 Sc3 39.♔d3 ♞d5 40.♔e4 öffnet Schwarz die Schleusentore mit 40...♚h7 41.♗c5 g5 42.fxg5 hxg4 43.hxg4 ♚g6–+.

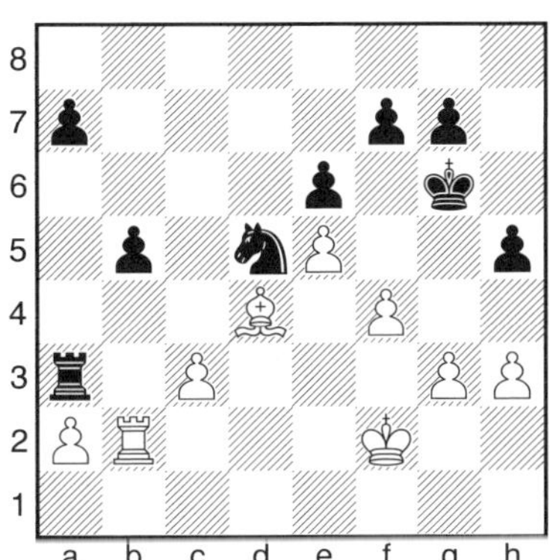

34...a6!

Kramnik hält alles unter Kontrolle.

Hingegen wäre 34...♞xc3? 35.♗xc3 ♜xc3 36.♖xb5 ♜c2+ 37.♔f3 ♜xa2 38.g4 wegen der hohen Remisbreite von Turmendspielen übereilt.

35.♖c2

35.♔f3 b4–+

35...♚f5 36.♔f3 b4 37.g4+ hxg4+ 38.hxg4+ ♚g6 39.♔e4 bxc3 40.♖h2

40.♗e3 ♜a4+ 41.♔f3 ♜b4 42.♗c1 ♜d4 43.a3 f6 öffnet eine zweite Front, um mit dem König ins Herz der weißen Stellung vordringen zu können; z.B. 44.exf6 ♚xf6 45.♔f2 e5 46.fxe5+ ♚xe5 47.♔f3 ♜d3+ 48.♔e2 ♚e4–+.

40...♜a4 41.♖f2 a5 42.♔d3 c2!? 43.f5+

43.♖xc2? ♞b4+

43...♚g5 44.♗b2 ♞b4+ 45.♔c3 ♜xa2 46.♖f1 ♚xg4 47.fxe6 fxe6 0–1

48.♖g1+ ♚f3 49.♖xg7 c1♛+ 50.♗xc1 ♜c2+

Aufgaben zum Thema: Endspielstrategie

A02.09
Leko (2743) – Hübner (2615)
Dortmund 2000

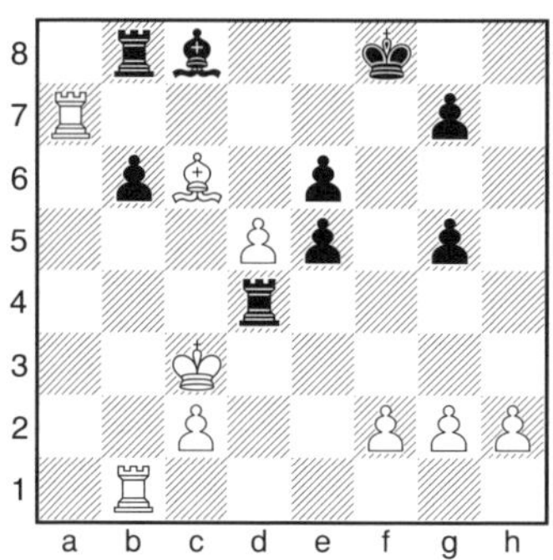

Wie legte Weiß los?

A02.10
Kramnik (2791) – Howell (2611)
London 2010

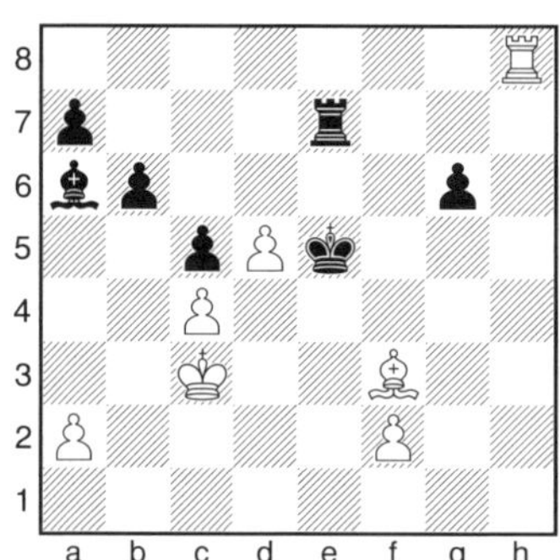

Wie erhöhte Weiß den Druck?

A02.11
Tisdall (2500)
Lechtynsky (2435)
Osterskars 1995

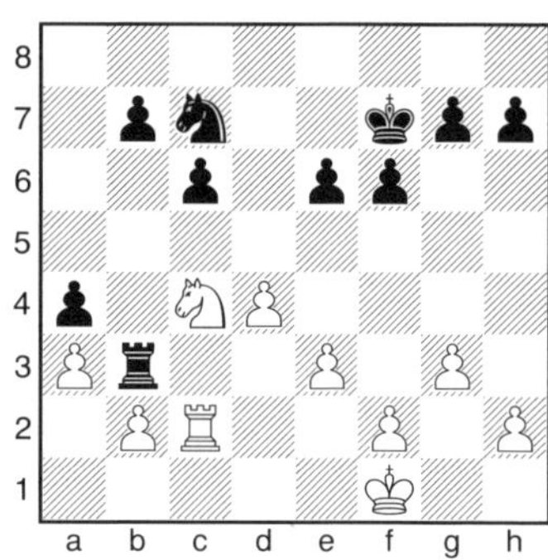

Weiß zieht und gewinnt

A02.12
Leko (2717) – Adams (2752)
Dortmund 2002

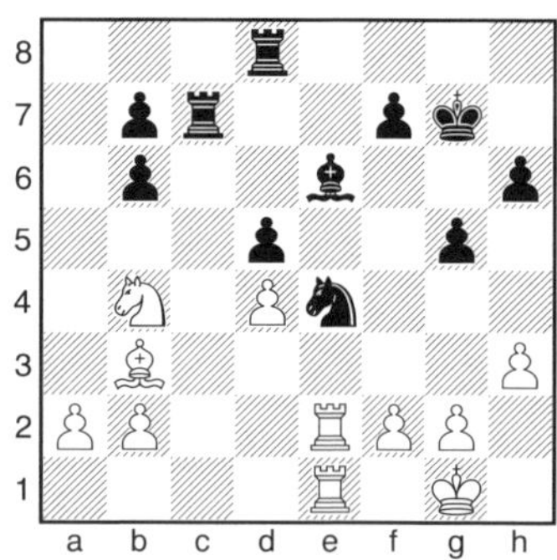

Wie legte Weiß los?

B4) Die Steinitzsche Restriktionsmethode

Natürlich gibt es auch viele sehr spezielle Theorien. Wir möchten beispielhaft eine davon veranschaulichen, weil wir sie für besonders überzeugend halten. Im Duell 'Läuferpaar gegen Läufer + Springer' bildet sie eine Hauptstrategie der Seite mit dem Läuferpaar. Sie beruht auf der relativen Unbeweglichkeit des Springers, der sich mitunter sehr schwer tut, bestimmte Felderkomplexe zu erreichen bzw. zu verlassen. Der folgende Klassiker zeigt das ganz vortrefflich.

02.08
Englisch – Steinitz
London 1883

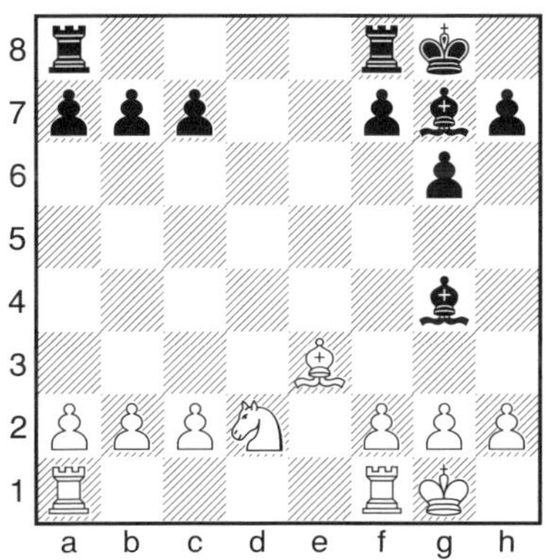

Schwarz am Zug

Schwarz besitzt außer den Läufern auch noch die volle Kontrolle über die Stellung und eine leichte Initiative, was sich als tödliche Mixtur erweist.

15...♖ad8

Natürlich nicht 15...♗xb2? 16.♖ab1 ♗e5 17.♖xb7, was die Stellung des Weißen aktiviert und seinen Figuren Stützpunkte gibt. Man muss gerade verhindern, dass der Springer solche Perspektiven erhält. Die Läufer profitieren von flüssigen Bauernstrukturen, die Springerpartei oft von gebrochenen – wie der nach dem Fehler entstandenen, denn zum Beispiel ist das Feld c5 nun so gut wie in weißer Hand.

16.c3 ♖fe8

Die Aktivierung der vorletzten Figur erfolgt a tempo, denn es droht sogleich ♖xe3.

17.♘b3

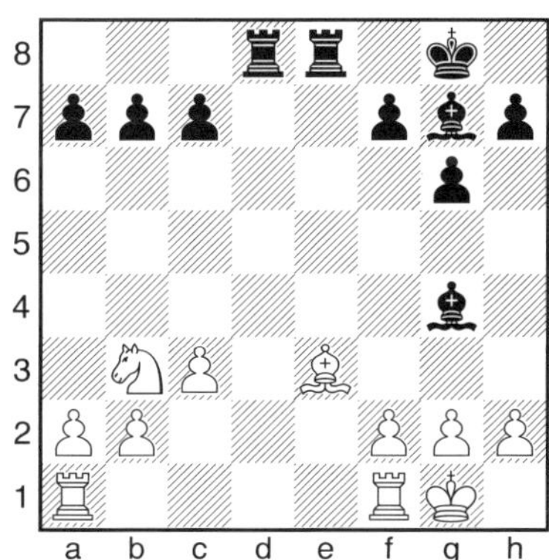

17...b6!

Schwarz beginnt damit, den ♗g4, der ja keinen Gegenspieler mehr hat, stark zu machen, und schränkt gleichzeitig den weißen Springer in seinem Aktionsradius ein. Nach Holger Borchers kann der Läufer ohne Widerpart auch 'grüner Läufer' genannt werden. Denn grün ist die Farbe der Hoffnung – und die Hoffnung der Seite mit dem Läuferpaar ruht in der Regel speziell auf dem Potenzial des Exemplars *ohne Gegenspieler*. Die entsprechende Faustregel lautet: Sorge dafür, dass der 'grüne Läufer' so stark wie möglich wird! – Als Trainer bin übrigens auch ich ein Anhänger dieses Zugangs mit speziellen Begriffen und Faustregeln.

18.h3 ♗e6

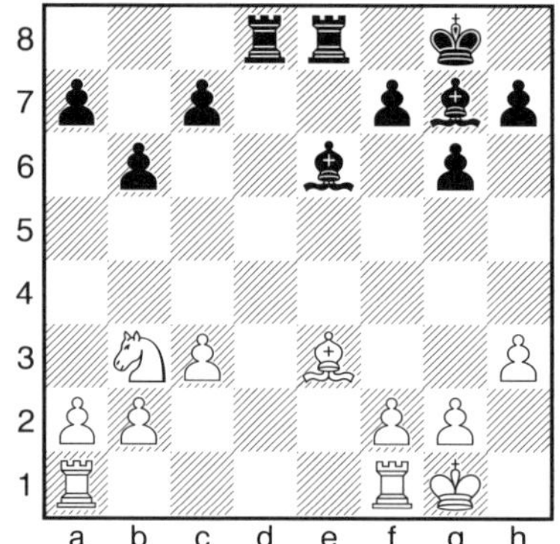

19.♖fd1?

19.♘d4!? kam stark in Betracht, denn nach z.B. 19...♗d5 20.♖fe1 c5 21.♘b5 kann von einem schwarzen Gewinn noch keine Rede sein.

19...c5

Dies nimmt den weißen Figuren den wichtigen Stützpunkt d4 und engt insbesondere den Springer weiter ein.

20.♗g5 f6 21.♗f4 ♔f7 22.f3 g5

Steinitz nutzt seine gesamte Armee, um immer mehr Raum zu gewinnen.

23.♖xd8 ♖xd8 24.♗e3 h6

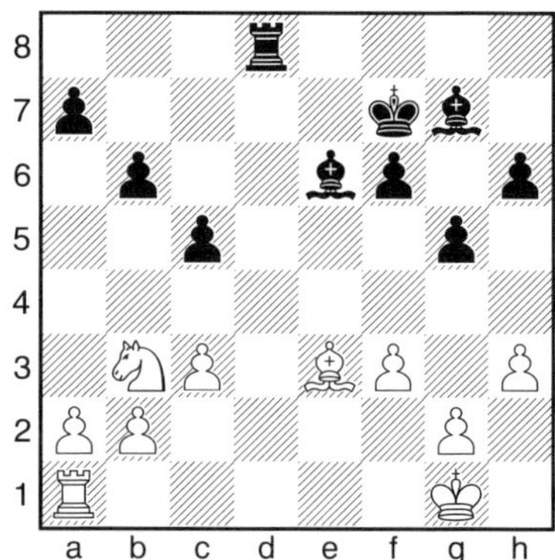

Nun stehen alle schwarzen Bauern auf schwarzen Feldern. Als nächstes soll der f-Bauer nach f4 vorrücken.

25.♖e1 f5

Der erste schwarze Bauernzug, der etwas verpflichtend ist.

Das direkte 25...a5!? war die Alternative.

26.f4!

Weiß muss ein Stoppschild setzen und kann nun hoffen, das Feld e5 ausnutzen zu können.

26...♗f6 27.g3?

So viel Zeit hat Weiß nicht. Das größte Problem ist der Abseitsspringer, der mit 27.♘d2 unverzüglich auf grünere Weidegründe traben sollte. Schwarz behält allerdings auch dann praktische Gewinnchancen.

27...a5!

Mittels der tödlichen Drohung, durch a4–a3 den weißen Damenflügel aufzurollen, wird der Springer weiter zurückgeworfen.

28.♘c1 a4 29.a3 ♗c4?!

Das direkte 29...gxf4 30.♗xf4 ♗g5–+ war noch stärker.

30.♔f2?

30.♘e2 war zäher.

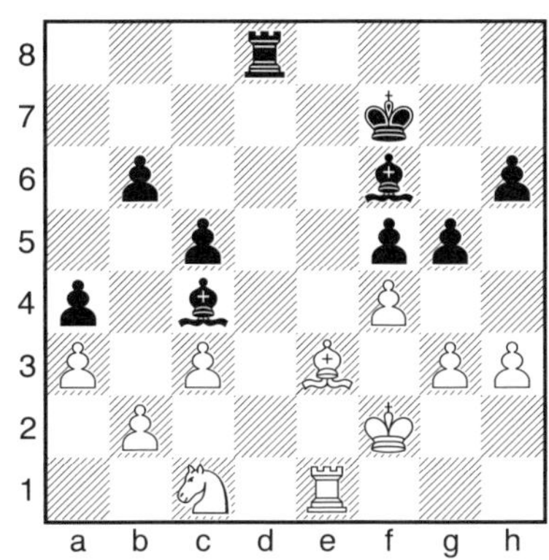

30...gxf4!

Eine sehr gutes Beispiel für die Umformung eines Vorteils in einen anderen. Einer der Vorzüge der Läuferpartei besteht ja ohnehin darin, dass sie bei Bedarf leichter auf Abtausch hinwirken kann.

31.♗xf4 ♗g5!

Nach Abtausch des stärksten Verteidigers wird es schwer, das Eindringen des schwarzen Turmes über die d-Linie zu verhindern. Der weiße Chamäleon-Läufer ist nämlich ein starker Verteidiger.

32.♗xg5?!

32.♔e3 ♗xf4+ 33.♔xf4 ♔f6–+ bzw. 33.gxf4 ♔g6 34.♖g1+ ♔h5–+

32...hxg5 33.♔e3 ♔f6

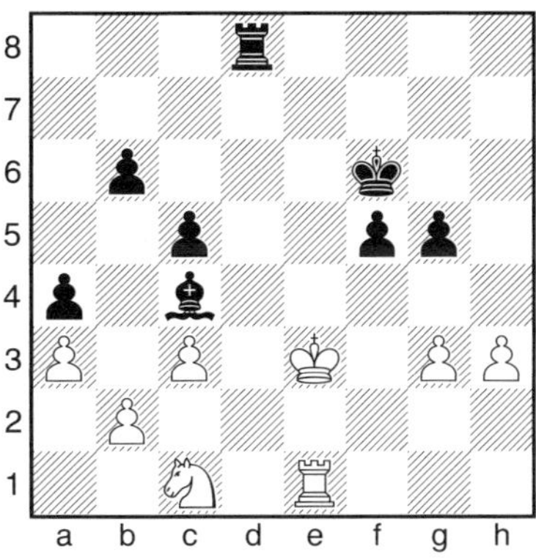

34.h4?

Dies verliert forciert, aber die weiße Stellung macht ohnehin einen traurigen Eindruck, wie die folgenden Alternativen zeigen.

– 34.♖g1 ♔e5 35.h4 f4+ 36.gxf4+ gxf4+ 37.♔f3 ♗d5+ 38.♔e2 ♔e4

– 34.♖h1 ♔e5 35.♖g1 f4+ 36.♔f3 ♗d5+

– 37.♔f2 ♖h8 38.♖e1+ ♔d6 39.gxf4 gxf4 40.c4 ♗c6 41.♘d3 ♖xh3

– 37.♔e2 ♔e4 38.gxf4 gxf4 39.♖g7 ♗c4+ 40.♔e1 f3 41.h4 ♔e3 42.♖e7+ ♔f4 43.♖g7 ♖d6 44.h5 ♔e3 45.♖e7+ ♗e6

34...gxh4 35.gxh4 ♖e8+ 36.♔f2 ♖xe1 37.♔xe1

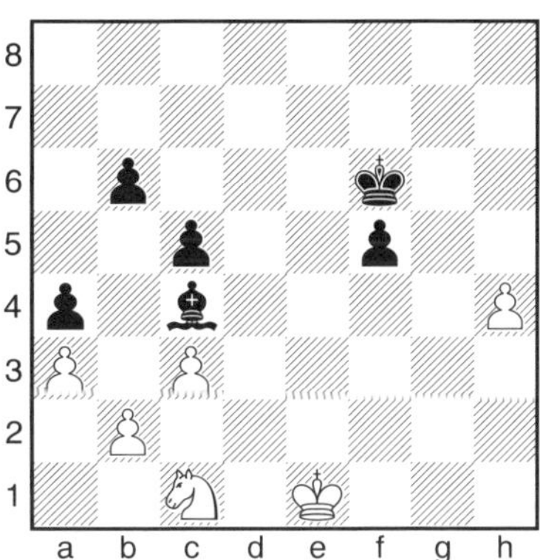

37...♔e5!

Nach 37...f4? kann das Ross entwischen: 38.♘e2 ♔f5 39.h5 ♔g5 40.h6 ♗d3 41.♔f2 b5 42.c4 b4 43.♘c1 ♗g6 44.♔f3=.

38.♘e2 ♗xe2 39.♔xe2

Das Bauernendspiel ist ungeachtet des entfernten h-Freibauern wegen der Aktivität des Königs leicht gewonnen.

39...♔f4 40.c4 ♔g4 41.♔e3 f4+ 42.♔e4 f3 43.♔e3 ♔g3 0-1

Aufgaben zum Thema: Läuferpaar

A02.13
Kamsky (2735)
Kramnik (2775)
Monaco 1996 (Blind)

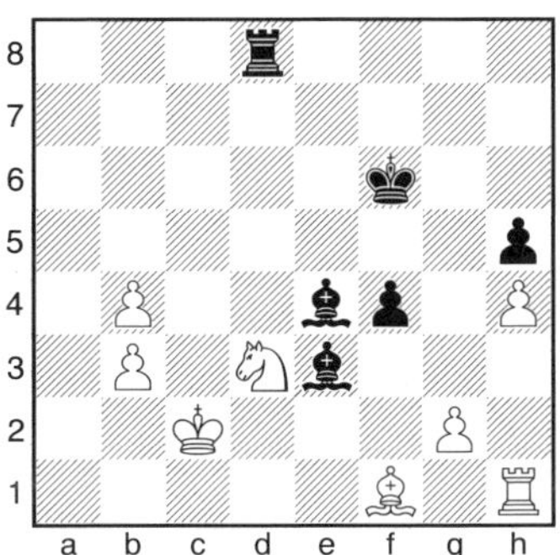

Schwarz zieht und gewinnt

A02.14
Botwinnik – Stahlberg
Moskau 1935

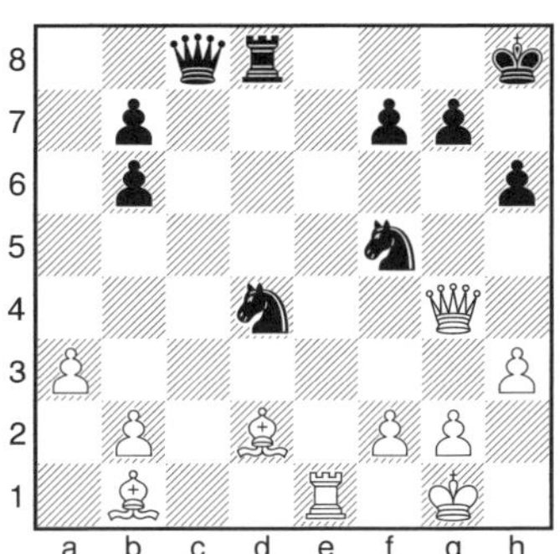

Wie setzte Weiß sein Läuferpaar in Szene?

A02.15
Botwinnik – Ragosin
Leningrad 1927

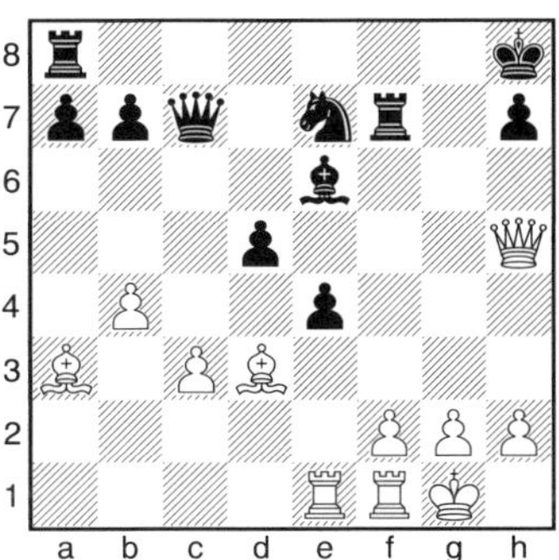

Wie soll der weiße Angriff fortgesetzt werden?

A02.16
Steinitz – Tschigorin
Wien 1898

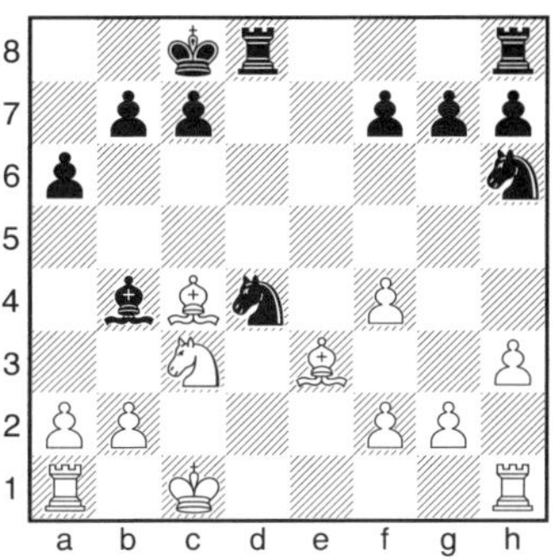

Wie legte Weiß los?

Kapitel 3

Reflektoren

Weltmeister: Capablanca, Smyslow, Petrosjan, Karpow, Carlsen

Sonstige namhafte Spieler: Michael Adams, Akiba Rubinstein, Vincent Keymer, Klaus Bischoff, 'Alpha Zero', 'Leela Zero'

Zur Einordnung der Computerprogramme an dieser Stelle

'Alpha Zero' geht natürlich Richtung 'Pragmatiker' und man kann auch argumentieren, dass einige Aspekte in Richtung 'Aktivspieler' gehen. Ganz klar ist die Zuordnung daher nicht, aber diese Engine ist für alle ein sehr unangenehmer Gegner wie überhaupt alle starken Reflektoren. Allerdings berechnet 'Alpha Zero' z.B. deutlich weniger konkrete Varianten als 'Alpha Beta Engines' – ja, mitunter beschleicht einen das Gefühl, dass sein 'absolutes Gehör' für die Figuren dem starker menschlicher Reflektoren in nichts nachsteht. Auch bringt er oft langfristige positionelle Opfer, die unweigerlich an die Opfer Karpows oder Carlsens erinnern. 'Alpha Zeros' Ziele und Pläne sind oft langfristiger als die von 'Alpha Beta Engines', und man hat den Eindruck, dass er über ein sehr tiefes Spielverständnis verfügt.

Ihre Eigenschaften

Sie haben ein sehr tiefes Spielverständnis und erkennen relevante Muster, die allen anderen verborgen bleiben. Sie haben ein sehr feines Gespür für die Harmonie und Koordination der Figuren. Sie können quasi mit den Figuren kommunizieren und haben quasi ein 'absolutes Gehör' für deren Botschaften. Sie sind auch sehr gut, wenn es darum geht, die gegnerischen Figuren immer mehr einzuschränken und ihre Koordination zu stören. Entsprechend typisch für sie sind aktive Prophylaxe sowie Dominanz- und Restriktionsstrategien. Sie sind sehr gut in Abtauschfragen und beim Ansammeln und Verdichten kleiner Vorteile. Auch sind sie sehr gut in strategischen Endspielen, in denen ihre Stärken voll zur Geltung kommen, weil das dynamische Potenzial der Damen hier nicht mehr 'stört' und entsprechend weniger dynamisches Chaos aufkommen kann.

Sie haben ein gutes Gefühl für positionelle Opfer auf lange Sicht, und zwar besonders für Qualitätsopfer. Sie berechnen nicht so viele Varianten, ihre Entscheidungen basieren mehr auf allgemeinen Erwägungen, auf ihrem tiefen Spielverständnis, ihrem Gefühl für Harmonie und Koordination sowie auf ihrer gekonnten aktiven Prophylaxe.

Die Regentschaft starker Reflektoren auf dem Weltmeisterthron ist mitunter sehr dominant und lang andauernd – wie z.B. die von Karpow und Carlsen. Für die anderen Spielertypen ist es nicht leicht, an einen so starken Reflektor heranzukommen, weil es so gut wie unmöglich ist, dessen spezielle Qualitäten zu erlernen bzw. zu trainieren. So kann man zwar Taktik und Variantenberechnung sehr gut trainieren, aber ein derartiges Gefühl für Harmonie und Koordination der Figuren wie das von Karpow oder Carlsen – so etwas hat man oder man hat es eben nicht.

Ihre Schwächen

Sie sind in der konkreten Variantenberechnung nicht so gut und sollten das daher entsprechend trainieren. Auch Eröffnungen können zu ihren Schwachpunkten gehören. Zumindest treiben sie die Theorie in scharfen Varianten nicht so voran wie z.B. Aktivspieler. Einem Reflektor reicht es oft, eine spielbare Stellung zu bekommen. Entsprechend sollte der Gegner konkrete dynamische Stellungen anstreben, in denen der Preis jedes einzelnen Zuges hoch ist und die viel konkrete Berechnung erfordern. Zu beachten ist hier noch, dass Magnus Carlsen ziemlich rechenstark ist und in seiner Jugend auch durchaus als Aktivspieler angesehen werden konnte.

Typische Eröffnungen

Einem Reflektor genügt es oft, eine spielbare Stellung zu erreichen und er legt keinen gesteigerten Wert auf einen objektiven Vorteil oder darauf, dass ein Computer ihm ein mehr oder weniger ausgeprägtes Plus attestiert. Eine gewisse Flexibilität ist sicher auch von Vorteil, um konkreter gegnerischer Vorbereitung besser ausweichen zu können.

Mit Weiß: 1.d4 gefolgt von strategischen Systeme – oder 1.e4 und dort z.B. Spanisch mit c3 und d3 oder der langsame Italiener mit c3 und d3

Mit Schwarz: Caro-Kann, Tartakower-Variante im Damengambit

A) Gespür für Harmonie und Koordination

Diesbezüglich sind Reflektoren besonders stark. Sie erkennen Kooperations-Muster der *eigenen* Figuren ebenso treffsicher – wie Möglichkeiten zur Störung der gegnerischen Koordination. Da ihre Figuren stets richtig stehen und prophylaktisch alle gefährlichen Aktionen des Gegners verhindern, brauchen sie auch gar nicht viele konkrete Varianten zu berechnen.

Ein besonderer Meister dieses Fachs ist Anatoli Karpow, der seinem Gegner (dem Aktivspieler Boris Spasski) in dem folgenden instruktiven Meisterwerk keine Chance lässt.

03.01
Karpow – Spasski
Leningrad 1974 (B83)

1.e4 c5 2.♘f3 e6 3.d4 cxd4 4.♘xd4 ♘f6 5.♘c3 d6 6.♗e2 ♗e7 7.0–0 0–0 8.f4 Sc6 9.♗e3 ♗d7 10.♘b3 a5 11.a4 ♘b4 12.♗f3 ♗c6 13.♘d4 g6 14.♖f2 e5 15.♘xc6 bxc6 16.fxe5 dxe5

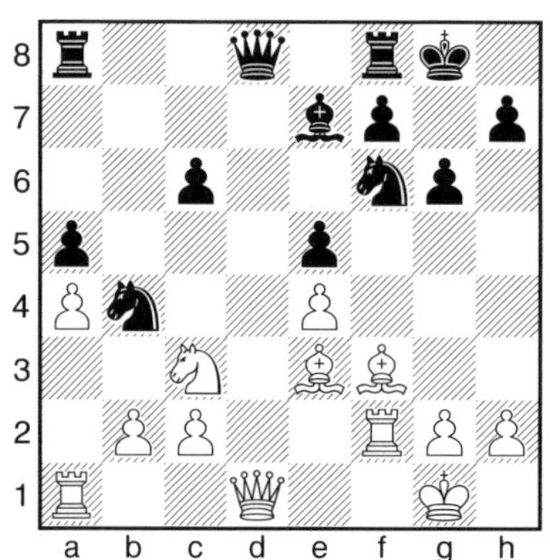

17.♕f1!?

Die Dame strebt nach c4, um den weißfeldrigen Druck zu erhöhen. Es ist immer gefährlich, einem Reflektor eine Stellung mit so vielen strategischen Trümpfen zu überlassen. Weiß hat das Läuferpaar und die weißen Felder im schwarzen Lager sind schwach. Spasski braucht nun unbedingt schwarzfeldriges Gegenspiel.

17...♕c8 18.h3 ♘d7

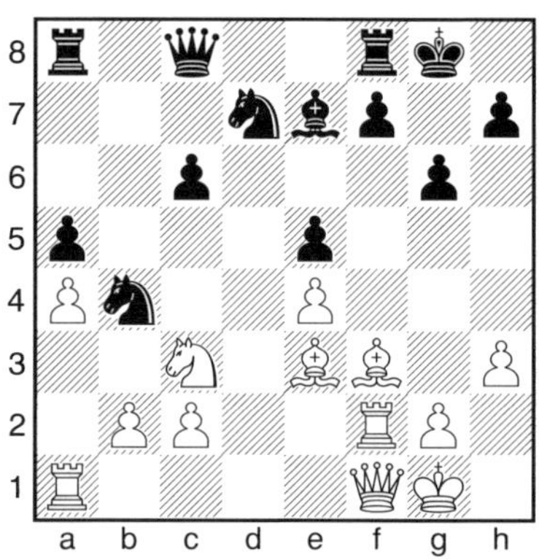

19.♗g4!?

Reflektoren sind sehr stark bei der Transformation eines Vorteils in einen anderen und beim richtigen Abtausch.

19.♕c4? konnte nämlich mit 19...♕a6 20.♕xa6 ♘xa6 21.♖d2 ♗c5= bzw. 21.b3 ♗c5= erfolgreich pariert werden.

19...h5 20.♗xd7 ♕xd7 21.♕c4

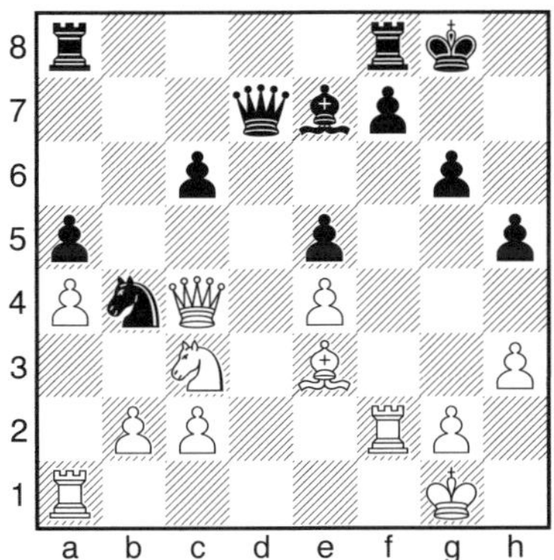

21...♗h4?

Mit solchen Mückenstichen kann die Verteidigung hier nicht geführt werden. Die schwarze Lage ist aber ohnehin sehr schwierig. Laut Computer sollte 21...♕e6 mit der möglichen Folge 22.♕xe6 fxe6 23.♖e2 geschehen. Allerdings wäre die Verteidigung dieses Endspiels gegen Karpow sicher keine leichte Aufgabe gewesen.

22.♖d2 ♕e7

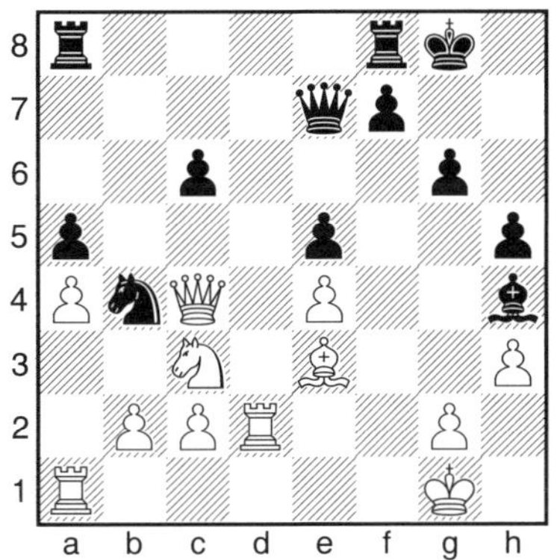

23.♖f1

Karpow verstärkt einfach den Druck, was ein typisches Vorgehen für einen Reflektor ist. Bemerkenswert ist, dass auch 'Fat Fritz' für diesen Zug plädiert. Dies kann wohl als weitere Begründung dafür angesehen werden, die selbstlernenden Engines im 'Alpha Zero Stil' den *Reflektoren* und nicht den Pragmatikern zuzuordnen.

Hingegen wählen konkrete Spielertypen und 'Alpha Beta Engines' den direkten und konkreten Gewinnweg 23.♗c5! ♕g5 24.♖ad1 ♖fd8 25.♖xd8+ ♖xd8 26.♖f1 ♖d7 27.♗xb4 axb4 28.♕xc6 ♕e3+ 29.♔h2 ♖a7 30.♘d5.

23...♖fd8

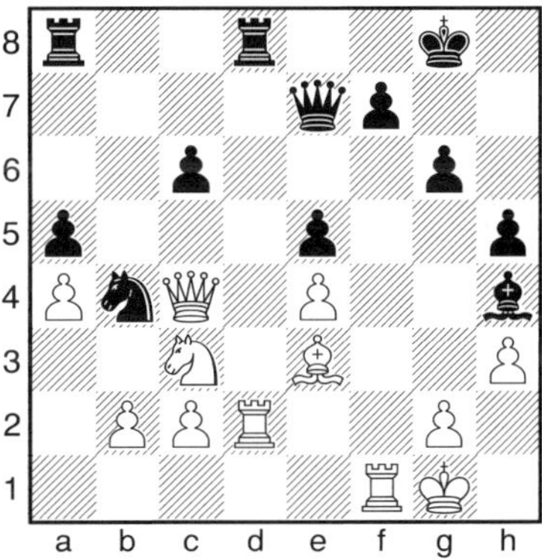

24.♘b1!!

Karpow hat ein unglaubliches Feingefühl für die Harmonie der Figuren. Hier spürt er beispielsweise, dass sein Springer deutlich mehr leisten kann.

24...♕b7 25.♔h2

Ein weiterer für Reflektoren typischer Zug. Die Königsstellung wird prophylaktisch verbessert und die Kontrolle der schwarzen Felder am Königsflügel erhöht.

25...♔g7 26.c3 ♘a6

26...♖xd2 27.♘xd2 Sc2 28.♗c5 ♗g5 29.♘f3 ♘e3 30.♗xe3 ♗xe3 31.♘xe5 ♖f8 32.♕xc6+−

27.♖e2 ♖f8

27...♖d7 hilft auch nicht; z.B. 28.g3 ♗d8 29.♖ef2

– 29...f6 30.♘d2 Sc7 31.♘f3 ♕a6 32.♕a2 ♖e7 33.♗c5 ♖e8 34.♘g5+-

– 29...c5 30.♘d2 ♘b8 31.♘f3 ♗f6 32.♔g2 ♖a6 33.g4+-

28.♘d2 ♗d8 29.♘f3 f6

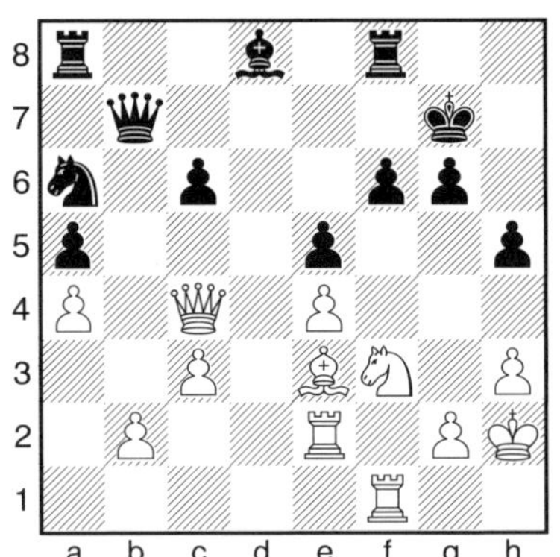

30.♖d2

Weiß verbessert systematisch und kraftvoll eine Figurenposition nach der anderen und verstärkt dabei unaufhörlich den Druck.

Die Alternative 30.♘g5 gewinnt laut Computer mehr oder weniger direkt, aber Karpows Weg gewinnt ebenfalls.

30...♗e7 31.♕e6

Die Dame dringt ins Herz der schwarzen Stellung ein.

31...♖ad8 32.♖xd8 ♗xd8

32...♖xd8 33.♘xe5 ♕c7 34.♕f7+ ♔h8 35.♕xg6 ♕xe5+ 36.♗f4 ♕e6 37.♕xh5+ ♔g8 38.♖f3 ♗f8 39.♖g3+ ♗g7 40.♗h6 ♖d7 41.♕g6 ♕f7 42.♕f5+-

33.♖d1!

Diese offene Linie führt in die gegnerische Stellung wie in eine offene Wunde.

33...♘b8 34.♗c5 ♖h8

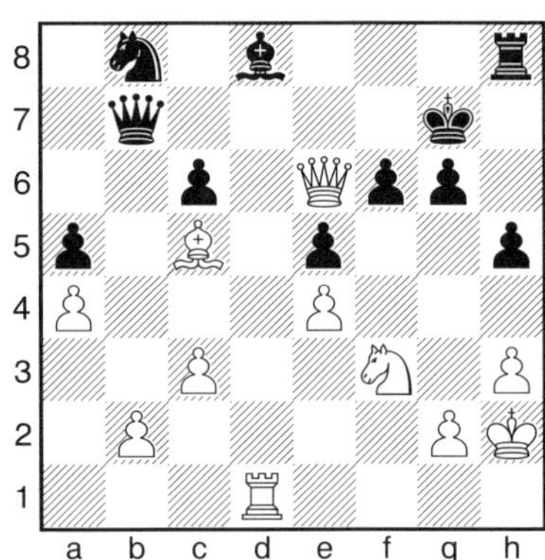

35.♖xd8! 1-0

Angesichts der Gewinnkombination 35...♖xd8 36.♗e7 ♖e8 37.♕xf6+ ♔h6 38.♘h4 ♖g8 39.♘f5+ ♔h7 40.♕f7+ ♔h8 41.♗f6+.

Im folgenden Fall wirkt Karpows Verbesserung der Angriffsharmonie wie das Werk eines Aktivspielers. Allerdings wird sein Angriff diesmal nicht ganz präzise geführt.

03.02
Pelletier (2465)
Karpow (2745)
Biel 1997

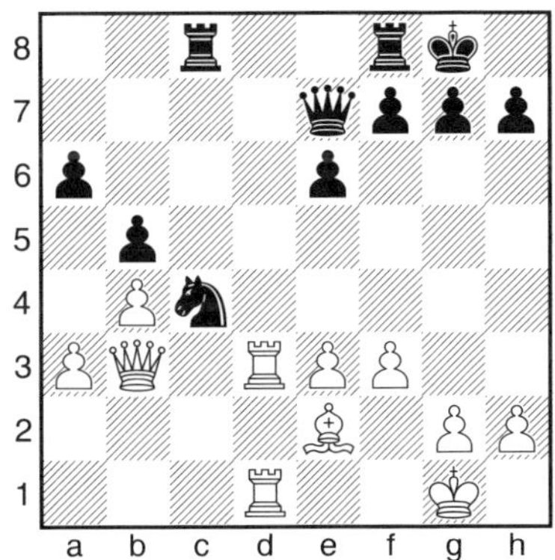

25...♘b6!

Diese Umsetzung des Springers nach d5 ist äußerst förderlich für die Angriffsharmonie, denn der Springer stand auf c4 zwar schön, aber letztlich doch im Weg.

26.♗f1 h6 27.♖d6?

Nach 27.♕b2 hätte Schwarz nur symbolischen Vorteil.

27...♘d5 28.♖xa6 ♖c3 29.♕b2 ♖fc8 30.e4?

Mit 30.♖e1 ♖xe3 31.♕f2 ♕b7 32.♖xe3 ♘xe3 33.♖xe6 fxe6 34.♕xe3 war der Schaden zu begrenzen.

30...♘e3 31.♖e1 ♘xf1

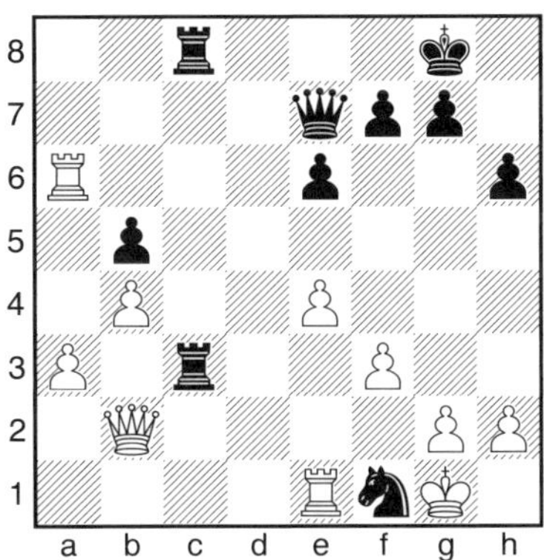

32.♖xf1?

32.♖a8 ♘xh2 33.♕xc3 ♘xf3+ 34.♕xf3 ♖xa8 35.♖c1 war zäher.

32...♖c2?

32...♕d8 gewinnt nach z.B. 33.♕f2 ♖c2 34.♕e3 ♖d2 35.♔h1 ♖d1 36.♖g1 ♖xg1+ 37.♕xg1 ♕d2.

33.♕e5 ♖d8?!

33...♖d2 war genauer; z.B. 34.♕g3 ♕d8 35.h3 ♕d3 36.♖e1 ♖cc2 37.♔h1 ♖xg2 38.♕xg2 ♖xg2 39.♔xg2 ♕d2+ 40.♔f1 ♕h2 mit guten Gewinnchancen.

34.♕xb5?

Danach entscheidet die Invasion der schwarzen Schwerfiguren direkt. Folgende Beispielvarianten zeigen, dass die Lage noch nicht ganz klar war und dass Weiß noch um das Remis kämpfen konnte.

– 34.♕g3 ♖dd2 35.♔h1 ♔h7 36.h3 ♖xg2 37.♕xg2 ♖xg2 38.♔xg2 ♕g5+

– 34.♔h1 ♕d7 35.♕a1 ♕d2 36.♖g1 ♕f4 37.♕f1 ♖dd2 38.e5 ♖xg2 39.♖xg2 ♖c1 40.♖g1 ♖xf1 41.♖xf1 ♕xe5

34...♖dd2 35.♕b8+ ♔h7 36.♕g3 ♕d7 37.♖a5 ♕d4+ 38.♔h1 ♖d1 0–1

Aufgaben zum Thema: Ausnutzung gegnerischer Disharmonie

A03.01
Capablanca – Rossolimo
Paris 1938

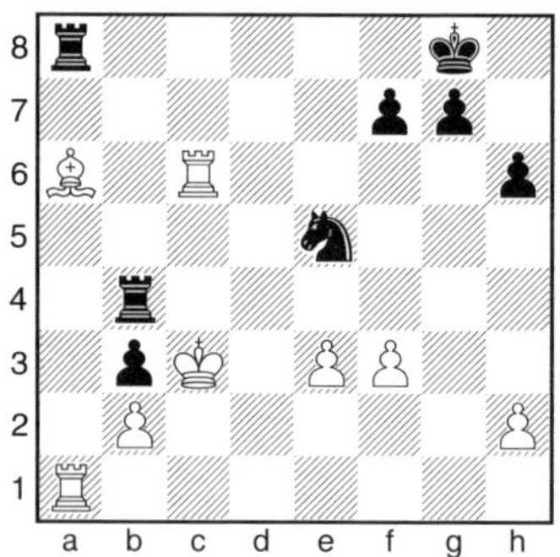

Weiß zieht und gewinnt

A03.02
Karpow – Portisch, L.
Portoroz/Ljubljana 1975

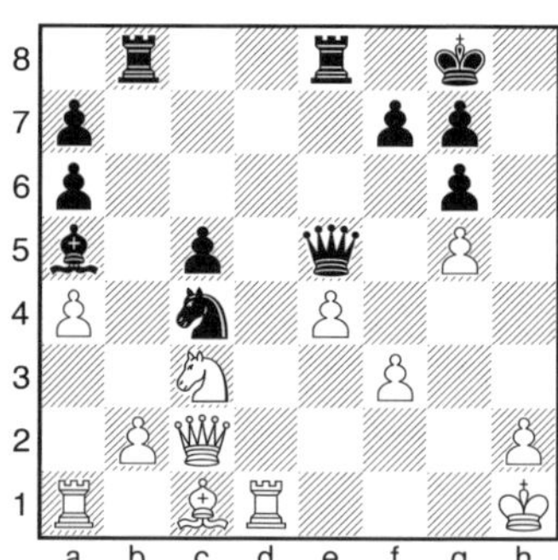

Weiß zieht und gewinnt

A03.03
Karpow (2740)
Beljawski (2650)
Linares 1994

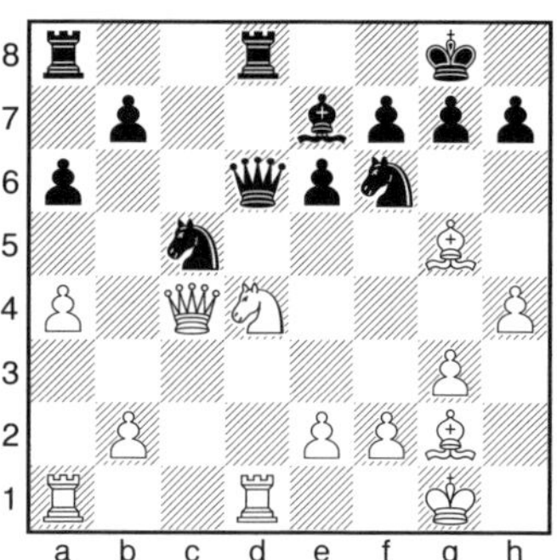

Weiß zieht und gewinnt

A03.04
Karpow (2725)
Portisch, L. (2630)
Tilburg 1988

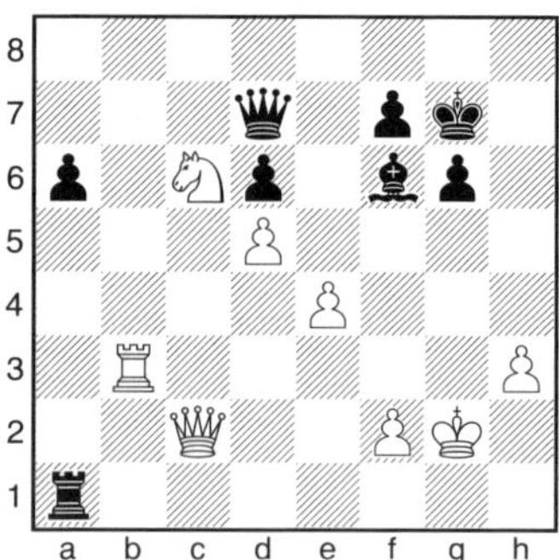

Wie fand Weiß die schwarze Achillesferse?

Aufgaben zum Thema: Verbesserung der eigenen Koordination

A03.05
Capablanca – Marshall
New York 1909

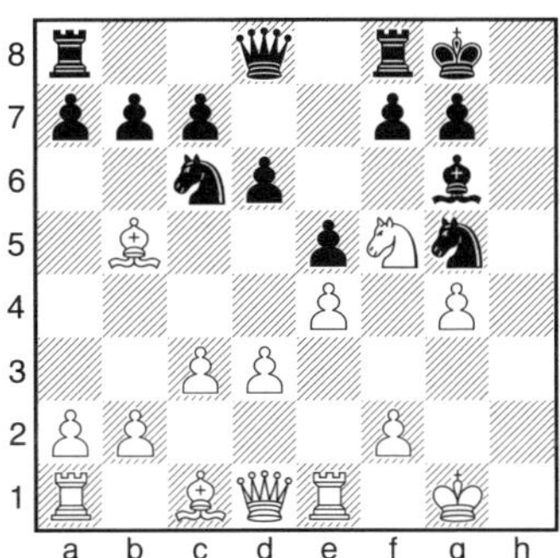

Welche Figur zog Weiß?

A03.06
Capablanca – Mieses
Berlin 1913

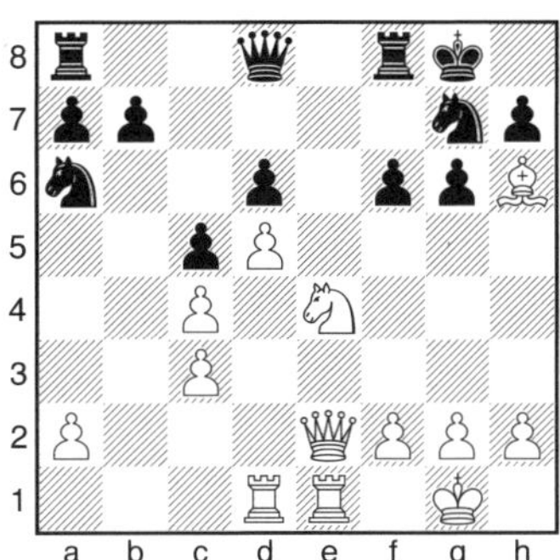

Wie verstärkte Weiß den Druck?

A03.07
Nimzowitsch – Capablanca
Sankt Petersburg 1914

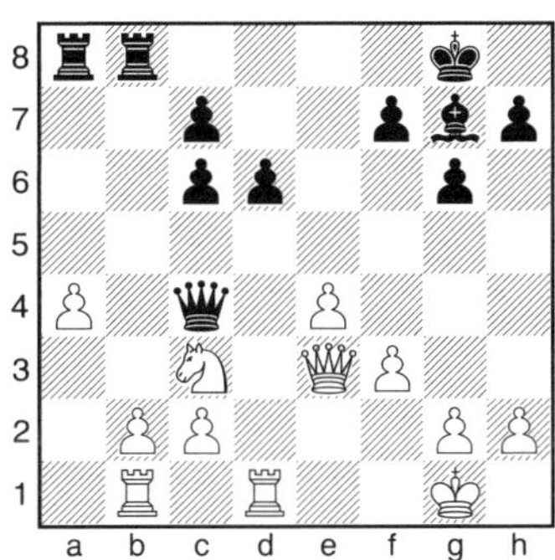

Wie verstärkte Schwarz den Druck?

A03.08
Karpow (2725)
Van der Wiel (2540)
Tilburg 1988

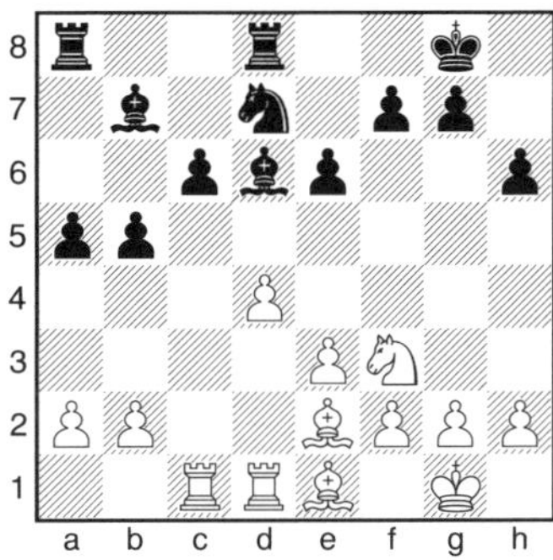

Wie setzte Weiß fort?

B) Aktive Prophylaxe

Diese ist ein typisches Reflektorkonzept zu dem Zweck, gegnerische Drohungen und günstige Optionen bereits im Vorfeld zu entkräften.

03.03
Petrosjan – Hort
Wijk aan Zee 1971

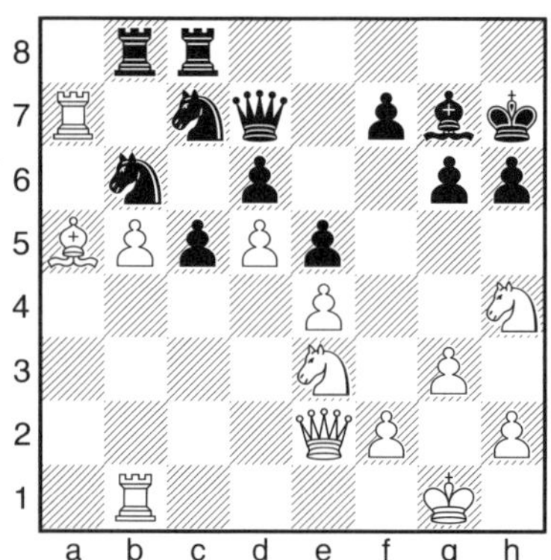

Weiß steht überlegen und hat viele Gewinnzüge, aber der von Petrosjan gewählte ist besonders überzeugend.

26.♔g2!?

Der König verlässt die Grundreihe, so dass die schwarzen Schwerfiguren dort kein rettendes Zwischenschach mehr geben können. Durch diese einfache Maßnahme wird die schwarze Stellung vollkommen gelähmt.

Nicht gut wäre hingegen das direkte 26.♗xb6? ♖xb6 27.♘c4? ♖xb5 28.♘b6?? wegen 28...♖xb1+ −+.

26...c4?!

Hort führt seine Hauptidee aus, obwohl sie nun nicht mehr funktioniert.

Allerdings ist auch 26...h5 27.♘f3 ♗h6 28.♘c4 ♘xc4 29.♕xc4+− verloren.

27.♗xb6 ♖xb6 28.♘xc4 ♖xb5 29.♘b6

Hier zeigt sich der Wert des Prophylaxezuges ♔g2. Mit dem König auf g1 hinge nun der Turm mit Schach.

29...♖xb6 30.♖xb6 ♗f6 31.♘f3 ♗e7 32.♖c6 ♗d8 33.♘d2 ♕e8 34.♘c4 1–0

Oft haben solche Prophylaxezüge auch aktive Komponenten.

03.04
Petrosjan – Spasski
Moskau 1966

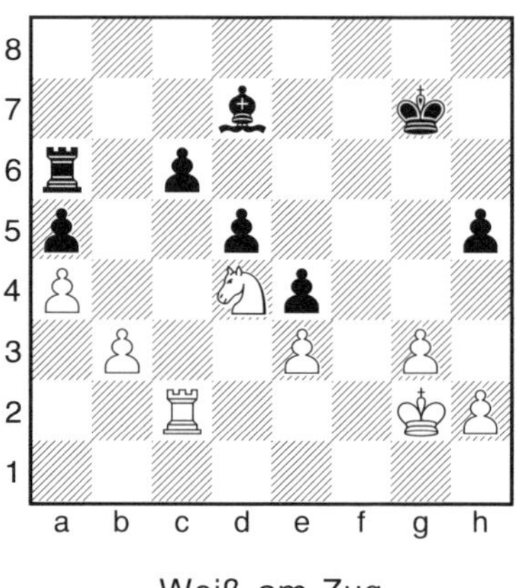

Weiß am Zug

Schwarz droht, seinen König nach d6 zu überführen und so die weiße Blockade aufzubrechen. Dagegen geht Petrosjan prophylaktisch vor.

1.g4! hxg4 2.♔g3 ♔f6 3.♔f4 ♖b6 4.♖c5 ♖a6 5.♖c2 ♖b6 6.♖c5 ½–½

Aufgaben zum Thema: Aktive Prophylaxe

A03.09
Karpow (2540) – Hort (2605)
Moskau 1971

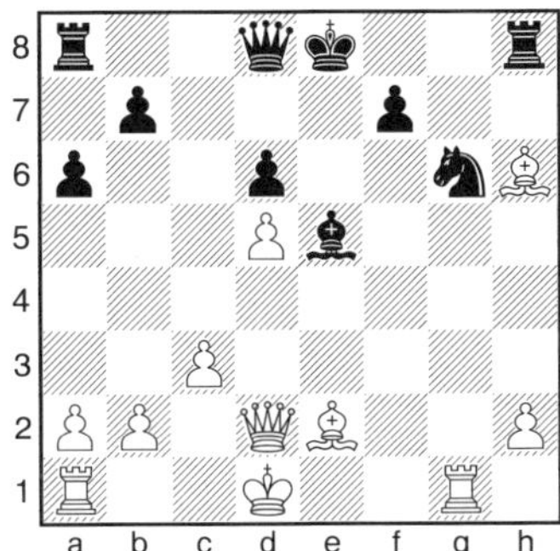

Welche Figur zog Weiß und wohin?

A03.10
Karpow (2710)
Jussupow (2565)
Moskau 1983

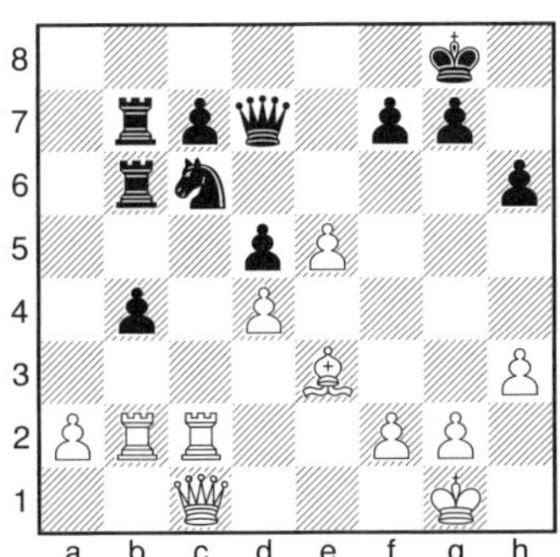

Was hat aus weißer Sicht Priorität?

A03.11
Adams (2722)
Nakamura (2783)
London 2012

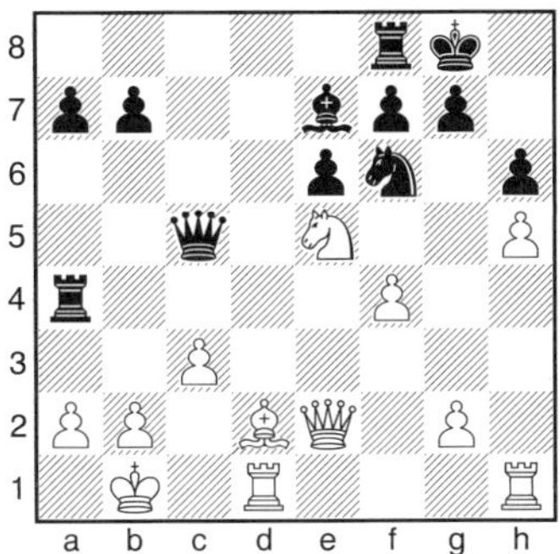

Was hat aus weißer Sicht oberste Priorität?

A03.12
Karpow (2696)
Xie, Jun (2542)
Guangzhou 2000

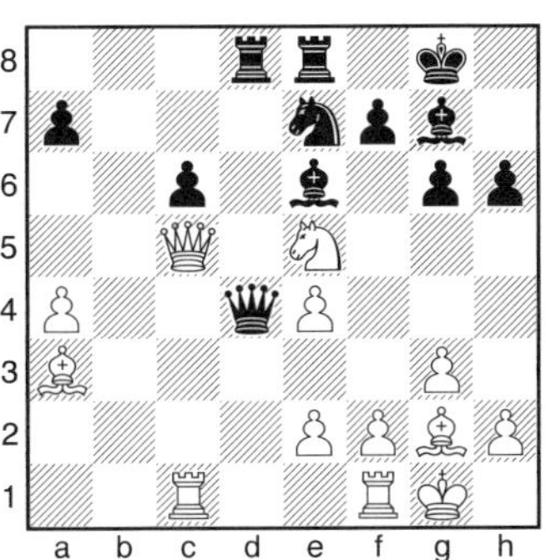

Was zog Weiß?

C) Dominanz- und Restriktionsmethoden

Reflektoren verwenden diese Strategie sehr häufig, wobei ihnen ihr Gespür für Harmonie bzw. für deren Störung beim Gegner zugute kommt. Sie brauchen oft auch gar nicht viel konkret zu berechnen, weil die gegnerischen Figuren so eingeschränkt sind, dass sie ohnehin nicht viel machen können – wie beispielsweise im folgenden Fall.

03.05
Karpow – Unzicker
Nizza 1974 (C98)

1.e4 e5 2.♘f3 Sc6 3.♗b5 a6 4.♗a4 ♘f6 5.0–0 ♗e7 6.♖e1 b5 7.♗b3 d6 8.c3 0–0 9.h3 ♘a5 10.♗c2 c5 11.d4 ♕c7 12.♘bd2 ♘c6?!

Gerade gegen Karpow ist dies keine gute Wahl.

12...cxd4 13.cxd4 bietet mehr Gegenspieloptionen.

13.d5 ♘d8 14.a4 ♖b8 15.axb5 axb5

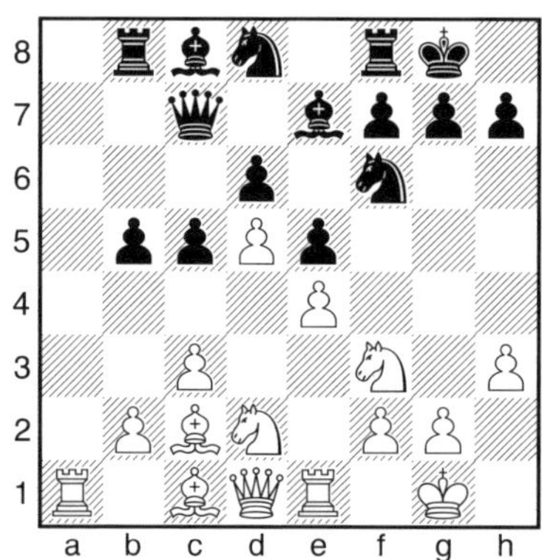

16.b4!?

Dies richtet sich offenbar gegen die Reaktivierung des Springers d8 mittels c5–c4 nebst ♘b7–c5.

16...♘b7 17.♘f1 ♗d7 18.♗e3 ♖a8 19.♕d2 ♖fc8 20.♗d3 g6 21.♘g3 ♗f8 22.♖a2 c4 23.♗b1 ♕d8?

Da Weiß Raumvorteil hat, ist er nicht an Abtausch interessiert. Entsprechend hätte 23...♖xa2 24.♕xa2 ♘d8 den Schaden in Grenzen gehalten.

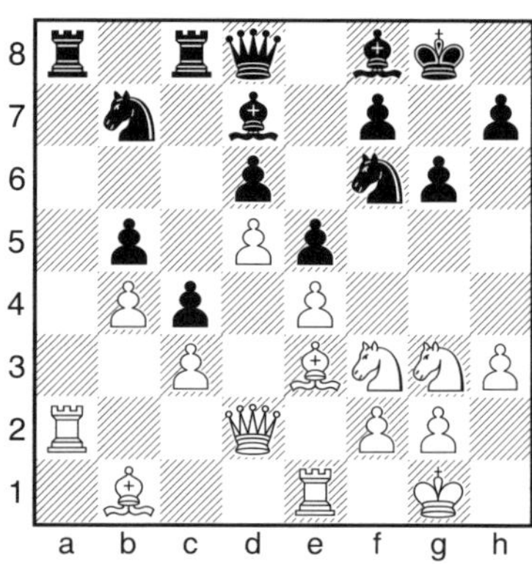

24.♗a7! ♘e8 25.♗c2 Sc7 26.♖ea1 ♕e7 27.♗b1 ♗e8 28.♘e2 ♘d8 29.♘h2 ♗g7?!

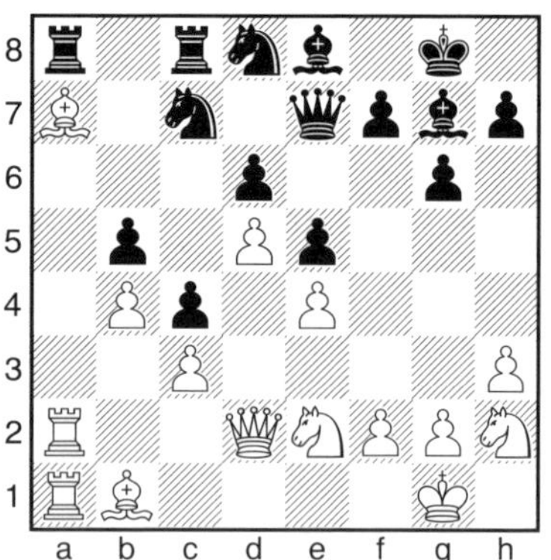

30.f4

Karpow öffnet in typischer Manier eine zweite Front.

30...f6?!

30...exf4 31.♘xf4 f6 leistet mehr Widerstand.

31.f5 g5?!

31...♘f7 war zäher.

32.♗c2 ♗f7 33.♘g3 ♘b7 34.♗d1 h6 35.♗h5 ♕e8 36.♕d1 ♘d8 37.♖a3 ♔f8 38.♖1a2 ♔g8 39.♘g4 ♔f8 40.♘e3 ♔g8 41.♗xf7+ ♘xf7 42.♕h5 ♘d8 43.♕g6 ♔f8 44.♘h5 1–0

Was für ein Powerplay!

Der folgende Gewinn des Computerprogrammes ‘Alpha Zero’ zeigt einen instruktiven und für Reflektoren typischen Strategiewechsel vom Königsangriff zum Gewinn durch Dominanz.

03.06
Alpha Zero – Stockfish 8
London 2018

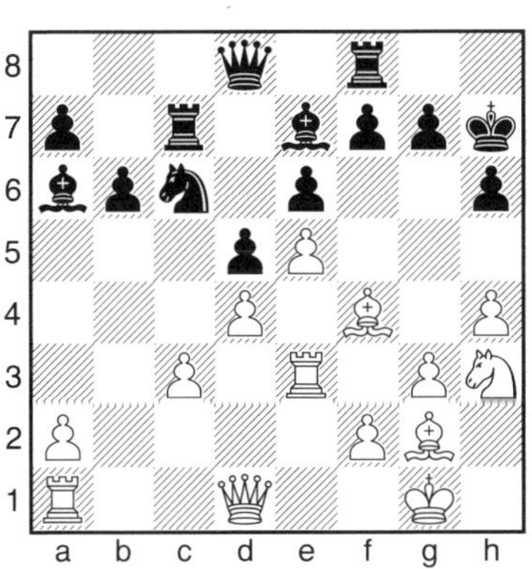

19.♖f3 ♘a5 20.♕c2+ ♔g8 21.♖e1 ♔h8 22.♕d1 ♘c6 23.♗e3 ♗c4 24.♕d2 ♔h7 25.♘f4 ♕e8 26.g4 ♖h8 27.♘h5 ♔g8?!

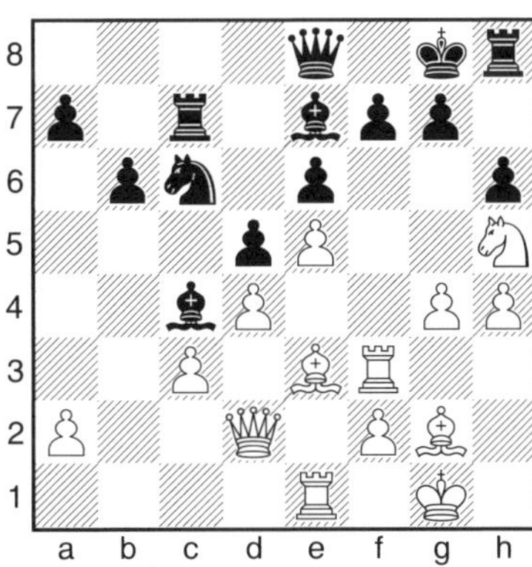

Der Turm h8 wird Schwarz noch zum Verhängnis werden und diese passive Prophylaxe wird nach hinten losgehen. Pragmatiker sind in der Anwendung der Prophylaxe in der Regel nicht so gut wie Reflektoren, denn aktive Prophylaxe ist mehr als nur das Verhindern von Drohungen.

28.♖h3

Ein für Reflektoren typischer Zug.

Objektiv besser ist der von ‘Alpha Beta Engines’ vorgeschlagene direkte Gewinnzug 28.♘f6+!!; z.B. 28...gxf6 29.exf6

– 29...♗f8 30.♗f4 ♖c8 31.♖g3 ♖h7 32.g5 ♕d8 33.g6+–

– 29...♗d6 30.♗xh6 ♖h7 31.h5 ♘d8 32.♖h3 ♔h8 33.♗f4 ♘b7 34.g5+–

28...♖b7 29.♗f4 ♗f8 30.♕d1 ♘e7 31.♗c1 b5 32.f4 ♖b6 33.♗a3 ♘g6 34.♗xf8 ♘xf8 35.♕d2 ♕c8 36.♖f3 ♕d8 37.♕f2 b4 38.cxb4 ♖xb4 39.f5 ♕c7 40.♖d1 ♕b7 41.♖d2 ♕c7 42.♕g3 ♗b5 43.♔h2 ♗d7 44.♕f2 ♖b6

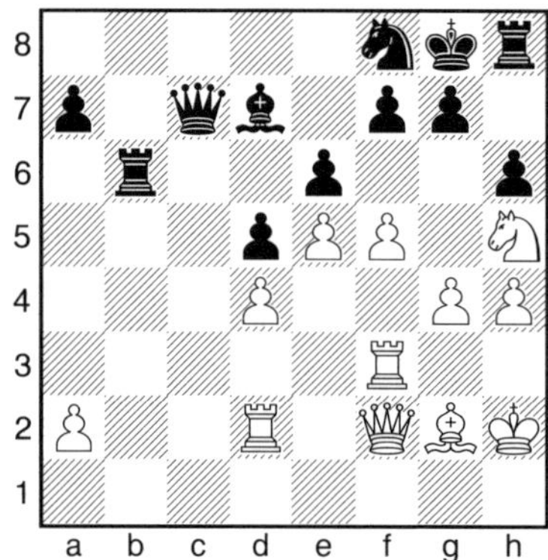

Als nächstes soll der aktive schwarze Turm abgetauscht werden.

45.♖c2 ♖c6 46.♖b2 ♖b6 47.♗f1 ♕b8 48.♖xb6 axb6 49.f6 g6 50.♘g3 ♗e8 51.♕b2 ♕d8 52.h5 ♘d7 53.♔g2 g5 54.♖c3

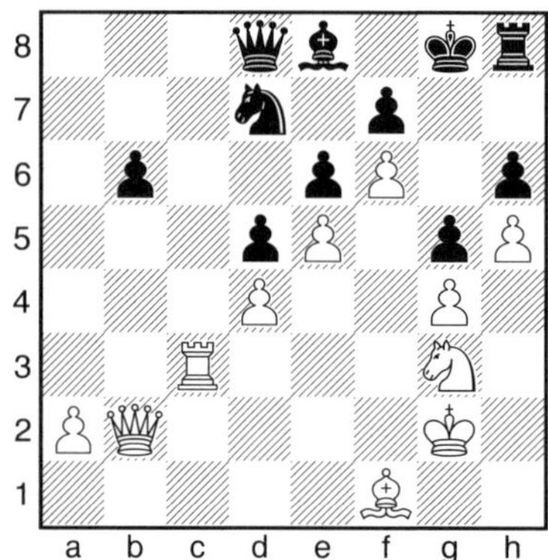

Da Weiß angesichts des lebendig begrabenen Turms h8 gewinnen sollte, griff Stockfish hier zu dem Verzweiflungsopfer **54...♘xf6 55.exf6 ♕xf6** – und verlor später dennoch.

Aufgaben zum Thema: Dominanz- und Restriktionsmethoden

A03.13
Adams (2728) - Golod (2591)
Deutschland 2011

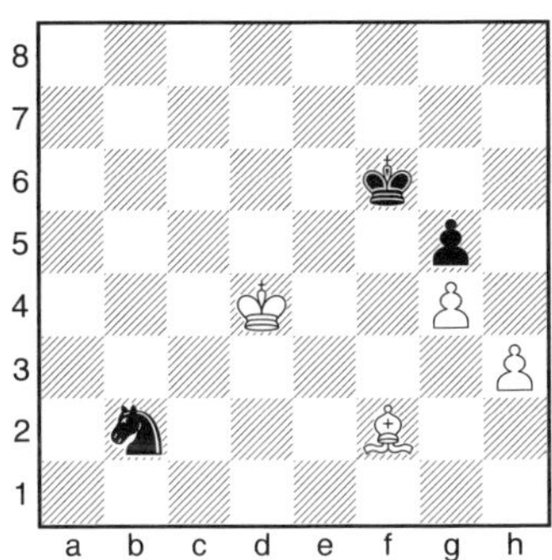

Weiß zieht und gewinnt

A03.14
Karpow (2725) - Ftacnik (2590)
Thessaloniki 1988

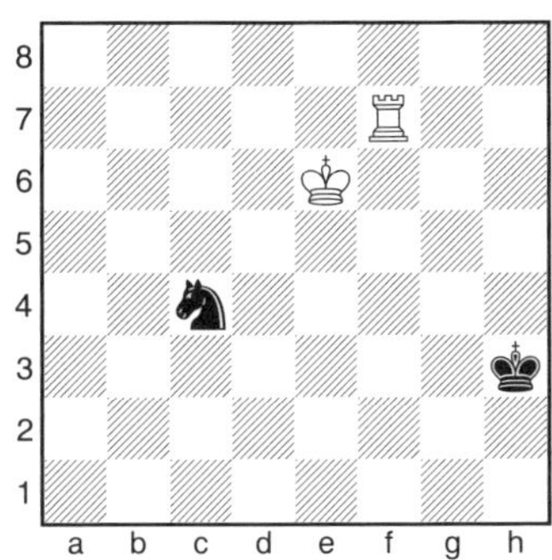

Weiß zieht und gewinnt

A03.15
Karpow (2696)
Adianto (2584)
Bali 2000

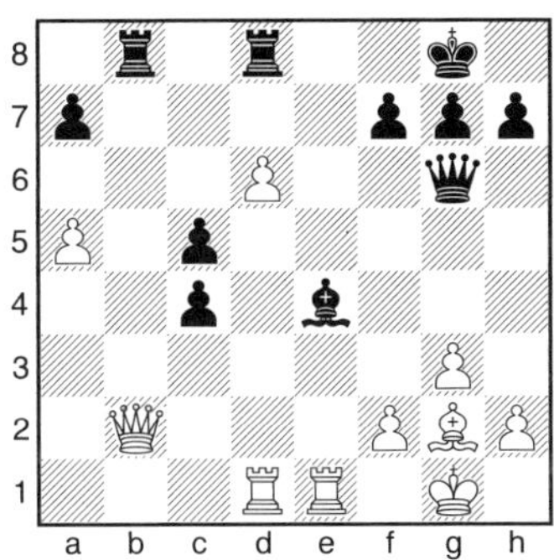

Welche Wahl traf Weiß?

A03.16
Kortschnoi - Karpow
Meran 1981

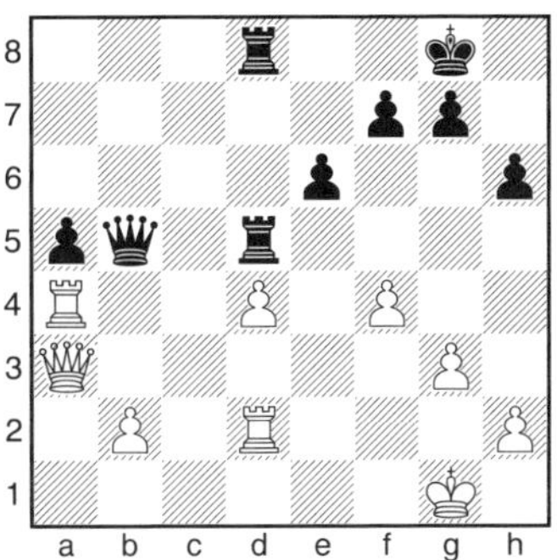

Wie münzte Schwarz seinen Vorteil um?

D) Strategische Initiative und Powerplay

Es ist stets gefährlich, einem Reflektor einen strategischen Vorteil einzuräumen wie z.B. ungleichfarbige Läufer in einer Stellung, in der sich ein Powerplay abzeichnet. Im folgenden Beispiel zeigt sich Karpow als wahrer Großmeister in dieser Disziplin.

03.07
Karpow (2720)
Kasparow (2700)
4. WM-Partie, Moskau 1985

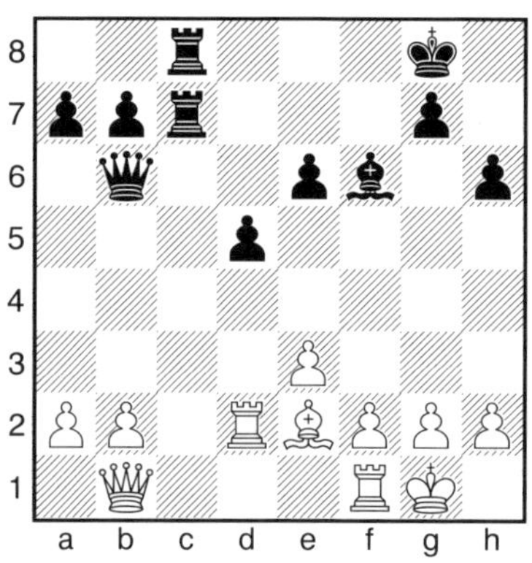

Weiß am Zug

22.♗g4!

Weiß nimmt eine der weißfeldrigen Schwachstellen ins Visier. Objektiv sollte die Stellung noch haltbar sein, aber die schwarze Aufgabe ist sehr undankbar. Denn es wird auf zwei Ergebnisse gespielt und Weiß kann risikolos immer weiter Druck machen.

22...♖c4 23.h3 ♕c6 24.♕d3 ♔h8?! 25.♖fd1 a5 26.b3 ♖c3 27.♕e2 ♖f8 28.♗h5 b5 29.♗g6 ♗d8 30.♗d3 b4 31.♕g4 ♕e8 32.e4 ♗g5?!

32...♗b6 ist aktiver.

33.♖c2

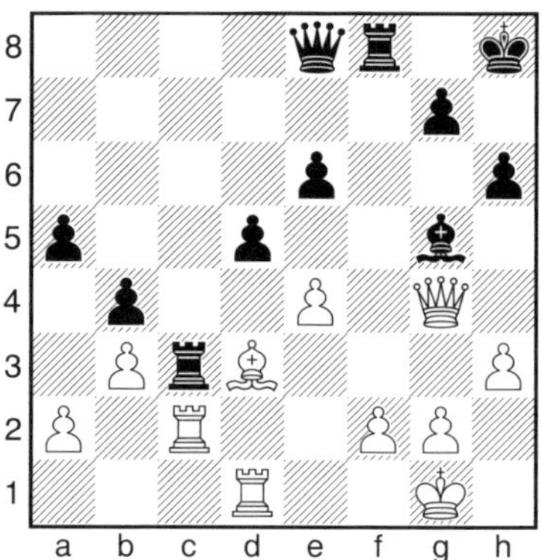

33...♖xc2?!

Den aktiven Turm abzutauschen ist ein strategischer Fehler.

In seinem Buch 'Positionelles Schach' gibt Dworetski 33...♕c8! 34.exd5 exd5 35.♕xc8 ♖fxc8 36.♖e2 ♖c1 37.♖xc1 ♖xc1+ 38.♔h2 ♖c8 39.♗g6 ♗f6 als haltbar an.

34.♗xc2 ♕c6?!

34...♗d8 war genauer.

35.♕e2 ♕c5 36.♖f1 ♕c3 37.exd5 exd5

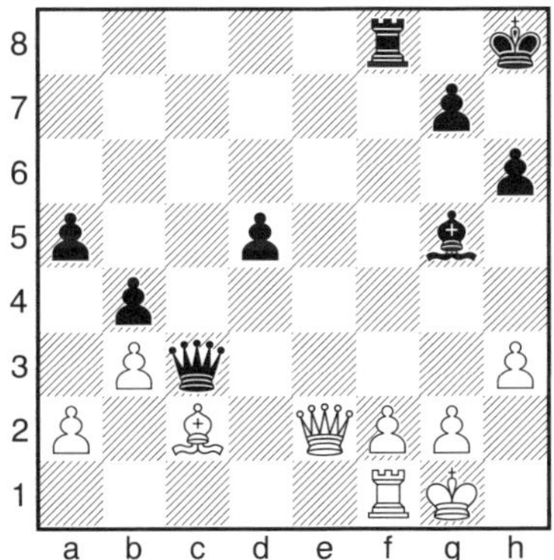

38.♗b1!?

Ein für Karpow typischer Prophylaxezug, bevor es dann langsam aber sicher aktiv losgeht.

38...♕d2?

Danach geht allerdings etwas an Koordination verloren.

Das aktive 38...♗d8 39.♕e6 ♕f6 40.♕xd5 ♗b6 bot weit bessere Remischancen.

39.♕e5 ♖d8 40.♕f5 ♔g8 41.♕e6+ ♔h8 42.♕g6 ♔g8 43.♕e6+ ♔h8 44.♗f5 ♕c3 45.♕g6 ♔g8 46.♗e6+ ♔h8 47.♗f5 ♔g8

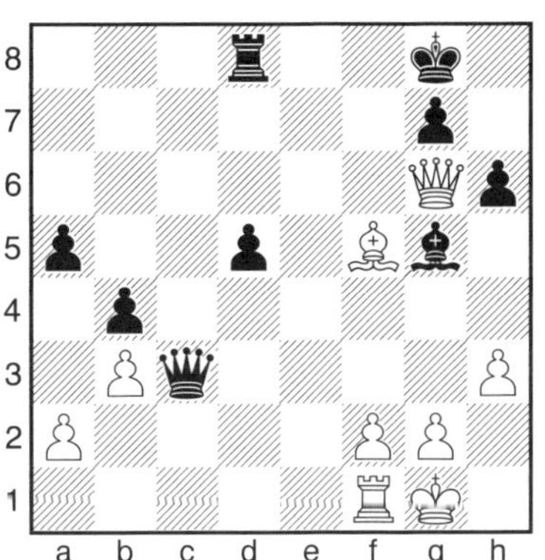

48.g3

Der nächste Abschnitt der weißen Strategie beginnt: Die weißen Königsflügelbauern streben auf schwarze Felder, um den weißfeldrigen Läufer zu komplementieren.

48...♔f8 49.♔g2 ♕f6 50.♕h7 ♕f7 51.h4!

Die Restriktion geht weiter.

51...♗d2 52.♖d1 ♗c3 53.♖d3

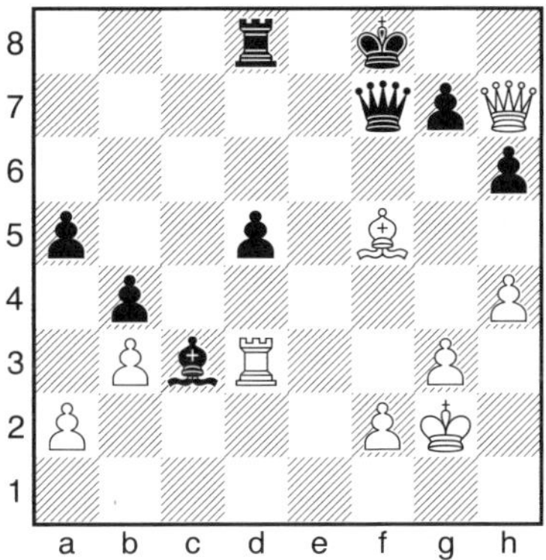

53...♖d6?

Danach brechen die Dämme.

53...♗f6! 54.♖f3 ♕g8 55.♕g6 ♕f7 56.♕g4 ♕c7 war zäher, jedoch ebenfalls kaum zu halten.

54.♖f3! ♔e7 55.♕h8

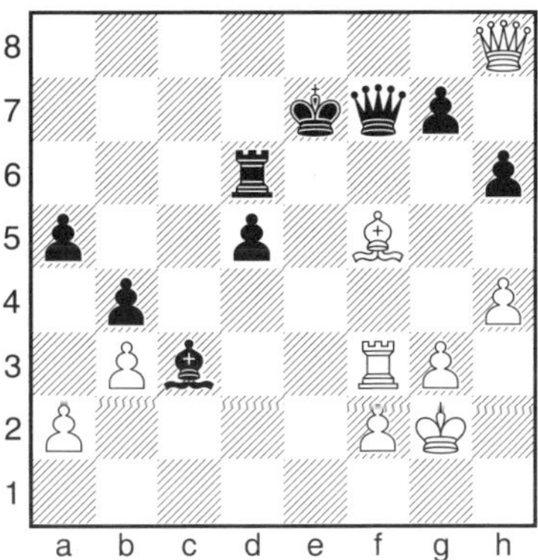

55...d4?!

Danach verliert Schwarz völlig die Kontrolle über die weißen Felder.

– 55...♕f8?! 56.♖e3+ ♔f7 57.♗e6+ +–

– 55...♗d4!? ist zäher, rettet aber auch nicht; z.B. 56.♕a8 ♖f6 57.♕xa5 ♖xf5 58.♕xb4+ ♔e6 59.♖xf5 ♕xf5 60.♕xd4+–.

56.♕c8 ♖f6

56...♕d5 57.♕c7+ ♔e8 58.♗e4 ♕xe4 59.♕xd6+–

57.♕c5+ ♔e8

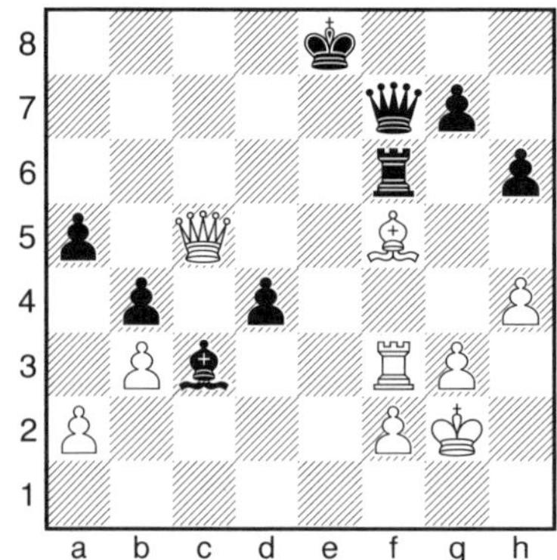

58.♖f4

Der Turm kommt entscheidend zur Verstärkung des Angriffs. Karpow hat die Taktik voll im Griff.

58...♕b7+ 59.♖e4+! ♔f7

– 59...♔d8 60.♕xa5+ ♖b6 (60...♕b6 61.♕a8+ ♔c7 62.♖e7+ ♔d6 63.♖d7+ ♔e5 64.♕d5#) 61.♔h2 g6 62.♖e6+–

– 59...♖e6!? ...

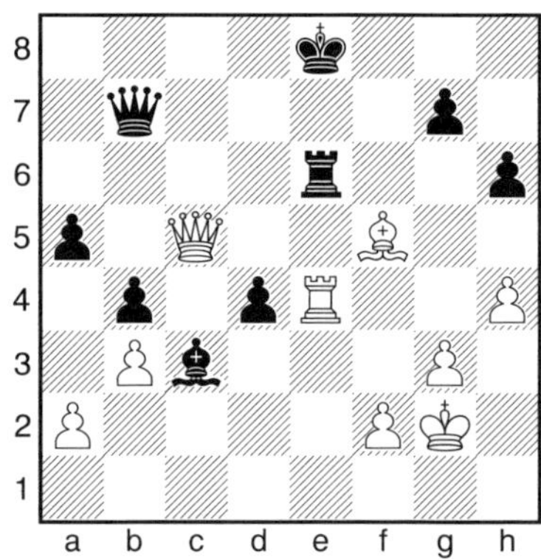

... wird durch 60.♕c4! ♖xe4 61.♕g8+ ♔e7 62.♕xg7+ elegant widerlegt.

60.♕c4+ ♔f8 61.♗h7 ♖f7 62.♕e6 ♕d7 63.♕e5! 1–0

63...♕d8 64.♕c5+ ♖e7 65.♖f4+ ♔e8 66.♕c6+

– 66...♖d7 67.♕e6+ ♕e7 68.♖f8+ ♔xf8 69.♕g8#

– 66...♕d7 67.♗g6+ ♔d8 68.♖f8+

Aufgaben zum Thema: Ungleichfarbige Läufer

A03.17
Karpow (2740)
Topalow (2640)
Linares 1994

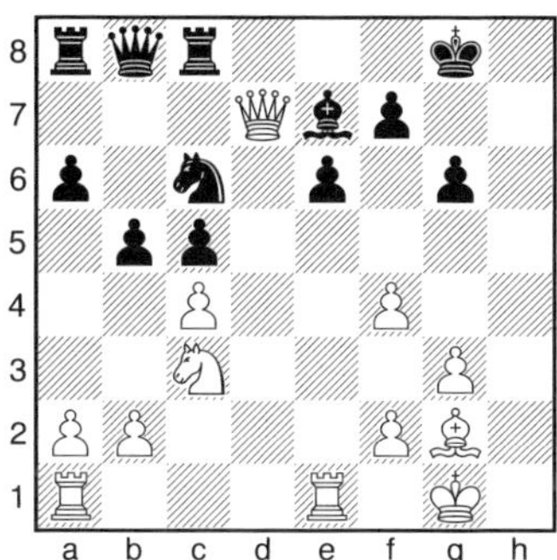

Wie legte Weiß los?

A03.18
Karpow (2740)
Polgar, J. (2630)
Linares 1994

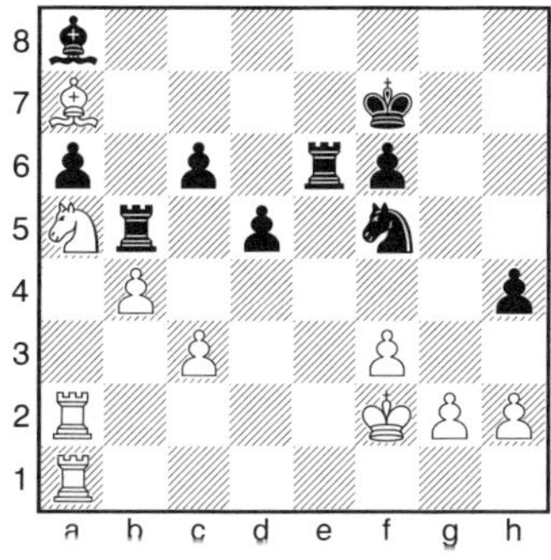

Was zog Weiß?

A03.19
Ljubojevic – Karpow
Mailand 1975

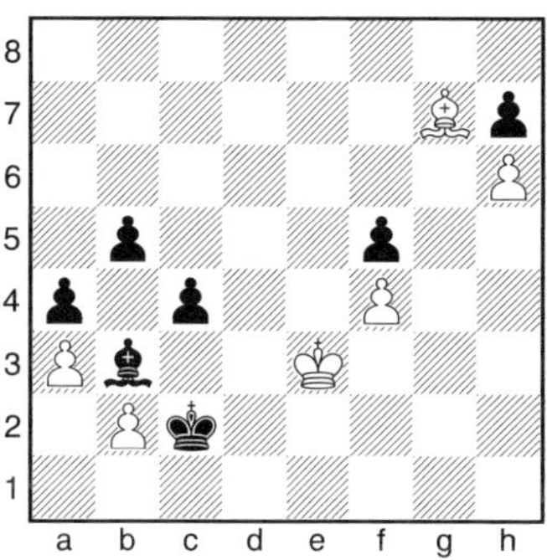

Wie gelang Schwarz der Durchbruch?

A03.20
Karpow (2725)
Gurjewitsch (2650)
Reggio Emilia 1991

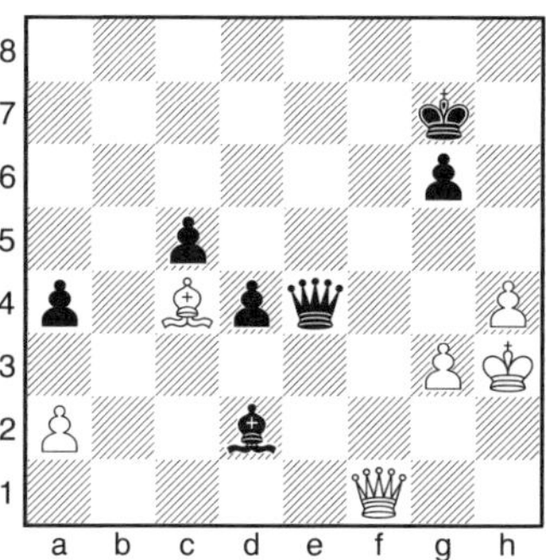

Weiß zieht und gewinnt

E) Qualitätsopfer

Dies ist ebenfalls ein typisches Thema für Reflektoren. Allerdings sind ihre Opfer in Bezug auf Kompensation oft von einer speziellen – weil *langfristigen* Art. Während Aktivspieler oft bereit sind, für direkten Königsangriff Material zu geben und das natürlich auch in Form eines Qualitätsopfers geschehen kann, ist es bei Reflektoren oft tiefgründiger. Sie erkennen zum Beispiel, in welcher Art von Stellung Türme kein großes Potenzial haben, weil sie durch Leichtfiguren dauerhaft ausgebremst werden. Eine besondere Vorliebe für Qualitätsopfer hatte der 9. Weltmeister, Tigran Petrosjan.

03.08
Troianescu – Petrosjan
Bukarest 1953 (A04)

1.e4 c5 2.♘f3 d6 3.d3 Sc6 4.♘bd2 g6 5.g3 ♗g7 6.♗g2 e6 7.0–0 ♘ge7 8.♖e1 0–0 9.c3 b6 10.♘f1 ♗a6 11.d4 cxd4 12.♘xd4 ♘e5 13.♗g5 h6 14.♕a4 ♗b7 15.♗xe7 ♕xe7 16.♖ad1 ♖fc8 17.♘e3 ♖c5?!

Der Turm wird so weit draußen in stürmische See geraten. (△17...a6)

18.f4 ♘c6?

Das geht zu weit! (△18...♘d7)

19.♘xc6?

Nach 19.♘b3! gibt es keine gute Option, die Qualität zu opfern; z.B. 19...b5 (19...♖h5 20.e5) 20.♕a3 b4 21.♕a4 ♖h5 (21...bxc3 22.♘xc5 dxc5 23.e5) 22.e5 d5 23.♗f3 und Weiß steht in allen Fällen klar besser.

19...♗xc6 20.♕c2 ♖d8 21.♕e2 ♕b7 22.♘c2 b5 23.♖d2 ♖c4 24.a3 a5 25.♘e3?!

△25.f5 oder 25.♘d4

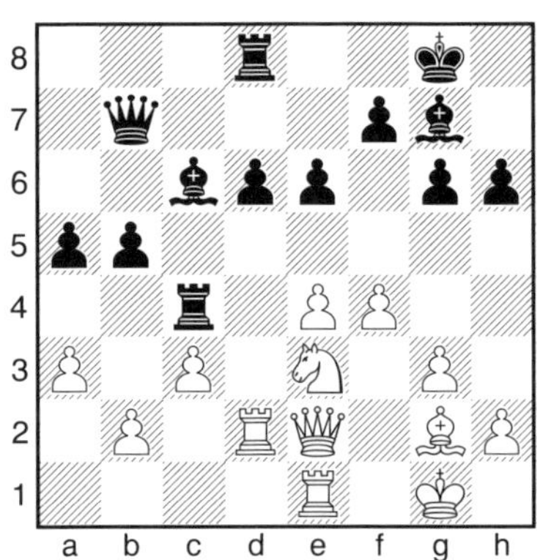

25...♖xe4!?

Ein sehr chancenreiches Qualitätsopfer, denn Schwarz erhält als Kompensation außer einem Bauern zusätzlich das Läuferpaar und die Bauernmehrheit im Zentrum.

26.♗xe4 ♗xe4 27.♘c2 d5 28.♘d4 b4 29.cxb4 axb4 30.a4 ♕a7 31.♕f2 ♖c8 32.b3?

Das schwächt das Feld c3 ganz extrem.

Nach 32.♘b3 ♕xa4 33.♘c5 ♕a8 34.♘xe4 dxe4 35.♕e3 ist nicht klar, ob die weiße Blockade gebrochen werden kann.

32...♗f8?!

32...♕b8!? ist genauer, weil danach 33.♘b5? mit 33...♗c3 34.♖xe4 ♗xd2 beantwortet werden könnte.

33.♘b5 ♕a6 34.♕e2 ♕b6+ 35.♔f1

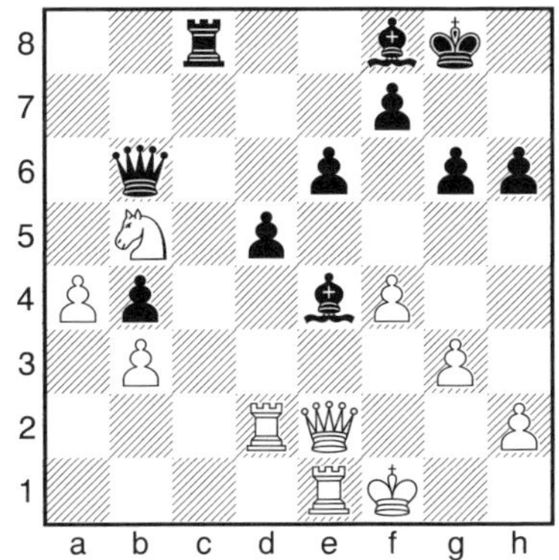

35...♖c3

Petrosjan setzt in seinem typischen Stil fort. Objektiv mag allerdings 35...h5!? noch besser sein, um flexibler zu bleiben.

36.♘xc3?

Der Zwischenzug 36.a5!! hätte die schwarze Angriffskoordination so erheblich gestört, dass nicht ganz klar ist, ob der Angriff durchschlägt. Nach beispielsweise 36...♕xa5 37.♘xc3 bxc3 38.♖d4 ♗c5 39.♖a4 ♕b6 40.♖xe4 dxe4 41.♕c4 e3 42.♔e2 ♕b7 43.♖g1 kann Weiß noch kämpfen.

36...bxc3 37.♖c2

Nach 37.♖d3!? und der Folge 37...♗f5! 38.♕c2 (38.g4 ♗xd3 39.♕xd3 ♕c7–+) 38...d4 hat Schwarz weit mehr als nur 'genug Kompensation' für die beiden Qualitäten, weil die weißen Türme nicht aktiv werden können.

37...♕xb3 38.♖ec1 ♗b4 39.g4 ♗xc2 40.♖xc2 ♕xa4 41.f5

Dieser Gegenangriff ist zwar die beste praktische Chance, reicht jedoch auch nicht aus, weil der schwarze König nicht zu gefährden ist.

41...exf5 42.gxf5 g5 43.h4 ♗c5 44.hxg5 ♕f4+ 45.♔e1 ♕g3+ 46.♔d1 ♕g1+ 47.♕e1 ♕xe1+ 48.♔xe1 hxg5 49.♔e2 ♗d4 50.♖a2 ♔g7 51.♔d3 ♗e5 52.♖a5 ♔f6 53.♖xd5 ♔xf5 54.♔e3 f6 55.♖c5 ♔g4 56.♖c4+ ♔g3 57.♔e4 g4 0–1

Angesichts der Möglichkeiten 58.♖a4 ♔f2 59.♖a2+ ♔e1 60.♔e3 ♔d1 61.♔d3 ♔c1 bzw. 58.♔f5 ♔f3 59.♖xg4 ♔e3.

Das folgende Qualitätsopfer könnte auch von einem Aktivspieler stammen.

03.09
Spasski – Petrosjan
7. WM-Partie, Moskau 1966
(D03)

1.d4 ♘f6 2.♘f3 e6 3.♗g5 d5 4.♘bd2 ♗e7 5.e3 ♘bd7 6.♗d3 c5 7.c3 b6 8.0–0 ♗b7 9.♘e5 ♘xe5 10.dxe5 ♘d7 11.♗f4?!

11.♗xe7 ♕xe7 12.f4 ist natürlicher.

11...♕c7 12.♘f3 h6 13.b4 g5!?

Statt der Stellungsöffnung 13...cxb4?! 14.cxb4 ♗xb4 15.♘d4, die dem Gegner in die Karten spielen würde, startet Weiß seinen Angriff.

14.♗g3 h5 15.h4 gxh4 16.♗f4 0–0–0 17.a4 c4 18.♗e2 a6!

Petrosjan stellt sicher, dass der Damenflügel nicht geöffnet werden kann.

19.♔h1 ♖dg8 20.♖g1 ♖g4 21.♕d2 ♖hg8 22.a5 b5 23.♖ad1 ♗f8 24.♘h2?

Das beschleunigt den schwarzen Angriff ganz erheblich. Guter Rat ist jedoch teuer, weil Schwarz ohnehin gut Druck auf den Bauern e5 ausüben kann.

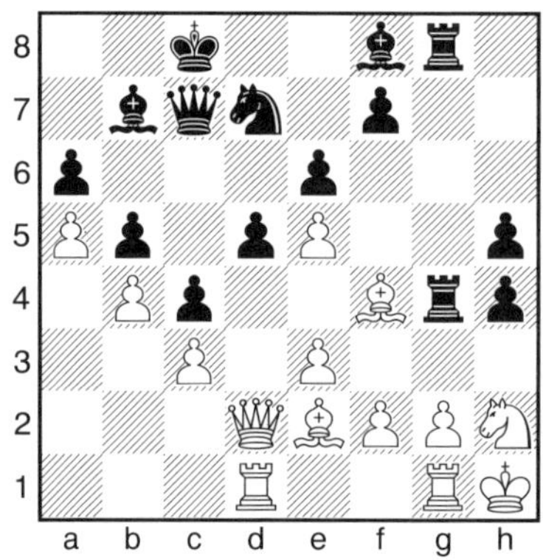

24...♘xe5!

Petrosjan lässt sich natürlich nicht lange bitten und gibt die Qualität.

25.♘xg4 hxg4 26.e4 ♗d6 27.♕e3 ♘d7

27...dxe4 war ebenfalls stark.

28.♗xd6 ♕xd6 29.♖d4 e5 30.♖d2

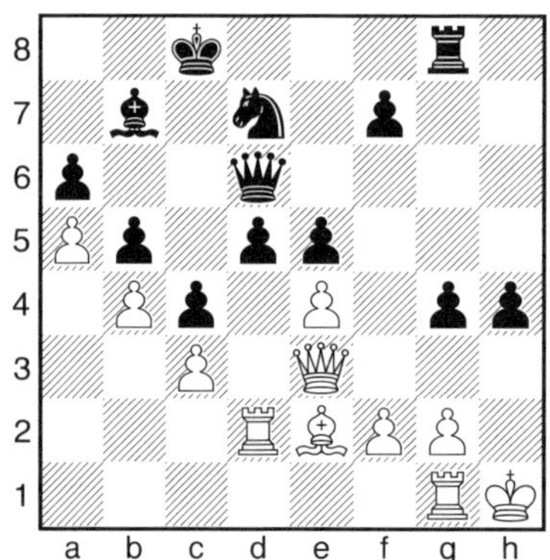

30...f5!!

Nun setzt Schwarz seine Bauern in Bewegung.

31.exd5?

31.exf5 war besser, auch wenn Schwarz nach 31...♕f6 32.f3 g3 33.♖e1 ♕xf5 natürlich am Drücker bleibt.

31...f4 32.♕e4 ♘f6 33.♕f5+ ♔b8 34.f3?!

Das stoppt Schwarz nicht wirklich, obwohl auch das zähere 34.♗d1 ♗xd5 35.♖xd5 ♘xd5 36.♗xg4 letztlich nicht mehr rettet.

34...♗c8 35.♕b1 g3 36.♖e1 h3 37.♗f1 ♖h8 38.gxh3 ♗xh3 39.♔g1 ♗xf1 40.♔xf1

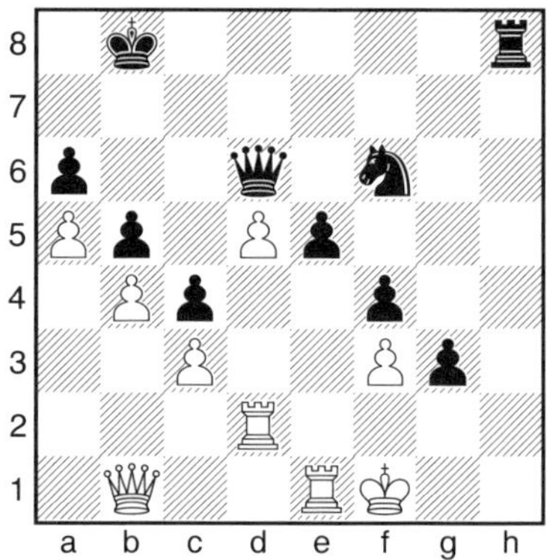

40...e4

Nun wird Weiß von der Bauernwalze überrollt.

41.♕d1 ♘g4 42.fxg4 f3 43.♖g2 fxg2+ 0–1

'Alpha Zero', der übrigens viele Qualitätsopfer gebracht hat, um gegnerische Stellungen zu stürmen, hat unser Thema um das folgende atemberaubende Beispiel bereichert.

03.10
Alpha Zero – Stockfish 8
London 2018

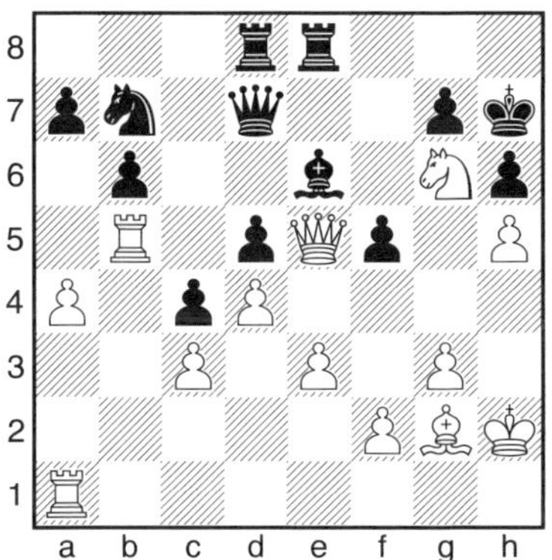

46.♘f4 ♗g8 47.♖xd5!! ♗xd5 48.♕xd5 ♘d6 49.♗h3 ♖e7 50.♘g6 ♖f7 51.♘e5 ♕b7 52.♗g2 ♕xd5 53.♗xd5 ♖c7 54.♔g2

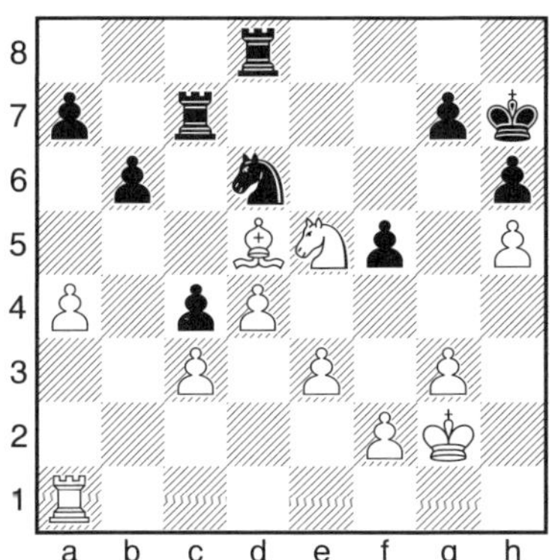

Auf den ersten Blick scheint die Lage gar nicht so klar zu sein. Doch die genauere Betrachtung ergibt, dass Schwarz viele Schwächen und wenig Perspektiven hat, während Weiß ja den Trumpf seiner zentralen Bauernmehrheit früher oder später zur Geltung bringen wird.

54...♘e4 55.♗xe4 fxe4 56.f3 exf3+ 57.♔xf3 ♖e7 58.♘g6 ♖b7 59.e4 b5 60.axb5 ♖xb5 61.♘f4 ♖b3 62.♘e2 ♖a8 63.e5 a5 64.d5 a4 65.d6 a3 66.d7 ♔g8 67.♖d1 ♖bb8 68.e6 ♔f8 69.♘d4 1–0

Aufgaben zum Thema: Qualitätsopfer

A03.21
Reshevsky – Petrosjan
Zürich 1953

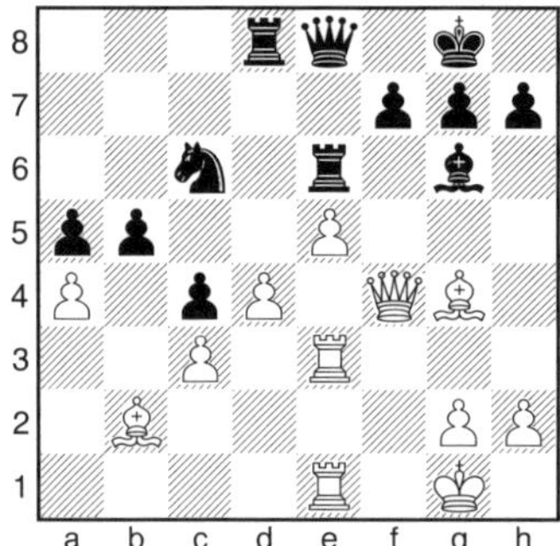

Wie soll Schwarz mit dem Angriff auf den Turm e6 umgehen?

A03.22
Polugajewski (2625)
Petrosjan (2605)
Moskau 1983

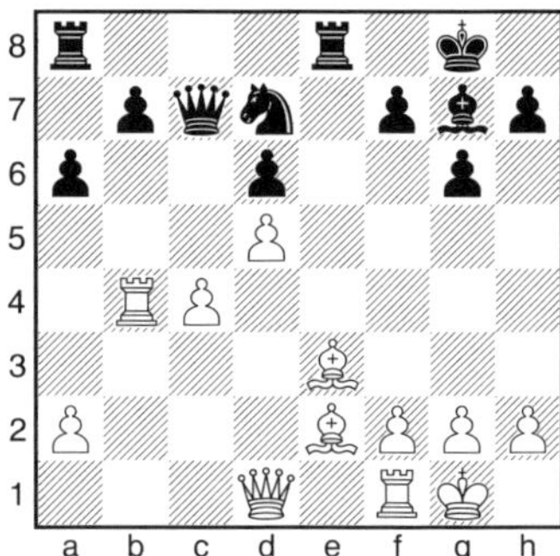

Wie setzte Schwarz fort?

F) Strategische Endspiele

Reflektoren sind sehr stark in strategischen Endspielen. Sie sammeln systematisch kleine Vorteile an und verwerten sie dann. Auch ihr Gespür für Harmonie und Koordination kommt ihnen auf diesem Gebiet sehr zugute.

03.11
Bouaziz (2360)
Karpow (2700)
Hamburg 1982

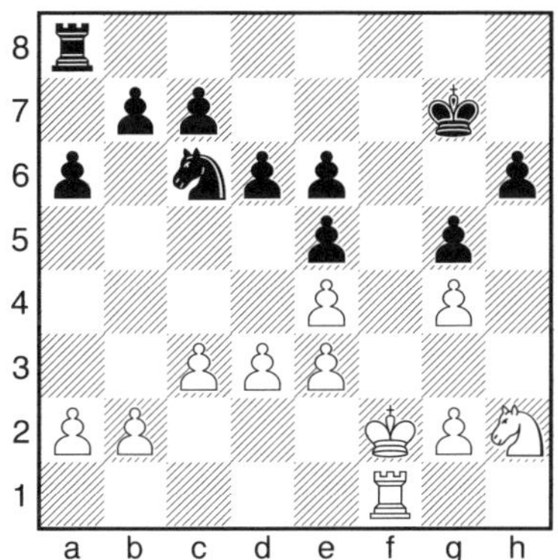

Schwarz am Zug

25...♘b8!!

Der Springer nimmt Kurs auf grünere Weidegründe, die auf f6 oder c5 liegen können. Solche Flexibiltät ist gut, weil sie die Aufgabe des Verteidigers erschwert.

26.♘f3 ♘d7 27.♔g3 Sc5 28.♖d1 a5!

Weiß öffnet seinem Turm eine neue Angriffslinie.

29.♔f2 ♖a6

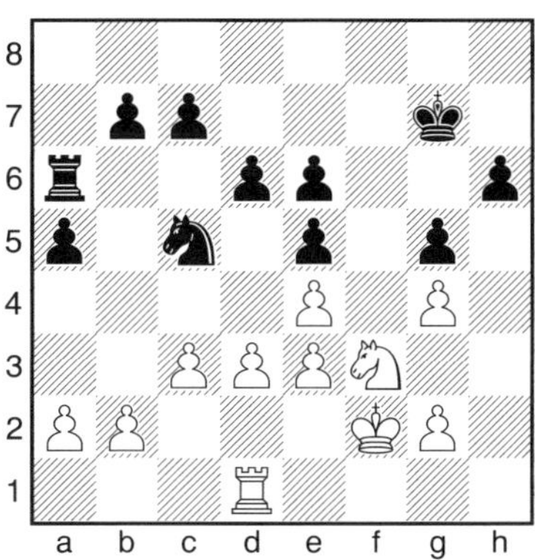

30.♔e2?

30.b3 ♖c6 31.♔e2 sollte noch haltbar sein.

30...♘a4 31.d4 ♖b6 32.dxe5?!

32.♖d2 exd4 33.♘xd4 Sc5 34.♔f3 a4

– 35.♘e2 ♘d7 36.♔g3 ♘e5 37.♘d4 ♔f6 38.b4 axb3 39.axb3 c5–+

– 35.c4 ♔f6 36.♘b5 ♘d7 37.♔g3 ♖c6 38.♖c2 Sc5 39.♔f3 ♘d3 40.♔e2 ♘e5–+

32...♖xb2+ 33.♔f1 ♘xc3 34.exd6 cxd6!

34...♘xd1?? 35.d7 ♘xe3+ 36.♔e1 ♘xg2+ 37.♔f1 ♘e3+ =

35.♖xd6 ♖b1+! 36.♘e1 ♔f6 37.♖d2 b5 38.♖c2 b4 39.♔f2 ♖a1 40.e5+ ♔xe5 41.♘f3+ ♔e4 42.♘d4 ♔d3 0–1

Im Endspiel 'Turm + Läufer gegen Turm + Läufer' mit gleichfarbigen Läufern haben Reflektoren besonders viele instruktive Beispiele geliefert, so dass dieses auch als 'Carlsen-Endspiel' bezeichnet werden kann, weil ja

'Karpow-Endspiel' schon als Bezeichnung für Endspiele mit Türmen und ungleichfarbigen Läufern vergeben ist. Offenbar kommt Reflektoren diese Konstellation besonders entgegen, weil die Koordination von Turm, Läufer und König sehr wichtig ist und es außerdem darum geht, die gegnerische Koordination zu stören.

03.12
Carlsen (2843)
Caruana (2773)
Sao Paulo/Bilbao 2012

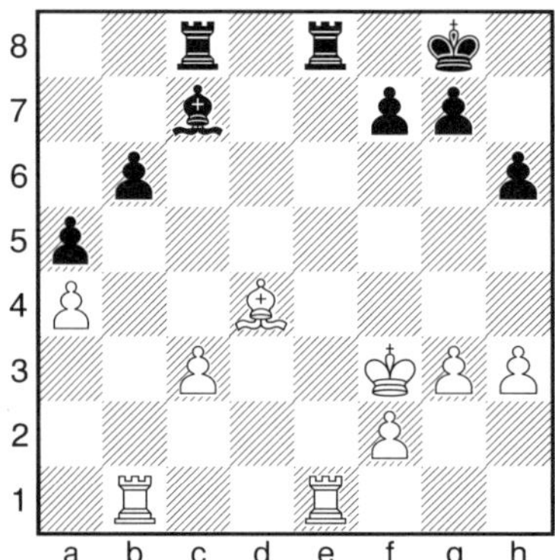

29.♖e4!

Der einzige Zug, der den weißen Vorteil festhält, was zeigt, dass er auf die Initiative angewiesen ist.

29...g6?!

29...f5? trifft auf 30.♖xe8+ ♖xe8 31.♖b5+-.

30.g4

30.♖b5!?

30...♔f8?!

Es ist schwer zu sagen, ab wann Weiß objektiv auf Gewinn steht. Vielleicht ist schon dies der entscheidende Fehler. 30...♖e6 wird von den Engines favorisiert.

31.h4 ♖xe4?! 32.♔xe4 ♖e8+?! 33.♔d3 ♖e6 34.♗e3 ♔g7 35.♖b5 ♗d8?! 36.h5! ♖d6+ 37.♔c4 ♖c6+ 38.♔d5 ♖e6

38...♖xc3?? scheitert an 39.♗d4+ +-.

39.♗d4+ ♔f8 40.f4

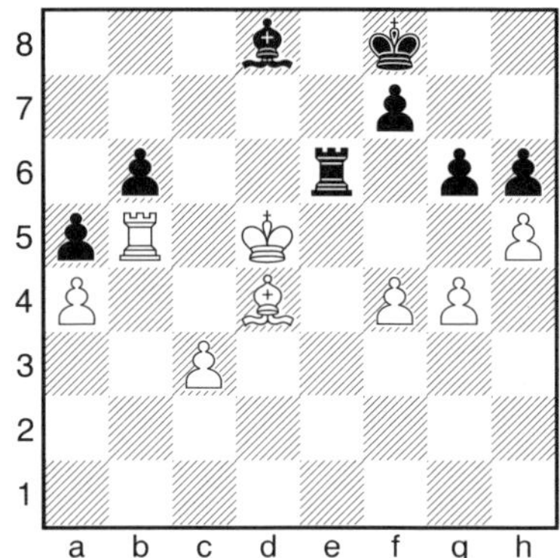

40...♗c7?!

Da Schwarz ohne seinen König nicht mit der kommenden Invasion am Damenflügel fertig werden kann, war 40...♔e7!? angesagt.

- 41.c4 ♔d7 42.f5 gxf5 43.gxf5 ♖d6+ 44.♔e4 ♖c6 45.c5 bxc5 46.♖xc5 ♖a6
- 41.f5 ♖d6+ 42.♔e4 gxh5 43.gxh5 ♖c6 44.♔d3 ♔d7 45.c4 ♗c7

In beiden Fällen kann Schwarz noch hartnäckigen Widerstand leisten, obwohl die Stellung vermutlich langfristig verloren sein sollte.

41.f5!

Weiß bereitet die Öffnung von Zugstraßen vor und nimmt dem schwarzen Turm den Ankerplatz auf e6.

41...♖d6+ 42.♔e4 ♖c6

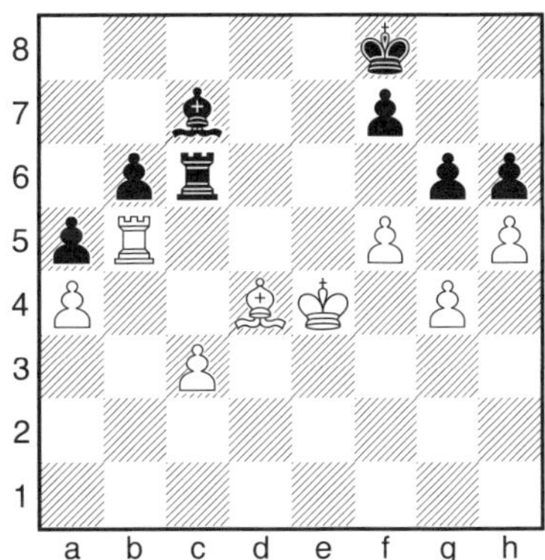

43.♖b1!

Weiß bringt seinen Turm zurück, damit er schneller auf beiden Flügeln operieren kann. Das ist ein typischer Vorteil des Angreifers, der seine Kräfte in der Regel schneller verschieben kann, weil er mehr Raum hat.

43...♔e8

– 43...gxh5 44.gxh5 ♖c4 wird mit 45.♔d5 ♖xa4 46.♔c6 ♗b8 47.♖g1 ♖c4+ 48.♔xb6+– beantwortet.

– 43...g5 44.♔d5 ♖d6+ 45.♔c4 ♔e7 46.♖e1+ ♔d7 47.♔b5+–

44.hxg6 fxg6 45.♖h1!

Nun spielt Weiß den Vorteil aus, dass er am Königsflügel schneller operieren kann.

45...♔f7 46.♔d5

46.f6? bringt wegen 46...♖e6+ 47.♔d5 ♗f4= nichts ein.

46...♖d6+ 47.♔c4 gxf5?!

Normalerweise ist es gut, wenn der Verteidiger Bauern tauscht. Aber in diesem Fall wird der ganze Königsflügel aufgelöst, so dass dort kein Gegenspiel mehr organisiert werden kann.

47...g5! ist zäher, aber Weiß sollte langfristig trotzdem gewinnen; z.B. 48.♔b5 ♗d8 49.♖e1 ♗f6 50.♗xb6

– 50...h5 51.gxh5 ♖d5+ 52.♔c6 ♖xf5 53.c4 g4 54.♖g1+–

50...♗xc3 51.♖c1 ♗b4 52.♖c7+ ♔f6 53.♖h7 ♖d5+ 54.♔c6 ♖d6+ 55.♔b7 ♖d2 56.♖xh6+ ♔f7 57.♖h7+ ♔g8 58.♖c7 ♖g2 59.♖c4+–

48.gxf5 ♗d8

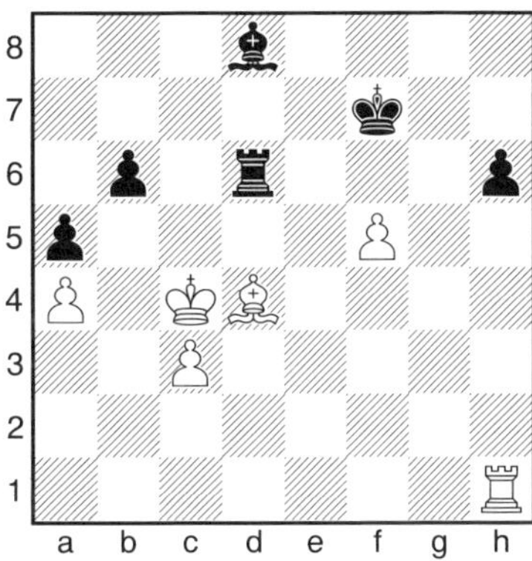

49.f6!

Das zerstört die Kommunikationslinien im schwarzen Lager. Nun gewinnt Weiß, weil der Gegner seinen Damenflügel nicht zusammenhalten kann.

49...♗xf6

49...♔g6 50.♖g1+ ♔f7 51.♖g7+ ♔e6 52.♖h7+–

50.♖xh6 ♗e7 51.♖xd6 ♗xd6 52.♔b5 ♔e6 53.♗xb6 ♔d7 54.c4 ♔c8 55.♗xa5 ♔b7 56.♗b4

Natürlich nicht 56.c5?? wegen 56...♗xc5 57.♔xc5 ♔a8=.

56...♗f4 57.c5 ♔a7 58.c6 ♔b8 59.a5 ♔a7 60.a6 ♔a8 61.♗c5 ♗b8 62.♔c4 ♗c7 63.♔d5 ♗d8 64.♔e6 ♗c7 65.♔d7 ♗a5 66.♗e7 1–0

Denn nach 66...♔a7 67.♗d8 ♔xa6

68.♗xa5 ♔xa5 69.c7 läuft der c-Bauer durch.

Auch 'Alpha Zero' ist in strategischen Endspielen besonders stark, weil er tiefere Einsichten hat als die 'Alpha Beta Engines'.

03.13
Stockfish 8 – Alpha Zero
London 2018

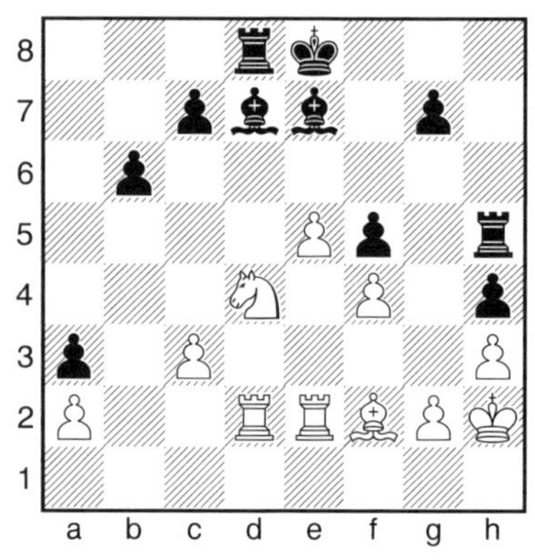

Schwarz am Zug

31...c5

Der Beginn eines beeindruckenden Konzepts: Der Bauer a3 wird preisgegeben, um am Königsflügel Raum greifen zu können und Angriffslinien für die Türme zu erhalten.

32.♘c2 g5 33.♘xa3 g4 34.♔g1 g3 35.♗e3

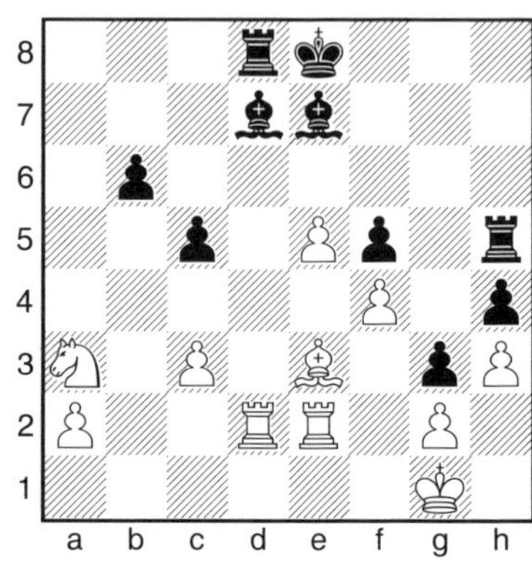

Der weiße König fühlt sich sehr ungemütlich und auf lange Sicht werden die schwarzen Türme aktiv. Diese beeindruckend tiefe Stellungseinschätzung von 'Alpha Zero' ist ein typisches Beispiel für die Stärke von Reflektoren.

35...♖a8 36.♘c4 ♖h6 37.♖b2 ♖a6 38.♗c1 b5 39.♘e3 ♖a4 40.c4 bxc4 41.♘d5 c3 42.♘xc3 ♖c4 43.♗d2 ♖c6 44.♔f1 ♗e6 45.♖b1?

45.♔e1 war zäher.

45...♖b4 46.♖ee1 ♗c4+ 47.♔g1 ♖c8 48.♖bc1 ♗d3 49.♘d5 ♖b2 50.♗c3 ♖xa2 51.♖a1 ♖xa1 52.♗xa1 c4 53.♘f6+ ♔d8 54.♗c3 ♖b8 55.♗d4 ♗b4 56.♖d1 ♖b5 57.♔h1 ♗c5 0–1

Aufgaben zum Thema: Technische Endspiele

A03.23

Karpow (2715) – Lautier (2580)

Biel 1992

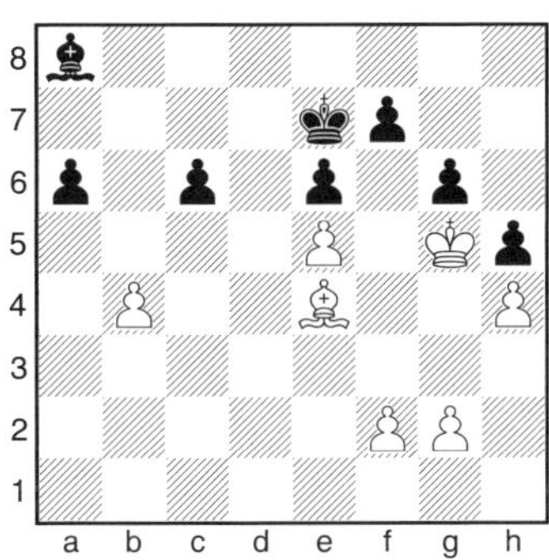

Wie legte Weiß los?

A03.24

Corzo y Prinzipe – Capablanca

Havanna 1901

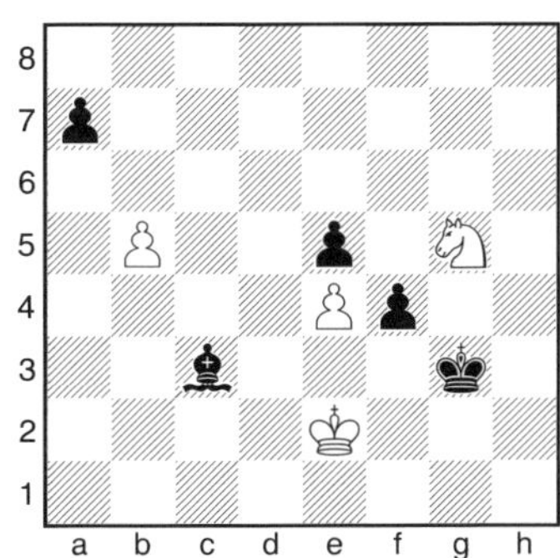

Wie stürmte Schwarz die Festung?

A03.25

Alterman (2595)

Karpow (2775)

Tyniste 1995

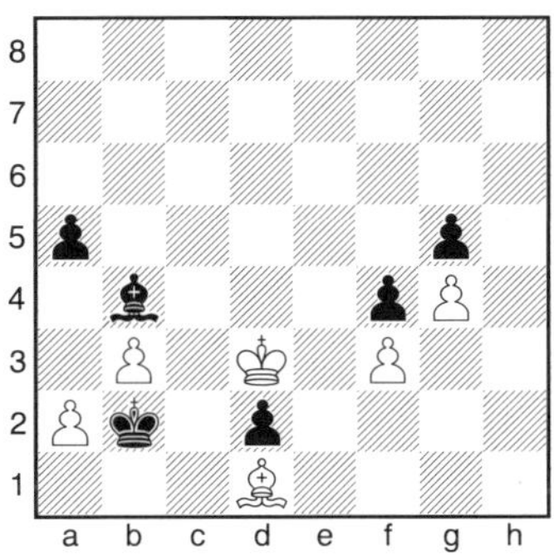

Wie gewann Schwarz?

A03.26

Karpow (2700)

Seirawan (2605)

Brüssel 1986

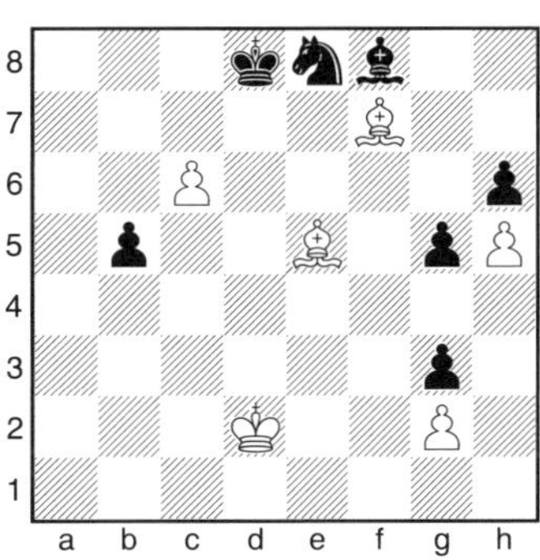

Wie gewann Weiß?

Aufgaben zum Thema: Strategische Endspiele

A03.27
Karpow (2688)
Tkachiev (2632)
Bastia 2002

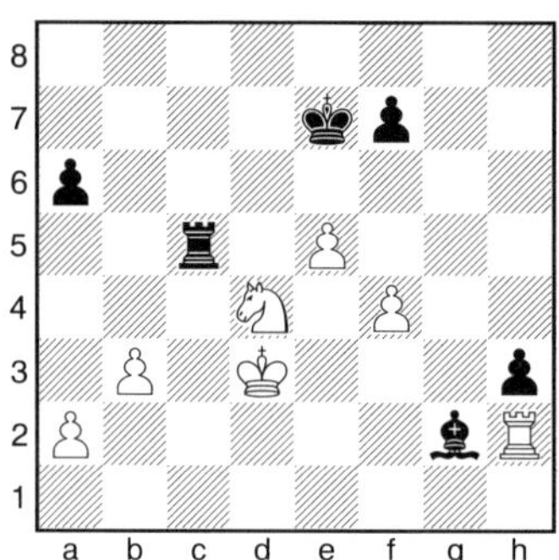

Wie legte Weiß los?

A03.28
Karpow (2710)
Swidler (2713)
Dos Hermanas 1999

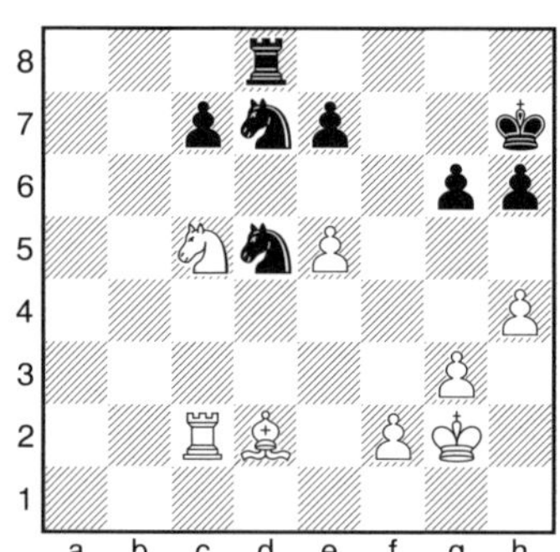

Was hat aus weißer Sicht Priorität?

A03.29
Karpow – Hübner
Graz 1972

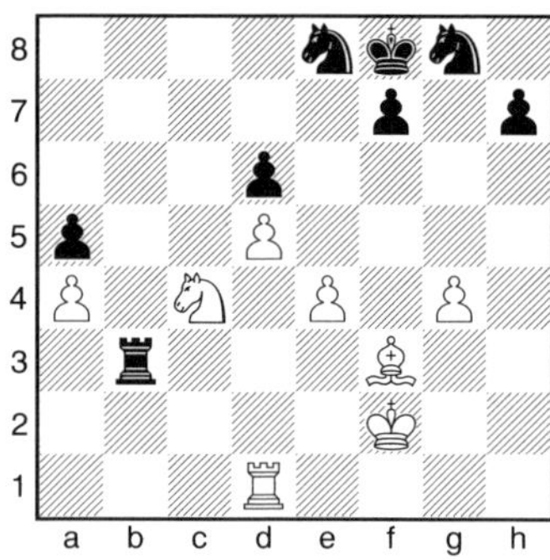

Was hat aus weißer Sicht Priorität?

A03.30
Carlsen (2843)
Hou, Yifan (2654)
Karlsruhe/Baden-Baden 2018

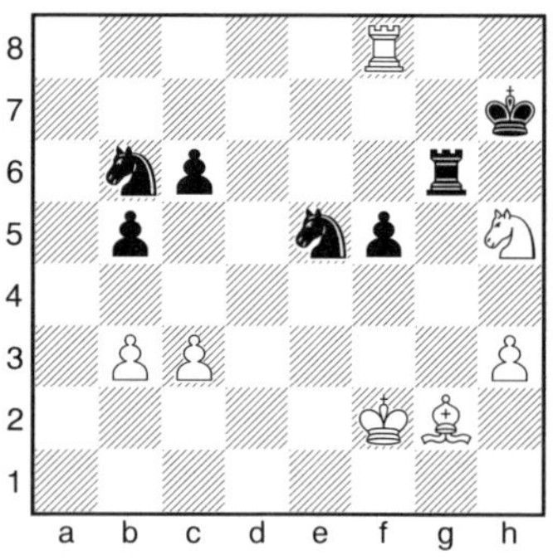

Was zog Weiß?

Kapitel 4 – Pragmatiker

Weltmeister: Fischer, Euwe, Lasker

Sonstige namhafte Spieler: Kortschnoi, Caruana, Ding Liren, Karjakin, Vachier-Lagrave, Luis Engel, 'Alpha-Beta Engines'

Ihre Stärken

Pragmatiker zeichnen sich dadurch aus, dass sie einen sehr konkreten Ansatz haben. Sie können häufig sehr genau und weit rechnen und machen selten grobe Fehler. Besonders kommen den Pragmatikern scharfe, taktische Stellungen entgegen, in denen es viel zu berechnen gibt und man sich nicht einfach nur auf seine Intuition oder sein Gefühl verlassen sollte. Konkrete Variantenberechnung ist die Grundlage für die Entscheidungsfindung am Brett und wird der Intuition meistens übergeordnet. Das beste Beispiel dafür sind die Engines, die auf dem Alpha-Beta-Algorithmus basieren und Millionen von Varianten innerhalb kürzester Zeit berechnen können.

Pragmatiker beziehen viele praktisch relevante Faktoren in ihre Entscheidungsfindung mit ein und sind häufig gut darin, die Gegner vor praktisch unangenehme Entscheidungen zu stellen. Sie sind in der Lage, sich ihre Bedenkzeit praktisch sinnvoll einzuteilen und geraten daher selten in Zeitnot. Durch ihre Berechnungen gestützt sind sie auch gerne bereit, Material wegzunehmen und sich anschließend zu verteidigen. Das hat zwei verschiedene Gründe:

Erstens ist es aus psychologischer Sicht unangenehm für den Gegner, mit weniger Material zu spielen, da er ja 'etwas beweisen muss', um nicht langfristig in Nachteil zu geraten.

Zweitens sind Pragmatiker häufig in der Lage, sich mithilfe genauer Variantenberechnung sehr zäh zu verteidigen. Das beste Beispiel hierfür ist Sergei Karjakin, der ja (zumindest von seinem respektvollen Spitznamen her) den Status des 'russischen Verteidigungsministers' innehat.

Ihre Schwächen

Der konkrete Ansatz kann allerdings ebenso als Schwäche wie als Stärke gesehen werden. In technischen, positionellen Stellung geraten viele Pragmatiker gelegentlich ein bisschen ins 'Schwimmen', da sie nicht wissen, was sie berechnen sollen. Allgemein haben Pragmatiker Schwierigkeiten, langfristige Pläne zu erkennen und diese in ihre Überlegungen mit einzubeziehen. Das können sowohl tiefliegende positionelle Pläne als auch sich anbahnende Königsangriffe sein, die jedoch noch 'zu weit' hinter dem Horizont liegen, um gesehen zu werden.

Einigen Pragmatikern wird es außerdem schwerfallen, ein intuitives Opfer zu bringen, wenn die Konsequenzen nicht eindeutig zu berechnen sind. Manchmal sind Pragmatiker (ähnlich wie Theoretiker) etwas zu materialistisch. Insgesamt sind sie jedoch relativ ausgewogen und haben wenige eklatante Schwächen. Nicht ganz ohne Grund sind viele der aktuellen Topspieler Pragmatiker oder haben sich immer mehr zu solchen entwickelt.

Trainingsoptionen für Pragmatiker

In technischen Stellungen können sich Pragmatiker einiges von den Reflektoren (Magnus Carlsen als bestes Beispiel) oder auch von den Theoretikern abgucken und somit lernen, sich in solchen Stellungen mehr auf ihre Intuition zu verlassen, statt konkrete Berechnungen durchzuführen. Für einige dürfte es hilfreich sein, Angriffspartien von Aktivspielern zu studieren, um ein Gefühl für den langsamen Aufbau eines Königsangriffs zu bekommen. Ständige Arbeit am Eröffnungsrepertoire ist natürlich auch sehr ratsam um sicherzustellen, dass man auch den Stellungstyp aufs Brett bekommt, den man sich wünscht.

Ihre Gegner

Am meisten Probleme haben Pragmatiker vor allem in ruhigen, technischen Stellungen gegen starke Reflektoren oder Theoretiker, wenn diese 'ihre' Stellungen bzw. Strukturen aufs Brett bekommen. Gegen solche Gegner muss das Ziel eines Pragmatikers sein, genau diese Art von Stellungen zu vermeiden und möglichst scharfe, komplizierte Partien zu spielen. Partien gegen Aktivspieler haben das Potenzial, sehr wild und dynamisch zu werden. Allerdings müssen Pragmatiker hier besonders auf mögliche Angriffspläne achten und diese im Stil eines Reflektors früh genug erkennen und verhindern.

Ihre Eröffnungen

Pragmatiker spielen meistens scharfe, prinzipielle Varianten und kennen sich in ihrem Repertoire gut aus. Sie sind schon in der Eröffnung auf direktes Spiel aus und vermeiden in der Regel strategische Eröffnungen wie z.B. Englisch oder Katalanisch. Häufig treiben sie in ihren Partien die Eröffnungstheorie voran.

Typische Eröffnungen

mit Weiß: 1.e4 ('Best by test' laut Bobby Fischer), Spanisch, offene Varianten gegen Sizilianisch

mit Schwarz: Sizilianisch (insbesondere Najdorf), Grünfeld

A) Konkreter Ansatz

Pragmatiker sind in ihren Überlegungen häufig sehr konkret und ihre Entscheidungen basieren auf der Berechnung von Varianten. In der folgenden Partie gelingt es Bobby Fischer, seinen Gegner nach einer eigentlich ruhigen Eröffnung durch direktes und aktives Spiel bereits nach 21 Zügen zur Aufgabe zu bewegen.

04.01
Byrne, R. – Fischer
New York 1963 (D71)

1.d4 ♘f6 2.c4 g6 3.g3 c6 4.♗g2 d5 5.cxd5 cxd5 6.♘c3 ♗g7 7.e3 0–0 8.♘ge2 Sc6 9.0–0 b6 10.b3 ♗a6 11.♗a3 ♖e8

Die Eröffnung ist abgeschlossen und Schwarz steht bereits etwas angenehmer. Ab jetzt wird diese Partie nur noch 10 Züge dauern!

12.♕d2

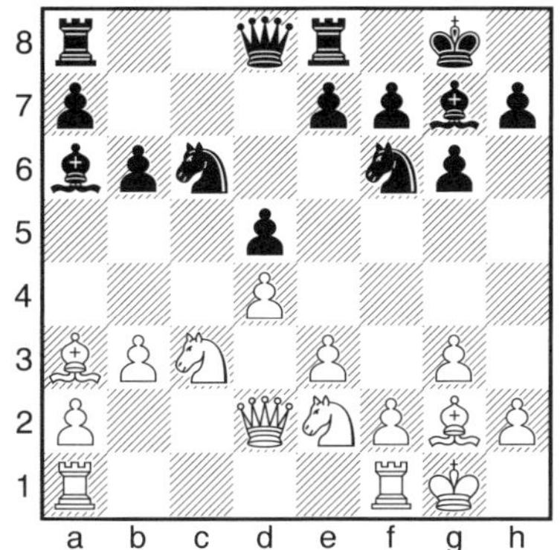

12...e5!

Mit diesem logischen und starken Zug übernimmt Schwarz die Initiative. Seine Aktivität fällt hier deutlich mehr ins Gewicht als die minimale Schwächung der Bauernstruktur.

13.dxe5

Nach einem ruhigen Zug wie 13.♖ac1 kann Schwarz sich aussuchen, ob er mit 13...e4 das Zentrum schließt oder die Spannung mit einem Zug wie 13...♖c8!? aufrechterhält – in beiden Fällen mit Vorteil.

13...♘xe5

Weiß steht bereits unter Druck und muss sich genau verteidigen; eine praktisch sehr unangenehme Aufgabe.

14.♖fd1?!

Ein logischer Zug. Der Turm geht aus der Reichweite des Läufers und macht Druck gegen den Bauern d5. Andererseits verliert jedoch der Bauer f2 seine Deckung, was Fischer konkret ausnutzt.

14.♖ad1! wäre wohl objektiv am besten. Schwarz hätte zwar viele interessante Möglichkeiten, aber Weiß stünde noch recht solide und könnte sich in der Folge langsam zu entknoten versuchen.

14...♘d3

Nachdem der Springer sein Traumfeld erreicht hat, drohen bereits konkrete Angriffe auf den schwachen Bauern f2.

15.♕c2?

Das ist schon der entscheidende Fehler in ohnehin schlechter Stellung. Nun ist zwar der Springer auf d3 angegriffen, aber Weiß hat eine konkrete Lösung für das Problem.

– Mit 15.♘f4 musste Weiß unbedingt diesen Springer wegziehen, damit wenigstens die Dame den Bauern f2 deckt. Natürlich macht die weiße Stellung nach 15...♘e4 16.♘xe4 dxe4 keinen Spaß, aber man könnte noch kämpfen.

– 15.♘d4 ♘e4 16.♘xe4 dxe4 ändert nicht viel an den weißen Problemen.

15...♘xf2!

Den Rest der Partie spielt Fischer perfekt. Dieses Opfer sieht schon optisch viel zu verlockend aus, als dass es nicht auch so mancher Sterbliche spielen würde. Dennoch mussten die Konsequenzen sehr genau berechnet werden. Praktisch gesehen macht es Sinn, dieses Opfer erst einmal rein intuitiv zu spielen, da es auch keine wirklich brauchbare Alternative gibt. Ein Rückzug des Springers kann ja kaum die Idee von ♘e5-d3 gewesen sein. Jedoch sollte man spätestens nach 17...♘xe3 genau berechnen, wie man fortsetzt.

16.♔xf2 ♘g4+ 17.♔g1 ♘xe3 18.♕d2

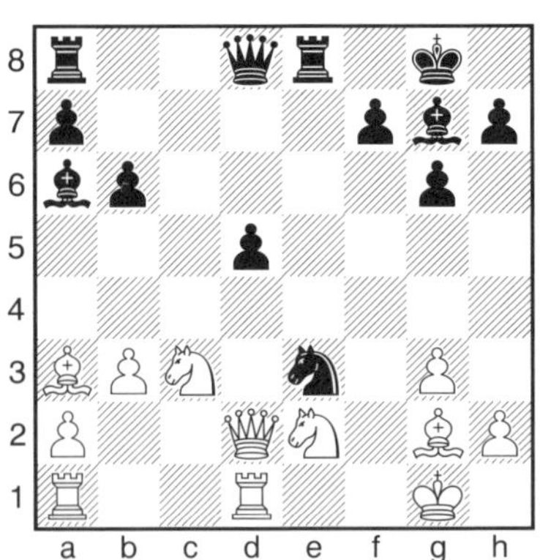

18...♘xg2!

Mit dieser letzten wichtigen Entscheidung werden die Weichen endgültig auf Sieg stellt.

Das materialistische 18...♘xd1? wäre hingegen ein grober Fehler, denn nach 19.♖xd1 ist der Angriff plötzlich vorbei und es ist bereits eher der Weiße, der mit seinen koordinierten Figuren und dem nunmehr sicheren König auf Vorteil spielt.

19.♔xg2 d4!

Öffnet die Diagonale b7-h1 und besiegelt damit das Schicksal des weißen Königs. Tatsächlich war das der einzige Gewinnzug, da Weiß seine Stellung ansonsten mit ♘d4 konsolidieren könnte.

20.♘xd4 ♗b7+ 21.♔f1

21.♔g1 scheitert an dem Standardmotiv 21...♗xd4+ 22.♕xd4 ♖e1+!, wonach Schwarz einen ganzen Turm zurückgewinnt und materiell auf Gewinn steht; z.B. 23.♔f2 (23.♖xe1 ♕xd4+) 23...♕xd4+ 24.♖xd4 ♖xa1.

Allerdings sollte man diese kritische Variante bereits gesehen haben, bevor man 18...♘xg2 spielt.

21...♕d7

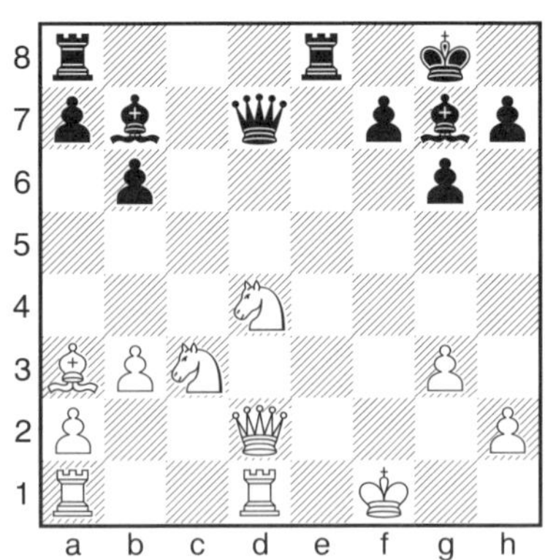

Weiß gab auf, denn nach 22.♔g1 ♕h3 ist der Angriff viel zu stark. Außer ♗xd4 nebst ♕g2# droht auch ♗h6 nebst ♗e3 oder einfach ♖ad8 mit völliger Gewinnstellung. Eine taktische Meisterleistung Bobby Fischers.

Auch in der folgenden Partie ist es wieder einmal Bobby Fischer, der durch sein typisches aktives und konkretes Spiel einen schönen Schwarzsieg landet.

04.02
Addison – Fischer
New York 1963 (C70)

1.e4 e5 2.♘f3 Sc6 3.♗b5 a6 4.♗a4 b5 5.♗b3 ♘a5 6.d4 exd4 7.♕xd4 ♘e7 8.c3 ♘xb3 9.axb3 ♗b7 10.♗f4?!

Nach ungewöhnlichem Eröffnungsverlauf reißt Fischer mit direktem Spiel die Initiative an sich.

10...d5! 11.e5

Nach 11.exd5 ♘xd5∓ befreit Schwarz sich und verbleibt mit dem starken Läuferpaar.

11...c5!

Der nächste Kracher. Weiß kann diesen Bauern nicht schlagen und wird in die Defensive gedrängt.

12.♕d3

12.♕xc5? verbietet sich, denn nach 12...♘f5–+ hat die weiße Dame kein Feld mehr.

12...♘g6 13.♗g3 ♗e7 14.♘bd2 ♘f8!

Mit diesem sehr starken Manöver wird der Springer auf das Feld e6 überführt.

14...0–0∓ war auch eine Möglichkeit, aber in dieser Partie hat Fischer andere Dinge vor, als einfach zu rochieren...

15.0–0 ♘e6 16.♖ad1

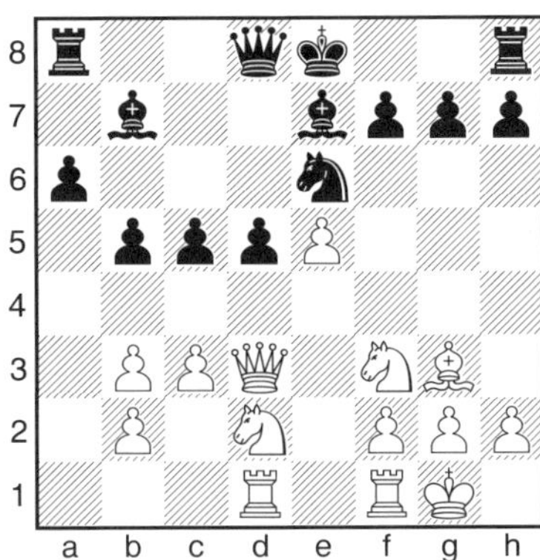

Weiß steht sehr passiv und Schwarz könnte nach der 'normalen' Rochade eine sehr gute Stellung erreichen. Fischer entscheidet sich jedoch für den direkten Angriff.

16...g5!

Ein sehr starker Zug aus praktischer Sicht. Weiß muss jetzt Probleme lösen, die er nach einem Zug wie 16...0–0 nicht hätte. Dieser Bauernvorstoß ist gerechtfertigt, da Weiß passiv steht und das Zentrum absolut sicher von Schwarz kontrolliert wird.

16...0–0∓ macht natürlich nichts kaputt, geht aber an einer sehr interessanten Fortsetzung vorbei, die Weiß vor weitaus größere Probleme stellt.

17.h3

Schafft dem Springer ein mögliches Rückzugsfeld auf h2 und verhindert fürs Erste den Zug g5–g4.

17.♖fe1? g4–+ ist ein Beispiel dafür, wie schnell es hier für Weiß schiefgehen kann.

17...h5 18.♖fe1 ♕b6 19.♘f1

Jetzt wird auch optisch klar, dass Schwarz besser stehen muss. Er hat das Läuferpaar und auf beiden Flügeln Raumvorteil. Nun wird es Zeit, zu konkreten Aktionen überzugehen.

19...d4!

Ein starker Zentrumsdurchbruch, der die Sicht für den Läufer b7 freimacht.

20.♘3d2

Es gibt kaum noch gute Züge. Nach beispielsweise 20.cxd4 g4! muss Weiß die Deckung des Bauern d4 aufgeben, wonach der schwarze Springer den Bauern schlagen kann und sehr mächtig wird.

20...g4

20...h4! zwecks Linienöffnung am Königsflügel wäre sogar noch besser; z.B. 21.♗h2 g4! 22.hxg4 h3!−+ und Schwarz bricht früher oder später durch.

21.h4

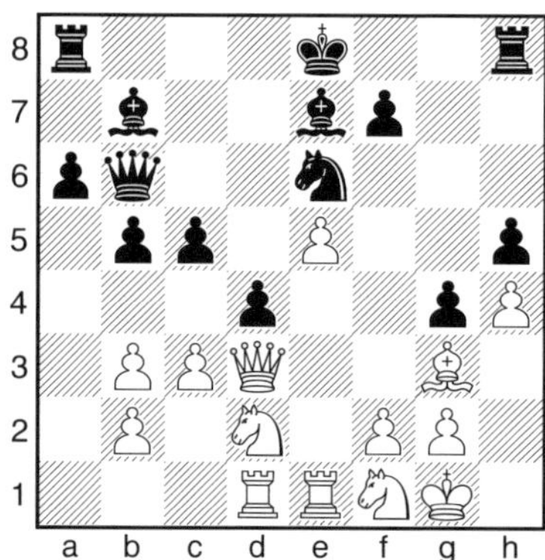

Immerhin gelingt es Weiß, den Königsflügel geschlossen zu halten. Aber nun erwarten ihn andere Probleme.

21...♕c6!

Weiß bekommt keine Zeit zum Konsolidieren, denn es werden ständig weitere Drohungen aufgestellt.

22.♕e4

Eine sehr menschliche Entscheidung. Doch das entstehende Endspiel ist klar besser für Schwarz.

Die Engine zeigt 22.♘e4 als beste Verteidigung an, aber niemand würde so spielen. Schwarz hat hier mehrere Wege, seinen Angriff zu verstärken. Am einfachsten ist wahrscheinlich 22...0−0−0 mit klar besserer Stellung.

22...0−0−0 23.♕xc6+ ♗xc6

Weiß hat zwar den Angriff abgewehrt, aber Schwarz hat trotzdem alles erreicht; er hat nach wie vor zwei starke Läufer, die weißen Leichtfiguren werden durch die Bauern stark eingeschränkt und Weiß hat kaum Raum.

24.c4 ♔d7! 25.♖a1 ♖a8 26.♘e4

Δ27.♘fd2

26...♗xe4! 27.♖xe4

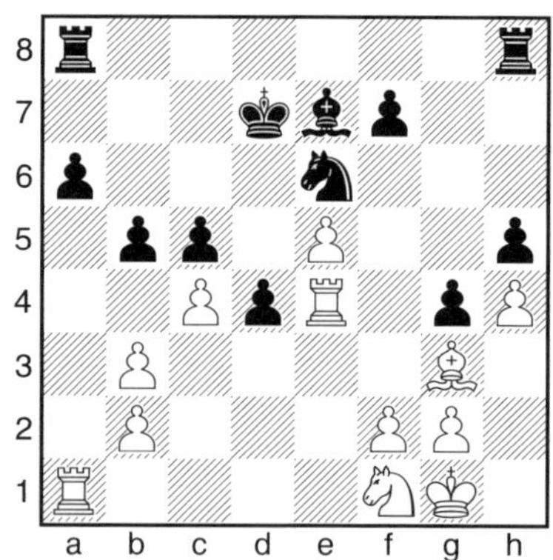

27...♘g7?!

Eher zufällig bekommt Weiß noch eine Chance, in die Partie zurückzufinden. (⌓27...♖hb8−+)

28.♘d2?!

An der er jedoch vorbeigeht.

28.e6+! hätte die weißen Figuren endlich befreit und Möglichkeiten für Gegenspiel ergeben. Nach beispielsweise 28...♘xe6 29.♖e5 steht Schwarz immer noch besser, aber Weiß kann noch kämpfen.

28...♘f5 29.♖f4 ♔e6−+

Jetzt hat Fischer wieder alles im Griff.

30.♘e4 bxc4 31.bxc4 ♖hb8 32.♖a2 ♖b4 33.♘d2 ♘xh4 34.♗xh4 ♗xh4 35.♖e4 ♗g5 36.f4 gxf3 37.♘xf3 ♗e3+ 38.♔h2 ♖xc4 0−1

Dieses Beispiel aus meiner eigenen Praxis zeigt sowohl Vor- als auch Nachteile von konkretem Spiel auf.

04.03
L. Engel (2510)
Salemgarejew (2444)
EU U18, Bratislava 2019 (B04)

1.e4 ♘f6 2.e5 ♘d5 3.d4 d6 4.♘f3 dxe5 5.♘xe5 c6 6.♗e2 ♗f5 7.0−0 ♘d7 8.♘f3 e6 9.c4 S5f6 10.♗f4 ♗e7 11.h3 0−0 12.♖e1 ♕b6 13.b3 c5 14.♘c3 cxd4 15.♘xd4 ♗b4 16.♘a4 ♕d8 17.♗d2 ♗xd2 18.♕xd2 ♗g6 19.♖ad1 a6

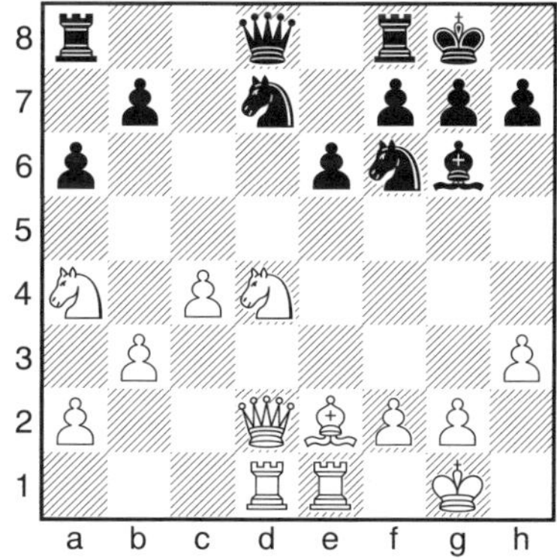

Weiß hat Entwicklungsvorsprung und steht leicht besser. Kann er seine Initiative konkret ausnutzen?

20.♗g4!?

Dies plant offensichtlich den Einschlag auf e6. Objektiv waren 'normale' Züge (wie z.B. 20.b4±) genauso gut, aber nach dem Textzug muss Schwarz bereits konkrete Probleme lösen und der einzige Verteidigungszug ist schwer zu finden. Daher denke ich, dass ♗g4 zumindest aus praktischer Sicht am besten war, schließlich bietet dieser Zug dem Gegner viele Möglichkeiten fehlzugreifen.

20...♕c7?

Das lässt die Ausführung der weißen Idee zu.

- Nach 20...♘xg4?! 21.hxg4 ♘f6 22.♕f4± übt Weiß unangenehmen Druck auf den schwarzen Feldern aus.

- Nach dem einzigen Zug 20...♖e8!! stünde der Läufer auf g4 eher seltsam und wahrscheinlich wäre die Rückkehr 21.♗f3= am besten.

21.♗xe6!

Weiß gibt zwei Leichtfiguren für einen Turm und zwei Bauern. Die schwarzen Figuren finden keine sicheren Posten, während die weißen Türme auf den offenen Linien sehr gut stehen.

21...fxe6 22.♘xe6 ♕c6 23.♘xf8 ♖xf8 24.♘c3± ♖e8 25.♖xe8+ ♗xe8 26.♕e3 ♕c5 27.♕f3 ♕e5 28.♘d5 ♘xd5 29.♖xd5 ♕e7 30.♕f4 ♘f6 31.♖e5 ♕d6

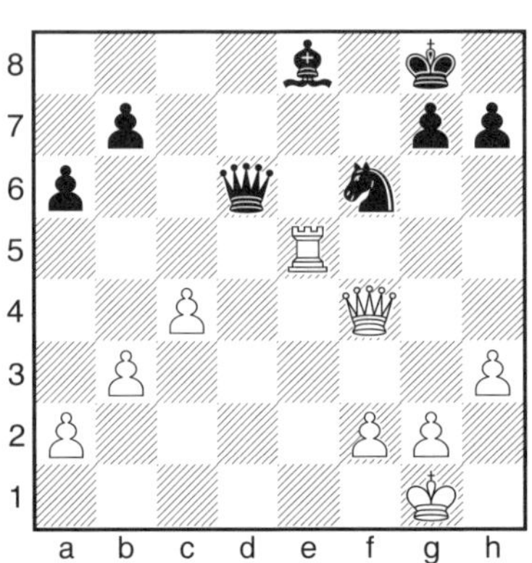

Weiß steht immer noch besser, wenn er nichts übereilt und den Damentausch anstrebt. Stattdessen folgt nun ein typischer Fehler für Pragmatiker.

32.c5?

Ein positionell katastrophaler Zug. Plötzlich kann Weiß nie wieder einen Freibauern am Damenflügel bilden und der schwarze Läufer wird einen sicheren Stützpunkt auf c6 finden. Meine Idee war es, das Feld d6 direkt für meine Figuren nutzen zu können, aber diese Überlegung ist einfach Unsinn. Schwarz steht solide und kann den weißen Angriff abwehren.

Nach 32.f3! behält Weiß alle Stellungsvorteile und Schwarz steht eine lange Verteidigung bevor.

32...♕d8 33.♖e6 ♗c6 34.f3 h6 35.♔h2 ♕a5 36.♕b8+ ♔h7 37.♕e5 ♔g8 38.♖e7 ♕d2 39.♕e6+ ♔h8 40.♕c8+ ♔h7 41.♕f5+ ♔g8 42.h4 ♕d4 43.♔g3 ♔f8 44.♖e5 ♔g8 45.♕e6+ ♔h7 46.♕d6 ♕c3 47.♕e7 ♕c2 48.♖e2 ♕g6+ 49.♔h2 ♕h5

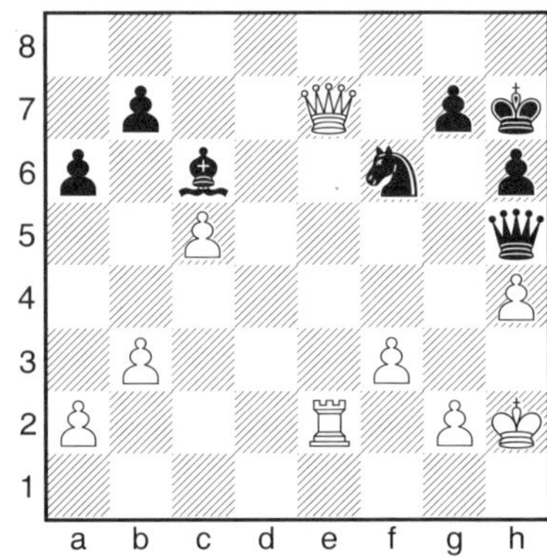

50.♔g1?

Natürlich ist dieser Zug objektiv schlecht (△50.♔g3 ♕g6+ 51.♔h2 ♕h5=), aber ein Sieg hätte die Silbermedaille für mich bedeutet, während ich bei einem Unentschieden nur den geteilten 7. Platz belegt hätte. Daher entschied ich mich dazu, den Bauern zu geben und auf ein Wunder zu hoffen. Den Rest der Partie spielt mein Gegner aber sehr gut und bringt den Punkt sicher nach Hause.

50...♕xh4 51.♕e5 ♕g5 52.♕xg5 hxg5

Man kann sich in diesem Endspiel zäher verteidigen, aber nach diesem Partieverlauf war ich dazu nicht mehr in der Lage.

53.♔f2 g4 54.♔g3 gxf3 55.gxf3 ♔g6 56.♔f4 ♘h5+ 57.♔e3 ♔f5 58.♖h2 ♘f6 59.♖h8 ♘d5+ 60.♔d4 ♘f6 61.♔e3 g5 62.♖f8 ♔e5 63.♖f7 ♘d5+ 64.♔f2 ♔d4 65.♔g3 ♘f4 66.♔g4 ♘d3 67.♔xg5 ♘e5 68.♖f4+ ♔c3 69.♔f6 ♘xf3 70.♔e7 ♔b2 71.♔d6 ♔xa2 72.♖b4 ♔a3 73.♖b6 ♘d4 74.♔c7 ♘xb3 75.♖xa6+ bxa6 76.♔xc6 ♔b4 77.♔b6 ♘xc5 0–1

In der folgenden Partie bringt Vachier-Lagrave den weltbesten Reflektor durch aktives und konkretes Spiel an den Rand einer Niederlage.

04.04
Carlsen (2842)
Vachier-Lagrave (2779)
Biel 2018 (B90)

1.e4 c5 2.♘f3 d6 3.d4 cxd4 4.♘xd4 ♘f6 5.♘c3 a6 6.f3 e5 7.♘b3 ♗e6 8.♗e3 h5 9.♕d2 ♘bd7 10.♘d5 ♗xd5 11.exd5 g6 12.♗e2 ♗g7 13.0–0 a5

Ein sehr seltener Zug, denn normalerweise legt Schwarz sich nicht so früh fest.

13...0–0 ist die Hauptvariante.

14.a4!

Sichert sich das schöne Feld b5 und verhindert a5–a4.

14...0–0 15.♗b5 ♕c7 16.c4 b6 17.h3 Sc5 18.♘xc5 bxc5

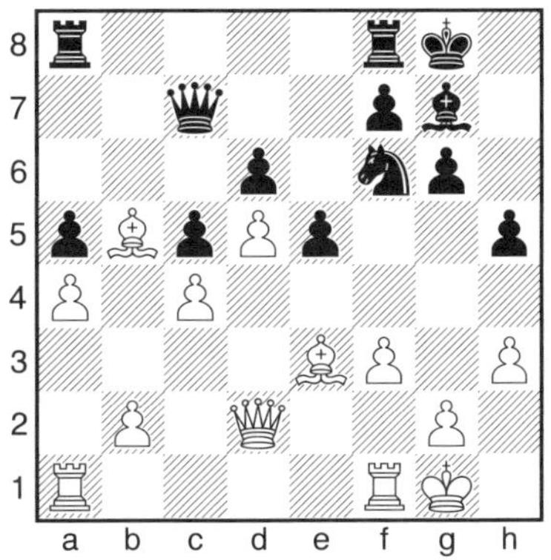

19.♖a3!

Carlsen leitet einen sehr ambitionierten Plan ein. Er plant ♖b3 gefolgt von ♗c6 und ♖b5 mit starkem Druck am

Damenflügel. Schwarz muss dringend Gegenspiel suchen, wenn er nicht chancenlos zusammengeschoben werden will.

19...♘h7 20.♖b3 f5 21.♗c6 ♖ab8 22.♖b5!

Carlsen hat seinen Plan in die Tat umgesetzt. Und was macht MVL?

22...f4 23.♗f2

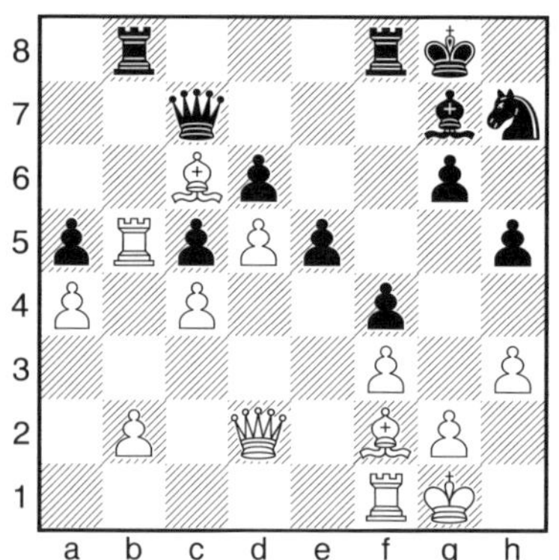

23...e4!

Ein sehr starkes Bauernopfer! Schwarz braucht dringend Gegenspiel im Zentrum, um Weiß beschäftigt zu halten.

23...♘g5!? wäre auch möglich gewesen, aber so oder so muss Schwarz früher oder später e5-e4 spielen.

24.♕c2!

Carlsen zeigt seine unglaublich starken Reflektorqualitäten und nimmt den Bauern – nicht!

Als Normalsterblicher würde man wohl direkt 24.fxe4 spielen, aber nach 24...♕e7 käme Schwarz zu dem ersehnten Gegenspiel. Und im Gegensatz zur Partie bleiben die Damen auf dem Brett, was natürlich gut für Schwarz ist; z.B. 25.♕d3 (25.♕c2 f3!) 25...♗e5 mit sehr unklarer Stellung.

24...♕e7!?

Schwarz beharrt auf seinem Bauernopfer!

– 24...exf3? 25.gxf3 führt zu nichts. Der Bauer g6 hängt und die Öffnung der g-Linie hilft eher dem Weißen.

– 24...e3!? 25.♗e1 ♖xb5 26.axb5 ♔f7 wäre eine sehr interessante Alternative, die ebenfalls zu ordentlichem Gegenspiel führte.

25.♕xe4

Immerhin schafft es Weiß, die Damen zu tauschen. Trotzdem ist MVL mit seinem Latein noch längst nicht am Ende.

25...♕xe4 26.fxe4 ♘g5 27.♖e1 ♘f7!?

Der Springer strebt nach e5.

28.♖b1

Carlsen deckt seinen b2-Bauern und bereitet damit das Schlagen auf a5 vor. Allerdings wird Schwarz so oder so gewaltiges Gegenspiel bekommen.

28...♘g5 29.♖xa5?!

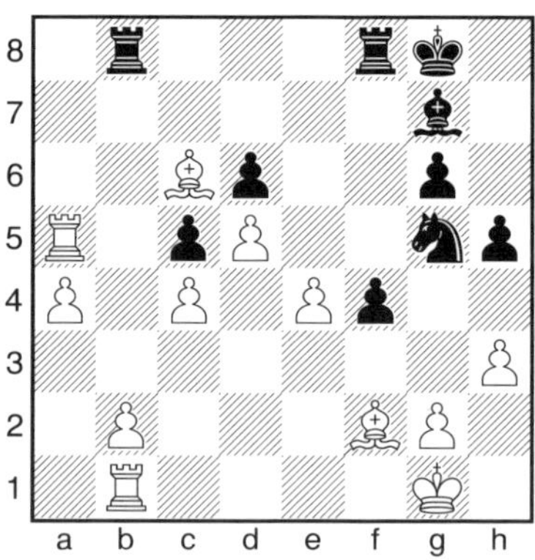

Carlsen spielt etwas zu sorglos, weil er vielleicht die schwarze Antwort unterschätzt hat.

29.♖e1= mit Zugwiederholung war natürlich nicht im seinem Sinne.

29...♖b3!

Ein ganz wichtiger Zug! MVL kümmert sich nicht um die Bauern b2 oder e4, sondern strebt nach maximaler Aktivität. Jetzt ist es plötzlich der Weiße, der aufpassen muss.

Nach ♘xe4? und der Riposte 30.♖b5! wäre der a-Bauer nicht zu bremsen gewesen.

30.♖b5 ♖d3!

Natürlich wird der aktive Turm nicht getauscht!

31.♖e1?

Dieser Zug sieht sehr natürlich aus, aber danach steht Schwarz auf Gewinn!

- 31.a5? funktioniert nicht, Schwarz ist einfach schneller: 31...f3! 32.a6 fxg2 33.a7 ♘xh3+ 34.♔xg2 ♖xf2+ 35.♔h1 ♖dd2! 36.a8♕+ ♔h7-+ und Weiß wird Matt gesetzt.

- 31.e5!! ist objektiv der einzige Remiszug, aber wer würde jemals so einen Zug finden? Allein das zeigt schon, dass die letzten Züge allesamt dem Schwarzen in die Karten gespielt haben. 31...♗xe5 32.♖e1 f3 33.h4! fxg2 34.hxg5 ♖d2 und jetzt ist es wichtig, dass der schwarze Läufer nach e5 gelockt wurde: 35.♖xe5! dxe5 36.d6! ♖fxf2 37.♗d5+ ♔f8 38.♖b8+ mit Dauerschach. Allerdings ist es völlig unmöglich, diese Variante am Brett zu sehen.

31...f3!

Natürlich! Nun steht Carlsen am Rande des Abgrunds.

32.h4

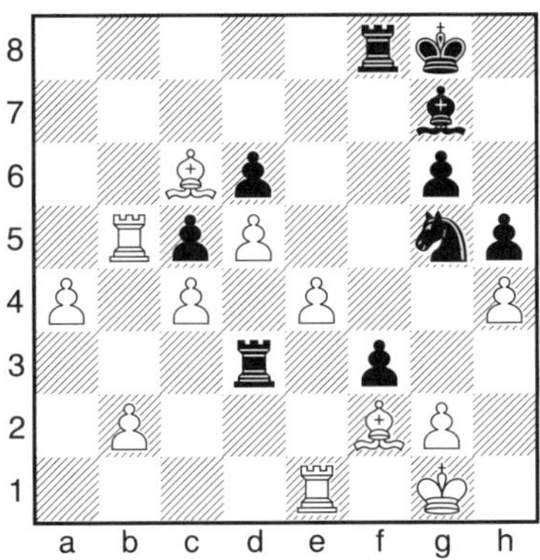

32...♘f7?

Geht am Gewinn vorbei, der jedoch schwer zu sehen war. Schwarz hätte einfach seinen Springer opfern können.

Nach dem Gewinnzug 32...fxg2! und der möglichen Folge 33.hxg5 ♖d2 34.♗e3 ♖c2!-+ gibt es komischerweise keine Verteidigung gegen ♗e5 gefolgt von ♖f1+ nebst ♗h2+ mit Gewinn. Entscheidend ist, dass weder der Turm b5, noch der Läufer c6 bei der Verteidigung helfen können.

33.a5 ♘e5 34.a6

Weiß steht kurz davor, seinen Bauern umzuwandeln. Wieder muss Schwarz energisch handeln.

34...♖d2!

Ein sehr starker Zug, der wenigstens das Remis sichert.

Der logisch aussehende Versuch 34...fxg2? scheitert an 35.♖e2!+-, denn alles ist gedeckt und der a-Bauer macht das Rennen.

35.a7 fxg2 36.a8♕ ♘f3+!

Leitet eine forcierte Abwicklung ein, an deren Ende ein remisliches Endspiel entsteht.

37.♔xg2 ♘xe1+ 38.♔f1 ♖dxf2+ 39.♔xe1 ♖xa8 40.♔xf2 ♖f8+ 41.♔e2 ♖f4

Schwarz kann immer noch auf Gewinn spielen, aber Carlsen verteidigt sich genau und hält remis.

42.b4! cxb4 43.c5! ♗e5!

Nach 43...♖xe4+ (43...dxc5? 44.d6!) 44.♔f3 ♖xh4 45.cxd6 ist der d-Bauer wieder sehr stark.

44.cxd6 ♗xd6 45.♔d3 ♔f7 46.♖b6 ♗c5 47.♖b5 ♗d6 48.♖b6 ♗c5 49.♖b5 ½–½

In der folgenden Partie stellt der erst 17-jährige Bobby Fischer einmal mehr seine Klasse unter Beweis und bereitet seinem Gegner durch sehr konkretes Spiel große praktische Probleme, die am Brett kaum zu lösen sind.

04.05
Gudmundsson – Fischer
Reykjavik 1960 (D95)

1.d4 ♘f6 2.♘f3 d5 3.e3 g6 4.c4 ♗g7 5.♘c3 0–0 6.♕b3 e6 7.♗e2 Sc6 8.♕c2 dxc4!?

Eine konkrete Lösung, wie sie für Fischer typisch ist. Auch ein ruhiger Zug wie z.B. 8...b6= ist gut spielbar.

9.♗xc4 e5!

Diese sofortige Befreiung des Spiels war die Idee. Und Weiß kann das Bauernopfer nicht gut annehmen.

10.dxe5

10.♘xe5 ♘xe5 11.dxe5 ♘g4

– 12.f4? funktioniert konkret nicht, da der weiße König immer noch in der Mitte steht. Nach 12...♘xe5! 13.fxe5 gewinnt Schwarz mit dem typischen Doppelangriff 13...♕h4+! Δ14.g3 ♕xc4–+.

– 12.e6! wäre noch ok, z.B. nach 12...♗xe6 13.♗xe6 fxe6 14.f3 ♘e5 15.0–0 mit unklarer, vielleicht minimal angenehmerer Stellung für Weiß.

10...♘g4 11.0–0

11.e6!? wäre eine interessante Alternative. Allerdings macht es keinen großen Sinn, sich in so frühem Stadium schon in zu vielen Varianten zu verstricken.

11...♘cxe5 12.♘xe5 ♘xe5 13.♗e2 c6=

Schwarz hat seine Eröffnungsprobleme gelöst und die Stellung sollte ungefähr ausgeglichen sein. Weiß lässt sich nun jedoch zu einem unsoliden Angriff hinreißen, der von Fischer überzeugend widerlegt wird.

14.f4

Das ist objektiv noch okay, markiert aber den ersten Schritt in die falsche Richtung.

14.b3=

14...♘g4!

Nach dieser aktivsten und besten Antwort wird das Spiel sehr konkret.

15.h3

Der mächtige Springer muss vertrieben werden. Fischer hat jedoch nicht vor, seine Figur freiwillig zurückzuziehen und erhöht den Druck.

15...♗f5!

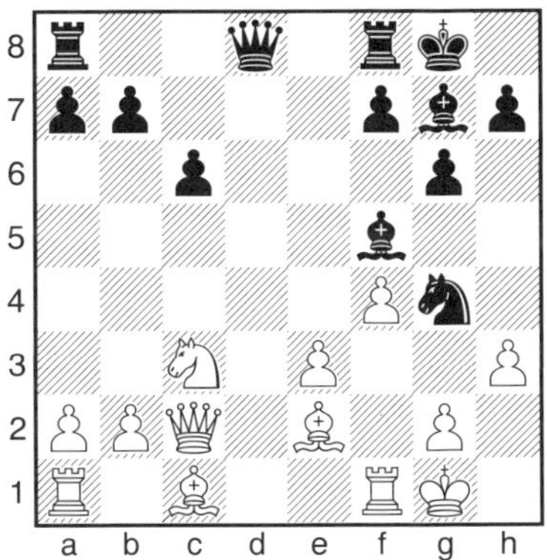

Ein starker Gegenangriff, der eine versteckte Falle stellt. Weiß muss schon sehr genau aufpassen, um die Stellung im Gleichgewicht zu halten.

16.e4?

Der offensichtliche Zug, der hier allerdings nicht gut ist. Werfen wir einen Blick auf die Alternativen.

1) 16.♕b3!? ist ein interessanter Versuch. Nach 16...♘f6 17.♕xb7 ♘e4! verfügt Schwarz über eine sehr gefährliche Initiative für das geopferte Material und 18.♕xc6? geht objektiv schon gar nicht.

(18.♘xe4 ♗xe4 19.♗f3 ist der einzige, wenn auch sehr versteckte Weg zum Ausgleich. Nach wie vor spielt sich die schwarze Stellung bedeutend leichter.)

18...♖c8 19.♕a6 ♘xc3 20.bxc3 ♗xc3 und plötzlich ist der weiße Turm gefangen.

2) 16.♕d1! ist wahrscheinlich am besten. Nach 16...♘f6 muss man das sehr unnatürlich aussehende 17.g4! finden, um den schwarzen Läufer zu vertreiben.

(17.♕xd8? ♖axd8 wäre schlecht, da Weiß seinen Damenflügel nicht mehr entwickelt bekommt.)

17...♗e6 18.e4 mit einer sehr unklaren Stellung.

16...♕d4+ 17.♔h1 ♘f2+

Das war Fischers Idee.

18.♖xf2

Erzwungen, denn 18.♔h2? ♘xe4–+ geht natürlich gar nicht.

18...♕xf2 19.exf5

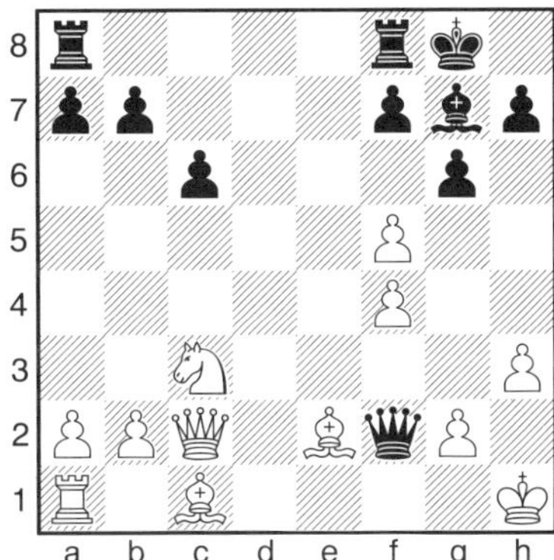

Bis hierhin war alles relativ forciert, doch wie ist diese Stellung einzuschätzen? Man könnte denken, dass Weiß mit seinen zwei Leichtfiguren für den Turm gut steht, doch Fischer zeigt, dass die schwarze Initiative konkret schwerer wiegt

19...♗xc3!

Ein sehr wichtiger Zug. Es fällt zwar schwer, einen so schönen Läufer abzutauschen, aber die konkreten Vorteile sind hier wichtiger; der Läufer e2 verliert seine Deckung.

19...♖fe8 ist der andere logische Zug, doch Weiß kann sich mit 20.♘e4! gerade noch retten. Deshalb musste dieser Springer zuerst abgetauscht werden!

20.bxc3

Die nächsten Züge sind wieder forciert.

20...♖ae8 21.♗d3 ♖e1+ 22.♔h2 ♕g1+ 23.♔g3

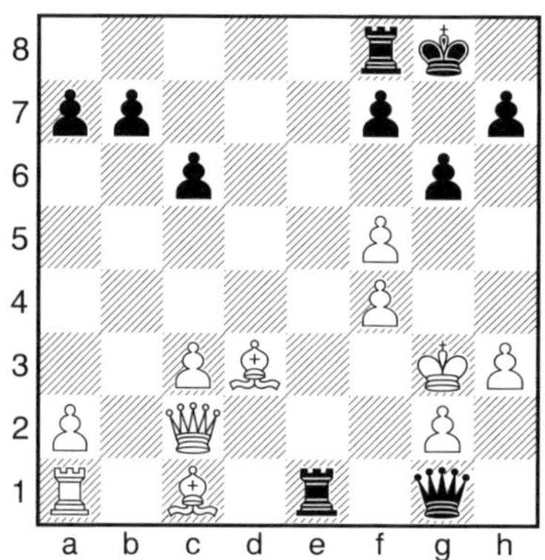

Bis hierhin gab es kaum eine Alternative für beide Seiten. Wie sollte der Angriff weitergehen?

23...♖fe8!

Sehr logisch, die letzte Figur wird ins Spiel gebracht, während Weiß sich nicht entknoten kann.

24.♖b1?

Das verliert direkt. Aber die Stellung war ohnehin schon schlecht für Weiß. Außerdem gibt es (zumindest für einen menschlichen Spieler) nichts Unangenehmeres, als solche Stellungen zu verteidigen.

- 24.♕f2? ♖8e3+! gewinnt die Dame: 25.♗xe3 ♖xe3+ 26.♕xe3 ♕xe3+ −+.

- Der unglaubliche Zug 24.♔h4!? wäre objektiv am besten gewesen, aber wer würde so spielen?

24...gxf5!

Diesen ruhigen Zug kann sich Schwarz erlauben. Es gibt einfach zu viele Drohungen, allen voran das versteckte ♔h8! gefolgt von dem tödlichen ♖g8+ mit Gewinn.

25.♗d2

25.♗xf5 ♖1e2−+

25...♖xb1

Fischer entscheidet sich für den pragmatischen Gewinn, obwohl er auch auf Matt spielen konnte – und zwar 25...♖8e3+ 26.♗xe3 ♖xe3+ 27.♔h4 ♕h2! mit der Pointe 28.♕f2 ♖xh3+!−+.

26.♕xb1 ♕xb1 27.♗xb1 ♖e2 0−1

Ein trauriges Bild. Der weiße Läufer, der die ganze Partie nicht entwickelt werden konnte, geht jetzt verloren.

In diesem Kapitel waren bereits viele glorreiche Schwarzsiege von Fischer zu finden. Es wird Zeit, auch die möglichen Schattenseiten des konkret-aktiven Spiels zu zeigen.

04.06
Ciocaltea – Fischer
Havanna 1965 (B03)

1.e4 ♘f6

Schon der 1. Zug ist ungewöhnlich für Fischer, der normalerweise Sizilianisch spielt.

2.e5 ♘d5 3.d4 d6 4.c4 ♘b6 5.exd6 cxd6 6.♘c3 g6 7.h4 h6 8.♗e3 ♗g7 9.♕d2 Sc6 10.d5 ♘e5 11.b3

Eine typische Aljechin-Stellung ist erreicht. Weiß hat mehr Raum und steht leicht besser, aber es ist noch nichts Besonderes passiert. Fischer setzt wieder zu aktivem Spiel an, diesmal klappt es jedoch nicht so wie vielleicht erhofft; Weiß hat einfach zu viel Kontrolle.

11...♘bd7?!

Schon der erste kleine Schritt in die falsche Richtung. Natürlich stand der Springer schlecht auf b6, aber es war trotzdem wichtiger, erst die Entwicklung abzuschließen und erst danach zu konkreten Aktionen überzugehen. (△11...♗f5)

12.f3

Ich sehe nicht, was gegen einen normalen Entwicklungszug wie 12.♘ge2± spricht, aber auch der Partiezug ist natürlich völlig in Ordnung.

12...♘c5 13.♘h3 ♗f5?!

Folgt weiter dem Plan und droht konkret ein Schach auf d3. Weiß kann die schwarze Aktivität jedoch locker unter Kontrolle halten.

14.♘f2

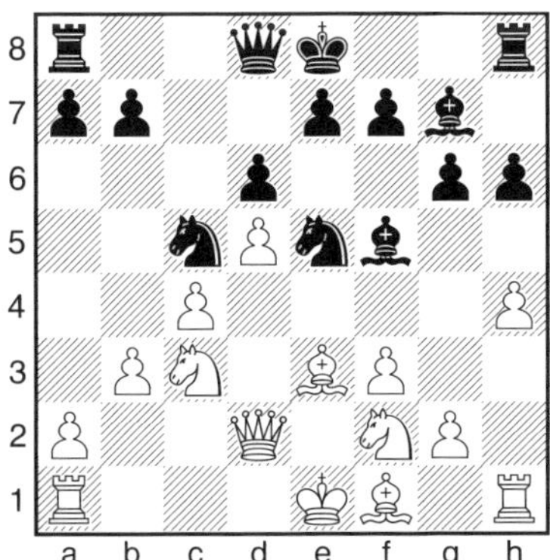

14...b5?!

Ein weiterer pseudoaktiver Zug. Es war an der Zeit, umzuschalten und kleinere Brötchen zu backen. Weiß steht einfach zu solide, als dass dieses Bauernopfer etwas bewirken könnte.

14...h5 wäre solider und besser gewesen. Trotzdem stünde Weiß besser und würde in Zukunft die schwarzen Figuren mit seinen Bauern zurückdrängen.

15.cxb5

15.♘xb5? ♘xf3+ 16.gxf3 ♗xa1 geht natürlich nicht.

15...♕a5 16.♖c1

Weiß spielt einfach normale Züge und deckt alle Felder. Schwarz verbleibt mit einem Minusbauern und unsicher stehenden Leichtfiguren.

16...0–0

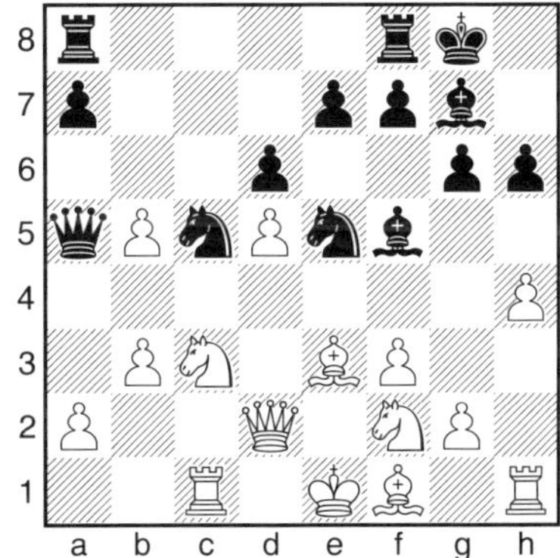

17.♘a4!

Spätestens jetzt wird der klare weiße Vorteil offensichtlich. Schwarz muss entweder die Damen tauschen oder seinen aktiven Springer auf c5 eliminieren lassen.

17...♕d8?!

Danach ist die Stellung schon objektiv klar verloren.

17...♕xd2+ 18.♔xd2+– macht aber auch keinen Spaß, denn es ist schwer zu glauben, dass Schwarz hier noch ein Remis schaffen könnte.

18.♘xc5 dxc5 19.f4?!

Das schwächt mehr, als dass es hilft. Weiß steht immer noch auf Gewinn, aber Fischer bekommt mehr Gegenchancen, als nötig gewesen wäre.

Weiß hat hier viele gute Züge; am einfachsten wäre wohl 19.♗e2!+- gewesen. Schwarz hat Material weniger und gar keine Aussicht auf Gegenspiel.

19...♘g4

Der Rest der Partie gehört nicht mehr zu unserem Thema. Fischer schaffte allerdings noch ein Remis.

20.♘xg4 ♗xg4 21.♖xc5 e5 22.f5 gxf5 23.♗xh6 f4 24.♗xg7 ♔xg7 25.♗e2 ♗d7 26.♕c3 ♕f6 27.b4 ♖g8 28.♗f3 e4 29.♗e2 ♕xc3+ 30.♖xc3 ♔f6 31.♖h2 ♖ac8 32.♖c5 ♔e5 33.h5 ♔d4 34.h6 ♖xc5 35.bxc5 ♔xc5 36.♖h4 f5 37.h7 ♖h8 38.♖h6 ♔xd5 39.♔d2 ♔c5 40.a4 ♔b4 41.♖a6 ♖xh7 42.♖xa7 e3+ 43.♔c2 ♗xb5 44.♖xh7 ♗xe2 45.♖f7 f3 46.gxf3 ♗xf3 47.♔d3 ♗e4+ 48.♔xe3 ♔xa4 ½–½

Leider gibt es keine Faustformel, wann man konkret spielen sollte und wann lieber nicht. Es kommt – wie fast immer im Schach – auf die Stellung an. Aber natürlich kann man durch Training seinen Instinkt dafür verbessern, wann konkretes Spiel notwendig ist und wann nicht.

Aufgaben zum Thema: Konkrete Kombinationen

A04.01
Fischer – Myagmarsuren
Sousse 1967

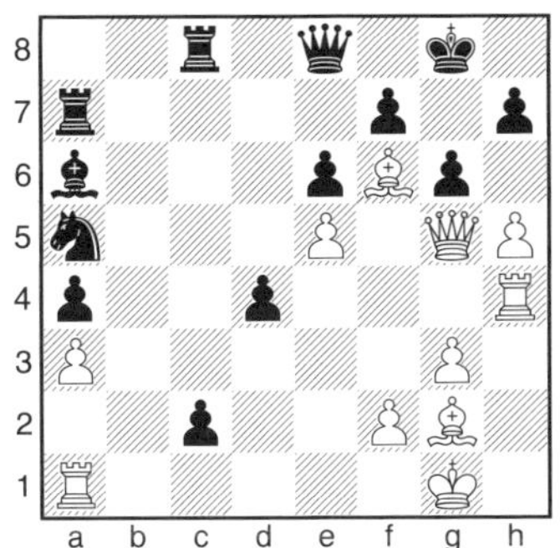

Schlägt der weiße Angriff durch?

A04.02
Vachier-Lagrave (2795)
Gledura (2602)
Chartres 2017

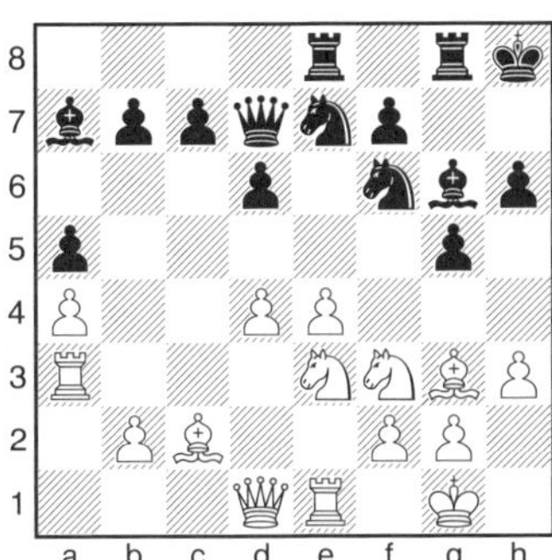

Was spielte Weiß?

A04.03
Reti – Euwe
Amsterdam 1920

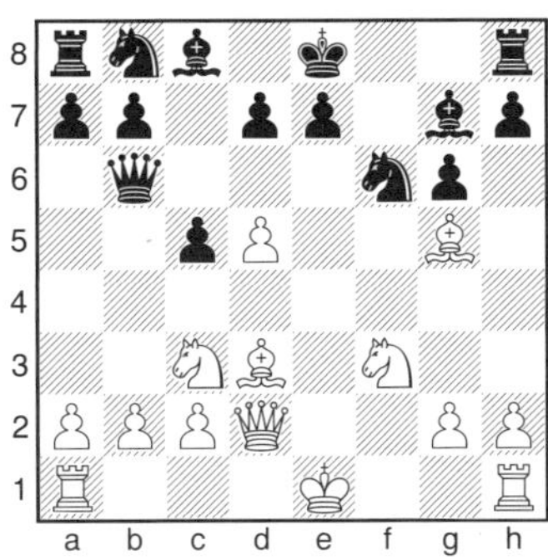

Kann Schwarz auf b2 schlagen?

A04.04
Caruana (2789)
Ponomarjow (2723)
Dortmund 2014

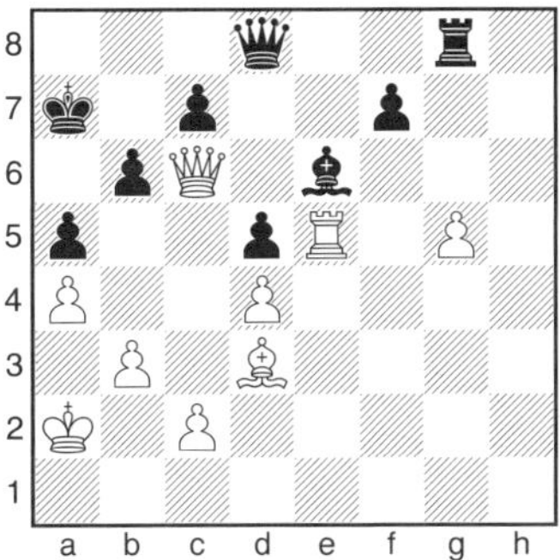

Schwarz ist ohnehin komplett paralysiert.
Wie machte Weiß kurzen Prozess?

Aufgaben zum Thema: Konkrete Fragen

A04.05
Blackburne – Lasker
London 1892

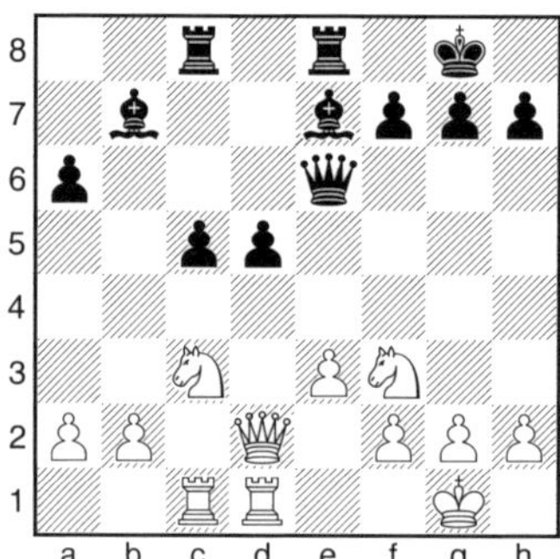

Warum war der letzte Zug ♘a4–c3 ein Fehler?

A04.06
Gligoric – Fischer
Leipzig 1960

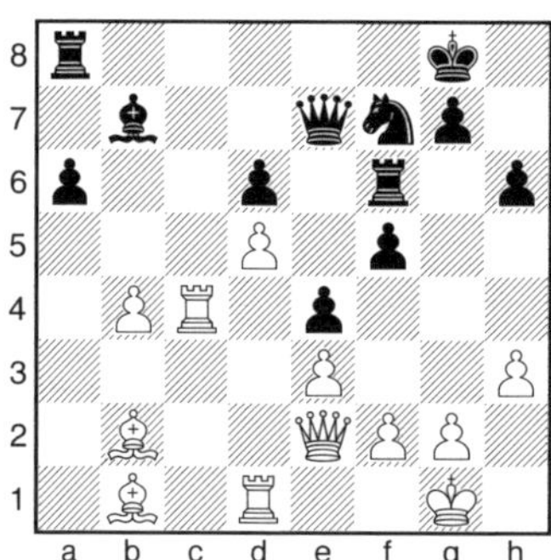

Kann Schwarz konkret auf Angriff setzen?

A04.07
Petriaschwili (2389)
Engel, L. (2459)
U16, Konya 2018

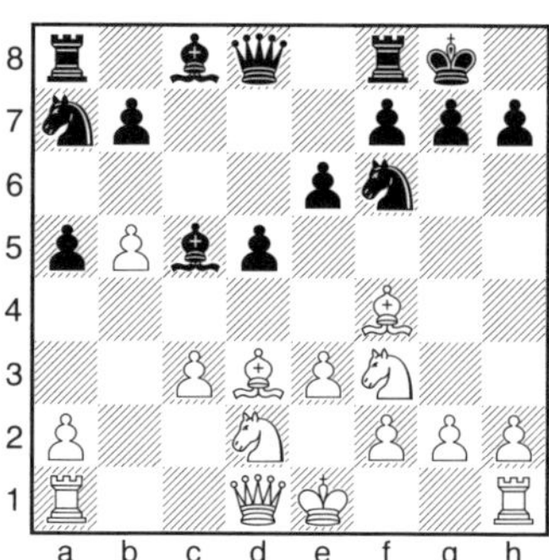

Wie soll Schwarz die Entwicklung abschließen?

A04.08
Saidy – Fischer
New York 1965

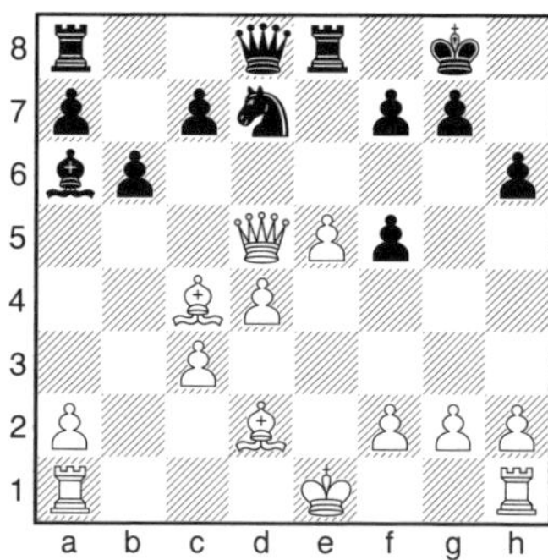

Wie kann Schwarz seinen Entwicklungsvorsprung ausnutzen?

A04.09
Engel, L. (2441)
Travadon (2293)
U16, Porto Carras 2018

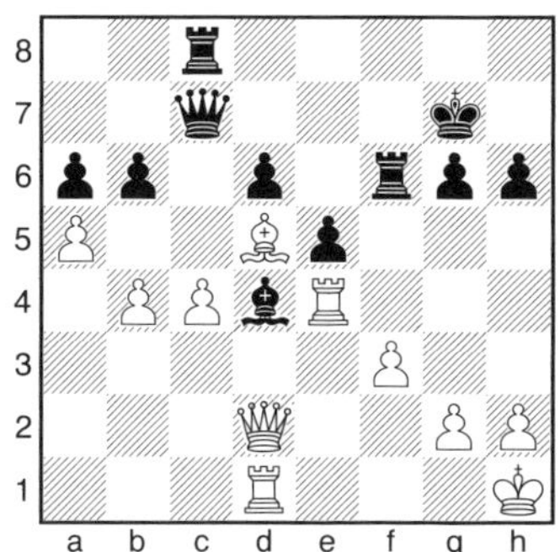

Welchen Nachteil hat der letzte Zug 31...b6?

A04.10
Papp (2604)
Engel, L. (2389)
Karlsruhe 2018

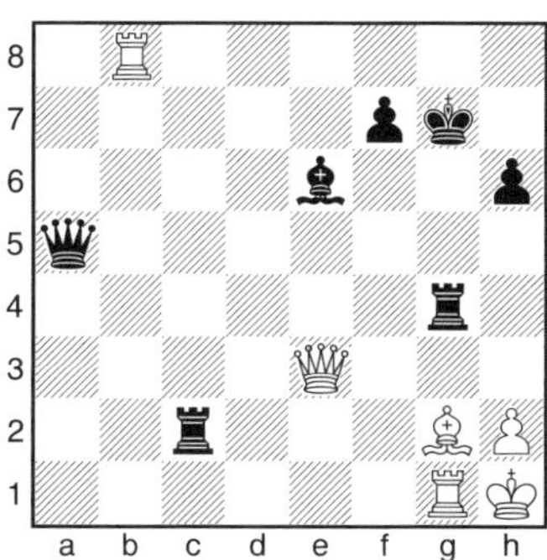

Schwarz steht klar überlegen, aber kann er direkt gewinnen?

B) Variantenberechnung

Pragmatiker können meistens sehr genau und weit rechnen. Das hilft ihnen besonders in kritischen Stellungen, in denen man nur durch Variantenberechnung die richtige Fortsetzung finden kann. In der folgenden Partie findet Caruana den Weg durch den Variantendschungel und fährt einen schönen Sieg ein.

04.07
Ponomarjow (2751)
Caruana (2779)
Bukarest 2013

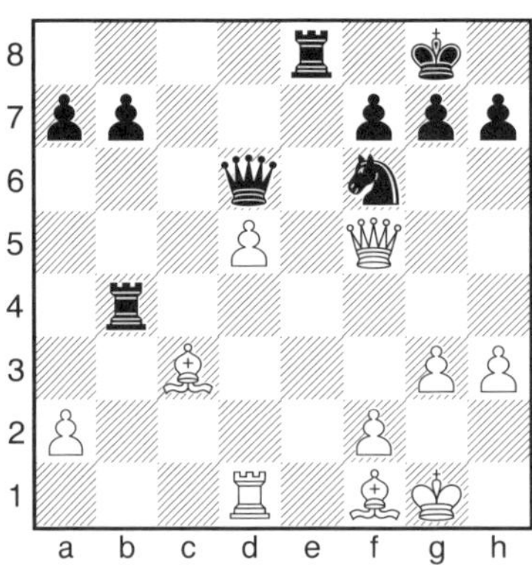

24...♖be4!

Der einzige Zug, der den schwarzen Vorteil festhält. Es mussten jedoch einige Varianten genau berechnet werden, da Weiß nicht ohne Gegenchancen ist.

24...♖b6 25.♗d4 ♕xd5 reicht nicht für schwarzen Vorteil.

(25...♖b4 26.♗c3= ist kein Gewinnversuch, es sei denn, man lenkt mit 26...♖be4! in die Partie über.)

26.♕xd5 ♘xd5 27.♗xb6 ♘xb6 28.♗g2= und wegen der schwachen Grundreihe kann Schwarz den Mehrbauern nicht halten. Die Stellung ist ausgeglichen und 24...♖a4? verbietet sich natürlich wegen 25.♗b5!±.

25.♗b5

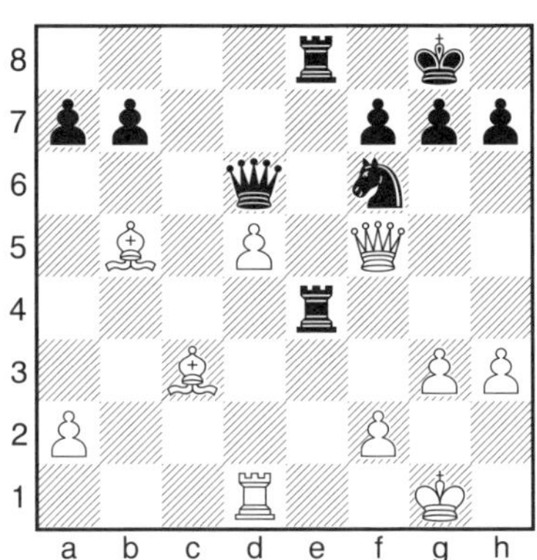

Weiß muss konkrete Drohungen aufstellen, bevor Schwarz seine Mehrqualität absichern kann, denn ruhige Züge helfen nicht weiter.

So funktioniert z.B. 25.♗d3? nicht, denn nach 25...♕xd5! 26.♕xd5 (26.♗xe4 ♕xd1+ −+) 26...♘xd5 27.♗xe4 ♘xc3−+ sammelt Schwarz beide weißen Läufer ein.

Nach dem Textzug wurde eine weitere sehr kritische Stellung erreicht, die schon vor 24...♖be4 gesehen werden musste. Die schwarzen Türme hängen in der Luft und Weiß ist drauf und dran, die Qualität zurückzugewinnen. Es gibt nur einen Zug, der zu schwarzem Vorteil führt, ansonsten steht sogar Weiß besser. Können Sie es Caruana gleichtun und den Zug finden?

25...♕c5!

Ein erzwungener, aber nicht leicht zu

berechnender und starker Gegenangriff.

– 25...♖8e7?! ist der logische Versuch, sich ans Material zu klammern, aber nach 26.♗d3!± hat der gestrandete Zentrumsturm plötzlich kein Rückzugsfeld mehr. Schwarz verliert seine Qualität wieder und steht eher schlechter, da Weiß auch noch mit dem guten Läufer verbleibt.

– 25...♖d8?? geht natürlich überhaupt nicht wegen 26.♗xf6 ♕xf6 27.♕xe4+–.

26.♗xf6?

Dieser logische Zwischenzug verliert die Partie. Weiß musste die Qualität nehmen, solange es noch ging.

Nach 26.♗xe8 schnappt Schwarz sich mit 26...♕xc3 den starken schwarzfeldrigen Läufer. Allerdings ist die Variante noch nicht zu Ende, denn es ist wichtig zu sehen, dass Weiß konkret auch noch seinen schönen Freibauern auf d5 verliert.

27.♗b5 g6!

Dies schafft ein wichtiges Luftloch. Nun hat Weiß nur ein Feld für seine Dame.

(Nach 27...♖e5? 28.♕b1! ♖xd5 29.♖xd5 ♘xd5 30.♕e4! verliert Schwarz wegen der schwachen Grundreihe seinen Mehrbauern.)

Nach 28.♕g5 wickelt 28...♖e1+! in ein klar besseres Endspiel ab.

29.♖xe1 ♕xe1+ 30.♔g2

(Nach 30.♗f1 erzwingt 30...♘e4! wegen der Drohung ♘d2 den Damentausch.

31.♕e3 ♕xe3 32.fxe3 ♘xg3

Eine lange und komplizierte Variante, aber wenn man diese berechnen kann, wird man mit diesem fast gewonnenen Endspiel belohnt.)

30...♕e4+ 31.♔g1 ♘xd5 und Schwarz erobert letztendlich den starken Freibauern.

26...♖e1+!

Ein starker Zwischenzug. Beide Läufer waren vergiftet.

– 26...♕xb5?? wäre katastrophal, denn nach 27.♕g5! ♖e1+ 28.♔h2! g6 29.♕h6 gewinnt plötzlich Weiß!

– Und nach 26...gxf6? 27.♗xe8+– verbleibt Weiß mit dem starken d-Freibauern und gewinnt noch den Bauern auf f6.

27.♔h2

– Nach 27.♔g2 ♕xb5! ist Schwarz wegen des Schachs auf f1 diesmal schnell genug: 28.♕g5 ♕f1+ 29.♔f3 ♕e2+ 30.♔g2 ♕e4+ –+.

– 27.♖xe1 ♖xe1+ 28.♔h2 gxf6–+ gewinnt glatt, da nun auf e8 kein Turm mehr hängt.

27...♖xd1 28.♗xe8

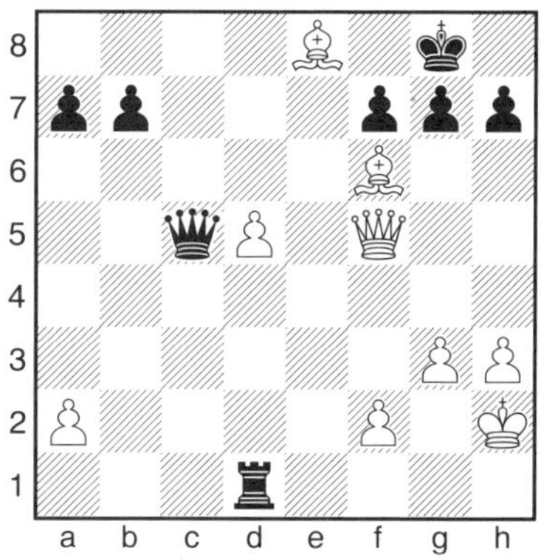

Der letzte kritische Moment der Partie ist erreicht. Wie stellte Caruana die Weichen endgültig auf Sieg?

28...♖xd5!

Der Gewinnzug. Natürlich muss man als Normalsterblicher vor 24...♖be4 nicht alles bis hier berechnet haben, da dies schlicht unmöglich ist und man vorher eher auf Zeit verlieren würde. Es kommt irgendwann immer der Moment, an dem man sich auf sein Gefühl verlassen muss, aber natürlich gilt allgemein: Je mehr man berechnen kann, desto besser!

Übrigens ist auch 28...gxf6 gut für Schwarz, aber nicht annähernd so klar wie der Partiezug. Nach z.B. 29.♕g4+ ♔f8 30.♕xd1 ♕xf2+ 31.♔h1 ♔xe8 steht Schwarz klar besser, aber die Partie ist noch längst nicht entschieden.

29.♗e5

Es gibt keine Tricks mehr; z.B. 29.♗xf7+ ♔xf7 30.♗e5+ ♔e7 31.♕g5+ ♔e6–+.

29...♖xe5

29...f6! wäre objektiv sogar noch stärker, aber wen würde das interessieren, wenn man mit ♖xe5 einen klaren Gewinnweg hat?

30.♕xf7+ ♔h8

Und die Mehrqualität setzte sich locker durch.

31.♗d7 ♕e7 32.♕f4 ♕f6 33.♕d2 b5 34.♗g4 h5 35.♗d1 h4 36.♗g4 ♖e8 37.gxh4 ♕xh4 38.♔g2 ♕e7 39.♗f3 ♖d8 40.♕f4 ♕f6 41.♕g4 g6 42.♕e4 ♕g5+ 43.♔f1 a5 44.h4 ♕f5 45.♕c6 ♖f8 46.♕c3+ ♔h7 0–1

04.08

Caruana (2640) – Bu (2714)

Cap d'Agde 2008

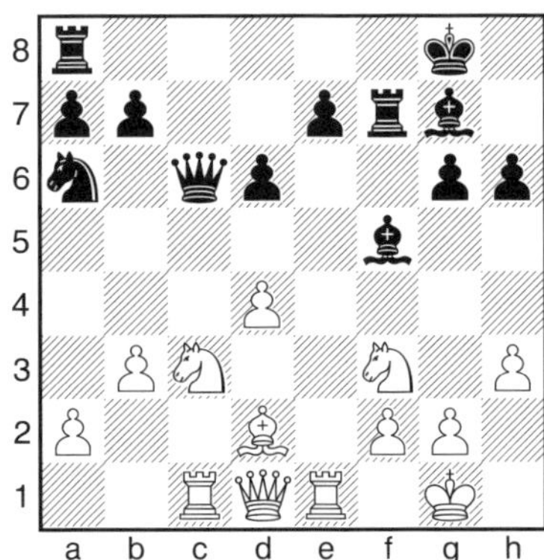

Die Entwicklung ist abgeschlossen und Weiß steht offenbar sehr harmonisch, während der schwarze Springer a6 sehr unglücklich platziert ist. Doch wie soll es konkret weitergehen? Caruana findet eine sehr überzeugende Lösung, die allerdings sehr genau berechnet werden musste.

17.♘h4!

Nach diesem positionell starken Zug kann Schwarz seinen wichtigen Läufer f5 nicht mehr retten. Da allerdings nun auch der Bauer d4 hängt, mussten die Konsequenzen sehr gut berechnet werden.

17.♘e4 ♕d7 18.♘g3 wäre eine 'sichere' Alternative gewesen. Weiß hat hier einen soliden Vorteil, aber Schwarz kann seine Stellung konsolidieren.

17...♗xd4

Der einzige kritische Zug. Schwarz gewinnt einen Bauern und übt Druck auf den Bauern f2 aus. Konkret funktioniert aber alles für Weiß.

Auch nach 17...♖af8 18.♘xf5 ♖xf5 19.♖xe7! ♖xf2 20.♘e4!+− läuft bei Weiß taktisch alles wie am Schnürchen.

18.♘xf5

Die Idee von 17.♘h4: der wichtige Verteidigungsläufer wird abgetauscht.

18...♖xf5

Optisch sieht es immer noch gut aus für Schwarz. Er hat nicht nur einen Bauern mehr, sondern droht auch noch auf f2 mit Schach zu schlagen. Können Sie den Zug finden, den Caruana hier geplant hatte?

19.♕g4!

Der Gewinnzug. Caruana ignoriert den Angriff auf f2 und greift seinerseits den Läufer d4 und den Bauern g6 an. Es gibt bereits keine Rettung mehr für Schwarz. Diese Varianten mussten jedoch schon vor der Ausführung von 17. ♘h4! genau berechnet werden.

19...♗xf2+

Noch am besten.

– 19...♖xf2 20.♕xg6+ ♔h8 21.♕xh6+ ♔g8 22.♕g6+ ♔h8 23.♔h1!+− verliert glatt, denn gegen die vielfältigen Drohungen gibt es keine Verteidigung mehr.

– 19...♗g7? 20.♕xg6+− ist ebenso hoffnungslos. Schwarz hat keinen Angriff und bleibt auf einer Ruine sitzen.

20.♔h1

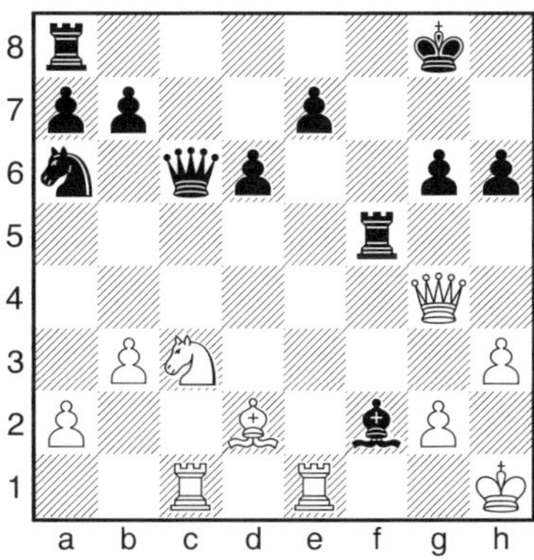

20...d5!?

Eine kreative Verteidigung, die allerdings konkret nicht funktioniert. Die Alternativen waren allerdings nicht viel besser.

– 20...♔f7!? deckt zwar beide Bauern, aber nach 21.♖f1!+− ist es kaum vorstellbar, dass der schwarze König hier lange überleben wird.

– 20...♗xe1? 21.♕xg6+ ♔h8 22.♕xh6+ ♔g8 23.♕g6+ ♔h8 24.♖xe1! ♖e5 25.♖e4!+− ist eine sehr schöne Variante. Der schwarze König ist komplett allein gelassen und Schwarz wird matt gesetzt oder muss die Dame opfern; z.B. nach 25...♖xe4 26.♘xe4 d5 27.♗c3+ +−.

21.♘xd5!

Die konkrete Widerlegung. Obwohl es sich hier 'nur' um eine Schnellpartie handelt, findet Caruana in den kritischen Momenten immer den besten Zug. Als sehr starker Pragmatiker fühlt er sich gerade in dieser Art von konkreten und kritischen Stellungen wohl, die man nur durch klare Variantenberechnung lösen kann.

21.♖xe7?!+− gewinnt auf lange Sicht auch, ist aber nicht ganz so zwingend wie Caruanas Wahl.

21...h5!?

Was sonst? Alles hängt bei Schwarz. 21...♕xd5 führt zum Matt: 22.♕xg6+ ♔h8 23.♖xe7+− nebst Matt auf h7.

22.♘xe7+ ♔h7

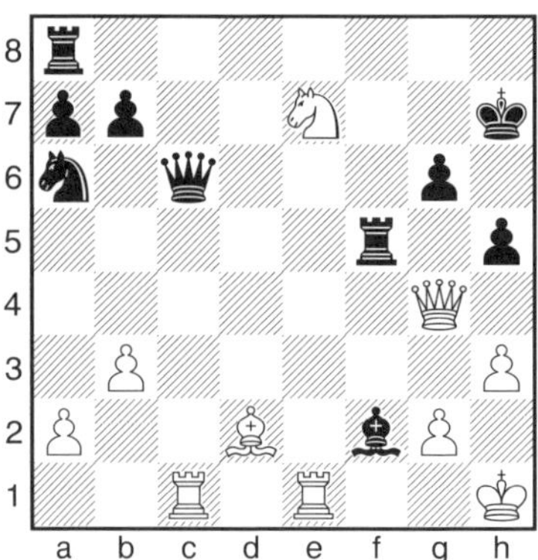

23.♕xf5

Eine sehr pragmatische Entscheidung. Caruana wickelt in ein klar gewonnenes Endspiel ab. Wenn man diese Variante gesehen hat und sich sicher ist, dass man gewinnt, macht es auch keinen großen Sinn, weiter nach eventuell ‘besseren’ Zügen zu suchen und sich dabei in praktisch irrelevanten Varianten zu verlieren. Schließlich reicht es völlig aus, *eine* Gewinnvariante zu sehen und diese dann zu spielen.

– 23.♖xc6 hxg4 24.♖xg6+− ist der ‘beste’ Gewinnweg laut Engine, der allerdings etwas komplizierter ist als der einfache und klare Gewinn in der Partie.

– 23.♘xf5+− gewinnt neben ein paar weiteren Zügen auch. Die Stellung hier ist nebenlösig.

23...gxf5 24.♘xc6 ♗xe1 25.♖xe1 bxc6

Schwarz hat zwar noch kein Material verloren, steht aber in diesem Endspiel völlig auf Verlust.

26.♖e7+ ♔g8 27.♗c3

Und Schwarz ist völlig dominiert. In der Folge kam keine Spannung mehr auf und Caruana gewann sicher.

27...♖d8 28.♖g7+ ♔f8 29.♖xa7 ♘b8 30.♖h7 ♖d3 31.♖xh5!? ♔e7

31...♖xc3 32.♖h8+ ♔e7 33.♖xb8+−

32.♗e5 ♘d7 33.♗f4 ♖d4 34.♖xf5 ♔e6 35.g4 ♖d1+ 36.♔g2 ♖a1 37.♖a5 ♘f6 38.♗e5 1–0

04.09
Vachier-Lagrave (2791)
So (2810)
Saint Louis 2017

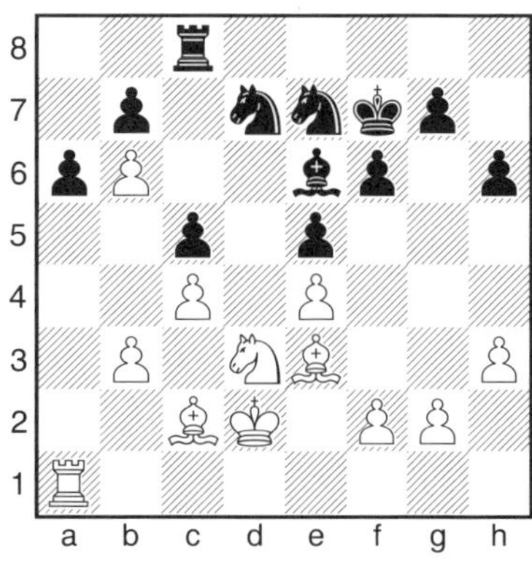

Schwarz am Zug

Bis hierhin hatte Schwarz eine schlechtere Stellung gut verteidigt, doch jetzt begeht er einen folgenschweren Fehler.

32...f5?

Ein sehr menschlicher Zug, denn Schwarz strebt nach Aktivität. Bald wird sich jedoch zeigen, dass es eher die weißen Leichtfiguren sind, die jetzt aktiviert werden können.

32...g5! war objektiv der beste Verteidigungszug und vermutlich könnte Schwarz sich danach tatsächlich halten. Im Gegensatz zu einem Computer fällt es einem menschlichen Spieler aber schwer, einfach stillzuhalten und nichts Aktives machen zu können.

33.f4!

Solch eine konkrete Möglichkeit lässt sich MVL nicht entgehen. Jetzt werden die weißen Läufer sehr aktiv, insbesondere der vorher passive weißfeldrige.

– 33.exf5? ♘xf5= war genau das, was Schwarz sich erhofft hatte. Der Springer wird aktiv und kann eventuell nach d4 gehen oder sich gegen einen der Läufer abtauschen.

– 33.f3?! ist auch zu langsam und nach 33...f4 34.♗f2 g5 kann Schwarz seine Stellung vermutlich zusammenhalten. Es war für Weiß ganz wichtig, die Gunst des Augenblicks auszunutzen!

33...exf4

Nach 33...fxe4? 34.♘xe5+ ♘xe5 35.fxe5 ♗f5 36.♔c3+– hat Schwarz zu viele Schwächen, um die er sich kümmern muss, und die Stellung wird kaum zu halten sein.

34.♘xf4

Jetzt wird auch optisch klar, dass Weiß viel erreicht hat. Der Springer steht gut und die Läufer kommen ins Spiel.

34...g5

Nach 34...♘xb6 35.♘d5! ♖d8 36.♖f1± wird Schwarz an seinem Mehrbauern nicht viel Freude haben.

35.♘xe6! ♔xe6 36.exf5+ ♘xf5 37.♗g1±

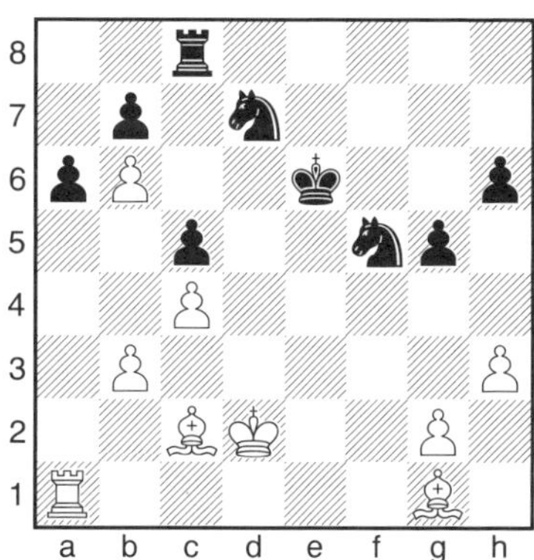

Nach dieser Abwicklung verbleibt MVL mit zwei starken Läufern gegen zwei Springer, die kaum Stützpunkte finden werden.

37...♘d4?!

37...♘d6 war objektiv gesehen am besten, aber auch dann ist es schwer zu glauben, dass Schwarz sich halten kann. 38.♖e1+ ♔f6 39.♗d1!?± Δf3 ist eine von vielen vorteilhaften Möglichkeiten.

38.♖e1+?!

38.♗xd4! war sogar noch stärker. Weiß steht nun objektiv auf Gewinn; z.B. 38...cxd4 39.♗e4! ♖b8 40.♗f3 ♘xb6 41.♔d3 ♘d7 42.♔xd4 ♔d6 43.b4+– und in dieser offenen Stellung ist der Läufer dem Springer klar überlegen.

38...♔f6 39.♖f1+ ♔e7 40.♖e1+ ♔d8?

Wieder einmal ist es der 40. Zug, in dem der entscheidende Fehler gemacht wird.

Nach 40...♔f6 41.♗xd4+ cxd4 führen außer 42.♖e4± auch viele andere Wege zu weißem Vorteil (z.B. 42.♗e4), aber ein klarer Gewinn ist noch nicht in Sicht.

41.♗e4!

Ein starkes Bauernopfer. Schwarz hat keine Verteidigung gegen die weiße Aktivität.

41...♘xb3+

41...♘xb6 42.♗xd4 cxd4 43.♗xb7 ♖b8 44.♗xa6+−

42.♔c3 ♘d4 43.♗h2! 1−0

Nach diesem letzten genauen Zug der Partie wird Schwarz mindestens eine Qualität verlieren und gab deshalb auf. Beginnend mit 33.f4! hat MVL seine enorme Endspielstärke unter Beweis gestellt. In der Folge war es entscheidend, den kritischen Moment zu erkennen und die Varianten genau zu berechnen.

Aufgaben zum Thema: Variantenberechnung

A04.11
Fischer – Sofrevski
Skopje 1967

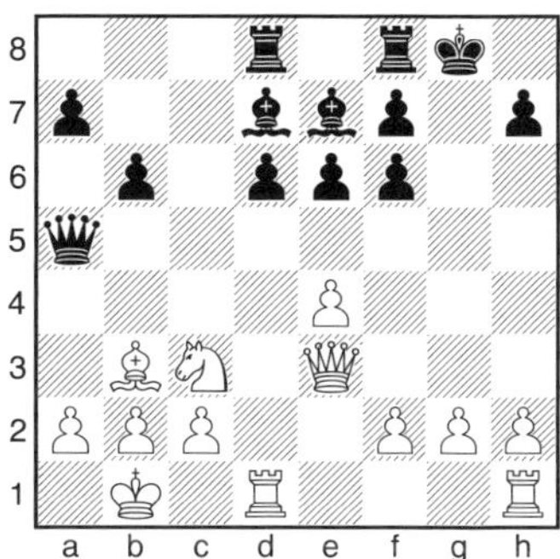

Wie bestrafte Weiß den schwarzen Aufbau?

A04.12
Kololli (2343)
Engel, L. (2531)
Braunschweig 2019

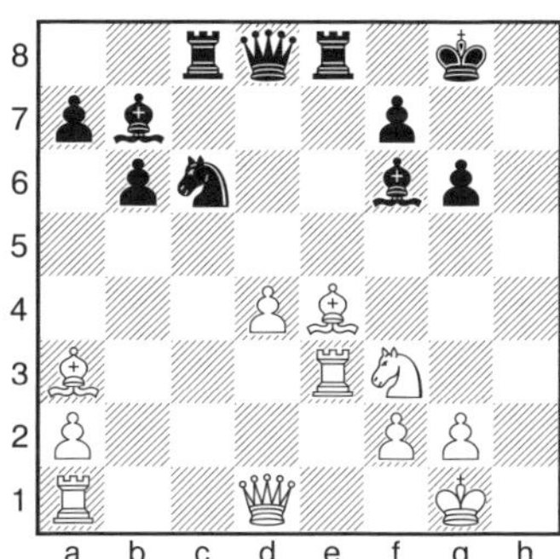

Alle schwarzen Figuren stehen gut, aber gibt es einen direkten Weg, die etwas unkoordinierte Stellung von Weiß zu bestrafen?

A04.13
Tal – Fischer
Curacao 1962

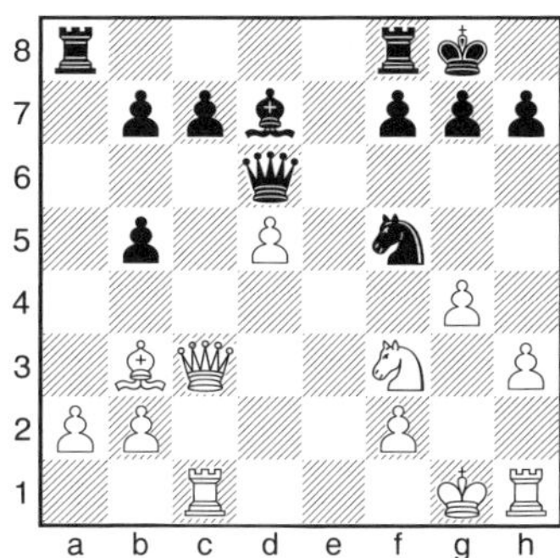

Wie sollte Schwarz auf die Bedrohung seines Springers reagieren?

A04.14
Van Wely (2612)
Engel, L. (2490)
Karlsruhe 2019

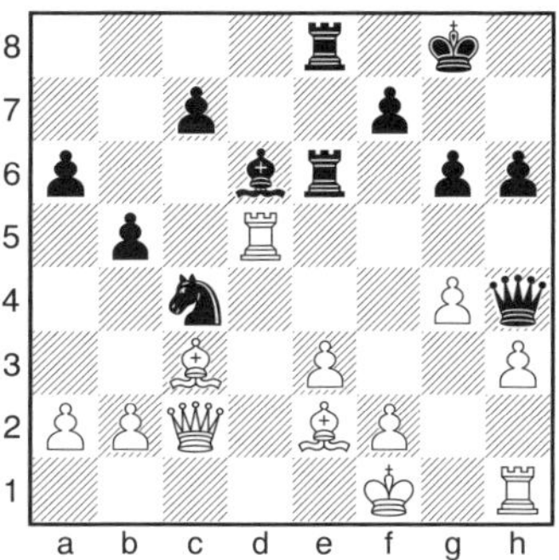

Wie gewinnt Schwarz?

A04.15
Fischer – Tal
Leipzig 1960

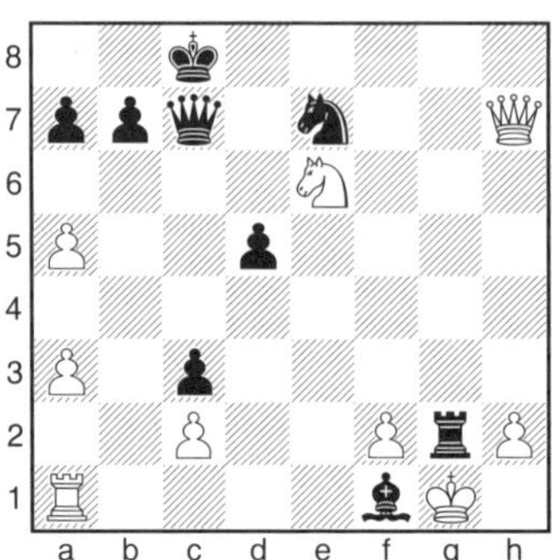

Weiß am Zug

In einer wilden Partie zwischen dem Angriffskünstler Michail Tal und dem erst 17-jährigen Bobby Fischer ist diese irrationale Stellung entstanden. Ganz konkret lautet die Frage: Wie ist diese einzuschätzen und wie soll Weiß sich verteidigen?

A04.16
Fischer – Dely
Skopje 1967

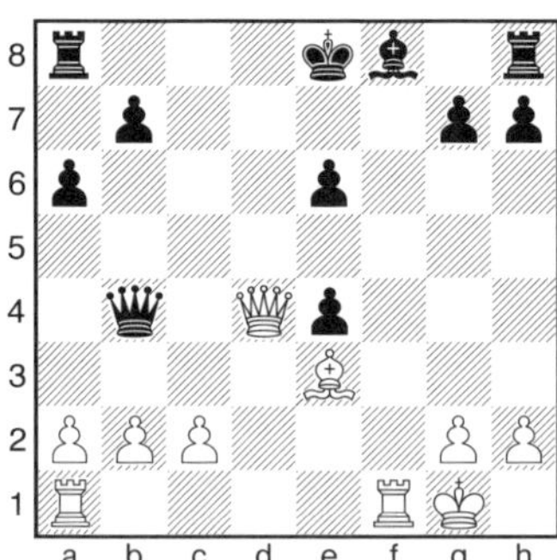

Wie gewinnt Weiß?

A04.17
Lombardy – Fischer
New York 1960

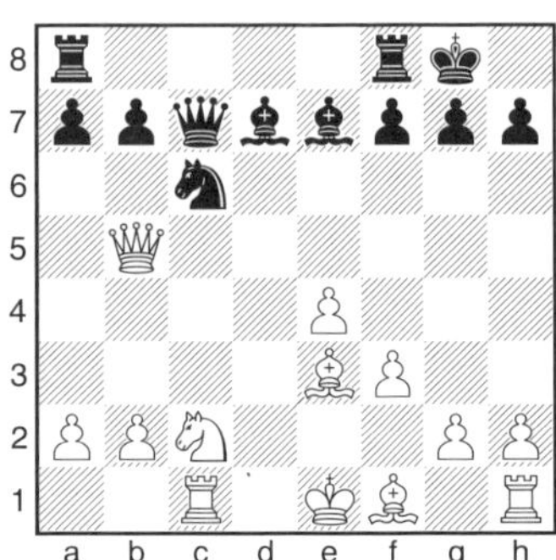

Kann Schwarz seinen Entwicklungsvorsprung ausnutzen?

A04.18
Navara (2726)
Vachier-Lagrave (2794)
Deutschland 2018

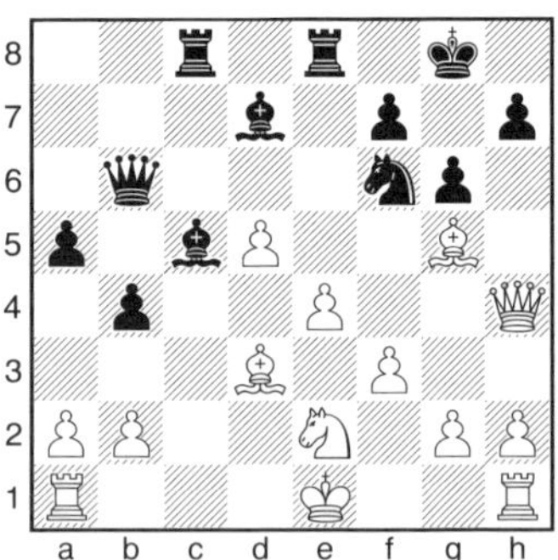

Schwarz steht bedrohlich aktiv. Welchen starken Zug fand Schwarz?

C) Gute praktische Entscheidungen

Dies ist wahrscheinlich der für Pragmatiker besonders charakteristische Punkt, denn sie haben oft ein gutes Gespür dafür, wie sie dem Gegner praktische Probleme stellen können. Natürlich ist es nicht immer eine gute Strategie, genau den Zug zu spielen, von dem man denkt, er müsse für den Gegner der unangenehmste sein, denn oft ist ganz einfach objektives Spiel erforderlich. Besonders in schlechten Stellungen bietet es sich jedoch an, dem Gegner praktische Probleme zu stellen, wenn objektiv ohnehin nicht mehr viel zu holen ist. Wenn man lernen möchte, praktisch gute Entscheidungen zu treffen, sollte man sich am Brett fragen: Was wäre wohl am unangenehmsten für den Gegner? – Womit gebe ich ihm die Möglichkeit, Fehler zu machen? – Wie kann ich vielleicht einen Gegenangriff starten? Allgemein hat dieses Kapitel eher wenig mit korrektem und objektiv gutem Schach zu tun, denn es geht ja einzig um die praktischen Elemente einer Partie.

04.10
Engel, L. (2507)
Sethuraman (2624)
Tegernsee 2019

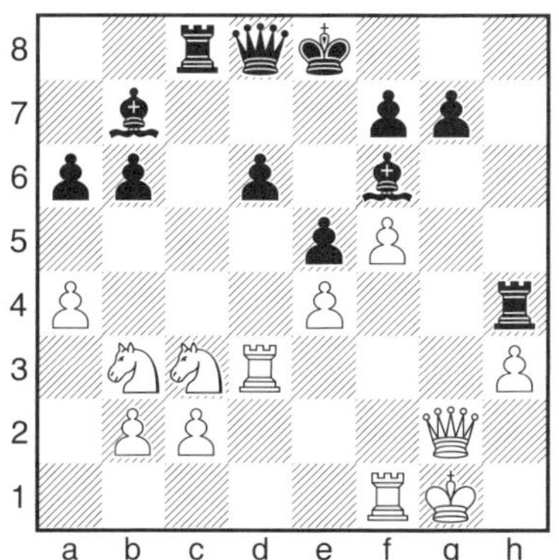

Wie wohl leicht zu sehen, war für mich bisher so ziemlich alles schiefgelaufen.

20...♖xc3!

Dieses typische Qualitätsopfer bietet sich hier geradezu aufdringlich an, da gar nicht viel berechnet werden muss. Schwarz erhält sofort einen Bauern, hat das Läuferpaar und durchschlagenden Angriff. Praktisch gesehen ist es sinnvoll, hier nicht zu lange zu überlegen, denn manche Kombinationen kann man einfach nicht bis zum Ende berechnen. Und da dieses Opfer rein intuitiv durchschlagend aussieht, sollte man es einfach spielen und den konkreten Gewinnweg erst später suchen!

21.♖xc3 ♗xe4 22.♕e2

Schwarz steht offensichtlich riesig, aber wie soll es nun weitergehen? Diese Aufgabe hätte auch gut ins Kapitel 'Reflektoren' gepasst, da Schwarz hier zunächst keinerlei Gegenspiel zulässt und alles unter Kontrolle hält.

22...♗b7!

Deckt den Bauern a6 und bereitet ein mögliches e5–e4 vor. Weiß ist hilflos und hat nicht den Hauch von Aktivität.

22...♕d7–+ gewinnt zwar auch, obwohl das mögliche Gegenspiel nach ♕xa6 berechnet werden müsste.

23.♖d1 e4 24.♖g3 ♗e5 25.♕e3!?

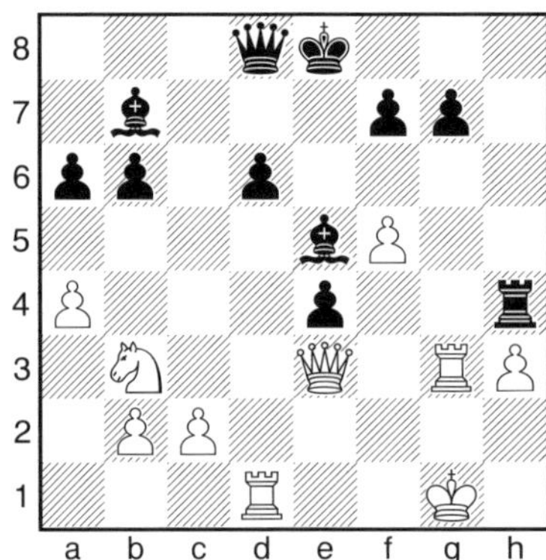

Was sonst?

25...♕f6!?

Ein objektiv starker Zug. Schwarz beeilt sich nicht, die Qualität auf g3 zurückzugewinnen und verstärkt stattdessen die Stellung. Nun bietet sich aber immerhin die erste Möglichkeit für mich, endlich Gegenspiel zu bekommen und die Stellung zu verkomplizieren.

Nach 25...♗xg3 26.♕xg3 ♖h6 27.♘d4 steht Schwarz zwar nach wie vor auf Gewinn, aber wenigstens hat der weiße Springer zurück ins Spiel gefunden.

26.♕xb6!

Bei langsam knapp werdender Zeit ist dies eine praktisch kluge Entscheidung, denn jetzt muss Schwarz konkrete Varianten berechnen. Es gab allerdings auch keine wirkliche Alternative.

– 26.♖g4 führt schnell zum Verlust, denn nach 26...♖xg4+ 27.hxg4 ♕h4 verliert Weiß mindestens zwei Bauern und verbleibt mit offener Königsstellung.

– Und nach 26.♘d4 ♗xg3 27.♕xg3 ♕h6–+ hat Schwarz nicht nur einen Bauern mehr, sondern steht außerdem sehr aktiv.

26...♗xg3 27.♕xb7 ♕xf5 28.♕b8+

Das war meine Idee. Schwarz kann das Dauerschach locker abwehren, muss dabei aber auf gewisse Fußangeln achtgeben.

28...♔e7 29.♕c7+

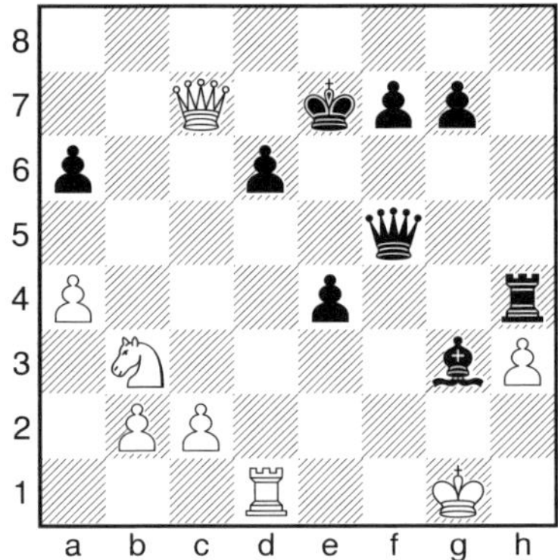

29...♕d7?!

Wie z.B. diese hier! Der Zug ist sehr menschlich, erschwert allerdings den Gewinn. Die konkreten Varianten waren ziemlich kompliziert und schwer zu berechnen.

Nach 29...♔f6! war 30.♖f1 meine Idee, aber nach 30...♖f4! (30...♗f4?? 31.♕d8+ +–) 31.♕c3+ (31.♕xd6+ ♔g5–+) 31...♕e5! (Δ32.♕xg3? ♖xf1+ 33.♔xf1 ♕xg3) verbleibt Schwarz mit zwei Mehrbauern und einer total gewonnenen Stellung.

30.♕xd7+ ♔xd7 31.♔g2 ♗e5 32.♘c5+

Endlich kommt dieser Springer zurück ins Spiel. Weiß gewinnt den Bauern a6 und bekommt Gegenspiel, auch wenn Schwarz objektiv immer noch auf Gewinn stehen sollte.

32...♔c6 33.♘xa6 ♗xb2 34.♖b1 ♗c3

35.♘b8+ ♔c5

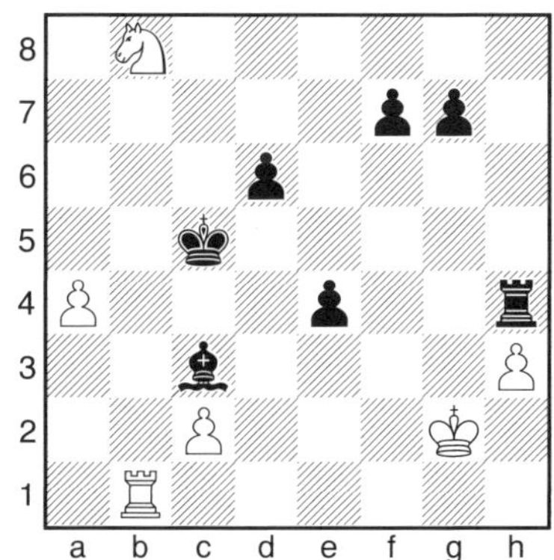

36.♖b7!?

Weiß muss aktiv spielen und den Gegner beschäftigt halten, um Fehler zu provozieren.

36...♖f4 37.♖c7+ ♔d4 38.a5!?

Der letzte Versuch. Schwarz hat nur einen klaren Gewinnzug. Können Sie ihn finden?

38...e3?!

Dieser logische Zug gibt den Gewinn aus der Hand!

38...♗xa5! gewinnt glatt, da Schwarz nach 39.♘c6+ ♔c5 40.♘xa5+ ♔b6! seine Figur zurückgewinnt. Es könnte mit 41.♖c6+ ♔xa5 42.♖xd6 ♔b4 weitergehen, aber diese Variante zu berechnen und richtig einzuschätzen ist am Brett sehr schwer.

39.♘c6+! ♔e4

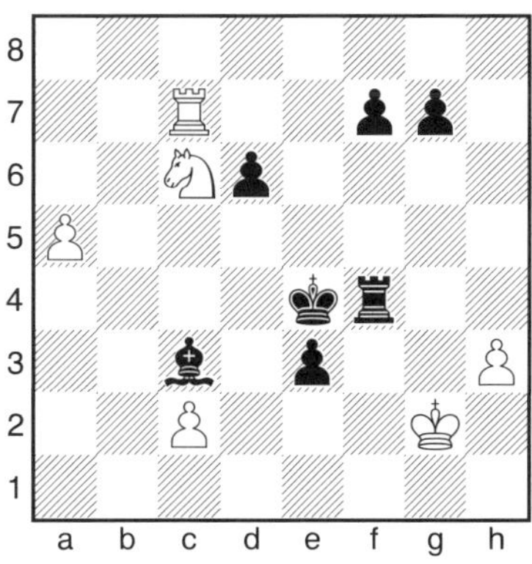

40.a6?

Nach diesem letzten Zug vor der Zeitkontrolle – steht Schwarz zur Abwechslung wieder auf Gewinn.

40.♖e7+! musste zuerst gespielt werden, denn nach 40...♗e5 41.♘xe5 dxe5 42.a6 ♖f2+ 43.♔g1= kann Weiß sich gerade noch halten.

40...♖f2+ 41.♔g3 ♖xc2

41...♖f1! 42.a7 e2–+ hätte gewonnen, obwohl dieses Endspiel sehr schwer zu spielen ist.

42.a7 ♖a2

42...♗e1+!–+

43.♖e7+ ♗e5+

43...♔d5!–+

44.♘xe5 dxe5 45.♖xf7 ♖a1 46.♖xg7!

Jetzt wird es remis.

46...♔d3

Nach 46...e2 ist 47.a8♕+! der rettende Zug, der den schwarzen Turm entscheidend ablenkt: 47...♖xa8 48.♔f2 ♖a2 49.♖g3=.

47.♖d7+ ♔e2 48.♔g2 ♖a2 49.h4 ♔e1+ 50.♔f3 e2 51.♖e7 ♔f1 52.♖xe5 ♖xa7 53.♖xe2 ♖f7+ 54.♔e3 ♖e7+ 55.♔f4 ♔xe2 56.h5 ♔d3 57.h6 ♔d4 58.♔f5 ♔d5 59.♔g6 ♔e6 60.h7 ½–½

Eine aufregende, komplizierte und definitiv nicht fehlerfreie Partie mit einem für mich glücklichen Ende. Eines hat sich aber deutlich gezeigt: Wenn man bei der Verteidigung einer schlechten Stellung nicht chancenlos untergehen will, muss man unbedingt nach möglichem Gegenspiel suchen und dem Gegner Gelegenheiten bieten, Fehler zu machen.

04.11
Pantsulaia (2496)
Karjakin (2635)
Warschau 2005

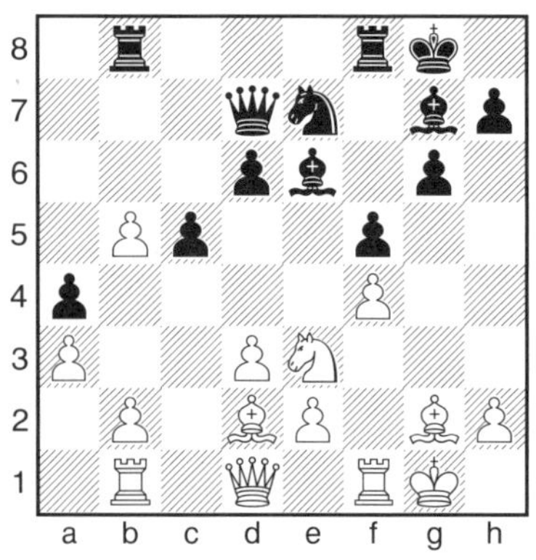

Schwarz am Zug

Bis hierhin war die Eröffnung großartig für Karjakin gelaufen. Er hat Raumvorteil und eine aktivere Figurenstellung, während Weiß über keinerlei Gegenspiel verfügt. Vor allem der Springer auf e3 steht ungünstig und verhindert, dass Weiß mit seinem e-Bauern im Zentrum gegenhalten kann.

18...♗a2?

Sehr menschlich. Der Turm wird angegriffen und Weiß muss die Deckung des wichtigen Bauern b2 aufgeben – oder?

Nach dem besseren 18...♗b3! wäre Weiß völlig ohne Gegenspiel und würde im Zentrum zusammengeschoben; z.B. 19.♕c1 d5! und Schwarz steht bereits objektiv auf Gewinn. Weiß steht viel zu passiv und der Bauer c5 ist vergiftet: 20.♕xc5? (20.♔h1 ♖xb5–+ macht auch keinen großen Spaß.) 20...♖fc8 und nach 21.♕b4 ♖xb5–+ wird die Dame gefangen.

19.♕xa4!

Eine sowohl objektiv als auch praktisch starke Entscheidung. Anstatt sich chancenlos zusammenschieben zu lassen (wie z.B. nach 19.♖a1? ♗b3 20.♕c1 d5–+), opfert Weiß lieber eine Qualität und bekommt dafür starke Freibauern am Damenflügel. Es gab aber auch keine ernsthafte Alternative zu diesem Opfer. Natürlich muss man hier kurz rechnen, um die Pointe im übernächsten Zug zu erspähen, aber dann sollte man diesen Zug einfach spielen, ohne weitere Bedenkzeit zu verschwenden.

19...♗xb1

Karjakin schnappt sich den Turm.

19...♖xb5!? wäre vielleicht noch besser gewesen, da jetzt auch noch ♗b3 mit Damenfang droht. Schwarz steht wohl besser, aber es ergibt keinen Sinn, sich hier in den Varianten zu verlieren. Schauen wir lieber, was in der Partie passiert.

20.♕b3+! ♔h8 21.a4!

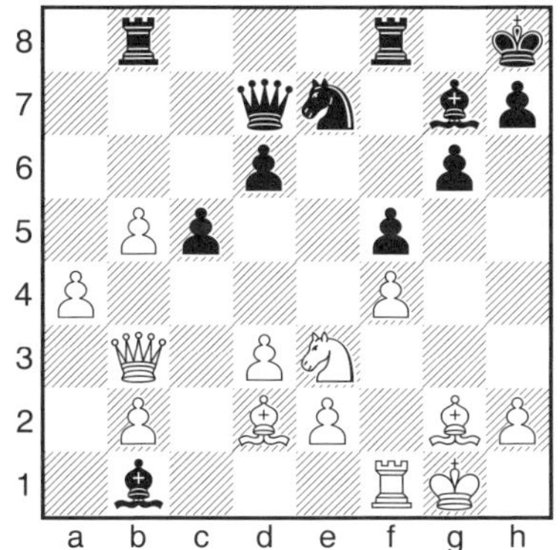

Ohne diese Pointe wäre das Qualitätsopfer natürlich völlig sinnlos gewesen (21.♖xb1? ♖xb5∓). Weiß hat die Zeit, den Freibauern auf b5 zu decken, da ja der Läufer auf b1 sowieso nicht entkommen kann. anstatt sich direkt den Läufer zu schnappen!

Nun ist eine sehr kritische Stellung erreicht. Schwarz hat aktuell einen ganzen Turm mehr (für nur zwei Bauern), aber der Läufer b1 ist gefangen und die weißen Freibauern machen einen gefährlichen Eindruck. Schwarz muss schnell handeln, und Karjakin zeigt, wie das geht!

21...g5!!

Eine großartige praktische Entscheidung, auf die man erst einmal kommen muss! Karjakin ignoriert den Angriff auf seinen Läufer und bietet ein Bauernopfer an. Viel wichtiger wiegt hier allerdings, dass Schwarz so schnell wie möglich Gegenspiel bekommen muss, wenn er nicht arge Probleme mit den weißen Freibauern bekommen will. Dieser Zug leitet den Gegenangriff ein und gewinnt noch zusätzlich an Kraft, da der weiße Turm die f-Linie aufgeben muss, um den Läufer abzuholen.

Schlecht wäre 21...♗xd3?, denn in dieser scharfen Stellung wiegt Zeit deutlich schwerer als ein unbedeutender Bauer. Nach 22.exd3± ist Weiß vermutlich schneller.

22.♖xb1

Was sonst? Der Läufer muss weg.

22.fxg5? verschenkt ein entscheidendes Tempo, denn nach 22...f4!-+ bricht Schwarz am Königsflügel durch.

22...gxf4 23.♘d5 ♕e6!

Erste Drohungen werden aufgestellt; konkret hängt der Bauer e2 und Weiß hat keine Zeit, seine Bauern vorzuschieben.

24.♗f3 ♘g6

24...♘c6! mit der Idee, den Springer nach d4 zu stellen, wäre sogar noch einen Tick genauer gewesen. So oder so muss Weiß praktisch sehr unangenehme Probleme lösen.

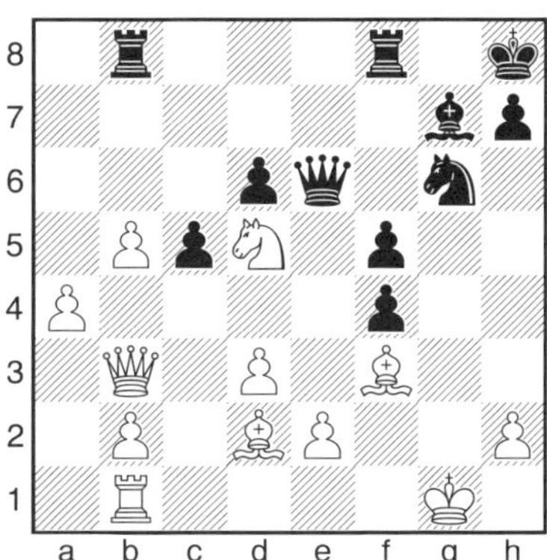

25.♕c4?

Man kann Weiß hier keinen Vorwurf machen, denn diese Stellung zu verteidigen ist irgend etwas zwischen schwierig und unmöglich. Jetzt ist die Dame gedeckt und der Springer damit entfesselt, aber im Gegenzug steht die

Dame jetzt in Reichweite des Springers.

Nach 25.♕d1!! lässt Stockfish mal wieder sein berühmt-berüchtigtes '0.00' aufblinken, aber für einen Menschen ist dieser seltsame Rückzug kaum zu finden.

Nach 25...♘h4 26.♕f1!± zeigt sich die Idee hinter 25.♕d1. Weiß kann seine Figuren gerade so zusammenhalten und steht zumindest objektiv betrachtet noch ok.

25...♗d4+ 26.♔h1 ♘e5!

Der Läufer f3 fällt, und mit ihm die weiße Verteidigung.

27.♕c2 ♘xf3 28.♘xf4!

Dieser Zwischenzug ist ebenso stark wie erzwungen. Die Stellung ist aber nach wie vor verloren. Der schwarze Angriff ist zu stark, während die weißen Bauern noch kein Stück vorangekommen sind.

28...♕e5 29.exf3 ♖g8–+ 30.♕c4

30.♖e1? kürzt die Sache ab: 30...♕xe1+! 31.♗xe1 ♖g1#.

30...♖be8 31.h3

31.b6 ♕e1+! wäre ebenfalls ein schönes Ende gewesen: 32.♖xe1 ♖xe1+ 33.♗xe1 ♖g1#.

31...♕g7 32.♖f1 ♕g3 0–1

Eine starke Angriffspartie Karjakins, der seinen Gegner ab dem Riesenzug 21...g5!! vor große praktische Probleme stellte und seinen Angriff ins Ziel brachte.

04.12
Naiditsch, Y. (2366)
Engel, L. (2490)
Karlsruhe 2019

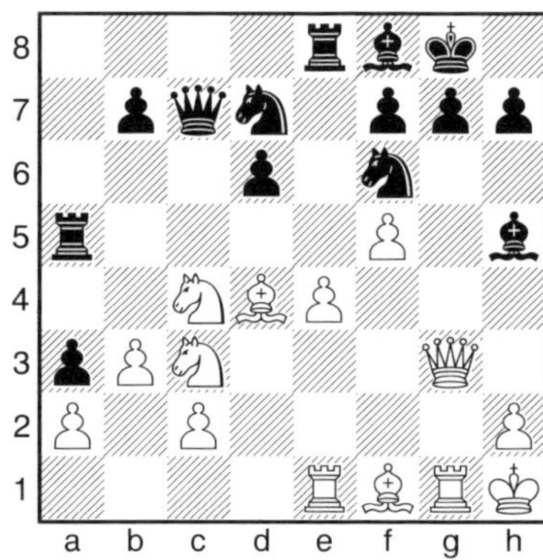

Schwarz am Zug

Schwarz verwaltet eine völlige Ruine und steht auch objektiv auf Verlust. Trotzdem sollte man aus praktischer Sicht weiterkämpfen und nach Zügen Ausschau halten, die die Stellung verkomplizieren und den Gegner vielleicht aus dem Konzept bringen könnten.

23...♖ae5!?

Der Turm zieht auf ein Feld, auf dem er von zwei Leichtfiguren geschlagen werden kann. Tatsächlich dürfte dieser Zug (wie auch die interessante Alternative 23...♖c5!?) praktisch gesehen deutlich besser sein als die traurigen Alternativen.

Nach 23...♖aa8? führt so ziemlich jeder Zug zum Gewinn und, was noch viel wichtiger ist, es gibt kaum eine Chance auf Gegenspiel oder darauf, dass Weiß einen Fehler macht. Nach 24.♘d5! gewinnt Weiß übrigens direkt

Material; z.B. 24...♕d8 25.♘xd6!+− bzw. 24...♘xd5 25.♗xg7+−.

24.♗xe5

Nach 24.♘xe5?! dxe5 muss Weiß zum Gewinn schon 25.♗b5! finden, wonach es allerdings noch unübersichtlich bleibt.

24...dxe5 25.♘xa3

Mit diesem logischen und guten Zug kassiert Weiß noch einen Bauern ein. Allerdings werden sich bald praktische Probleme bemerkbar machen.

25...g6

25...♗xa3?? 26.♕xg7#

26.♘ab5 ♕c5

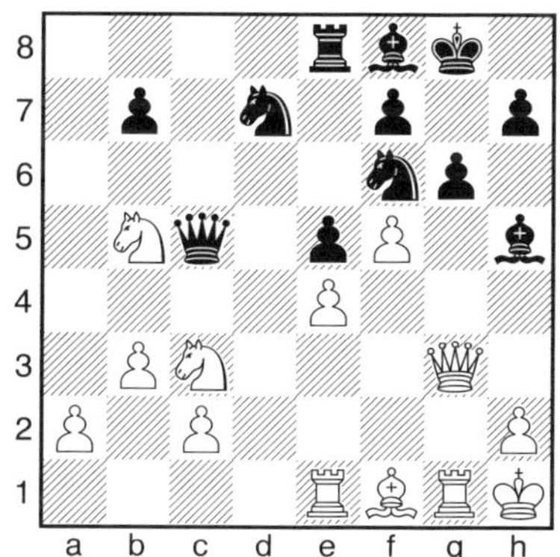

Bis hierhin waren die Züge relativ forciert. Natürlich steht Weiß objektiv klar auf Gewinn, aber am Brett ist es trotzdem nicht ganz einfach. Die Springer können nicht richtig ziehen, und wenn Schwarz es schafft, seine Figuren zu aktivieren, könnte es kompliziert werden.

27.♗e2 ♗h6 28.♗xh5 ♘xh5 29.♕h3 ♘df6 30.♕f3 ♖c8

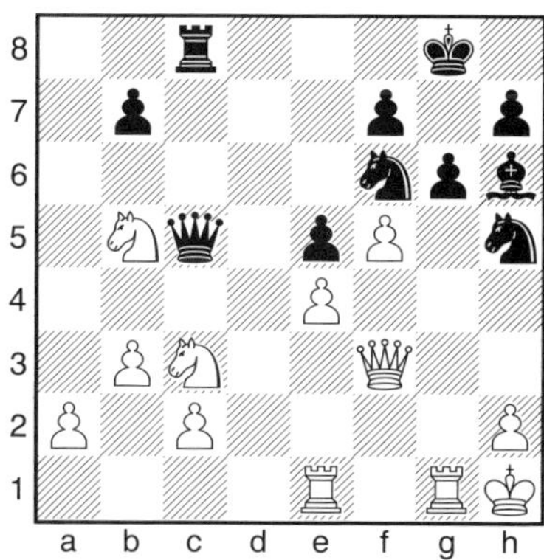

Schwarz steht sehr aktiv und Weiß hat mittlerweile ein psychologisches Problem. Es ist ja generell unangenehm, wenn man in einer Stellung, die man schon als 'glatt gewonnen' abgehakt hatte, einen solchen (Verzweiflungs-) Zug wie 23...♖ae5 vorgesetzt bekommt – und jetzt tatsächlich gewinnen muss.

31.♖d1

Mit 31.♘d5! konnte Weiß die Springer entknoten und relativ glatt gewinnen; z.B. 31...♕xb5 32.fxg6! hxg6 33.♘xf6+ ♘xf6 34.♕xf6 bzw. 31...♘xd5 32.♕xh5 ♗g7 33.♕f3 ♘f4 34.c4.

Allerdings neigt man in der gegebenen Situation dazu, möglichst 'sicher' gewinnen zu wollen und sich nicht auf solche Varianten einzulassen, wenn es Alternativen gibt. Aber auch mit sicherem Spiel wird sich diese Stellung nicht von selbst gewinnen.

31...♔h8 32.a4 ♘f4 33.♖d6 ♖c6!? 34.♖gd1 ♗f8 35.♖d8 ♔g7

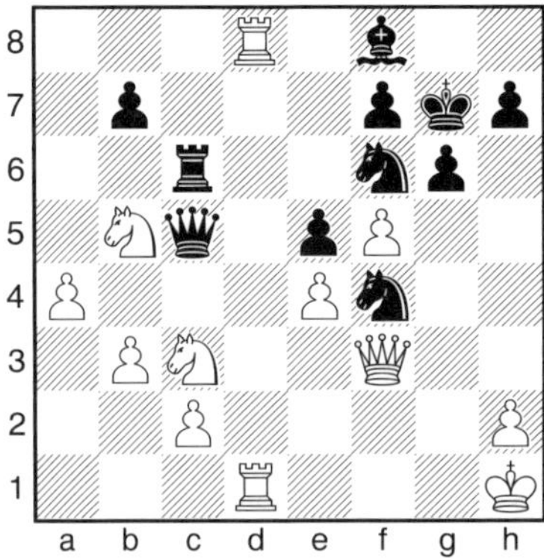

Tatsächlich ist der Gewinn hier gar nicht so leicht nachzuweisen. Die Engines sehen das natürlich anders, aber am Brett ist es sehr schwer, die schwarze Stellung zu knacken.

36.♘d5?

Die richtige Idee, allerdings zum falschen Zeitpunkt. Jetzt wird Schwarz sehr aktiv.

36.♖f1!?+– ist der laut Engine beste Zug, aber wer würde jemals so spielen? Nicht mal mit Engine sehe ich, was an diesem Zug so toll sein soll. Es zeigt aber auch, dass Weiß hier trotz seines Materialvorteils große praktische Probleme hat.

36...♘6xd5 37.exd5 ♖f6!

Plötzlich ist der Gewinn futsch und praktisch würde ich hier schon Schwarz bevorzugen.

38.♖xf8 ♔xf8 39.d6 ♖xf5!

Das Rufzeichen ist eigentlich überflüssig – es gab keine wirkliche Alternative. In solchen Momenten macht es auch keinen Sinn, besonders viel zu rechnen. Man sollte den Zug einfach spielen und Bedenkzeit sparen.

40.c4?!

Jetzt steht Schwarz schon besser, aber die Stellung ist in Zeitnot auch sehr unangenehm zu spielen, insbesondere wenn man vorher klar auf Gewinn stand.

40.d7 ♘e6 41.♕xb7 ♕e3 42.♘c7 ♘d8 43.♕a8 ♔g7 44.♕g2 ♖f2 45.♕g4 ♖xc2 46.♘e8+ ♔g8 47.♘f6+ ♔g7 48.♘e8+= ist eine Enginevariante, die man als Mensch weder berechnet noch versteht.

40...♘e6 41.♕xb7 ♕e3!

Jetzt ist der weiße König nicht mehr zu retten.

42.♘c7 ♘d8

42...♘c5! ist sogar noch stärker.

43.♕a8 ♔g7! 44.♘e8+ ♔h6 45.♕g2 ♖g5 46.♕a8 e4 0–1

Ein definitiv glücklicher Sieg. Allerdings gehört zu so einem Comeback nicht nur ‘Glück’, sondern auch, dass man immer weiterkämpfen und den Gegner vor praktische Probleme stellen sollte. Das ist auch der wichtigste Unterschied zwischen Menschen und Engines: der praktische Aspekt am Schach, den man bei seiner Entscheidungsfindung mit einfließen lassen sollte. Das gilt besonders in verlorenen Stellungen, in denen es nicht mehr darum geht, objektiv zu spielen.

04.13
Engel, L. (2469)
Albornoz Cabrera (2577)
Bad Ragaz 2019

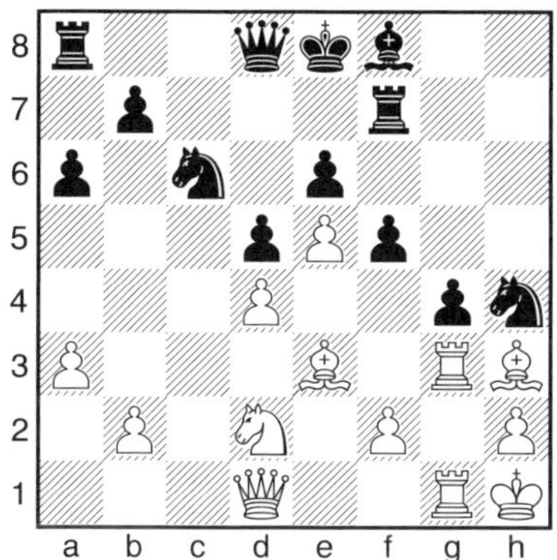

Weiß ist völlig überspielt und steht positionell auf Verlust. Also ist es an der Zeit, möglichst viele praktische Probleme zu stellen und die Stellung zu verkomplizieren.

27.♖xg4!?

Objektiv nicht am besten, aber praktisch ein sehr interessanter Versuch, die Stellung zu verkomplizieren.

– 27.♗xg4? funktioniert nicht, denn mit 27...fxg4 28.♕xg4 ♘f5–+ kann Schwarz die Stellung problemlos stabilisieren.

– 27.f4 ♖h7∓ sieht sehr traurig für Weiß aus, denn es gibt nicht mal den kleinsten Ansatz für Gegenspiel.

27...fxg4 28.♕xg4 ♘f5 29.♕g6

Das war mein Plan. Schwarz hat zwar einen ganzen Turm mehr, muss aber konkrete Drohungen parieren und dabei aufpassen, nicht in eine Falle zu laufen.

29...♘cxd4

Jetzt ist es sogar nur ein einziger Bauer, den ich als Gegenwert für den Turm habe, aber Material spielt hier ohnehin nicht die größte Rolle.

Der sehr krumme Zug 29...♘g7!? reicht objektiv auch zum Gewinn, aber natürlich kann Weiß mit z.B. 30.♘f3 weiter im Trüben fischen.

30.♘b3!?

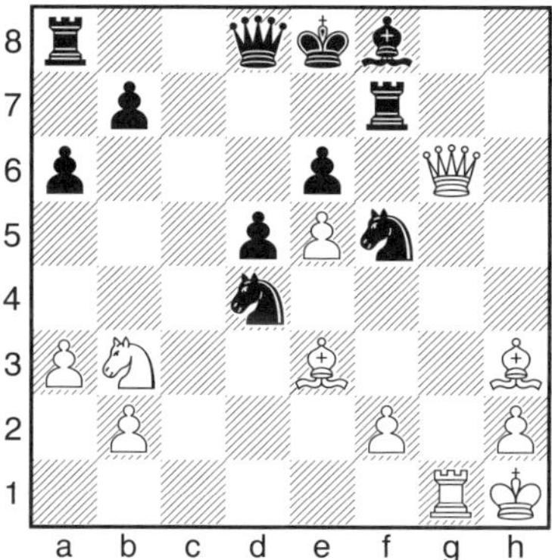

Bietet einen weiteren Springer an und stellt eine Falle.

30.♗xd4 Abtausche entlasten hier natürlich Schwarz. Allgemein gilt: Je mehr Figuren noch auf dem Brett sind, desto schwieriger ist es für einen Menschen, sich in den Varianten zurechtzufinden. 30...♘xd4 31.♗xe6 ♘xe6 32.♕xe6+ ♕e7–+.

30...♘xb3?

Schwarz schnappt sich eine weitere Figur, aber damit läuft er in die Falle!

Mit dem schlauen Rückzug 30...♘e7! hält er sein Springerpaar zusammen. Nach 31.♕h5 ♘df5–+ werden mir wahrscheinlich bald die Gegenspielideen ausgehen, denn die Springer decken einfach zu viele Felder.

31.♗xf5 exf5 32.♗g5!

Dieser wichtige Zwischenzug kippt die Partie! Plötzlich steht Schwarz objektiv sogar auf Gewinn.

32.e6? Dieser logische Zug verliert leicht: 32...♕f6 33.exf7+ ♕xf7−+. Wahrscheinlich verließ sich mein Gegner auf diese Variante, als er den Springer auf b3 schlug.

32...♕c7 33.e6!

Erst jetzt prescht dieser Bauer vor. Diesmal kann Schwarz nicht mehr mit ♕f6 den Laden zusammenhalten und steht, obwohl er aktuell Turm und Springer mehr hat, auf Verlust!

33...♘c5

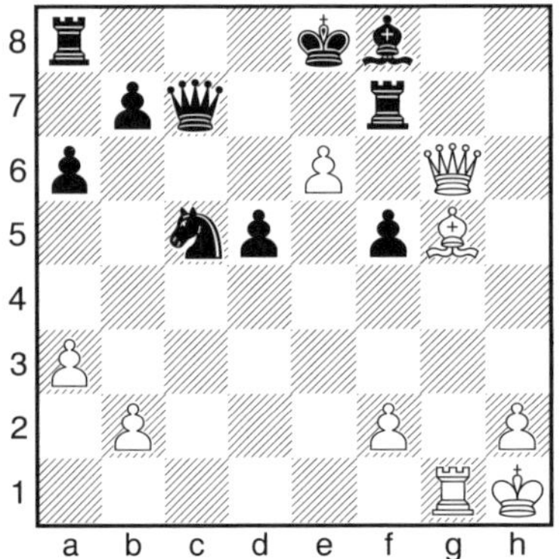

34.♖c1?

Der falsche Plan. Dieser Turm gehört direkt auf die e-Linie.

34.♖e1! ♘xe6 (34...♘e4 35.f3+-) 35.♖xe6+ ♗e7 36.♗xe7 ♕xe7 37.♕g8+! ♖f8 38.♖xe7+ ♔xe7 39.♕xd5+- Dieses Endspiel ist klar eine viel bessere Version für mich als das, welches in der Partie entsteht. Wegen der passiven Türme und schwachen Bauern steht Schwarz am Rande des Abgrunds.

34...d4 35.f3

⌓35.♖e1!±

35...d3

Jetzt ist die Abwicklung nicht mehr gewinnbringend, weil der Bauer auf d3 deutlich besser steht als in der anderen Variante auf d5.

36.♖e1 ♘xe6 37.♖xe6+ ♗e7 38.♗xe7 ♕xe7 39.♖xe7+ ♔xe7 40.♕g5+ ♔d7 41.♕e3 ♖af8 42.♕xd3+ ♔c7

Diesmal ist Schwarz deutlich besser koordiniert und kann die Partie remisieren.

43.b4 ♖d7 44.♕c3+ ♔b8 45.♔g2 ♖g8+ 46.♔f2 ♖h7 47.♕e5+ ♔a8 48.♔e3 ♖gh8 49.b5 f4+ 50.♕xf4 axb5 51.♕b4 ♖e8+ 52.♔f2 ♖xh2+ 53.♔g3 ♖a2 54.♕b3 ♖a1 55.f4 ♖c8 56.♕b2 ♖g1+ 57.♔f2 ♖gc1 58.♕xb5 T1c2+ 59.♔f3 T2c3+ 60.♔g4 ♖g8+ 61.♔f5 ♖xa3 62.♔e4 ♖a6 63.f5 ♖f8 64.♕c5 ♖e8+ 65.♔f4 ♖c6 66.♕d5 ♖ec8 67.♕a5+ ♖a6 68.♕d5 ½–½

04.14
Papp (2604)
Engel, L. (2389)
Karlsruhe 2018

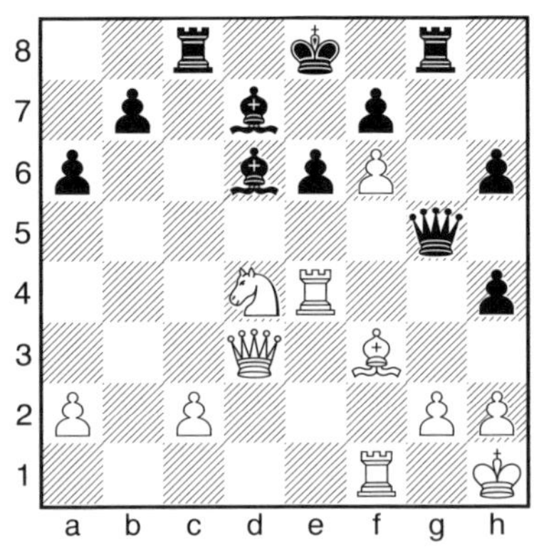

Schwarz am Zug

Weiß hat eine sehr bedrohliche Stellung aufgebaut, konkret droht ♖e4-g4 mit Gewinn.

23...♖g6!

Der einzige Zug, der die Partie im Gleichgewicht hält! Hier hilft die Methode der Elimination: Es gibt keinen anderen Zug, der die weiße Drohung sinnvoll verhindert, daher sollte man ♖g6 spielen, ohne alles bis zum Ende zu berechnen, schließlich gibt es ohnehin keine Alternative!

23...♕xf6?? 24.♗h5+-

24.♘xe6

Diese Abwicklung führt zu einer ausgeglichenen Stellung. Überraschenderweise gibt es keinen Weg, die Stellung des schwarzen Königs auszunutzen.

24.♖g4 ♕e5=

24...♗xe6 25.♕xd6 ♕xf6 26.♖fe1 ♕e7 27.♕d4 ♕c5 28.♕h8+ ♔e7 29.♕b2

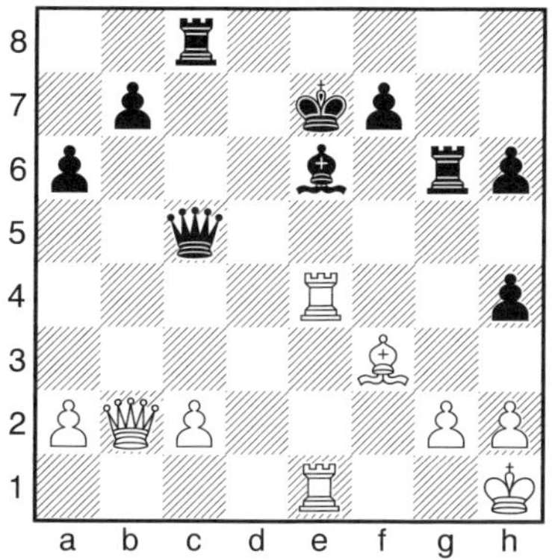

Ein sehr wichtiger Moment ist erreicht. Schwarz hat immer noch einen Bauern mehr, allerdings hängen sehr viele Bauern gerade in der Luft. Wie kann man dem Weißen hier größtmögliche praktische Probleme stellen?

29...h3! Ganz klar der praktisch beste Zug. Bevor dieser Bauer geschlagen wird, geht er lieber vor und schwächt damit den weißen König. Im Gegensatz dazu sind die Damenflügelbauern hier nicht so wichtig.

29...♕xc2 wird wahrscheinlich direkt zum Remis führen. 30.♕xb7+ ♔f8 31.♖xh4= Die Stellung ähnelt der Partiestellung, nur dass der weiße König hier deutlich sicherer steht!

30.♕xb7+ ♖c7 31.♕xa6 hxg2+ 32.♗xg2 ♖a7 33.♕e2 ♖xa2

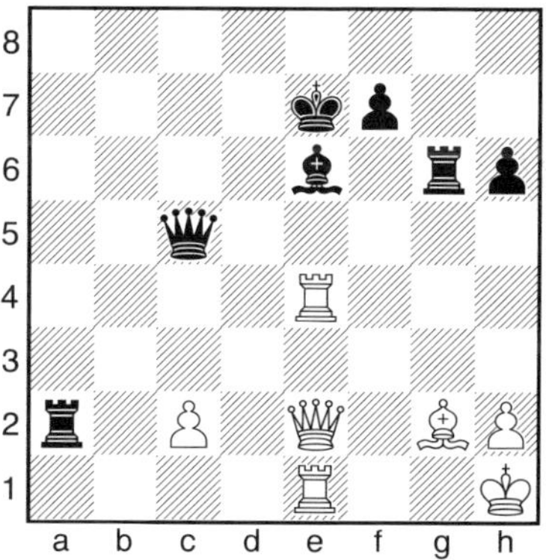

Viele Bauern sind nicht mehr auf dem Brett, aber plötzlich steht der weiße König exponierter als der Schwarze – und es ist Weiß, der genau spielen muss.

34.♖c4 ♕a5 35.♕e4?

Objektiv schon der entscheidende Fehler, aber praktisch ist diese Stellung sehr schwer für Weiß zu spielen.

35.♕f2= Objektiv sollte Weiß sich halten, aber es ist klar, dass Schwarz hier die Initiative besitzt und auf Gewinn spielt.

35...♔f8!

Nach diesem wichtigen Zug schafft

Weiß es nicht mehr, seine Schwerfiguren zu sortieren. Vor allem der Turm auf c4 fehlt in der Verteidigung.

36.♖b4 ♖g4!

Zwingt die weißen Figuren auf schlechtere Felder.

37.♖b8+

37.♕xe6!? fxe6 38.♖f1+ ♔e7 39.♖xg4 ♖xc2-+ wäre ein interessanter Versuch gewesen. Allerdings glaube ich nicht, dass Weiß diese Stellung objektiv halten kann.

37...♔g7 38.♕e3 ♖xc2 39.♖g1

Das Konzept mit 29...h3! hat sich voll ausgezahlt. Den Rest der Partie finden Sie unter A04.10.

Im folgenden Beispiel ist Reti bereit, Material wegzunehmen und sich anschließend zu verteidigen – etwas, das Pragmatiker gerne machen, weil sie sich in der Verteidigung vor allem auf ihre Berechnungen verlassen. Sein Konzept wird in dieser Partie voll aufgehen.Die Eröffnung ist abgeschlossen und Weiß übt unangenehmen Druck auf den schwarzen Damenflügel aus. Euwe entschloss sich, die Probleme taktisch zu lösen.

04.15
Reti – Euwe
Amsterdam 1920

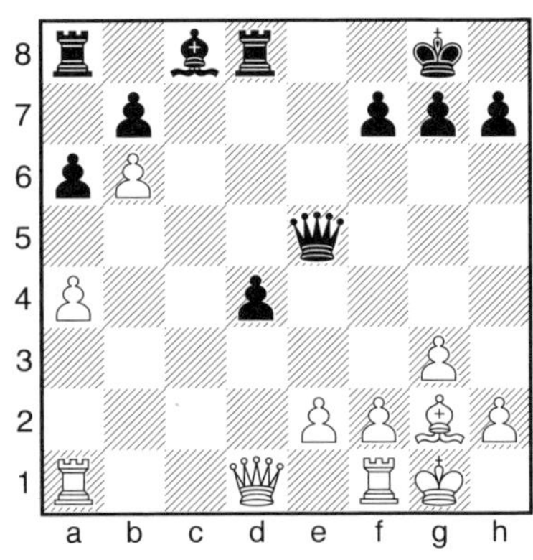

Schwarz am Zug

18...♗g4?

Ein aktiver Zug, der jedoch bei guter Verteidigung nicht funktionieren wird.

18...♕a5!± ist die zugegeben sehr komisch aussehende Computer-Empfehlung. aber wer würde so spielen? 19.♕b3 Und erst jetzt kann Schwarz endlich den Läufer ziehen: 19...♗e6 mit sehr unklarer Stellung.

19.♗xb7!

Der kritische Test und ein typischer Pragmatikerzug. Weiß wird sich in der Folge genau verteidigen müssen, hat aber dafür erst einmal einen Bauern mehr, und es ist Schwarz, der etwas beweisen muss.

19...♖ab8

19...♗xe2 20.♖e1 ♕b8!? 21.♕xe2 ♕xb7 22.a5± ist weder objektiv noch praktisch erstrebenswert für Schwarz.

20.♗xa6

Weiß hat den schwarzen Damenflügel abgegrast und deckt auch noch den Bauern auf e2. Die einzige Chance für Euwe ist der direkte Angriff.

20...♗h3

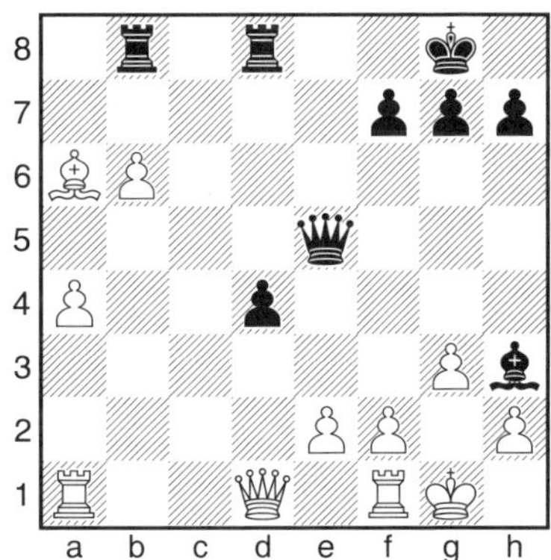

Nach 20...♖xb6 21.♗d3 ♗h3 22.a5!+– gewinnt Weiß ein wichtiges Tempo gegen den schwarzen Turm. Der a-Bauer wird auf Dauer nicht aufzuhalten sein.

21.♖e1

Am sichersten.

21.a5!? ist auch gut, aber nicht so klar, wie es auf den ersten Blick aussieht. 21...♗xf1 22.♔xf1 (22.♕xf1 ♖a8) 22...♖a8 23.♕d3 Und hier bekommt Schwarz Gegenspiel mit 23...♖xa6! 24.♕xa6 d3!. Weiß sollte auf lange Sicht trotzdem gewinnen, aber warum sollte man sich auf so eine Variante einlassen, wenn es gute Alternativen gibt?

21...♕e4 22.f3 ♕e3+ 23.♔h1 ♖xb6 24.♗d3±

Weiß hat einen Bauern gewonnen, während das schwarze Gegenspiel nicht ausreicht.

24...♕f2

24...♖h6 25.♕c1!+– hält den Laden gerade eben zusammen; z.B. 25...♕f2 26.♖g1 mit ähnlicher Stellung wie in der Partie.

25.♖g1 ♖h6 26.♕d2!

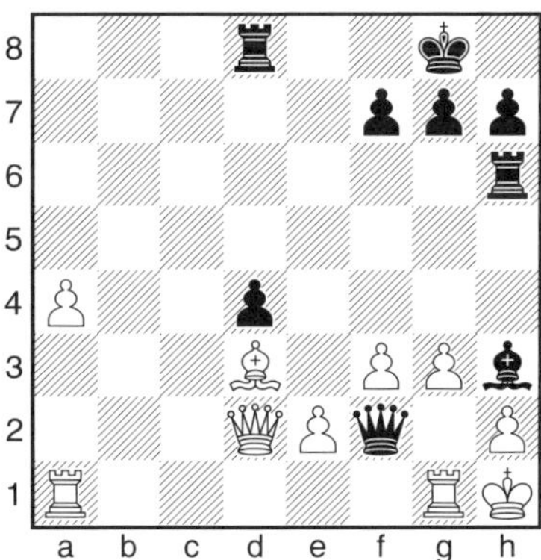

Alles hängt am seidenen Faden, aber es gibt überraschenderweise keine vernünftige Fortsetzung für Schwarz, denn der eigene Läufer steht dem Angriff im Weg.

26...♖dd6?

Das führt zu nichts, aber es gab auch keine guten Alternativen.

– 26...♗c8!? 27.♖g2 ♕e3 28.♕xe3 dxe3 29.♖gg1 ♗a6 30.♔g2+– ist die Empfehlung der Engines, aber dieses Endspiel sollte auch gewonnen sein.

– 26...♗f1!? würde direkt zum Matt führen, wenn es die Ausrede 27.♕xh6! (27.h4?? ♖xh4+ 28.gxh4 ♕xh4#) 27...gxh6 28.♖gxf1+– nicht gäbe. Jetzt spaziert der a–Bauer einfach durch.

27.♕f4

Der Angriff ist abgewehrt und Weiß gewinnt leicht.

27.g4+–

27...♗f1 28.h4! ♗xe2 29.♗xe2 g5

29...♕xe2 30.♖ge1+–

30.♕xg5+ ♖dg6 31.♖g2 1–0

Aufgaben zum Thema: Gute praktische Entscheidungen

A04.19
Engel, L. (2509)
Van Foreest, L. (2521)
Pardubice 2019

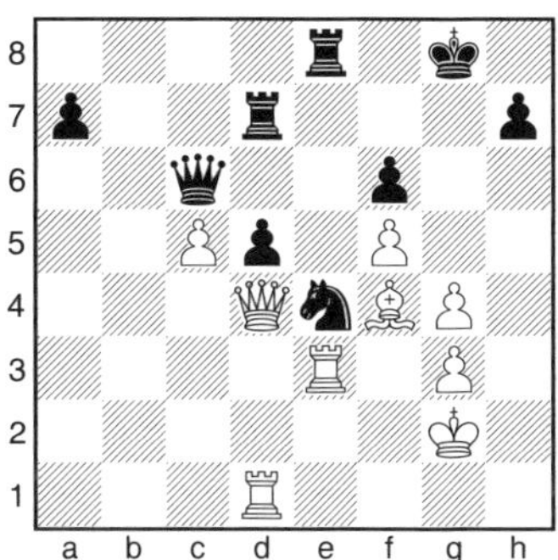

Wie sollte Weiß fortsetzen?

A04.20
Leko (2690)
Vachier-Lagrave (2780)
Batumi 2018

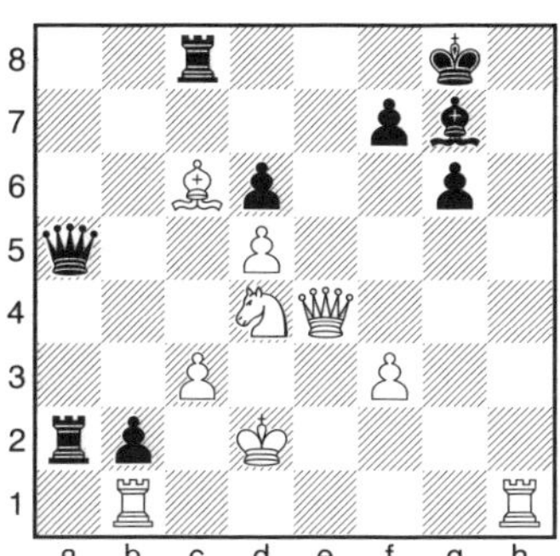

Objektiv sieht es schlecht für Schwarz aus. Wie kann er den Gegner weiter vor praktische Probleme stellen?

A04.21
Bilek - Fischer
Stockholm 1962

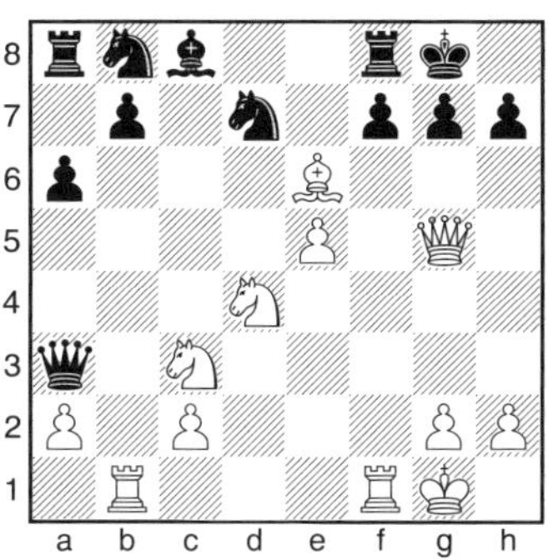

Wie soll sich Schwarz in dieser wilden Stellung verteidigen?

Gezielter Spielertypen-Test

Zu den folgenden Aufgaben – siehe Anmerkung auf Seite 16!

A05.01
Spasski (2660) – Fischer (2785)
5. WM-Partie, Reykjavik 1972

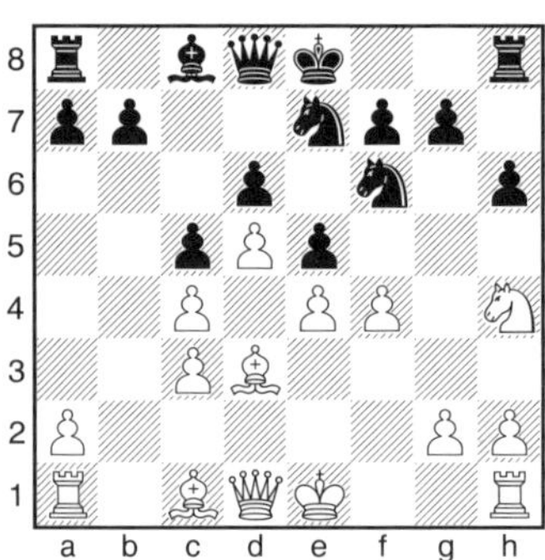

Schwarz am Zug gewinnt

A05.02
Witjugow (2681)
Bacrot (2709)
Ohrid 2009

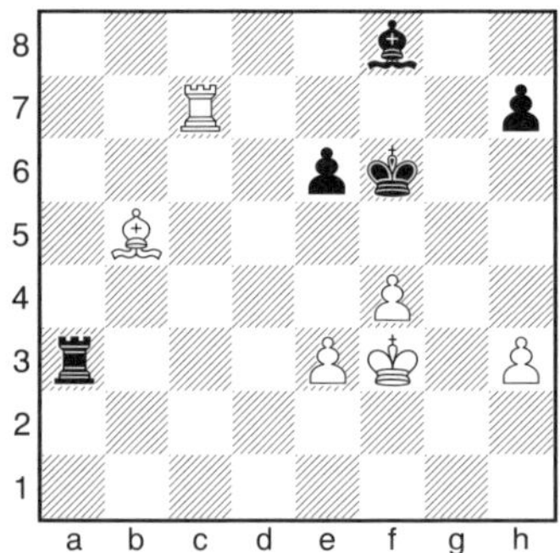

Weiß am Zug gewinnt

A05.03
Kasparow (2813)
Schirow (2726)
Izmir 2004

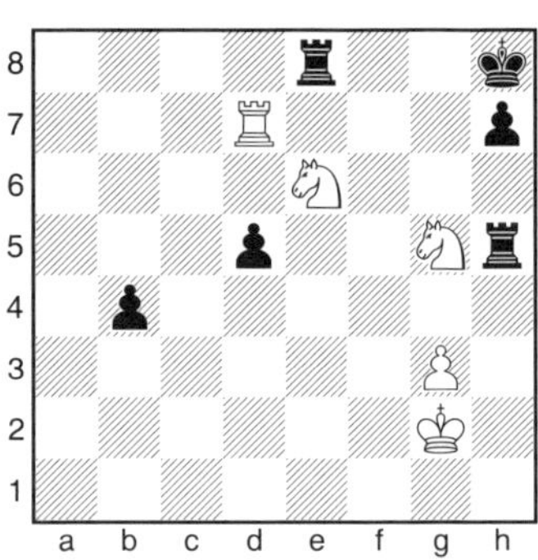

Weiß am Zug gewinnt

A05.04
Beljawski (2645)
Kasparow (2750)
Belfort 1988

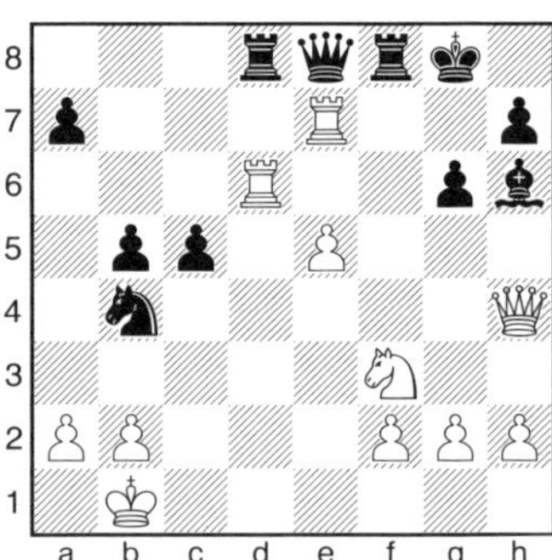

Schwarz am Zug gewinnt

A05.05
Capablanca
Fonaroff
New York 1918

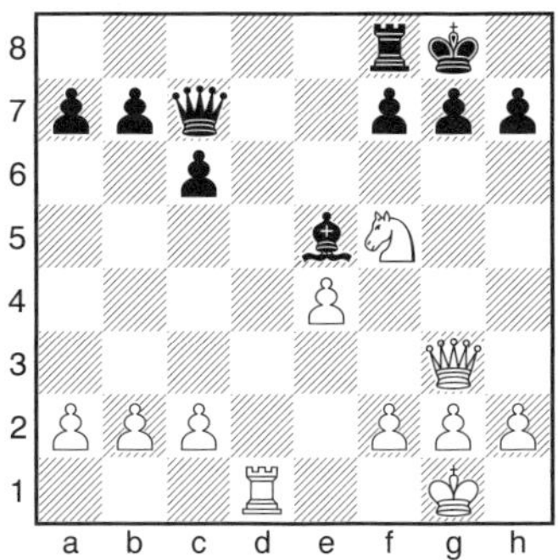

Weiß am Zug gewinnt

A05.06
Nielsen, P. H. (2668)
Baburin (2523)
Göteborg 2005

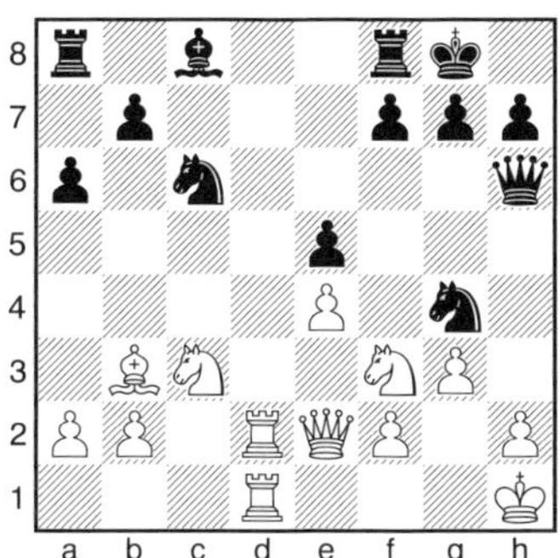

Weiß am Zug gewinnt

A05.07
Garejew (2620)
Chiku-Ratte (2332)
Kanada 2017

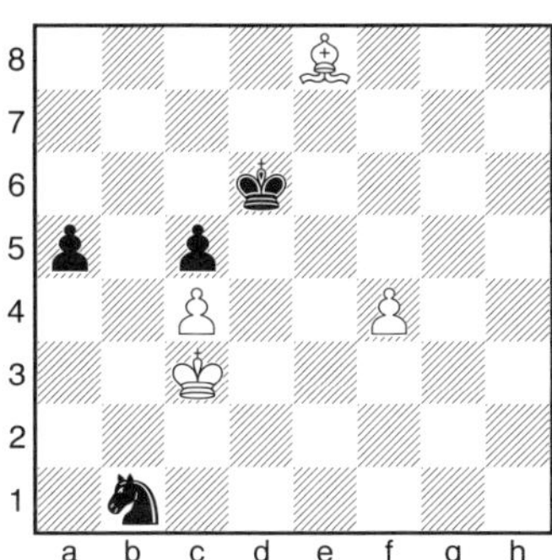

Weiß am Zug gewinnt

A05.08
Schebler (2534)
Bönsch (2523)
Deutschland 2007

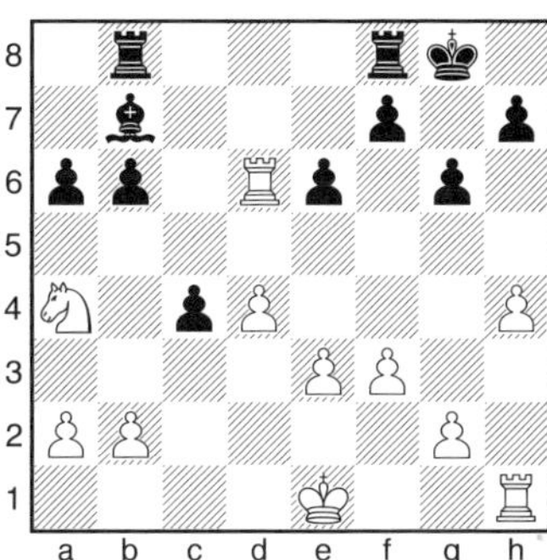

Schwarz am Zug hält remis

A05.09
Aronjan (2737)
Iwantschuk (2781)
Bilbao 2008

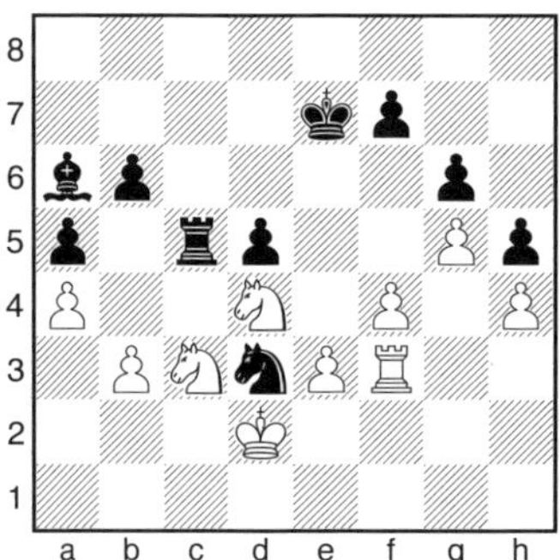

Weiß am Zug gewinnt

A05.10
Suetin – Botwinnik
Moskau 1952

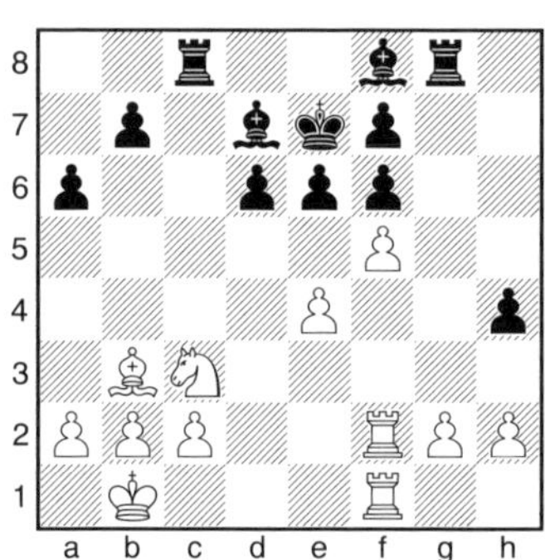

Schwarz am Zug gewinnt

A05.11
Kasparow (2625)
Petrosjan (2585)
Moskau 1981

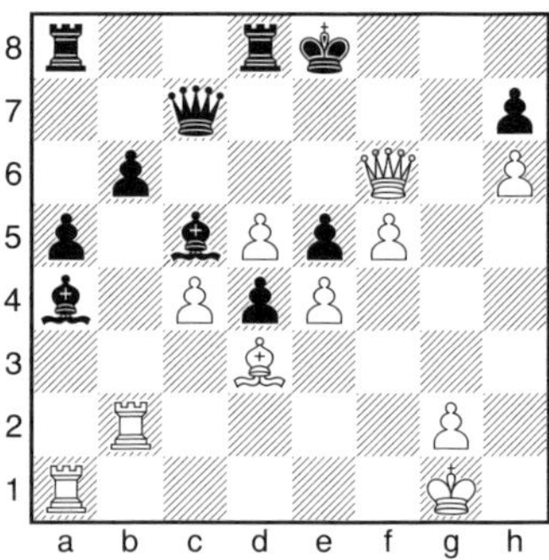

Schwarz am Zug gewinnt

A05.12
Kasparow (2630)
Petrosjan (2585)
Tilburg (1981

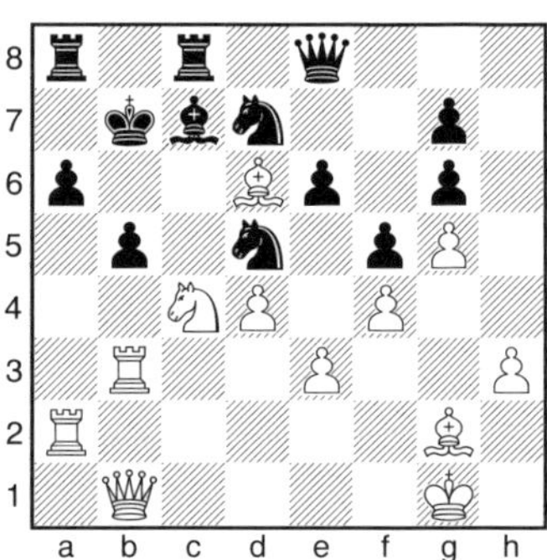

Schwarz am Zug gewinnt

A05.13
Witjugow (2732) – So (2767)
Khanty–Mansiysk 2019

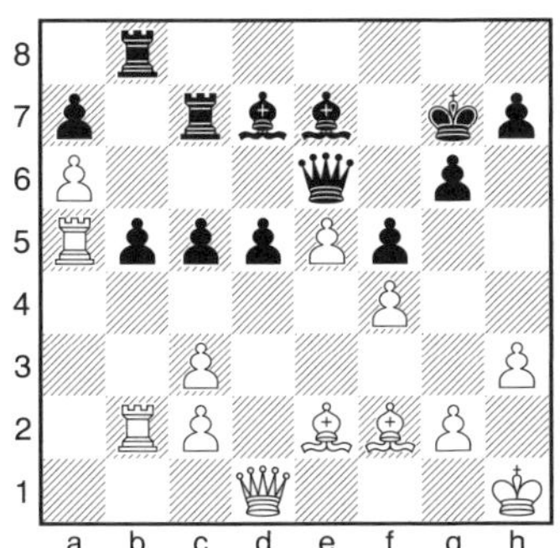

Weiß am Zug gewinnt

A05.14
Caruana (2727)
Witjugow (2729)
Reggio Emilia 2012

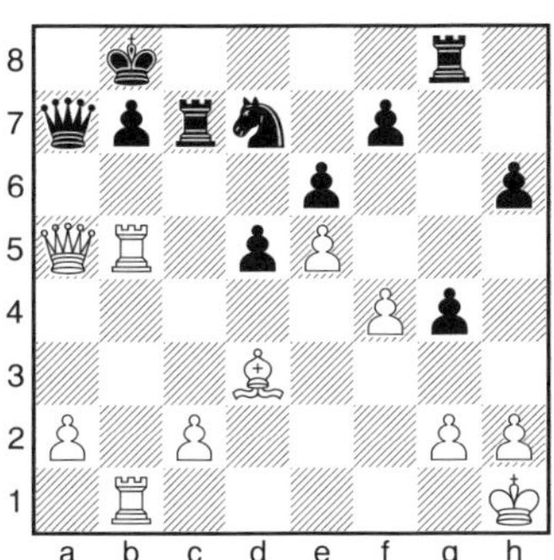

Weiß am Zug gewinnt

A05.15
Sawtschenko, B. (2569)
Witjugow (2573)
Russland 2006

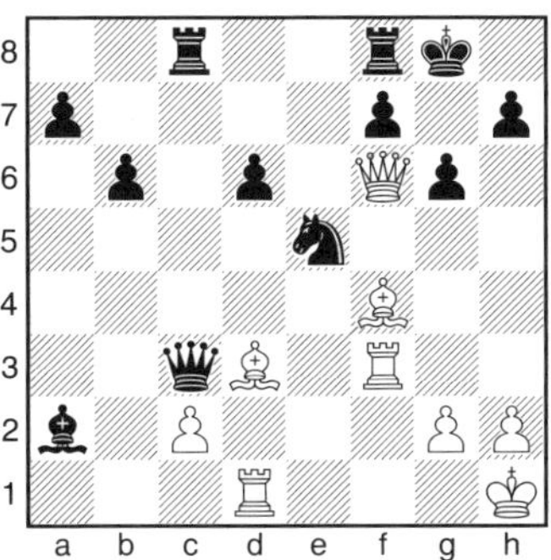

Weiß am Zug gewinnt

A05.16
Witjugow (2729)
Nakamura (2758)
Reggio Emilia 2011

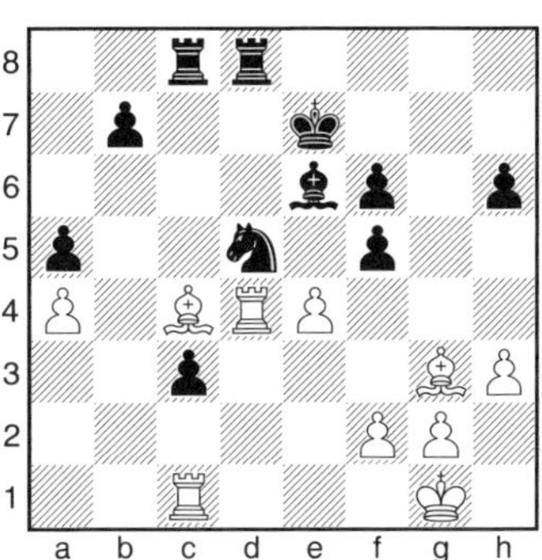

Schwarz am Zug gewinnt

Lösungen der Aufgaben

A01.01

23.♕h6 1–0

23...♖xg3 24.♗g6!! ♖xg6 25.fxg6

Nicht jedoch 23.fxe6? ♖f3–+.

A01.02

27.♗xg7+

27.♖xg7? wird mit 27...♕e6–+ abgewehrt.

27...♔g8 28.♗h8!!

Dieser Läuferzug in die Ecke ist Tals fantastische Pointe.

28.♕xf6? ♖b7–+

28...♔xf7 29.♕xf6+ ♔g8 30.♕g7#

A01.03

1.♗b6!!

– 1.♕f8+ gewinnt ebenfalls, ist aber viel komplizierter, wie folgende Beispielvarianten belegen: 1...♔f6 2.♗d4+ ♔g5 (2...e5 3.♕h8+ +–) 3.f4+ ♔h5 (3...♔xf4 4.♕xf7+ ♔g5 5.♗e3+ +–) *4.*♕h8+ ♖h6 5.♕e5+ f5 6.g4+ ♔xg4 7.♕e2+ ♔xf4 8.♗e3+ ♔e5 9.♗g5#

– Weitere Gewinnwege sind 1.♗f4 ♗xc8 2.♗c7 – 1.♕h4+ ♖f6 2.♖c7 – 1.♖b8 und 1.♘xa7, obwohl diese natürlich nicht mit Tals Geschoss mithalten können.

1...♕xb6

1...axb6 2.♕d8#

2.♕h4+ ♖f6

2...f6 3.♕h7+ ♖g7 4.♕xg7#

3.♕xb4+ 1–0

Diese Partie wird in einigen Quellen auch 'Hexensabbat' genannt.

A01.04

17.♗xh7+!

17.♘f5? ♕c7 18.♘xg7 ♔xg7 19.♖g3+ ♔f6 20.♕h5 ♔e7 schlägt hingegen nicht durch.

17...♔xh7 18.♖h3+

18.♘f5 ♕g5 19.♖h3+ ♔g6 20.♖g3 gewinnt ebenfalls.

18...♔g8 19.♘f5

19.♕h5? f5–+

19...♕g5 20.♕h5 1–0

20...♕xh5 21.♘e7+ ♔h7 22.♖xh5#

A01.05

16.♕d4!!

16.♕h6 gewinnt allerdings auch.

16...♕xh1+ 17.♔d2 ♕xh2

– 17...♕xa1 18.♕f6 ♗b7 19.♗h6+–

– 17...♕c6 18.♗xf8 ♔xf8 19.♖e1 f6 20.♗d3 ♗b7 21.♗e4 d5 22.♗xd5 ♖d8 23.♗xc6 ♖xd4+ 24.♔c3+–

18.♗xf8 ♔xf8 19.♗f3 d5 20.♗xd5 ♖b8

20...♕d6 21.♕h8+ ♔e7 22.♖e1+ ♔d7 23.♕e8+ ♔c7 24.♖e7+ ♗d7 25.♖xd7+ ♕xd7 26.♕xa8+–

21.♖e1 ♗e6 22.♖xe6 1–0

22...fxe6?! 23.♕f6+ ♔e8 24.♗c6# bzw. 23...♔g8 24.♗xe6#

A01.06

18.♘e6! fxe6 19.♕g6+!

19.♕xg7? 0–0–0 20.♖xf6 ♔b8 spielt Schwarz hingegen in die Karten.

19...♔f8?

Hier steht der König zu offen.

Nach 19...♔d7! 20.♕xg7+ ♗e7 21.♖xf6 ♖ag8 22.dxe6+ ♕xe6 23.♖d1+ ♔c8 24.♖xe6 ♖xg7 25.♖xe5 steht Weiß zwar klar besser, aber es wären noch technische Problem zu lösen.

20.♖xf6+ gxf6 21.♕xf6+ ♔g8 22.♕g6+ ♔f8

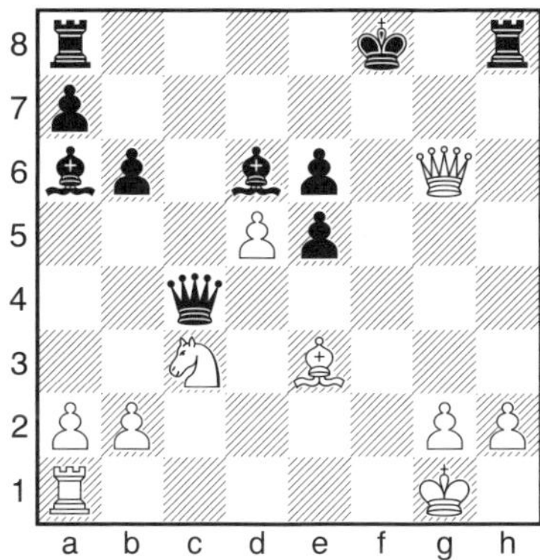

23.♗h6+?

Das bringt Schwarz zurück ins Spiel.

Nach 23.dxe6! gibt es keine Verteidigung mehr; z.B. 23...♕c7 24.♘e4 ♕g7 25.♕f5+ ♔g8 26.♘f6+ bzw. 25...♔e7 26.♗g5+.

23...♖xh6 24.♕xh6+ ♔e8

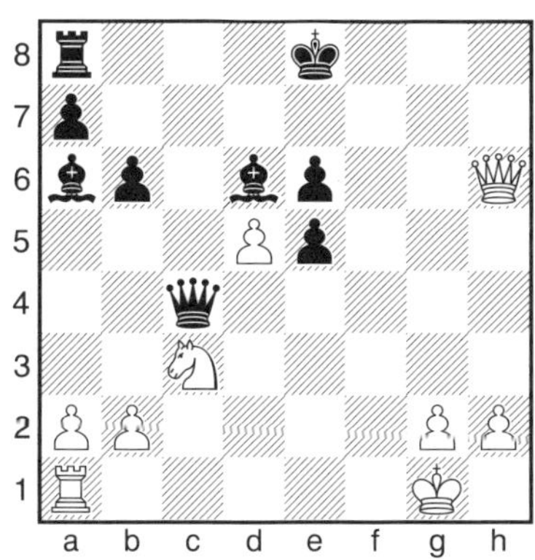

25.♕g6+?

Tal verlangt zu viel von der Stellung.

25.♕xe6+ war angesagt, obwohl nicht klar ist, ob Weiß gewinnen kann; z.B. 25...♗e7 26.♕g8+ ♗f8 27.♕g6+ ♔d8 28.♕f6+ ♔d7 29.♕f5+ ♔e8 30.♕xe5+ ♔f7 31.♘e4 ♗c5+ 32.♔h1 ♖f8 33.♖e1 ♔g6 und Schwarz kann noch gut ums Remis kämpfen.

25...♔f8?

Wenn der schwarze König die Gefahrenzone mit 25...♔d7! verlässt, hat Weiß Probleme, Kompensation nachzuweisen; z.B. 26.♕f7+ ♔c8 27.♔h1 (27.dxe6 ♕c7) 27...♔b8 28.♕xe6 ♗f8 und die schwarzen Läufer sind langfristig nicht zu unterschätzen.

26.♕f6+ ♔e8 27.dxe6!

Der Bauer verstärkt den Angriff entscheidend.

27...♕f4 28.♕g6+ ♔d8 29.♖d1

Tal bringt die letzte Figur in den Angriff.

29...e4 30.♕g8+ ♔c7 31.♘d5+ 1–0

A01.07

33.h6+?

Das geht nach hinten los.

33.♕f3!= war der einzige Zug, denn nach 33...♕xh5? 34.♕b7+ ♔h6 35.♕f7+– sitzt Weiß am längeren Hebel.

33...♖xh6 34.♕xh6+ ♔xh6 35.g7 ♕xg3+ 0–1

A01.08

14.♕xe7+

Das führt forciert zum Remis.

Die Alternative 14.♗e5 ist ebenfalls spielbar, wie folgende Beispielvariante zeigt: 14...♕xa2 15.♘f5 ♘bd7 16.♖xd7 ♗b4+ 17.c3 ♕a1+ 18.♔d2 ♕a2+ 19.♔e1=.

14...♔xe7 15.♘f5+ ♔e8! 16.♘xg7+ ♔f8

16...♔e7? 17.♗d6+ ♔d8 18.♗e5+ +−

17.♗d6+ ♔xg7

17...♔g8 18.♖g1 ♕c3+ 19.♖d2 ♕a1+ 20.♖d1 ♕c3+ ist ebenfalls remis.

18.♖g1+ ♘g4! 19.♖xg4+ ♔f6 20.♖f4+ ♔g7 ½−½

Auch nach 20...♔g5 21.♖g4+ kann Schwarz den Schachs nicht entkommen, weil 21...♔h5? 22.♗e2 zu gefährlich ist.

A01.09

29...♕xd4 30.♖d1 ♘f6 31.♖xd4 ♘xg4 32.♖d7+ ♔f6 33.♖xb7 ♖c1+ 34.♗f1 ♘e3!!

Diese Kavallerie-Attacke war Kramnik vermutlich entgangen.

35.fxe3 fxe3 0−1

A01.10

27...♗xf2+ 28.♕xf2 ♕xa5 29.♘xe6 ♗xg2!! 0−1

29...♗d3? 30.♘xf8 ♗xf1 31.♕xf1 ♔xf8 böte Weiß dagegen gute Remischancen.

Nach der Schlusspointe gab Weiß auf − angesichts der folgenden Möglichkeiten:

30.♔xg2 ♕d5+ 31.♕f3 ♕xe6;

30.♕xg2 ♕b6+ 31.♕f2 ♕xe6;

30.♘xf8 ♗xf1 31.♘xh7 ♗h3.

A01.11

28.♗d6!

28.♗xf6? ♕d5 29.♗e7 ♗xe7 30.♖xe7 ♖xe7 31.♖xe7 a5 ist zwar besser für Weiß, aber natürlich bei weitem nicht so gut wie die Partiefolge.

28...b5

28...♕xd6 29.♕xc4+ ♔h8 30.♕b3 b5 31.♖e6+−

29.♖xe6 bxa4 30.♗xf8 ♔xf8 31.♖a1 ♗b2 32.♖xa4 ♘b6 33.♖a6

33.♖xb6!? axb6 34.♘e2+− ist noch wesentlich einfacher.

33...♗xc3 34.♘f5 ♗b4 35.♖e2 ♔f7 36.♖ea2 Sc8 37.g4 g6 38.♘xh6+ ♔g7 39.g5 fxg5 40.♘g4 ♖xd4 41.♖c2 ♘e7 42.♖xa7 ♗d6 43.♔g2 ♔f7 44.♖e2 ♗b4 45.♖e5 ♗d6 46.♖xg5 ♔e6 47.♖a6 1−0

A01.12

37.♗xg6+ ♕xg6

37...♔xg6 38.♕g4+ ♔h7 39.♕xg7+ ♔xg7 40.♖xe7+ +− (Stohl in ‘CBM 71’)

38.♕b4

Der Springer e7 ist nicht zu decken.

38...♕f5?!

38...♔g8 39.♕xe7 ♖f8 40.♖b5+− (Stohl)

39.♕xe7+ ♔g6 40.♕h7+ 1−0

40...♔g5 41.♖g7+ ♖g6 42.♕h4# bzw. 41...♕g6 42.♕h4+ ♔f5 43.♕f4# (Stohl)

A01.13

20.h6!!

− Das sofortige 20.♗g6? wird mit 20...♕xd1 21.♖xe6+ ♔f8 22.♗a3+ ♘e7 23.♖exe7 ♕d4+ 24.♔xg2 hxg6 pariert.

− Die Alternativen 20.♕e1?! und

20.♕g1?! sind ebenfalls klar besser für Weiß, aber natürlich nicht so durchschlagend wie die Partiefortsetzung.

20...gxh6?

Lautier lässt Anand seine wunderschöne Kombination ausführen.

20...♘xe3 ist besser, rettet aber natürlich auch nicht: 21.♗xe3 ♕e5 22.hxg7 ♖g8 23.♕g1 (23.♕c1+− ist ebenfalls sehr stark.) 23...♗xf3 24.♔xf3+− (Anand in 'CBM 60').

21.♗g6!! ♘e7

- 21...♕xe3+ 22.♗xe3 hxg6 23.♕d4
- 21...♕f6 22.♗xf7+ ♕xf7 23.♖xf7 ♘xe3 24.♕xd8+! ♔xd8 25.♗xe3 ♗h3 26.♖xa7+− (Anand)
- 21...♕xd1 22.♖xe6+ ♔f8 23.♗xh6+ ♔g8 24.♗xf7#
- 21...♘xe3 22.♗xf7+ ♔f8 23.♕xd4 ♖xd4 24.♗xe3+−

22.♕xd4 ♖xd4 23.♖d3! ♖d8 24.♖xd8+ ♔xd8 25.♗d3 1−0

25...♗h1 26.♗b2 ♖e8 27.♗f6

A01.14

51...♖f2+

- 51...♖a1+?? 52.♗b1±
- 51...♘xg6? 52.♖b8+ ♔e7 53.♘f5+ ♔f6 54.♘xe3 ♔e5 55.♖d8=

52.♔e1

52.♔g1 ♖f3+ 53.♔h1 ♖h3#

52...♘g2+ 53.♔d1 ♗xh6 0−1

A01.15

29.♘f4! ♕h4

29...♕xf1+ 30.♕xf1 ♗xf4 31.♕d3+−

30.♕d4+ ♕f6

30...♗g7 31.♘fg6+ +−

31.♕xf6+ ♖xf6 32.♘xh5 ♖f7 33.♘d5 f4 34.♖e1 1−0

A01.16

43.♘e7! ♔g7

43...♖h6 44.♖f8+ ♔g7 45.♖c8!

Diese Pointe ist gleichzeitig der einzige Gewinnzug.

45...♖f6 46.♘f5+ ♔f7 47.♘xd6+ ♖xd6 48.♖xc5+−

44.♘xg6 ♔xg6 45.♖f8 a4 46.c4 h5 47.♔f2 1−0

A01.17

33.♕g7+ 1−0

33.♕h7+ gewinnt ebenfalls.

33...♔xg7 34.♖fxf7+ ♔h8 35.♖h7+ ♔g8 36.♖bg7#

A01.18

Kasparow brachte seinen Turm entscheidend in den Angriff.

34.♖d6!

34.♕h6+?! sollte auch gewinnen, ist aber nicht so gut wie die Partiefortsetzung; z.B. 34...♔g8 35.♕e6+!

(Die Alternativen 35.♖d6?! ♗e4 und 35.g6?! ♕e7 sind besser für Weiß, aber nicht so gut wie die Hauptvariante.)

35...♔h8 36.g6 ♕xf2 37.♕e7 ♕f4+ 38.♔b1 ♕h6 39.h5 ♖e8 40.♕f6+ ♕g7 41.♕f4+−

34...♗c8

- 34...♖xf2 35.♕e7+ ♖f7 36.♖g6+ +− (Finkel in 'CBM 78')
- 34...♕xf2 35.♕h6+ ♔g8 36.♖g6+

♔f7 37.♖g7+ ♔e8 38.♕e6+ ♔d8 39.♕d6+ +− (Finkel)

35.♕e7+ 1–0

A01.19

23.c6!!

23.♕f6?! sollte allerdings auch gewinnen; z.B. 23...♖f8 24.♕g7 dxc5 25.♖e3 ♖d3 26.♖xd3 ♕xb6 27.♖e1 ♕f6 28.♖xe7+ ♕xe7 29.♖e3 ♗e4 30.♕xe7+ ♔xe7 31.♖xe4+.

23...♗xc6

23...♗c8 24.♕f6 ♖f8 25.♕g7 ♖f7 26.♕g8+ ♖f8 27.♕xh7 ♖f7 28.♕g8+ ♖f8 29.♕xg6+ ♖f7 30.♘d5+−

24.♖ac1!

Kasparow bringt die letzte Figur in den Angriff.

24...♖d7 25.♘xd7 ♕xd7 26.♕c4 ♗b7

26...♗b5 27.♕d5 ♖f8 28.♖c2 ♕f5 29.♕xd6 ♕f6 30.♖c8+ ♔f7 31.♖xe7+ ♕xe7 32.♖c7+−

27.♕c7 ♖f8 28.♕b8+ ♔f7 29.♖c7 1–0

A01.20

28...♘ce4!

28...♘cd5 29.♖e1 e4 gewinnt ebenfalls, ist aber nicht so durchschlagend wie die Partiefolge.

29.♖b2

– 29.♕e1 ♘xd2 30.♕xd2 ♘d5 31.♖e1 ♕f6−+

– 29.♖xe4 ♕a3 30.♗d3 (30.♖e1 ♖c1+ 31.♖xc1 ♕xc1#) 30...♕c1+ 31.♗b1 ♕xd2−+

29...♖c1+ 30.♖b1 ♕c5 0–1

Weiß gab auf, weil er das Matt nur hinauszögern, aber nicht verhindern kann: 31.♖xe4 ♕c3# bzw. 31.♕h3 ♕d4+ 32.♖c3 ♖xc3 33.♕xe6+ ♔f8

A01.21

41.♗g6!

41.♖xd4? ♘xd4 42.♕e4 ♘f5=

41...♖xd3

41...fxg6 42.♕xe6+ ♕f7 43.♕xc8+ ♕f8 44.♖h8+ +−

42.♗h7+ 1–0

42...♔f8 43.♗xf5

A01.22

16.♕h6 ♕f5

16...f5 17.♗f6+−

17.♕xf8+ 1–0

17...♔xf8 18.♗h6+ ♔g8 19.♖e8#

A01.23

38.g6!

Anand öffnet Linien für seine Langschrittler.

38...fxg6

– 38...hxg6 39.♕h4+ ♖h5 40.♘xh5

– 40...♔g8 41.♗c2 gxh5 42.♖b1 ♕a2 43.♖b3+−

– 40...gxh5 41.e5 g6 42.exd6+−

– 38...gxf6? 39.♕xf6+ ♗g7 (39...♔g8 40.gxf7#) 40.♕d8+ ♖e8 41.♕xe8+ ♗f8 42.♕xf8#

39.♘d7!

Nach 39.♘xh7? ♔xh7 40.♕xf8 c2 41.♗xc2 ♖xc2 42.♕xd6 ♖xf2+ 43.♔g1 ♖f6 44.♕xe5 ♕f2+ 45.♔h1 ♘c5 kann Schwarz noch kämpfen, obwohl Weiß natürlich besser steht.

39...♗e7

39...♖e8 40.♘xf8 ♘b4 41.♘b5 c2 42.♗xc2 ♕xc2 43.♘xd6 ♕xd1 44.♘xe8+-

40.♘xe5 dxe5 41.♕f7 h6 42.♕e8+ 1-0

A01.24

22.♕d3!

Die beiden folgenden Alternativen sind zwar besser für Weiß, aber natürlich bei weitem nicht so gut wie die Partiefortsetzung.

- 22.♖e5?! ♘xe5 23.♗xd5+ ♕xd5 24.♕xh2 ♕g2

- 22.f5?! ♖c8 23.♖xa6 ♖xg2 24.♖xa5 ♖xd2 25.♖xd2 ♘7f6

22...♗g7

22...♔xe6 23.♗xd5+ ♗xd5 24.♕g6+ ♘f6 25.♕xf6+ ♔d7 26.♖xd5+ ♕xd5 27.♘b6+ +-

23.♕f5+ ♔g8 24.♖xd5 ♕xa4

24...♗xd5 25.♕xd5 ♕xd5 26.♗xd5+-

25.♖e7 1-0

- 25...♔h8 26.♖exd7 ♗xd5 27.♖xg7 ♔xg7 28.♕f6+ ♔h7 29.♗e4+ ♗xe4 30.♕f7+ ♔h8 31.♗f6#

- 25...♖f8 26.♖xg7+ ♔xg7 27.♖xd7+ ♕xd7 28.♕xd7+ ♖f7 29.♕d4+

A01.25

23.♘xh6+!

Der Springer öffnet Breschen für die Langschrittler.

- 23.♘f6+? gxf6 24.♕xh6 Sc5 25.♕e3 e5 26.♖xc5 ♗d7 ist zwar klar besser für Weiß, aber nicht so gut wie die Partiefolge.

- 23.e5 ♗xg2 24.♘f6+ ♔h8 25.♖c4 gewinnt allerdings ebenfalls.

23...gxh6?!

23...♔h7 ist zäher, hilft aber auch nicht wirklich; z.B. 24.♘g4 f6 25.♕f4 ♘b8 26.e5+-.

24.♕xh6 f6

- 24...♕e7 25.e5 ♗xg2 26.♖d4 ♗f3 27.♖cc4+-

- 24...♖xd6 25.♕g5+

- 25...♔h7 26.♖xd6 f6 27.♕h5+ ♔g8 28.♕g4+ ♕g7 29.♕xe6+ ♕f7 30.♖dxc6+-

- 25...♔h8 26.♖xd6 f6 27.♕h6+ ♔g8 28.♗h3+-

25.e5

Anand öffnet Angriffslinien.

25...♗xg2 26.exf6!

Der Sargnagel!

26.♖c4? kann hingegen durch 26...♕g7!= abgewehrt werden.

26...♖xd6 27.♖xd6 ♗e4

27...♗d5 28.♕g6+ ♔h8 29.♖c4 (29.♖d8 ♖xd8 30.f7+-) 29...♗xc4 30.♖d4 ♕h7 31.♖h4 ♖f7 32.♖xh7+ ♖xh7 33.♕e8#

28.♖xe6 ♘d3

28...♕h7 29.♕g5+ ♕g6 30.f7+

29.♖c2 ♕h7

29...♘ac5 30.♖e7

30.f7+ ♕xf7

30...♔xf7 31.♖f6+

31.♖xe4 ♕f5

31...♘xf2 32.♖f4

32.♖e7 1-0

A01.26

21.♘xf7! ♔xf7

- 21...♘c6 22.♘h6+ ♔h8 23.♘xf5 gxf5 24.♖xh7+ ♔xh7 25.♖h1+ ♔g6 26.♕g3+ +-

– 21...♖d7 22.♘h6+ ♔f8 23.♕xe5+–

22.♕xe5 ♖xd6+

22...♔g8?! 23.♕d5+ ♔f8 24.♖xh7+–

23.♕xd6 Sc6 24.♖xh7+ ♔g8 25.♖d7! ♖e8 26.♕f6 ♗xd7 27.♕xg6+ ♔f8 28.♕f6+ ♔g8 29.♖h1 ♖e2+ 30.♔xe2 ♘d4+

30...♕xc2+ 31.♔e3+–

31.cxd4 ♕xc2+ 32.♔e3 ♕c3+ 33.♔f4 ♕xd4+ 34.♕xd4 cxd4 35.♔e4 a5 36.♔xd4 a4 37.♔c3 b5 38.♔b4 ♔f7 39.♖h7+ ♔e6 40.g4 ♗e8 41.f4 ♔f6 42.♖h6+ ♔g7 43.g5 ♗g6 44.♖h3 ♗f5 45.♖e3 1–0

A01.27

16.♘f5!!

So kann Weiß die schwarzen Mauern direkt stürmen. Allerdings gewinnen die folgenden Alternativen auch, wenngleich nicht so einfach.

– 16.♗xh6 g6 17.♖g3 ♔h7 18.♕h3 ♖h8 19.♗xe6 ♘xe6 20.♘xe6 fxe6 21.♖f1 ♘xe5 22.♗f4+ ♔g8 23.♕xh8+ ♔xh8 24.♗xe5+ ♔g8 25.♖xg6+ ♔h7 26.♖g7+ ♔h6 27.♖ff7+–

– 16.♖g3 ♘xe5 (16...axb3? 17.♗xh6+–) 17.♗xh6 ♗f6 18.♗xg7 ♗xg7 19.♕xe5 f6 20.♕xc5 axb3 21.cxb3 ♖a5 22.♕c4+–

16...exf5

– 16...♗g5 17.♗xg5 ♕xg5 18.♕xg5 hxg5 19.♘e7#

– 16...axb3 17.♘xh6+ gxh6 18.♗xh6 bxc2 19.♗g5+–

17.♗xh6 ♗h4

17...axb3 18.♗xg7+–

18.♕g6 ♕g5 19.♗xg5 axb3 20.♕h5 ♘xe5 21.♖xh4 1–0

A01.28

23.♗xg6!!

23.♘xg6? scheitert an 23...hxg6 24.♗xg6 (24.♕e5 ♔f7–+) 24...♘g3 25.♕e5 ♘e2+ 26.♔h1 ♕d4 27.♕xe6+ ♔h8 28.♕h3 ♕h4–+.

23...♘f6

23...hxg6 24.♕e4 ♗f8 25.♕xg6+ ♘g7 26.♘g4+– bzw. 25...♗g7 26.♕f7+ ♔h7 27.♕xh5+–

24.♗xh7+ 1–0

24...♘xh7 25.♕e4 ♔h8 26.♘f7+ ♔g8 27.♕g6#

24...♔xh7 25.♕b1+ ♔h8 26.♘f7+ ♔g8 27.♕g6#

A01.29

18.f5! exf5

18...dxe5 19.♘xe6! fxe6 20.fxg6+ ♔xg6 21.♕xe6+ ♗f6 (21...♘f6 22.♕xe5+–) 22.♕f5+ ♔g7 23.♖d1 (23.♕xh5? ♘g3+ 24.hxg3 ♖h8–+) 23...♘d6 24.♕xh5+–

19.♖xf5! ♗g5

Auch die Alternativen helfen nicht.

1) 19...dxe5 20.♖xh5+ gxh5 21.♕xh5+ ♔g8 22.♕g6+ ♔h8 23.♕h6+ ♔g8 24.♘e6 fxe6 25.♕xe6+ ♔h7 26.♕h6#

2) 19...♔g8 20.♖xf7 ♖xf7 21.♕e6 d5 22.♕xg6+ ♖g7 23.♕xe4+–

3) 19...♗h4 20.♖ef1 gxf5 21.♕xf5+ ♔g7 22.♗xf7+–

4) 19...gxf5 20.♕xh5+ ♔g8 21.♕g6+ ♔h8 22.♕h6+ ♔g8 23.♘xf5 ♗f6 24.♕g6+ ♔h8 25.♕h5+ ♔g8 26.♘h6+ ♔g7 27.♘xf7+–

5) 19...d5 20.♖xh5+! (Falko Meyer) 20...gxh5 21.♕xh5+ ♔g8 22.♗h6

5A) 22...♘f2+ 23.♔g1 ♗h4 24.♘f5 ♕b6 25.♗e3 ♕g6 26.♘h6+ ♔g7 27.♕xh4+−

5B) 22...♘g5 23.♗xg5 ♗xg5 24.♗c2 f5 25.exf6 ♖xf6 26.♕xg5+ +−

5C) 22...♗f6 23.♖xe4 dxe4 24.♘f5+−

20.♗xf7 dxe5 21.♘e6 ♕d7 22.♗xg6+ ♔xg6 23.♘xf8+ 1–0

23...♖xf8 24.♖xg5+ ♘xg5 25.♕xd7

A01.30

19...♗xf3!?

Dieser Donnerschlag öffnet viele Angriffslinien.

19...♘f4+ gewinnt allerdings ebenfalls; z.B. 20.♔f2 ♘h3+ 21.gxh3 ♕h4+ 22.♔g1 ♖e1 23.♕c2 ♖ae8 24.♘e2 ♗b5 25.♘g3 ♗xf1 26.♘xf1 ♖xf1+ 27.♔xf1 ♖e1+ 28.♔g2 ♕g5+ 29.♔f2 ♖xh1−+.

20.gxf3

20.♕xf3 ♘g5+ 21.♕e2 ♖xe2+ 22.♗xe2 ♕e7−+

20...♕h4+ 21.♖f2 ♘xd4+ 22.♗e2 ♘xf3+ 23.♔f1 ♕h3+ 24.♖g2 ♘h4

24...♖ad8!? 25.♘d5 ♘h4 26.♖hg1 ♘f5−+ war noch etwas genauer.

25.♖hg1 ♖ad8 26.♕e1

26.♕a4 ♘f5

– 27.♘d1 h5 28.♕f4 g6 29.♔e1 ♖xd1+ 30.♔xd1 ♘e3+ 31.♔c1 ♘xg2−+

– 27.♔e1 ♕e3 28.♕c2 ♖e5 29.♘d1 ♕f4 30.♖f2 ♕h4−+

26...♖d3 27.♕f2

27.♗xd3 ♖xe1+ 28.♔xe1 ♘xg2+ −+

27...♘f3 28.♖h1 ♖de3 29.♖hg1 ♔h8 30.♖h1 b5 0–1

Der letzte Zug unterstreicht die weiße Hilflosigkeit, so dass Magerramov aufgab.

A01.31

27.h5!!

Dieser Vorstoß hebt die Verteidigung aus den Angeln.

27.♖xb6? ♘xf4 28.♘xf4 ♖xg4=

27...♘xf4 28.hxg6 ♕xd6

28...♘xh3 29.gxf7+−

29.♖xh7+ ♔g8 30.gxf7+ ♔xh7 31.fxe8♕ ♘xe6 32.♗f5+ ♔g7 33.♕g6+ ♔f8 34.♕xf6+ ♔e8 35.♗xe6 ♕f8?

Das verliert direkt die Dame. Schwarz kann sich aber ohnehin langfristig nicht über Wasser halten; z.B. 35...e3 36.fxe3 ♗xg2 37.♗f7+ ♔d7 38.♗e8+ ♔c7 39.♕g7+ ♔d8 40.♗xb5 axb5 41.♕xg2+−.

36.♗d7+ 1–0

A01.32

24.♘xf6!

24.♖h3 gewinnt ebenfalls; z.B. 24...♖h8 25.♘xf6 ♖xh3 26.♘g4 ♕f4 27.♕xf4 gxf4 28.♖c7+ ♔e8 29.gxh3.

24...♔xf6

24...♕xf6 25.♖h3 ♔g8 26.♖h5 ♗d7 27.e5 ♕xe5 28.♖e1 ♕f6 29.♖xg5+ ♔f7 30.♗e4 ♗c6 31.♖g6+−

25.♖h3 ♖g8

25...♗d7 26.♖h6+ ♔f7 27.♕xg5 ♖g8 28.♖h7+ ♖g7 29.♕h5+ ♔e7 30.f6+ ♕xf6 31.e5 ♕f7 32.♕h4+ ♔e8 33.e6 ♗xe6 34.♖h8+ ♖g8 35.♗b5+

26.♖h6+ ♔f7 27.♖h7+ ♔e8

27...♖g7 28.♖xg7+ ♔xg7 29.♕xg5+ ♔f8 30.♕h6+ ♕g7 31.♕h4 ♗d7 32.♖c7 ♔g8 33.f6 ♕f7 34.e5+−

28.♖cc7 ♔d8 29.♗b5! ♕xe4 30.♖xc8+ 1–0

30...♔xc8 31.♕c1+ Sc6 32.♗xc6 ♕e3+ 33.♕xe3 dxe3 34.♗xa8

A01.33

12.♗g6!!

– 12.♘g6? fxg6 13.axb5 ♗d6 14.bxa6 ♗a8 15.♗xg6+ ♔f8 gibt Weiß sehr gutes Spiel für die Figur, ist aber natürlich nicht so gut wie die Partiefortsetzung.

– 12.♘xf7?? ♔xf7 13.♗g6+ ♔g8 lässt den schwarzen König hingegen entwischen.

12...♘xe5

Der Tausch bringt letztlich keine echte Entlastung.

Allerdings ist der schwarze König nach 12...fxg6 13.♕xg6+ ♔e7 14.♗b4+ c5 15.♕f7+ ♔d6 16.dxc5+ zu exponiert.

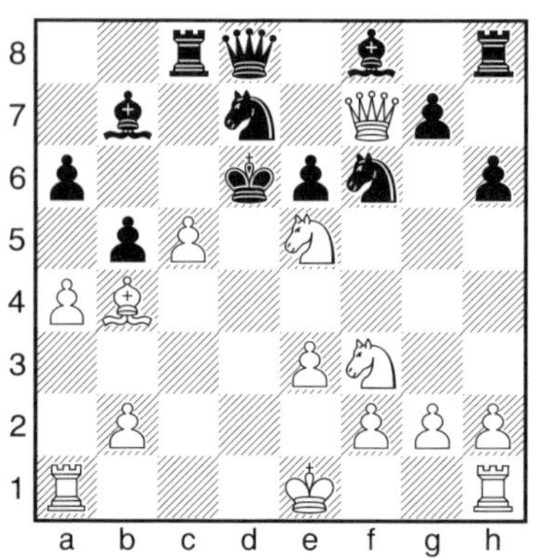

16...♖xc5 (16...♘xc5 17.♕xb7+–) 17.axb5 axb5 (17...♗xf3 18.♖xa6+ ♔xe5 19.♕xe6#) 18.0–0 ♕e7 19.♕xe7+ ♗xe7 20.♘f7+ ♔c7 21.♘xh8 ♗xf3 22.♗xc5 ♗xc5 23.gxf3+–

13.♘xe5 ♖c7 14.♗a5!

Damit ist die Partie entschieden.

14...fxg6 15.♕xg6+ ♔e7 16.♘f7 ♕e8 17.♘xh8 ♖c8 18.♗b4+ c5 19.♗xc5+ ♖xc5 20.dxc5 ♗e4 21.♕xe8+ ♘xe8 22.f3 ♗d3 23.axb5 1–0

A01.34

26...♗xg2!!

26...♖fe6? 27.♘f3 ♗xf4 28.♗xf4 ♕xf4 ist zwar besser für Schwarz, aber bei weitem nicht so durchschlagend wie Aljechins kombinatorischer Schlag.

27.♔xg2

27.♕xg2 ♖xe3–+

27...♖g6+ 28.♔h2

28.♔f2?! ♕h4+ 29.♔f3 ♕g3#

28...♕g5

28...♖ge6!? 29.♖f3 ♖xe3 30.♖xe3 ♗xf4+ 31.♔h1 ♖xe3 war einfacher.

29.♖f3?!

29.♔h1!? war zäher, rettet aber nicht: 29...♕h4 30.♖f3 ♖g3 31.♖xg3 ♕xg3 32.♕f3 ♖xe3–+.

29...♖xe3

29...♗xf4+ 30.♖xf4 ♖xe3 31.♕f2 ♖xh3+ 32.♔xh3 ♖h6+ 33.♕h4 ♕xf4 gewinnt ebenfalls.

30.♖xe3 ♗xf4+ 31.♔h1 ♗xe3 32.♘b3 ♕g3 0–1

A01.35

16.♘e5!!

Ein genialer Blitz aus heiterem Himmel, der den weißen Angriff krönt.

– 16.♖h7 gewinnt allerdings ebenfalls: 16...♕g6 17.♕c4+ d5 18.♖h8+ ♔f7 19.♘e5+ ♔e6 20.♘xg6 dxc4 21.♘xf8+ ♔f7 22.♘g6+–.

– Nicht jedoch 16.♖h8+? ♔f7 17.♕xg7+ ♔xg7 18.♖1h7+ ♔g6

19.♖h6+ ♔f7 20.♖8h7+ ♔e8 21.♖xe6+ ♔d8 22.♖ee7=.

– Und erst recht nicht 16.g6?? ♕xg6 17.♘e5 ♕xh5 18.♖xh5 dxe5 19.♕xe5 ♖ae8–+.

16...dxe5

16...♕xe5 17.g6 ♕f4+ 18.♕e3 ♕h6 19.♖xh6 gxh6 20.♕xh6+–

17.g6 1–0

17...♕xg6 18.♕c4+ ♕f7 19.♖h8#

A01.36

15.♘f7!!

Ein mächtiger Einstieg gegen Feldt auf einem freien Feld.

– 15.♘c6? führt zwar wegen des Läuferpaares zu für Weiß günstigen Abspielen, ist aber natürlich mit dem Angriffswirbel der Partie nicht vergleichbar; z.B. 15...♗xc6 16.♕xe6+ ♔h8 17.♘g5 (17.♕xc6!?) 17...♖f8 18.♕xc6 cxd4 19.♘e6 ♕c8 20.♕xc8 ♖fxc8 21.♗xf5.

– Und 15.♘g5? ♘f8 ist sogar – wenn überhaupt – nur minimal besser für Weiß.

15...♔xf7

Schwarz lässt ein attraktives Finish zu. Die Alternativen verlieren allerdings auch sang- und klanglos.

15...♕c8 (15...♗xf3 16.♕xe6+–) 16.♕xe6 ♘e5 (16...♘f8? 17.♘h6+ ♔h8 18.♕g8+ ♘xg8 19.♘f7#) 17.♘h6+ ♔h8 18.♕xe5 gxh6 19.d5+–

16.♕xe6+ ♔g8

16...♔xe6 17.♘g5#; 16...♔f8 17.♘g5

17.g4 ♗e4 18.♘h4#

A01.37

33.b6!!

Die weiße Bauernwalze ist nicht zu stoppen.

33...♘xd6

33...axb6 34.cxb6 ♕xg2+ 35.♖xg2 ♘xd6 36.b7+ ♘xb7 37.axb7+ ♖xb7 38.♖a2+ ♔b8 39.♗a7+ ♔c7 40.d6+ ♔c6 41.♖a6+ +–

34.cxd6 ♖ec7

34...♗c7 35.b7+ ♔b8 36.bxc8♕+ ♔xc8 37.♔h1 ♖g7 38.♖b7 ♕xd5 39.dxc7+–

35.b7+ ♔b8 36.d7 ♕g3+ 37.♔h1 1–0

A01.38

25.♗g6!?

Ein echter Hammer!

25.♕c3 gewinnt allerdings auch; z.B. 25...♔g8 26.♗h7+ ♔h8 27.♗c2 ♔g8 28.♕c4 ♗d6 29.♗g6+–.

25...♕e5

25...fxg6 26.♕e4 ♔g8 27.♕xe6+ ♔h8 28.♕h3+ ♔g8 29.♕h7#; 25...♕b7 26.♕c4 ♖d4 27.♘xf7+ ♔g8 28.♘xd8+–

26.♘xf7+ ♖xf7 27.♗xf7 ♕f5 28.♖fd1 ♖xd1+ 29.♖xd1 ♕xf7 30.♕xc8 ♔h7 31.♕xa6 ♕f3 32.♕d3+ 1–0

A01.39

28...♕f3!! 0–1

– Nicht jedoch 28...♗h3? 29.f4+–.

– 28...♘ef3+ gewinnt allerdings auch; z.B. 29.♔h1 ♗h3 30.gxh3 ♖d8 31.c6 ♘e1–+.

Weiß gab auf angesichts von 29.gxf3 ♘exf3+ 30.♔h1 ♗h3 31.♗xe8 ♗g2#.

A01.40

15.♘xb5! axb5 16.♕h5+ ♕f7

16...♘g6 17.♘xg6 ♕f7 18.♖xa8+ ♗xa8 19.♕g4 f5 20.exf5 hxg6 21.fxg6+−

17.♖xa8+ ♗xa8 18.♖d8+

Die Pointe der Kombination.

18...♔xd8 19.♕xf7 gxh4 20.♕xf6 ♖g8 21.f3!

Spasski stabilisiert seine Struktur und wird als nächstes die schwachen schwarzen Bauern einsammeln. Außerdem sind die schwarzen Kräfte unkoordiniert.

21...h3 22.g3 ♔e8 23.♕xe5 ♖g6 24.♕xb5+ ♗c6 25.♕b8+ ♔f7 26.♕xc7 ♖f6 27.♗g5 ♖e6 28.b4 ♔g8 29.♕b8 ♘g6 30.♔f2 ♘e5 31.b5 ♗e8 32.♗e3 ♗d6 33.♕c8 ♔f7 34.b6 ♖f6 35.♗f4 ♗d7 36.b7 ♗e6 37.♗xe5 ♗xe5 38.b8♕ ♗xc8 39.♕xe5 1–0

A01.41

12...h4!!

Spasski münzte seine Initiative meisterhaft um.

12...♘xe3 gewinnt allerdings auch: 13.dxe3 ♗xe3 14.♕c3 ♗d4 15.♕c1 ♗c5−+.

13.hxg4

13.♗xg4 ♗xg4 14.hxg4 hxg3 15.♖g1 ♖h2 16.♘c3 ♖dxd2 17.♕xd2 ♖xd2 18.♔xd2 ♕d7+ −+

13...hxg3 14.♖g1

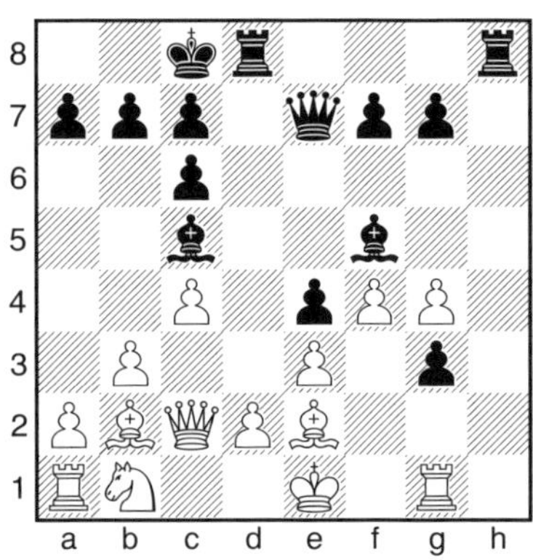

Am Rande der Schacholympiade in Dresden 2008 wurde Wladimir Kramnik gebeten, einige Stellungen zu identifizieren. Bei der vorliegenden sagte er wie aus der Pistole geschossen: „♖h1 aus Larsen–Spasski. Diesen Zug kennt jedes russische Schulkind!“

14...♖h1!?

Sehr spektakulär!

15.♖xh1

15.♔f1 ♖xg1+ 16.♔xg1 ♕h4−+

15...g2 16.♖f1

16.♖g1 ♕h4+ 17.♔d1 ♕h1−+

16...♕h4+ 17.♔d1 gxf1♕+ 0–1

A01.42

21.♘xe6!! fxe6 22.♕xa4+ ♕b5

22...♔e7 23.♕h4+ ♔e8 24.♕g4

– 24...♖d8 25.♕xe6+ ♕e7 26.♕c6+ ♖d7 27.e6+−

– 24...♖f8 25.♕xe6+ ♗e7 26.♖xf8+ ♔xf8 27.♖f1+ ♔e8 28.♕f7+ ♔d7 29.♖d1+ ♔c6 30.♕e6+ ♔b5 31.♖d5+ +−

23.♕g4 ♕c6

23...♖f8 24.♕xe6+ ♗e7 25.c4 ♖xf1+ 26.♖xf1 ♕b7 27.♕f7+ ♔d8 28.♖d1+ +−

24.♕xg7 ♖f8 25.♖xf8+ ♗xf8 26.♕xh7 ♖c8 27.♕g6+ 1–0

27...♔e7 28.♖d6

A01.43

20.♘xf7! ♔xf7 21.♖e3!

Die entscheidende Verstärkung des weißen Angriffs.

21...♔g8

21...♘d7 22.♖f3+ ♔g8 23.♕e6+ ♔h8 24.♕e7 ♖g8 25.♖f7+-

22.♗f1

22.♖f3 gewinnt ebenfalls.

22...♖d7

– 22...♗g4 23.♗c4+ ♔h7 24.♕e7+ ♔h8 25.♕f6+ ♔h7 26.♕f7+ ♔h8 27.♕xg6

– 22...♘d7 23.♗c4+ ♔h7 24.♕e7+ ♔h8 25.♖f3+-

23.♕e8+ ♔g7 24.♖f3 ♕c5

24...♕d8 25.♖f7+; 24...♕c7 25.♗c4

25.♖d1

Spasski spielt weiter auf Angriff.

25.♕xc8 gewinnt natürlich ebenfalls.

25...h5

25...♕e7 26.♖xd7 ♕xd7 27.♕f8+ ♔h7 28.♖f7+ +-

26.♖xd7+ ♘xd7 27.♖f7+ ♔h6 28.♕h8+ ♔g5 29.h4+ 1–0

A01.44

16.♘xf7!! exf1♕+ 17.♖xf1 ♗f5

– 17...♕d5 18.♗b3 ♕xb3 19.axb3 ♔xf7 20.♕c4+ ♔g6 21.♕g8 ♗f6 22.♘h4+ ♗xh4 23.♕f7+ +-

– 17...♔xf7?! 18.♘g5+ ♔g8 19.♗b3+ ♔h8 20.♖xf8+ ♗xf8 21.♕h7#

18.♕xf5 ♕d7 19.♕f4 ♗f6 20.♘3e5 ♕e7?!

20...♗xe5 21.♘xe5 ♖xe5 22.dxe5 ♖e8 ist zäher, rettet aber nicht.

21.♗b3 ♗xe5 22.♘xe5+ ♔h7 23.♕e4+ 1–0

A01.45

62...♖e4

62...♖h3 63.♔g4 ♖h1 64.h5 ♖g1+ 65.♔f4 ♖f1+! 66.♔e4 ♖e1+ 67.♔d4 ♖d1+ =

63.♖g4 ♖xe5+ 64.♔g6 ♔e7 65.♔g7 ♖f5 66.♖e4+ ♔d6 67.♔g6 ♖f1 68.♖g4 ♔e7 69.h5 ♔f8 70.♔h7 ♔f7 71.♖g7+ ½–½

A01.46

59...♔f8!

59...♖c8? 60.e7 ♖e8 61.♔h3+-

60.♖xh4 ♖e3! 61.♖h8+ ♔g7

61...♔e7? 62.♖h6 ♔f8 63.♖g6+-

62.♖e8 ♔f6 63.g3 ♖e4 64.♔g2 ♖e3 65.♔h3 ♖e4 66.g4 ♖e1 67.♖f8+ ♔g7 68.♖e8 ♔f6 69.e7 ♔g7

69...♖xe7? 70.♖xe7 ♔xe7 71.♔h4 ♔f6 72.♔h5 ♔g7 73.♔g5+-

70.♔h4 ½–½

A01.47

50...♖d6!!

Der Turm muss unverzüglich aktiviert werden, denn er ist ein sehr schlechter Blockeur.

– 50...e3? 51.♔d3 ♔g4 52.♔xe3 ♔xg3 53.♖a4 ♔h3 54.♔f3 ♖f6+ 55.♔e4+-

– Nach 50...♔f5? 51.♔d4 ♖d6+ 52.♔e3 ♖g6 53.♔f2 ♖a6 54.♖a4 ♔e5 55.♔e3 hat Weiß die richtige Aufgabenverteilung für seine Kräfte gefunden.

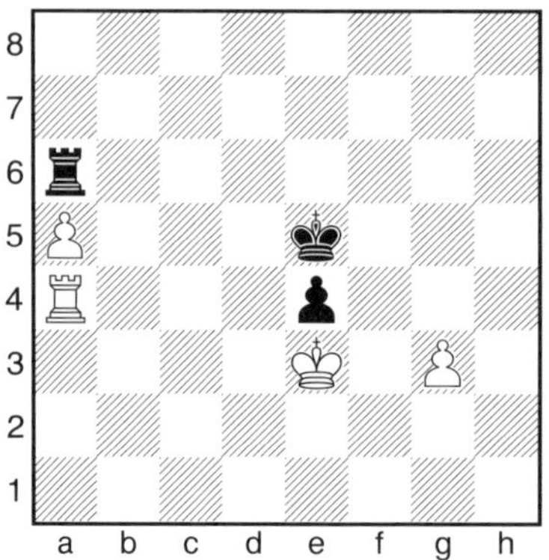

Der König blockiert den Freibauern und der Turm steht hinter dem eigenen Freibauern.

51.a6 e3 52.a7 e2 53.a8♕ e1♕

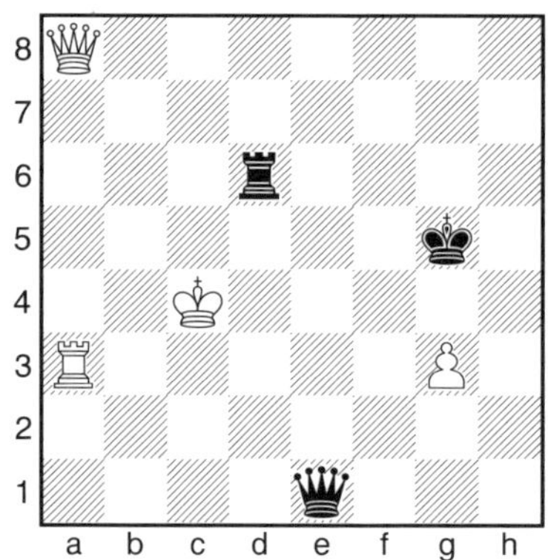

Erstaunlicherweise kann Weiß nun die 4. Partiephase nicht gewinnen. Sie ist übrigens eine Domäne der Aktivspieler und wird in der Regel anhand von Aljechin-Partien beleuchtet.

54.♖a5+ ♔g4 55.♕g8+ ♔f3 56.♕f7+ ♔g2!

Der König nutzt den Bauern g3 als Regenschirm.

57.♖a2+ ♔g1 58.♕a7+ ♔f1 59.♕f7+ ♔g1 60.♕a7+ ♔f1 61.♖a1 ♖d1 62.♕f7+ ♔g1 63.♕a7+ ♔f1 64.♖xd1 ♕xd1 65.♕d4 ♕a4+ 66.♔d3 ♕b3+ 67.♕c3 ♕d5+ ½-½

A01.48

63...♖a3!

- 63...♖a5+? 64.♔e6 ♖a6+ 65.♔e7 ♖a7+ 66.♔f8 ♔g4 67.♖g6+ ♔h5 68.♖g5+ +-

- 63...♖g4? 64.♖h6+ ♔xh6 65.♔xg4+-

- 63...♖f4+? 64.gxf4+-

- 63...♖b4? 64.♖f8+-

64.♔f4

64.g4+ ♔xh4 65.♖h6+ ♔g3 66.g5 ♖a5+ 67.♔f6 ♖a6+ (Baburin in 'Chess Today 5072') 68.♔g7 ♖a7+ 69.♔g8 (69.♔g6 ♔g4=) 69...♔g4 70.g6 ♔g5 71.♖h7 ♖a8+ =

64...♖f3+ 65.♔xf3 ½-½

A01.49

37...♕xf3+ 38.♔xf3 0-1

38...♘e3!! 39.♔f2 h2

A01.50

41.g3!?

41.h4?! ♗xh4 42.g3 ♖xd7

(42...♗g5 43.♖e5 ♗f6 44.♖xb5 a4 45.♖bb8+-

42...♗f6 43.♖e6 ♗g5 44.♖e5+-)

43.♗xd7 ♖xc8 44.♗xc8 ♗xg3 45.♖e7 sollte auch gewinnen, ist aber schlechtere Technik.

41...a4 42.h4 ♗f6 43.♖e6! 1-0

43...a3 44.♖xf6 ♖xf6 45.♖xd8 a2 46.♗g6+ ♖f8 47.♖xf8+ ♔xf8 48.d8♕#

43...♖xd7 44.♗xd7 ♖xc8 45.♗xc8 b4 46.♖e4 a3 47.♗e6+

A01.51

1...♗h3!!

Schirows brillanter Geistesblitz ist der einzige Gewinnzug. Diese enorme Kreativität bei der Umsetzung der Initiative ist eine Stärke von Aktivspielern.

1...♗e4?

(1...♔d6? 2.♔f2 ♔c5 3.♔e3=)

2.g3 ♔f5

(2...f5 3.♔f2 f4 4.gxf4 ♔f5 5.♔e3 ♔g4 6.♗f6 ♔g3 7.♗e7 ♔g2 8.♗d6 ♔f1 9.♗b4=)

3.♔f2 a3 4.♔e3 ♔g4 5.♗xf6 ♔xg3 6.♔e2 d4

(6...a2 7.♔e3 ♗f3 8.♔d2 d4 9.♗xd4 ♔xh4 10.♔c1=)

7.♗xd4 ♔xh4 8.♔d2 g5 9.♔c3 a2 10.♔b2 ♗d5 11.♗f6 ♔g4 12.♗xg5 ♔xg5 13.♔a1=

2.gxh3

2.♔f2 ♔f5 3.♔f3 ♗xg2+ 4.♔xg2 ♔e4-+ (Schirow im 'Informator 72')

2...♔f5!

2...f5? 3.♔f2 ♔d6 4.♔e3 ♔c5 5.♔d3

(5.♗d4+? ♔c4 6.♗b2 d4+ 7.♔f4 d3-+ bzw. 7.♗xd4 f4+ 8.♔e4 f3 9.♗e3 a3 10.♔xf3 a2-+)

5...a3 6.♗f6 a2 7.♗e5 f4 8.♗a1 ♔b4 9.♔e2 ♔c4 10.♔f3 d4 11.♔xf4 ♔d5=

3.♔f2 ♔e4! 4.♗xf6

4.♔e2 f5-+ (Schirow)

4...d4! 5.♗e7

– 5.♔e2?! a3-+ (Ftacnik in 'CBM 64')

– 5.♗g5 ♔d3 6.♔e1 ♔c2-+

5...♔d3! 6.♗c5 ♔c4!

6...♔c3? 7.♔e2=

7.♗e7 ♔b3 0–1

A01.52

50.c5!! dxc5

50...bxc5 51.♗e1 ♔c7 52.♗a5+ ♔c8 53.♔c4 ♔b8 54.b6 axb6 55.♗xb6 ♗d4 56.♗d8 ♗f2 57.♗e7+-

51.d6 ♔d7

51...♗d8 52.♔c4 ♔d7 53.♔d5 c4 54.♗d4+-

52.♗xc5 ♗d8

52...bxc5 53.b6 axb6 54.a7+-

53.♗b4 ♔e6 54.♔c4 ♗f6 55.♗c5 ♗d8

55...bxc5 56.b6 axb6 57.a7+-

56.♗d4 ♔xd6 57.♗e5+ ♔e6 58.♗b8 ♔d7 59.♔d5 1–0

A01.53

64...♗b1!

Zunächst liegt Topalow richtig.

– 64...♗e6? trifft auf 65.♘d7+ ♔f7 66.c6 ♗c4 67.♘e5+ +-.

– 64...♔f7? 65.c6 ♗e6 66.c7 ♗f5 67.♘d7+-

65.c6 ♗d3?

Das wird widerlegt.

65...♗e4! (wie von Golubev in 'Chess Today 3777' angegeben) war die einzige Verteidigung.

– 66.♘d5+ ♔f7 67.c7 ♗f5 68.♘b6 ♔e8!=

– 66.c7 ♗b7

– 67.♔d7 ♔e5! 68.♘c4+ ♔d5 69.♘d6 ♗a6=

– 67.♘d7+ ♔f7 68.♘c5 ♗c8=

66.♘d7+!

Nun sind die schwarzen Kräfte dominiert.

66...♔g7

66...♔f7 67.♘e5+ ; 66...♔f5 67.♘c5

67.♘c5 1–0

67...♗f5 68.♔e7 ♗c8 69.♔d8 ♗f5 70.c7 ♔f7 71.♘d7

A01.54

58...♖h1?

58...♔c6= war erforderlich, denn der Turm musste auf der a-Linie bleiben

59.♔b2?

Kramnik verpasst die Gewinnchance 59.♖g8! mit folgenden Möglichkeiten.

59...♖h2+

(59...♔xc7 60.a7+–; 59...♖a1 60.♘d5+ ♔a7 61.♘b4+–)

60.♔d3 ♖h3+ 61.♔e2 ♖h2+ 62.♔f3 ♖h3+ (van Os) 63.♔g2! (63.♔g4? ♖a3!=) 63...♖a3 64.♘d5+ ♔c5 (64...♔a7 65.♘b4; 64...♔xa6 65.♖a8+) 65.♖g5 ♔b5 66.♖g6 ♔c5 67.♘c7+–

59...♖h8 60.♔b3 ♖c8 61.a7 ♔xa7 62.♔b4 ♔b6 63.♘d5+ ♔a6! 64.♖g6+ ♔b7 65.♔b5 ♖c1 66.♖g2 ♔c8 67.♖g7 ♔d8 68.♘f6 ♖c7 69.♖g5

69.♖g8+ ♔e7 70.♘d5+ ♔f7!=

69...♖f7 70.♘d5 ♔d7 71.♖g6 ♖f1 72.♔c5 ♖c1+ 73.♔d4 ♖d1+ 74.♔e5 ½–½

A01.55

67...♖d6?

– 67...♖f8 ist ebenfalls spielbar; z.B. 68.♖c6+ ♔g7 69.♖xb6 ♗b4 und die schwarze Verteidigung sollte halten.

– Auch nach 67...♖b8 kann Weiß nicht gewinnbringend durchbrechen, obwohl die schwarze Aufgabe natürlich unbequem bleibt; z.B. 68.♖c6+

(68.♗c4 ♖f8 69.♖c6+ ♔g7 70.♖xb6 ♗b4 sollte halten.)

68...♔g7

1) 69.♔e5 ♗c5 70.♖c7+ ♔h6 71.♗f7 ♖f8 72.f5 ♗f2 73.♔f4 ♗c5 74.♔f3 gxf5 75.♖c6+ ♔g7 76.♗xh5 ♖f6=

2) 69.♖e6 ♗c5 70.f5 (70.♔f3 ♖d8 71.♗e4 ♖d6=) 70...gxf5+ 71.♔xf5 b5 72.♖g6+ ♔h7 73.axb5 ♖xb5 74.♖g5 ♗e7 75.♖xh5+ ♔g7=

3) 69.f5 gxf5+ 70.♔xf5 b5 71.♖c7 ♔f8

– 72.♔e6 ♖e8 73.♗c6 ♗d8+ 74.♗xe8 ♗xc7=

– 72.axb5 72...♖xb5 73.♖c8+ ♔g7 74.♔e6 ♗b4 75.♖c7+ ♔g8 76.♗c6 ♖b6 77.♔f6 a4 78.♖c8+ ♗f8=

68.♖b7

Schwarz ist in tödlichem Zugzwang.

68...♖d8 69.♖xb6+ ♖d6

69...♔g7 70.♖b7 ♔f6 71.♖a7 ♖c8 (71...♖e8 72.♔f3 ♖d8 73.♖xa5+–) 72.♖xa5 ♖c3 73.♖a6+ ♔g7 74.a5 ♗c5 75.♔e5 ♗f2 76.♖e6 ♗xg3 77.a6 ♖a3 78.♖e7+ ♔f8 79.♖f7+ ♔e8 80.♖f6 ♗xh4 81.♖xg6 ♗e7 82.f5+–

70.♖b5 ♗d8

70...♖a6 71.♖b7 ♖d6 72.♖a7+–

71.♖b7 ♗e7 72.♖a7 ♖b6 73.♖xa5 ♖b4+ 74.♔f3 ♖d4 75.♖a6+ ♔g7 76.♗e4 ♖d6 77.♖xd6 ♗xd6 78.a5 ♗c5 79.a6 ♔f6 80.♔e2 1–0

A01.56

66...♗b7?

Nach 66...♗h1!! kann Weiß erstaunlicherweise trotz der beiden Mehrbauern nicht gewinnen, was mittlerweile auch durch die 'Achtsteiner-Tablebase' bestätigt wurde. Ich (K.M.) hatte allerdings bis Anfang 2005 geglaubt, Schwarz sei ohnehin verloren.

67.♘f5 ♔d5 68.♘g3 ♗g2 69.♔d3 (69.♘e2 ♔c4=)

– 69...♗h3 70.♘h5 ♗f5+ 71.♔c3 ♔d6 72.♘f4 ♗g4 73.♘d3 ♗f5 74.♘c5 ♔d5 75.a4 bxa4 76.♘xa4 ♔c6!=

– 69...♗f3 70.♘f1 ♗e4+ 71.♔c3 ♗f3 72.♘e3+ ♔e4 73.♘c4 ♔d5 74.♘b2 ♗g2

(Ich hatte 74...♔c6? angegeben, aber danach gewinnt 75.♔d3 ♔d5 76.a4 bxa4 77.♘xa4 ♔c6 78.♘c3+–.)

75.a4 bxa4 76.♘xa4

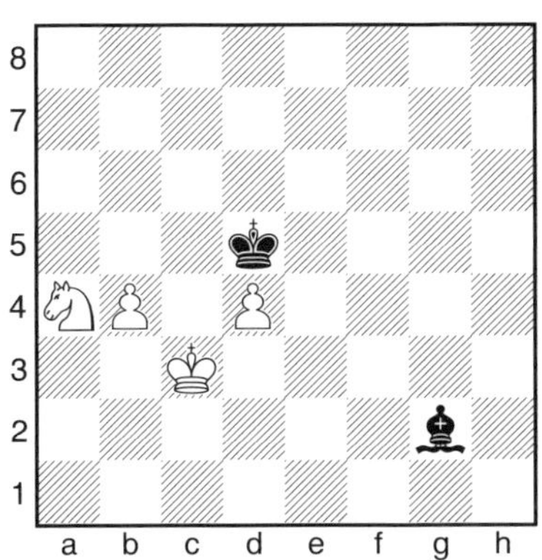

Ich war in 'Endgame Corner 43' auf 'Chesscafe.com' im Juli 2004 davon ausgegangen, dass Weiß diese Konfigurationen stets gewinnt. Aber Mark Dworetski wies zu Recht in einer E-Mail darauf hin, dass es sich hier um ein 'Tablebase-Remis' handelt. In dem Moment begriff ich, dass das ganze Endspiel remis ist (siehe z.B. 'Endgame Corner 55', Juli 2005).

67.♘f5 ♗g2?!

67...♔d5!? ist zäher; z. B. 68.♔d3 ♔e6

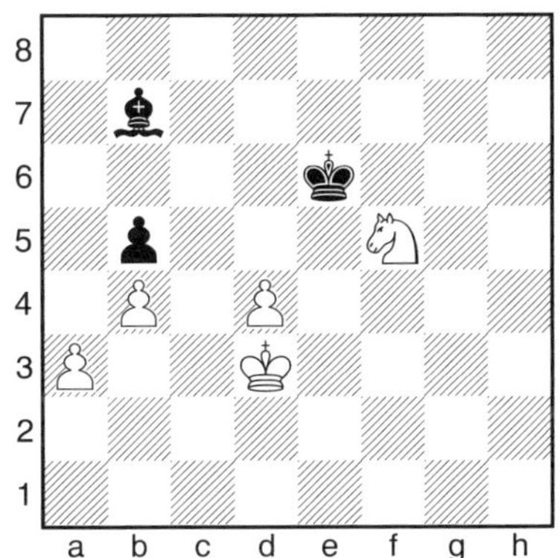

Und nun muss Weiß tief in die Trickkiste greifen: 69.♘g7+! ♔d7

(69...♔d6 70.♘e8+ ♔e7 71.♘c7 ♗c6 72.d5+–

69...♔d5 70.♘e8+–

69...♔e7 70.♘h5+–)

70.♘h5 ♗g2 71.♘f4! ♗f1+ 72.♔e4 ♔d6 73.♔e3 ♗c4

(73...♔c6 74.d5+ ♔d6 75.♔d4 ♗c4 76.a4+–)

74.♘e2 nebst Umsetzung des Springers nach c3, was in der Regel gewinnt; z.B. 74...♔d5 75.♘c3+ +–.

68.♘d6+ ♔b3 69.♘xb5 ♔a4 70.♘d6 1–0

A01.57

25.♖xf3?

Dieses automatische Zurückschlagen ist nicht richtig.

Das kreative 25.♖a2!! hätte einen weiteren wichtigen Verteidiger einbezogen; z.B. 25...♖xf1+ 26.♕xf1 ♕xf1+ 27.♔xf1 ♖c8 28.♗e3 ♗f4! 29.♗xf4 ♖xc5 30.♖a4 a5 31.♗d6 ♖c3 32.♖xa5 mit guten Remischancen.

25...♕xh2+ 26.♔f1 ♗c6! 27.♗g5

27.♖a5 ♕h1+ 28.♔e2 ♕g2+ 29.♔e3 ♗c7 30.♖xa6 ♖xa6 31.♘xa6 ♗b6+ 32.♔f4 ♕h2+ 33.♖g3 h5−+

27...♗b5+ 28.♘d3 ♖e8!

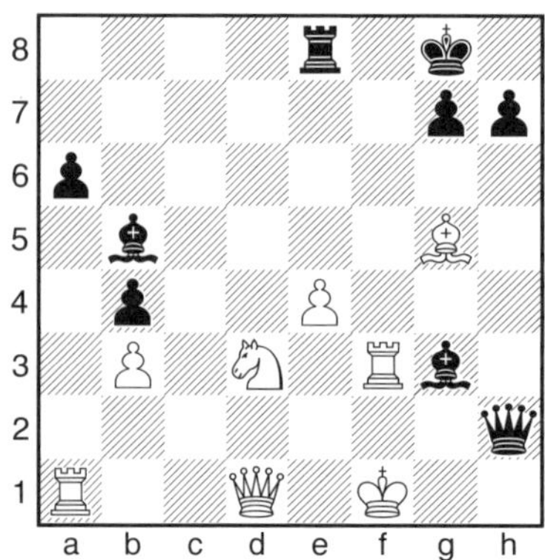

Schwarz bringt die letzte Figur in den Angriff.

29.♖a2 ♕h1+

Kramnik verpasst ein forciertes Matt – 29...♗xd3+! 30.♕xd3 ♕h1+ 31.♔e2 ♕e1# bzw. 30.♖xd3 ♕h1+ 31.♔e2 ♕g2+ 32.♔e3 ♖xe4# – aber sein Zug gewinnt natürlich auch sicher.

30.♔e2 ♖xe4+ 31.♔d2 ♕g2+ 32.♔c1 ♕xa2 33.♖xg3 ♕a1+ 34.♔c2 ♕c3+ 35.♔b1 ♖d4 0–1

36.♗f6 ♗xd3+ 37.♔a2 ♗b1+! 38.♕xb1 ♖d2+ 39.♕b2 ♖xb2+ 40.♔a1 ♕c1#

A01.58

25...fxg6?

△25...♖c6!

– 26.♗h5 ♖f6 27.gxf7+ ♖8xf7 28.♗xf7+ ♔xf7 29.♖c7+ ♔g8 30.♖fc1 ♖g6+ =

– 26.gxf7+ ♖xf7 27.♖xc6 ♕xc6 28.♗g2 ♖f5=

26.a4 ♖c4 27.♖xc4 ♕xc4 28.♕xc4 dxc4 29.♗xe4 1–0

A01.59

67...♘c5 68.♔b4 ♘a6+?

68...♘b7 69.♔b5 ♘d8 (69...♔xc3? 70.♔c6 ♘d8+ 71.♔c7 ♘e6+ 72.♔d6 ♘d8 73.e5+−) 70.♔a6 ♔xc3 71.b7 ♘xb7 72.♔xb7 ♔d4=

69.♔b5 ♘b8 70.b7 ♔xc3 71.e5 1–0

A01.60

24...♗c8?

24...♗d5 25.♕a5+ ♕c7 26.♕xa6 ♗d6 27.♖xd5 exd5 28.♗f5 ♗e7 29.♕a8+ ♕b8 30.♕xd5 ♕a7=

25.♕d2 ♕a7 26.g5 b4 27.gxh6 ♗xh6 28.♕xb4 ♗g5 29.♕g4 1–0

A01.61

17...♕e7?

Danach ist die weiße Initiative sehr gefährlich.

17...♗e5! 18.♕g5 d4 wehrt sie hingegen ab und Schwarz steht eher etwas besser; z.B. 19.♗d5 ♕e7 oder 19.♖xd4 ♗e6 20.♖d5 ♕b8 bzw. 20.♗a4+ ♔f8 21.♕h6+ ♗g7.

18.♕d4 ♗e5

– 18...♗b7 sieht auch nicht besonders vertrauenerweckend aus; z.B. 19.♗a4+ ♔d8 20.exd5 ♖c8 21.♖he1±.

– Und nach 18...0–0? 19.♕xd5+– verliert Schwarz eine Figur.

19.♕xd5 ♗b7 20.♗a4+!

Das Endspiel nach 20.♕xf7+? ♕xf7 21.♗xf7+ ♔e7 war mir bereits zu wenig.

20...♔f8 21.♕a5 ♗f4

– 21...♔g7 22.♖d7 ♕e6 23.♖xb7 ♕xa2 24.♕d5!±

– 21...♗c7 22.♕h5 ♕e5 23.♕h6+ ♔g8 24.♔b1 ♖d8 25.h4 ♘f8 26.♗b3 ♕g7 27.♖xd8 ♕xh6 28.♗xh6 ♗xd8 29.♖h3+–

22.♗xf4 ♘xf4

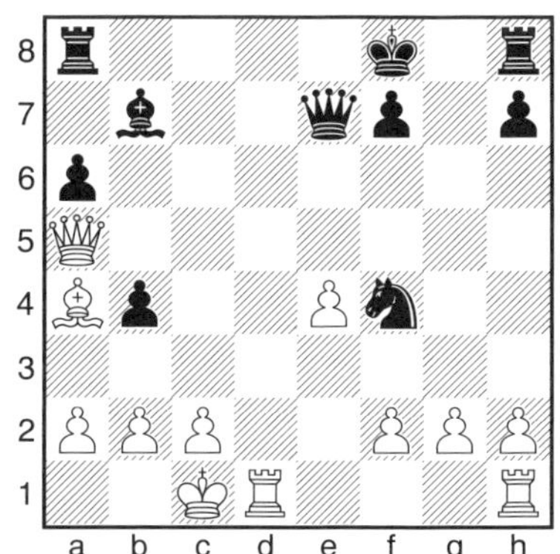

23.f3?

Der erste 'kleinliche' Zug verdirbt alles. 23.♖d7! hätte das Licht sofort abgeschaltet; z.B. 23...♕xe4 24.♗b3 ♘e6 25.♗xe6 fxe6 26.♕c7+–.

23...♘e6! 24.♕b6 ♖b8 25.♕f2 ♕c5 26.♕h4 ♕g5+ 27.♕xg5 ♘xg5 28.♖d7 ♔g7 29.♖hd1 ♗c8 30.♖a7 ♘e6 31.♗b3 ♖e8

31...♖d8? 32.♖xf7+ +–

32.♖d5 h6 33.♖d6 ♔f8 34.♗xe6 ♖xe6 35.♖xe6 ♗xe6 36.♖xa6 ♔e7 37.f4?! h5 38.♖a5 h4 39.♖h5 ♖g8 40.g3 hxg3 41.hxg3 ♖xg3 42.♖b5 ♖g4 43.♖xb4 ♖xf4 44.a3

Wegen der Drohung ♗d5 muss Weiß bereits ganz kleine Brötchen backen.

44...♔d6 45.♔d2 ♖f2+ 46.♔d3 ♔c5

Schwarz beschließt, nichts mehr zu riskieren. Mit 46...♔e5!? konnte er noch etwas im Gewinnsinne versuchen.

47.c3 ♖f3+ 48.♔d2 ♗g4 49.a4 ♖f2+ 50.♔e3 ♖f3+ 51.♔d2 ♖f2+ 52.♔e3 ♖f3+ ½–½

A01.62

21...fxe6?

21...♖e8!

– 22.♖e4 (22.♖ef1? ♗h4!–+) 22...♗xe6 23.♗xe6 fxe6 24.♕xg6+ ♗g7

– 22.♖ff1 ♗xe6 23.♗xe6 fxe6 24.♕xg6+ ♗g7 25.♖f3 ♖f8 (Anand)

In beiden Fällen hat sich Schwarz erfolgreich verteidigt und kann sogar gewisse Gewinnhoffnungen hegen.

22.♖xe6!

– 22.♕xg6+? ♕g7 23.♕h5 ♕h7=

– 22.♗xe6+? ♗xe6 23.♖xe6 ♕g7!–+ (Anand)

22...♔g7

22...♗xe6 23.♕xg6+ ♕g7 (23...♗g7 24.♗xe6+ +–) 24.♗xe6+ ♖f7 25.♗xf7+ ♔f8 26.♕xf6+– (Anand)

23.♖xe7+ ♗xe7 24.♖xf8 ♗xf8 25.h4! 1–0

A01.63

27.♘f3?

Reti wählt nicht die richtige Verstärkung seiner Verteidigung.

– 27.fxe3?? ginge wegen 27...♕xg3+ 28.♗g2 ♘xe3 noch schneller nach hinten los.

– Richtig wäre hingegen laut Aljechin 27.♗f3! gewesen. Nach 27...♖ae8 ist die Lage dann laut Computer ausgeglichen.

– Ebenfalls spielbar sind die Alternativen 27.♖d3= und 27.♔h2=.

27...cxb5 28.♕xb5?

28.♕d4! ♖a4 29.♘xa4 ♕xc1+ 30.♖d1 ♕c7 31.♘c5 begrenzt den Schaden.

28...♘c3 29.♕xb7 ♕xb7 30.♘xb7 ♘xe2+ 31.♔h2

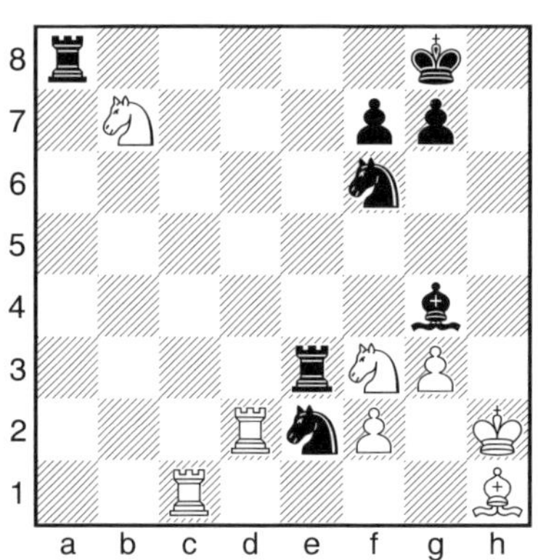

31...♘e4!!

Dieses überraschende Eingreifen des zweiten Springers entscheidet den Tag.

32.♖c4

32.♖d8+ ♖xd8 33.fxe3 ♖d5!–+ (Kasparow)

32...♘xf2!

32...♗xf3? scheitert an 33.♖xe4!! mit Remischancen (Kasparow).

33.♗g2 ♗e6 34.♖cc2 ♘g4+ 35.♔h3 ♘e5+ 36.♔h2 ♖xf3! 37.♖xe2 ♘g4+ 38.♔h3 ♘e3+ 39.♔h2 ♘xc2 40.♗xf3 ♘d4 0–1

41.♖f2 ♘xf3+ 42.♖xf3 ♗d5

A01.64

26...♖d6?

Das trifft auf einen Hammerschlag.

– ⌓26...♗xd4! 27.♖xd4 ♖xc6 28.♖xd5 ♔e7!

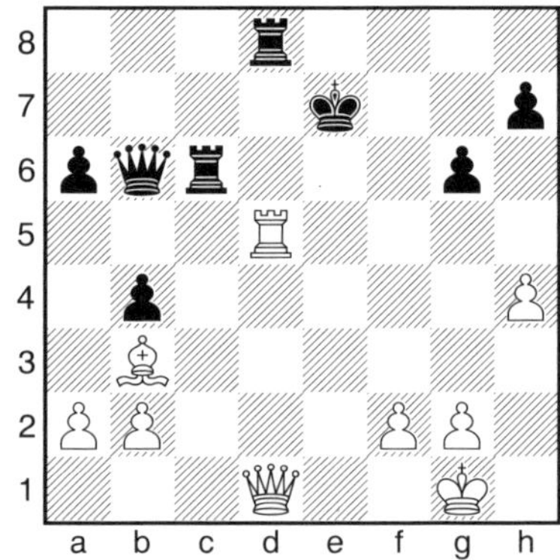

Schwarz hat sich entlastet und gleicht die Lage komplett aus; z.B. 29.♕e1+ ♖e6 30.♖e5 ♖xe5 31.♕xe5+ ♔d7 32.♕g7+ ♔c8 33.♕xh7 ♖f8 34.♕e7 ♕xf2+ 35.♔h2 ♕f4+ 36.♔h3 ♖f6 37.♗e6+ ♔b8=.

– 26...♕c5?! ist zwar besser als die Partiefortsetzung, aber die schwarze Lage bleibt nach 27.♕f3 ♖d6 28.♕f4 ♖e8 29.♖d1 sehr prekär.

27.♘f5!! ♖dxc6

27...gxf5? 28.♖xd5+–

28.♗xd5+ ♔f8 29.♗xc6 ♖xc6 30.♘e3 ♗xh4?!

Das beschleunigt den Untergang, aber guter Rat war bereits teuer.

31.♕f3+ ♖f6 32.♕a8+ ♔g7 33.♕e4 b3 34.axb3 1–0

A01.65

30...♘f5?

1) 30...♕g8? 31.♖xe7 gxf6 32.♖xh7+ ♕xh7 33.♗xh7 ♔xh7 34.exf6 ♗b5 35.♕d6 ♘d7 36.♕xe6 ♖f8 37.♕xd5 ♗c6 38.♕f5+ ♔h8 39.d5 ♗b5 40.d6 ♗c6 41.♕h5 ♖xf6 42.♘e3+–

2) 30...♘g6? 31.♗xg6 hxg6 32.♕xg6 ♔g8 33.♕h5 ♕c7 34.♖xh6+–

3) 30...♕e8! ist der einzige Zug.

3A) 31.♖xh6? ♕xf7 32.♖xh7+ ♔g8 33.♕h4 ♘g6–+

3B) 31.♕h4 ♘g8 32.♖xh6 ♘xh6 33.♖xg7 ♔xg7 34.♕g5+ =

3C) 31.♕f3 ♘g8 32.♖f8 gxf6 33.♕xf6+ ♗g7 34.♕h4 ♗h6=

31.♗xf5 exf5 32.♖xh6 ♕g8 33.♕h4 ♕xf7 34.♖xh7+ 1–0

A01.66

An meinem Geburtstag läuft es bei der Deutschen Meisterschaft traditionell sehr gut und der 30. bildete keine Ausnahme.

23...♕d8?

1) In der abendlichen Analyse nach der Partie fand Rainer Buhmann folgende Verteidigung: 23...♖f8! 24.f5 ♘d8 25.f6?! (25.♕h6+=) 25...♗c5+ 26.♘xc5 ♕xc5+ 27.♖f2 ♖f7! 28.♖e1?! (28.♖d1 hält den Schaden in Grenzen.) 28...♗c6!–+ (Fritz 6)

(In der Analyse hatten wir nur 28...♖h7? 29.♖e4 berücksichtigt, wonach Weiß starke Initiative behält.)

2) 23...exf4? 24.♖xf4 (24.♘f6!?+–) 24...♘e5 (24...♕xf4 25.♕h5+ ♔g7 26.gxf4+–) 25.♕h6+ ♔g8 26.♖af1 ♘d5 27.♖f7!! ♘xf7 28.♕g6+ ♔h8 29.♕h5+ ♘h6 30.♕xh6+ ♔g8 31.♕g6+ ♔h8 32.♕h5+ ♔g8 33.♕xd5+ +–

3) 23...♗e8! ist ebenfalls spielbar; z.B. 24.♕h6+ ♔g8

3A) 25.♕e6+ ♗f7 26.♕g4+ ♔f8 27.♕h3 ♔g8 28.♕g4+ =

3B) 25.f5?! ♘d5 ist sogar besser für Schwarz; z.B. 26.f6 ♗f8 27.♕g5+ ♔h8

– 28.c4 ♕h7 29.cxd5 ♕xe4 30.dxc6 ♗xc6 31.♕h5+ ♕h7 32.♕xe5 ♖e8 33.♕d4 ♖e4

– 28.♕h4+ ♕h7 29.♕xh7+ ♔xh7 30.f7 ♗d7 31.♖ad1 ♘ce7

24.♕h6+ ♔g8 25.fxe5 1–0

– 25...♘xe5 26.♘f6+ ♗xf6 27.♖xf6 ♕e7 28.♕g5+ ♕g7 29.♕xe5 ♖e8 30.♕d6

– 25...♗e8 26.♖f4 ♘xe5 27.♕e6+ ♘f7 28.♕g6+ bzw. 27...♔h7 28.♕xe5 ♘d7 29.♕d4

A01.67

26...♔d7?!

26...♘e4!! 27.♗b5 ♖c8

– 28.♕xe4+ ♔f8 29.♗f4 ♕xh3 30.♗a6 h5 31.♗g5 ♔g8–+

– 28.♗a6 ♗e5 29.♗d4 (29.♗xc8? a5–+) 29...♗f4+ 30.♔b1 ♔d7 31.fxe4 c5 32.♗xc8+ ♔xc8–+

27.♖d1+ ♘d5?

27...♔e8 28.♖e1 ♘e4–+

27...♔c7? 28.♕e7+ ♔b8 29.♗a6+–

28.♗xd5 cxd5?!

28...♗e5!? 29.♗c4+ ♗d6 30.♗xf7 ♖ad8 31.♗f4 ♔c8 32.♕xd6 ♖xd6 33.♗xg3+–

29.♗f4! ♕h4

29...♕xf4+ 30.♕xf4 ♔c6 31.♕xf7+-

30.♕d6+ ♔e8 31.♕c6+ ♔e7 32.♗d6+ ♔d8 33.♕xa8+ ♔d7 34.♕b7+ ♔xd6 35.♖xd5+ ♔e6 36.♕d7+ ♔f6 37.♕d6# 1-0

A01.68

Es ist immer unangenehm, gegen jemanden zu spielen, mit dem man schon lange zusammengearbeitet hat. In diesem Fall kam für mich noch erschwerend hinzu, dass ich Christian Wilhelmis schachliche Entwicklung seit der Deutschen C-Jugendmeisterschaft 1991 in Magdeburg genauer verfolgt hatte. Dort war ich als Betreuer dabei gewesen und wollte nun seine dritte IM-Norm 'sehen'. Außerdem gilt ja nach wie vor die alte Weisheit, dass jeder gute Schüler irgendwann besser wird als sein Lehrer. Noch war es allerdings nicht ganz so weit.

35...♔h7?

Danach wird der schwarze Palast im Sturm genommen, weil der Monarch nie mehr entkommen kann. Es ist aber beachtlich, dass Christian bis hierher nicht schlecht gespielt hat und erst in Zeitnot den Überblick verliert.

- Schwarz kann den König mit 35...♔f8?! evakuieren, steht aber nach 36.♖b1 ♖b5 37.♖e1= nicht besser.

- Oder er kann noch viel stärker mit 35...♖xd4!! den weißen Hauptstabilisator entfernen - mit jeweils guten Gewinnchancen in den Abspielen:

- 36.♕xd4 ♖d5 37.♕xe4 ♗c5
- 36.cxd4
- 37.♕c1 ♖c3 38.♕d1 ♗h4 39.♖e2 e3
- 37.♕e1 e3 38.♖b2 ♗h4 39.♘f5 ♖b3 40.♖e2 ♗xe1 41.♘e7+ ♔g7 42.♘xc6 ♗f2

36.f5! exf5

36...♖f8 37.f6 ♗c5 38.♖f4! ♖a2+ 39.♔h1 g5 40.♖h4+ gxh4 41.♘f5+- (Gustafsson)

37.♘xf5 ♗f8

37...gxf5 38.♖xf5 ♖a2+ und nach 39.♔h1 gehen Schwarz die Schachs aus.

38.♕g5 e3 39.♕h4+ ♔g8 40.♕xd8 1-0 wegen Zeitüberschreitung.

A02.01

Die statische Bilanz ist schlecht für Schwarz, weil Weiß die bessere Bauernstruktur und mehr Material hat. Daher ist Dynamik angesagt.

51...c4!! 52.bxc4

Nach 52.♗xc4? ♖d2+ 53.♔e3 ♖xc2 54.♘f3 ♖xa2 hält Schwarz alle Trümpfe in der Hand.

52...♖b8 53.c5 ♖b2 54.c6 ♔e7! 55.♘xg6+ ♔d6 56.♘e5 ♖xa2 57.♘c4+

57.♔e3 ♖a1 58.♗c4 a2 59.♗xa2 ♖xa2=

57...♔c7 58.♔g3 ♖a1

58...♖xc2? 59.♘xa3 ♖c3? 60.♘b5+ +-

59.♘xa3 ♖xa3 60.♔h4 ♔xc6 61.♔g5 ♖a5 62.♗xf5 ♔d6 63.♔g4 ♔e7 64.♗d3 ♖c5 65.♔f3 ♔d6 66.♔e4 ♖h5 67.c4 ♖h4 68.♔f5 ♔c5 69.♔e5 ♖h3 70.♔e4 ♖h4 71.♗e2 ♖h2 72.♔f3 ♔d4 73.♗f1 ♖h1 74.♔f2 ♖h8 ½-½

A02.02

34.f4!

Dieser direkte Angriff ist bei weitem am stärksten. Wenn Weiß gewinnen will, muss es dynamisch gehen.

- Das Turmendspiel nach 34.♘xb7+? ♗xb7 35.♖xb7 ♖xd4= ist klar remis.

- Hingegen bietet 34.♔e3? zwar Gewinnchancen, aber andererseits kann Schwarz auch noch kämpfen; z.B. 34...♖b4 35.f4 ♖b3+ 36.♔f2 ♖xb6 37.f5 exf5 38.e6 ♗e8 39.♘xb7+ ♔c8 40.♘c5 ♖b1 und der aktive Turm ist nicht leicht zu besiegen.

34...♖a2+

34...♖xd4 35.f5 exf5 36.e6 ♖e4+ 37.♘xe4 fxe4 38.♖c7 d4 39.♖xc6 bxc6 40.b7+−

35.♔f3 ♖a3+ 36.♔g4 ♖d3

36...♖a1 37.♘xb7+ ♗xb7 38.♖xb7 ♖g1+ 39.♔h5 ♖b1 40.♔g5 a5 41.f5 exf5 42.e6 a4 43.e7+ ♔e8 44.♔f6+−

37.f5 ♖xd4+ 38.♔g5 exf5 39.♔f6

Der König nutzt den Bauern f5 als Regenschirm.

39...♖g4 40.♖c7 ♖h4 41.♘f7+ 1−0

41...♔e8 42.♖c8+ ♔d7 43.♖d8#

A02.03

39.♔e3?

Diese Abwartestrategie verliert.

Weiß sollte mit 39.♘d1 umgruppieren.

- 39...♗xh3 40.♘e3+ ♔e6 41.♔e4 h4 42.♗h2 ♔d7 43.♔f3 ♗d8 44.f5 ♔c6 45.♗f4 b4 46.a4=

- 39...♗e4+ 40.♔e2 ♔e6 41.♘e3 f6 42.exf6 ♗xf6 43.♔f1 b4 44.♗e1=

39...b4 40.♔f3

40.h4 ♔c6−+

40...♔c6 41.axb4?!

- 41.♘e4 ♗xh3 42.♘d6 ♗g4+ 43.♔e3 h4 44.♗h2 ♗xd6 45.exd6 ♗d7−+

- 41.♘d1 ♔b5 42.♘e3 ♗xh3 43.♗f2 ♗d7−+

41...cxb4 42.cxb4 axb4 43.♘e4 ♔d5 44.♘d6 ♗xd6 45.exd6 c3 46.bxc3 b3 0−1

A02.04

Statisch ist Weiß wegen der schwarzen Läufer und des Raumvorteils verloren. Er muss dynamisch agieren und Felder für die Springer schaffen.

30.♖5e2?

Nach 30.♖d5 ♖g6 31.g4!! hätte Weiß dynamischen Ausgleich erreicht; z.B. 31...♖f6 32.gxf5 ♗c6 33.♖xd6 ♖xd6 34.♘xc5 mit beiderseitigen Chancen.

30...♖a8?

Schwarz muss das weiße dynamische Potenzial reduzieren, weil er statisch auf Gewinn steht. Dazu gab es zwei Möglichkeiten.

- Einerseits 30...h4, um g2−g4 zu unterbinden.

- Und andererseits 30...♖ge8 31.♖xe8 ♗xe8, um ein Turmpaar vom Brett zu nehmen. Der zweite Turm hilft Schwarz, denn er hilft den Bauern beim Vorrücken und kann eventuell geöffnete Linien nutzen. Die weiße Kontrolle der e−Linie bringt hier nichts, weil es keine Einbruchsfelder gibt.

31.♘a5?!

31.g4!? war erneut angesagt.

31...♖ab8?!

31...♖gc8 ist genauer, denn dann kann Schwarz besser auf die weiße Dynamik reagieren.

– 32.g4 ♖c7 33.gxf5 ♗xf5 34.♘e4 ♗f4

– 32.f4 g4 33.g3 h4 34.c3 dxc3 35.bxc3 ♖ab8

jeweils mit klarem schwarzem Vorteil.

32.♘ab3?

Statisch ist Weiß verloren. Er muss immer noch mit 32.g4! dynamisch agieren, auch wenn das jetzt nicht mehr zu vollem Ausgleich reicht.

32...h4 33.♔h1 ♖g6 34.♔g1 ♗e6 35.♖f2 ♖a8?! 36.♖fe2?!

36.♘a5 ♖c8–+

36...a5 37.♘b1 a4 38.♘3d2 c4 39.♘f1 ♖c8 40.♔h1 c3 41.bxc3 dxc3 42.♘e3 b4 und **0–1** im 47.Zug.

A02.05

24...♘a7!

Die schlechteste schwarze Figur wird aktiviert. Von b5 aus hat der Krake dann die weißen Schwächen im Blick.

25.♘c1 ♘b5 26.♘ce2 ♖bd8 27.h4?! ♘e5?!

27...d5! 28.exd5 ♘b6 29.♗xc5 ♘xd5 30.♕c1 ♘bc3 31.♘xc3 ♘xc3 32.♖xd8 ♖xd8 33.♕e1 ♖d5 34.♗e3 ♗b5–+ (Hickl in ‘CBM 60’)

28.♕f4 d5

28...♕e7!?

29.♗xc5 dxe4 30.♖xd8 ♖xd8 31.fxe4 ♗d7 32.♗xb4 ♕xc2 33.♗e7?

33.g5 ♕xb3 34.♗e7 ♖e8 35.♗f6 war angesagt.

33...♖e8 34.♗f6 ♗xf6 35.♕xf6 ♕xb3?!

Allerdings war 35...♗xg4 viel stärker.

Und Schwarz gewann später

A02.06

12.♘h4! ♘b6

12...g6 13.♘xd5 ♗xd5 14.♗xd5 ♘xd5 15.♕xd5 ♗xh4 16.gxh4 ♕xh4 17.♗g3 ♕h3 18.♖ad1 ♘f6 19.♕xc5±

13.♘f5 ♖e8

13...♕d7 14.e4 d4 15.♘xe7+ ♕xe7 16.♘b5 ♘e8 17.b4±

14.♘b5 ♕d7

14...♘h5 15.♗d6 ♗f8 16.e4 ♘f6 17.♗xf8 ♖xf8 18.♘bd6±

15.♘bd6 ♗xd6 16.♘xd6 ♖e6?!

16...♖ed8 17.♖c1 ♗c6 18.e4 dxe4 19.♖xc5±

17.♗h3 ♗c6 18.♕c1 c4 19.♗e5 ♖f8 20.♕f4 ♘h5 21.♗xe6 fxe6 22.♕d4 ♘f6 23.b3 ♗a8 24.f3 ♕c6 25.♖ac1 ♘fd7 26.bxc4 dxc4 27.♗xg7 ♖xf3 28.exf3 ♕xf3 29.♘e4 ♘d5 1–0

A02.07

29.♘c4!

Hier steht der Springer goldrichtig.

– Nach 29.♘e4? ♕e7 verpufft die weiße Aktivität fast vollständig.

– 29.f4?! ♗g7 30.♘c4 ♗f6 31.♕f3 ist zwar auch klar besser für Weiß, aber f2–f4 hat auch unnötige Schwächen hinterlassen.

29...♖e8 30.♕f3 f5?

30...♕e7 war zäher, verliert jedoch auch; z.B. 31.♖d1

– 31...♖b7 32.♘a5 ♖c7 33.♘c6 ♕f8 34.♖e2

– 31...♖bb8 32.a4 ♖b7 33.♖a1 ♕c7 34.♖aa2 ♕b8 35.♘a5 ♖c7 36.♖e2

31.♖e2 ♖bb8

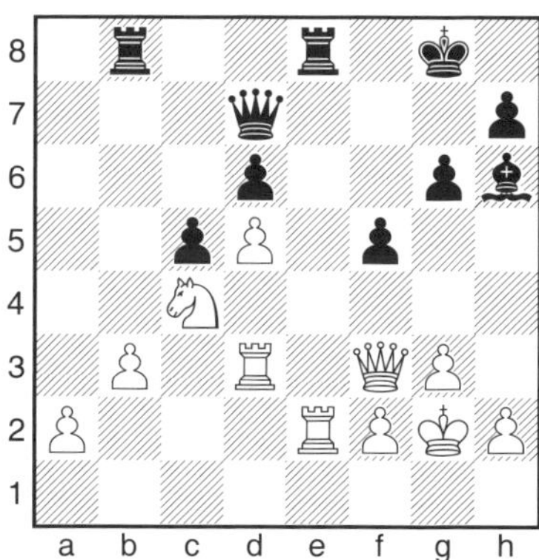

32.♖e6!

Eine typische Transformation.

32...♖xe6 33.dxe6 ♕xe6 34.♖xd6 ♕e4 35.♕xe4 fxe4 36.♖e6 ♖a8 37.a4 ♖b8 38.a5 ♖xb3 39.a6 1–0

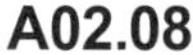

A02.08

36.♖g2!

Die beiden folgenden Alternativen sind zwar besser für Weiß, aber nicht so gut wie die Partiefortsetzung.

– 36.♖g1?! ♗f6 37.♘d7+ ♔e7 38.f5 ♗d4 39.fxe6 ♗xg1 40.exf7 ♔xf7 41.♘xb6 ♖a6

– 36.♘d7+?! ♔g7 37.♖g1+ ♔h7 38.♖dg2 ♖g6

36...f6

– 36...♗f6 37.♘d7+ ♔e7 38.f5 ♖c6 39.♖e2+ +–

– 36...f5 37.♖d7 c4 38.♖b7+–

37.♘c4 ♖a7 38.f5 ♖c6 39.a4

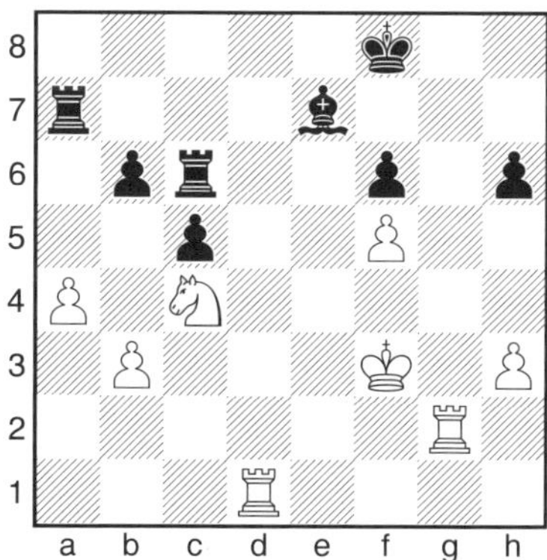

Kramnik hat in typischer Manier die volle Kontrolle erlangt.

39...♖b7 40.♖g6 h5

40...b5 41.♘a5+–

41.♖dg1 ♔e8 42.♘e5 ♖c8 43.♖g8+ ♗f8 44.♘g6 ♖f7 45.♖d1 1–0

A02.09

28.♖b4!

Nach dem Abtausch des aktiven Turmes ist der Rest nur noch Sache der Technik.

– Nach 28.♖b5?! exd5 29.♖xd5 ♗f5 30.♖xe5 ♖f4 31.f3 ♗xc2 32.♖xg5 ♖c8 33.♖a8 ♖xa8 34.♗xa8 ♗a4 wäre noch viel Arbeit zum Gewinn nötig.

– 28.♖ba1? exd5 29.♖a8? ♖xa8 30.♖xa8? ♖c4+ –+

28...exd5

– 28...♖d1 29.♖e4+–

– 28...♖xd5 29.♗xd5 exd5 30.♖ba4 ♗f5 31.♖a8+–

29.♖xd4 exd4+ 30.♔xd4 ♗e6 31.♔e5 ♗f7 32.♖a8 ♖xa8 33.♗xa8 d4 34.♔xd4 ♔e7 35.♔e5 ♗e6 36.♗e4 ♗d7 37.c3 ♗e6 38.♗g6! ♗c8 39.♗h5 ♗d7 40.f3 ♗e6 41.♗g4 ♗f7 42.♔f5 ♔d6 43.♔xg5 ♔c5 44.f4 ♔c4 45.f5 ♔xc3 46.f6 gxf6+

47.♔xf6 ♗c4 48.h4 b5 49.h5 b4 50.h6 b3 51.h7 b2 52.♗f5! ♗d3 53.♗xd3 1–0

A02.10

39.♗g4!

Das macht den freien d-Bauer zu einer Macht. Außerdem findet der schwarze Läufer nun nicht recht ins Spiel.

39...b5

39...♔d6

(39...g5 40.♖d8+–; 39...♗b7 40.♖g8+–)

40.♖g8

– 40...♗xc4 41.♖d8+ ♔c7 42.d6+ ♔xd8 43.dxe7+ ♔xe7 44.♔xc4+–

– 40...e4 41.♖xg6+ ♔e7 42.♖e6+ ♖xe6 43.♗xe6 ♔f6 44.f4 ♗b7 45.♔d2 ♗a6 46.♔d3 ♗b7 47.♗d7 ♔e7 48.♗a4 ♔f6 49.d6 ♔e6 50.d7 ♔e7 51.f5+–

40.♖d8

40.♖f8+–

40...♖f7 41.♖e8+ ♔f4 42.♗e6 1–0

A02.11

31.♘d2! ♖b5

31...♖b6 32.♘e4 ♘a6 33.♘c3+–

32.♘e4 ♔e7 33.♘c5 ♘d5 34.♘xa4 ♔d6 35.♔e2 b6?! 36.b4! und **1–0** nach einigen weiteren Zügen.

A02.12

29.g4!

Dieser sehr starke Bauernzug richtet sich gegen beide schwarzen Leichtfiguren.

– 29.f3? ♘g3 30.♖e5 ♘f5 (Stohl in 'CBM 90') gibt Schwarz hingegen Gegenspiel.

– Der Bauerngewinn 29.♗xd5? ♗xd5 30.♘xd5 ♖xd5 31.♖xe4 ♖c2= verkauft den weißen Vorteil viel zu billig.

29...♘f6

Der Hebel 29...h5 (29...f5? 30.f3+–) spielt wegen der Öffnung letztlich nur Weiß in die Karten; z.B. 30.f3 ♘f6 31.♖e5 hxg4 32.hxg4 ♔g6 33.♗c2+ ♔h6 34.♖1e2+–.

30.♔g2 ♖d6 31.f3

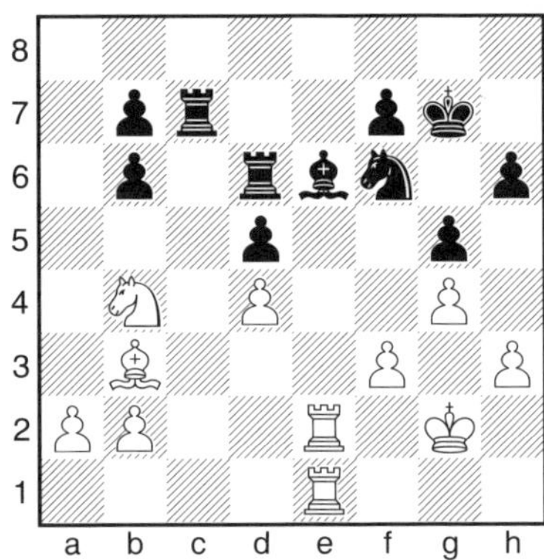

Gegen die weißen Bauern am Königsflügel beißen die gegnerischen Leichtfiguren auf Granit.

31...♗d7 32.♔g3 ♔f8

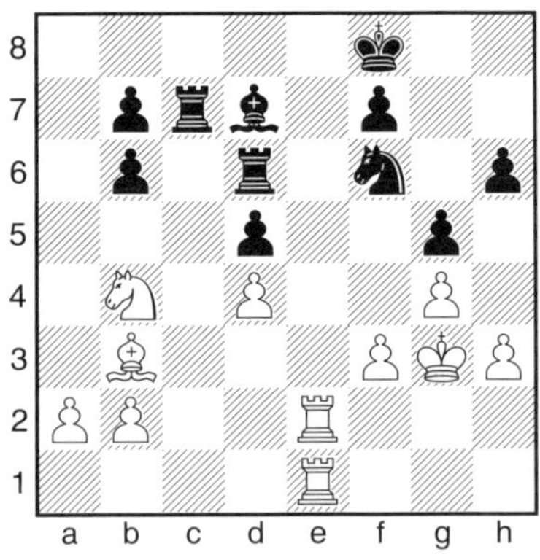

Nun kann Weiß die schwarze Struktur endlich aushebeln.

33.h4!

Danach kann Schwarz den Bauern g5 nicht halten

33...♗b5 34.♖e5 gxh4+ 35.♔xh4 ♗c4 36.♗c2! ♗b5

36...♗xa2 37.b3 kerkert den Läufer ein.

37.a3!

Leko überstürzt nichts und deckt zunächst prophylaktisch den Springer b4 gegen die Drohung ♖c7–c4.

37...♖d8

37...♖c4 38.♖d1+-

38.♔g3 ♔g7 39.♗f5 ♔f8?!

39...♖c4 war zäher.

40.♖h1 ♔g7

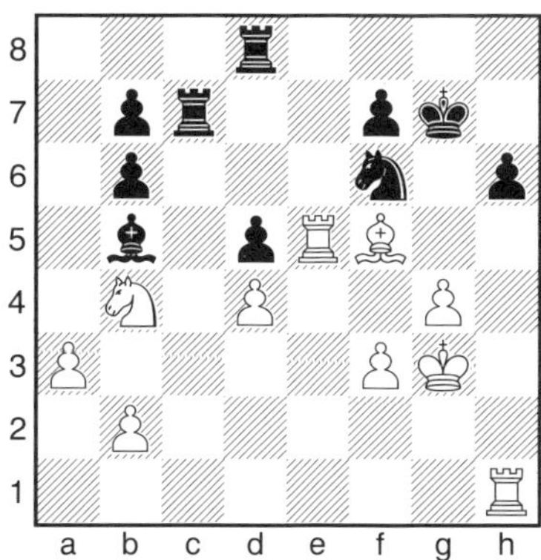

41.♘c2!

Diese Überführung des Springers nach e3 bringt die schwarze Stellung zum Einsturz.

41.f4?! ♖c4 gibt Schwarz unnötiges Gegenspiel. Theoretiker spielen solche Bauernvorstöße auch nur äußerst ungern. Hingegen haben Aktivspieler da weniger Bedenken.

41...♖e8

41...♖c4 42.♖h2 ♗a6 43.♔f4 ♘e8 44.♗d3 ♖c6 45.♗xa6 bxa6 46.♘e3 Sc7 47.♘f5+

42.♘e3 ♖ce7 43.♔f4 ♗c6 44.♗c2 ♗d7 45.g5 1–0

A02.13

38...♖c8+

38...♖a8 39.♔c3 ♖a1–+ gewinnt ebenfalls.

39.♔b2

39.♔d1 ♗xd3–+

39...♗d4+ 40.♔b1 ♖a8!

Nun dringt der Turm entscheidend ein.

41.♔c1 ♖a1+ 42.♔d2 ♖a2+ 43.♔c1 ♗e3+ 44.♔b1 ♖d2 45.b5 ♖d1+ 46.♔c2 ♖c1+ 47.♔b2 ♗xd3 48.b6 ♖xf1 49.b7 ♗d4+ 50.♔a3 ♗e5 0–1

A02.14

27.♗c3!

Nun ist Schwarz völlig gelähmt, so dass das Eingreifen des weißen Turmes früher oder später die Entscheidung bringt.

27.♕f4 ist ebenfalls sehr gut für Weiß.

27...♕c5

27...♔g8 28.♖d1 g6 29.♗a2 ♕c6 30.♗xd4 ♕d6 31.♕f3 ♖d7 32.♗xf7+ ♖xf7 33.♗c3+-

28.♕e4

28.♖d1+-

28...♕c6 29.♕f4 ♕b5 30.♔h2 ♔g8 31.♖e5 ♕f1 32.♗xf5 ♘e2 33.♗h7+ ♔h8 34.♖xe2 ♕xe2 35.♕xf7 1–0

A02.15

22.c4!!

Dieser Vorstoß öffnet die lange Diagonale und unterminiert das schwarze Zentrum.

22...♖f5?

22...♕f4! war die beste Option. Nach 23.♗b2+ ♔g8 24.♗b1 ♗g4 25.♕e5 ♕xe5 26.♗xe5 ♘g6 27.♗g3 dxc4 28.♖xe4 ♗d7 29.♖xc4 ♗b5 30.♗a2 ♗xc4 31.♗xc4 ♖c8 32.♗xf7+ ♔xf7 33.b5 behält Schwarz gewisse praktische Remischancen.

23.♕e2?!

23.♗b2+! ist noch stärker; z.B. 23...♔g8 24.♕g4+ ♘g6 25.cxd5 ♕f4 26.♕xf4 ♖xf4 27.♗xe4 ♗f5 28.f3+-.

23...♕e5

23...♘g6 24.cxd5 exd3 25.♕xe6 ♕f7 26.♖e3 ♖d8 27.♖d1+-

24.♗c1

24.♗b2!? d4 25.♕xe4+-

24...♕d6

24...♔g8 25.♗b2 ♕f4 26.♗b1 ♘g6 27.cxd5 ♗xd5 28.♖d1 ♖af8 29.g3 ♕g5 30.♖xd5 ♖xd5 31.♗a2 ♖fd8 32.♕xe4

25.cxd5 exd3 26.♗b2+ ♔g8 27.♕g4+ ♘g6 28.♖xe6 ♕xd5 29.♖xg6+ hxg6 30.♕xg6+ ♔f8 31.♕g7+ ♔e8 32.♖e1+ ♔d8 33.♕e7+ ♔c8 34.♖c1+ 1–0

A02.16

15.g4!

Steinitz schränkt den Springer h6 in typischer Manier ein.

15...b5 16.♖d1 c5?!

Die weißen Felder werden nun sehr schwach.

– 16...bxc4 17.♗xd4 f6 18.♔c2 ♘f7 19.♗e3 ♔b7 bot bessere Remischancen.

– 16...♗xc3 17.bxc3 bxc4 18.♖xd4 ♖xd4 19.♗xd4 f6 20.♖b1 ♘f7 ist eine weitere Option.

17.♗f1 ♖he8?

17...♖d7 18.f5 f6 19.♘e2 ♘f7 hält den Schaden in Grenzen.

18.♗g2 f5 19.g5 ♘g8 20.♘d5 ♘e6 21.a4

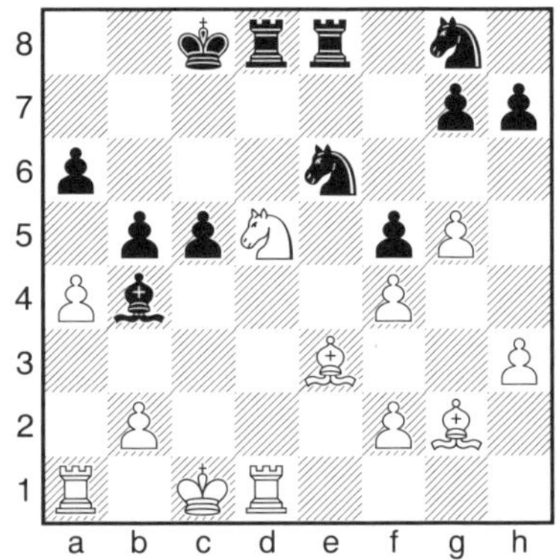

21...bxa4?

Nun öffnen sich die Schleusentore.

21...♘e7! 22.♘xb4 ♖xd1+ 23.♔xd1 cxb4 24.axb5 axb5 25.♔c2± leistet mehr Widerstand.

22.♖xa4 a5 23.♘xb4 axb4 24.♖a8+ ♔c7 25.♖axd8 ♖xd8 26.♖xd8 ♘xd8 27.♗xc5 ♘e6 28.♗xb4 ♘xf4 29.♗f1 h6 30.h4 hxg5 31.hxg5 ♘d5 32.♗f8 g6 33.♗c4 ♘ge7 34.♔d2 ♔d7 35.♗xe7 ♘xe7 36.♗f7 ♔d6 37.♔e3 ♔c5 38.♔f4 ♔d6 39.b3 ♔c5 40.♗xg6 ♘xg6+ 41.♔xf5 1–0

A03.01

28.♖c5!

– 28.♔xb4? ♘xc6+ 29.♔xb3? ♘b8–+

– 28.♖xh6? kann beispielsweise mit 28...♖bb8= beantwortet werden.

28...♖b6 29.♗d3! 1–0

29...♖e8 30.♖xe5

A03.02

28.♘d5!

28.♘e2? kann noch mit 28...♖b4= pariert werden.

28...♘xb2 29.♗f4 ♕e6 30.♖db1 ♕h3 31.♗xb8 ♖xb8 32.♖xb2 1–0

A03.03

18.b4! ♘xa4

18...♘ce4 19.♗xf6 ♘xf6 20.♗xb7 ♖ab8 21.♘c2 ♘d5 22.♗xa6 ♗f6 23.♖ac1 ♕e5 24.a5+–

19.♕b3 ♕b6 20.e3 1–0

A03.04

52.♖f3! ♕b7 53.♖xf6 ♕b5

53...♔xf6 54.♕c3+ +–

54.♕c3 ♕f1+ 55.♔g3 ♕g1+ 56.♔h4 1–0

A03.05

16.♔g2!

Der König stellt sich besser zum Springer g5 und macht dem Turm den Weg nach h1 frei. Ein typischer Reflektorenzug, der die Harmonie verbessert und auch Möglichkeiten bietet, den Gegner unter Druck zu setzen.

16...d5 17.♕e2 ♖e8 18.♖h1 ♖e6 19.♕e3

Ein typischer Reflektorzug!

19.♗xg5 gewinnt direkt; z.B. 19...♕xg5 20.exd5 ♖f6 21.dxc6 ♗xf5 22.f3 bxc6 23.♖h5+–.

19...f6 20.♗a4 ♘e7 21.♗b3 c6 22.♕g3 a5 23.a4 ♘f7 24.♗e3 b6?! 25.♖h4 ♔f8 26.♖ah1 ♘g8 27.♕f3 ♗xf5 28.gxf5 ♖d6 29.♕h5 ♖a7 30.♕g6 ♘fh6 31.♖xh6 gxh6

31...♘xh6 32.♗xh6 gxh6 33.♖xh6+–

32.♗xh6+ ♔e7

32...♘xh6 33.♖xh6+–

33.♕h7+ ♔e8 34.♕xg8+ ♔d7 35.♕h7+ ♕e7 36.♗f8 ♕xh7 37.♖xh7+ ♔e8 38.♖xa7 1–0

A03.06

18.♖d3!?

Das erhöht die Angriffskoordination der Schwerfiguren erheblich.

18...f5?!

Nach 18...♘c7 19.♖e3 ♖f7 (19...♘f5? 20.♗xf8 ♘xe3 21.♗xd6+–) 20.g4 gewinnt Weiß auf lange Sicht, wie folgende Beispielvariante belegt: 20...a6 21.a4 ♖b8 22.h4 b6 23.h5 gxh5 24.gxh5 ♔h8 25.♘g3 ♕g8 26.♖e7 ♖bf8 27.♕g4 f5 28.♕xg7+ ♕xg7 29.♗xg7+ ♖xg7 30.♖xg7 ♔xg7 31.♖e7+ ♖f7 32.♘xf5+.

19.♘g5 Sc7 20.♕e7 ♕xe7 21.♖xe7 Sce8 22.♖h3 f4 23.♗xg7 ♘xg7 24.♖xh7 ♘f5 25.♖e6 ♖fe8 26.♖xg6+ ♔f8 27.♖f7#

A03.07

23...♖b4!

Nach 23...c5? 24.♕d3 hat Schwarz nur noch symbolischen Vorteil.

24.♕g5?

24.♖d3 ♗d4 25.♖xd4 ♕xd4 26.♕xd4 ♖xd4 27.♔f1−+ war zäher, sollte aber auf lange Sicht auch nicht retten.

24...♗d4+

24...♖ab8−+ war sogar noch stärker.

25.♔h1 ♖ab8 26.♖xd4 ♕xd4 27.♖d1 ♕c4 28.h4 ♖xb2 29.♕d2 ♕c5 30.♖e1 ♕h5 31.♖a1 ♕xh4+ 32.♔g1 ♕h5 33.a5 ♖a8 34.a6 ♕c5+ 35.♔h1 ♕c4 36.a7 ♕c5 37.e5 ♕xe5 38.♖a4 ♕h5+ 39.♔g1 ♕c5+ 40.♔h2 d5 41.♖h4 ♖xa7 42.♘d1 0−1

A03.08

19.♘d2!

Der Springer strebt nach c5.

19...a4 20.♗f3 ♖a6 21.♘e4 ♗e7 22.a3 ♖a7 23.♗b4!

Dieser Abtausch vergrößert die weiße Überlegenheit auf den dunklen Feldern in typischer Weise.

23...♗xb4 24.axb4 ♘b6 25.♘c5 ♗a8 26.♖a1 ♔f8 27.♔f1 ♘d7 28.♘d3 ♔e7 29.♖a3 ♘b6 30.♔e1 ♖c8

30...♘c4 31.♖a2 ♖c7 32.♘c5 ♘b6 33.b3 axb3 34.♘xb3 ♘d5 35.♖da1 ♗b7 36.♗xd5 cxd5 37.♘c5+−

31.b3 ♖cc7 32.♖da1 ♗b7 33.♗d1 ♗c8 34.bxa4 bxa4 35.♗xa4 f6 36.♗b3 ♖xa3 37.♖xa3 g5 38.♔d2 ♔d6 39.♖a5 ♖e7 40.♘c5 f5 41.♘d3 ♘d5 42.f3 ♖b7 43.♗xd5 exd5 44.♖a8 1−0

A03.09

22.♖g4!?

– 22.♗g5 kam ebenfalls stark in Frage, aber Karpows Zug bringt den Turm noch gut ins Spiel.

– 22.♔c2? ♕h4 23.♗g5 ♕a4+ 24.b3 ♕a5 25.h4 ♖c8 26.c4 ♕xd2+ 27.♔xd2 ♗xa1 28.♖xa1 ♘xh4 29.♗f6 ♖h6 30.♗g5=

22...♕f6 23.h4?!

23.♕e3 war genauer, um 23...0−0−0? prophylaktisch zu verhindern, denn dann folgt 24.♖c4+ ♔b8 25.♕b6+−.

23...♕f5 24.♖b4?! ♗f6?

Nach 24...♘e7 ist die Stellung fast ausgeglichen.

25.h5 ♘e7 26.♖f4 ♕e5 27.♖f3?

27.♖f2 ♖xh6 28.♕xh6 ♗h4 29.♖f3 ♗g5 30.♕h7 0−0−0 31.♗c4+−

27...♘xd5?

27...0−0−0 28.♗f4 ♕xh5 29.♔c2 ♕xd5=

28.♖d3 ♖xh6 29.♖xd5 ♕e4 30.♖d3 ♕h1+?

30...♕h7 war erzwungen und bot praktische Remischancen.

31.♔c2 ♕xa1 32.♕xh6 ♗e5 33.♕g5 1−0

A03.10

29.♖c5!

Das Springermanöver ♘a5−c4 muss verhindert werden.

29...♘e7 30.♔h2 ♘f5?

30...c6 hält den Schaden in Grenzen.

31.♖bc2 ♖g6?

31...♘xe3 32.fxe3 b3 (32...♕f5!?) 33.axb3 ♖xb3 34.♖xc7 ♖xc7 35.♖xc7 ♕f5 leistet mehr Widerstand.

32.♖xc7 ♖xc7 33.♖xc7 ♕b5

33...♕e6 34.g4 ♘xe3 35.♕xe3 f5 36.♕d3 fxg4 37.h4+-

34.g4 ♘h4 35.♖c8+ ♔h7 36.♕d1?!

36.♖d8 war laut Computer besser; z.B. 36...♖c6 37.♕b1+ g6 38.♖d7 ♔g8 39.♕h1+-.

36...♕a6 37.♖c2 f5?

37...♕a4! 38.♕e2 ♖c6 39.♖xc6 ♕xc6 leistet deutlich mehr Widerstand.

38.♔g3! fxg4 39.♔xh4 gxh3 40.f4 ♕e6 41.♕h5 ♕e7+ 42.♔xh3 ♕f7 43.♖h2 ♕d7+ 44.f5 1-0

A03.11

21.c4!

21.g4? ♕a5

- 22.a3 ♗xa3 23.c4 (23.bxa3? ♖xa3-+) 23...♕a6 24.b3 ♕b6 25.♖h3 ♖d8 26.♖d3 ♖xd3 27.♕xd3 ♗f8=

- 22.♘g6 ♖xa2 23.♘xe7+ ♔h8 24.♕c4 ♖a4 25.♕b3 ♘e4 26.♕xb7 Sc5 27.♕c6 ♖b8 28.♗c1 ♖a1+ 29.♔c2 ♕a2 30.♕xc5 ♖xc1+ 31.♖xc1 ♕xb2+ 32.♔d3 ♖d8+ 33.♔c4 ♕e2+ =

21...♗d6

21...b5 22.♗e3 ♕c7 23.b3 ♖a6 24.cxb5 ♖d6 25.♗d4 ♘d5 26.♖c1 ♕b7 27.♘c6

22.♗c3 ♗xe5

22...♕c7 23.♖h3 ♖a6 24.g4 ♗xe5 25.♗xe5 ♕c6 26.♖e3 ♘d7 27.♗c3+-

23.fxe5 ♘h7 24.b3 ♖a6 25.♖d7 ♘g5

25...b5 26.cxb5 ♖b6 27.♖c1 ♕xb5 28.♕xb5 ♖xb5 29.♖xa7+-

26.♖hd1 ♖b8

Das hilft dem weißen Angriff, aber Schwarz ist auf kurz oder lang ohnehin verloren; z.B. scheitert 26...b5 27.♗d4 ♕c8 28.cxb5 ♕xd7 an 29.♗c5+-.

27.♖d8+ ♖xd8 28.♖xd8+ ♔h7 29.♕c2+ g6 30.♖d7 ♔g8 31.hxg6 ♔g7 32.gxf7 ♘xf7 33.♕e2 ♔g8 34.♕f3 ♕f8 35.♖xb7 ♕g7 36.♔b2 1-0

A03.12

22.♘c4!

Das stoppt jegliches aktive Gegenspiel in typischer Manier.

22.♘xc6? ♘xc6 23.♕xc6 ♖c8 24.♕b7 ♕xa4 bietet Schwarz gute Remischancen.

22...♖d7 23.a5

23.♕b4!?+- ist laut Computer noch besser.

23...♖b8 24.♕xd4 ♗xd4?!

24...♖xd4 25.♘e3 ♖d7 leistet mehr Widerstand.

25.♖fd1 ♔f8?!

25...♘c8 26.♖d3 ♗g7 27.♖xd7 ♗xd7 ist zäher.

26.e3 ♗g7 27.♖xd7 ♗xd7 28.♗c5 ♗e6 29.♗xa7 ♖a8 30.♗b6 Sc8 31.♗c5+ ♔e8 32.e5 ♔d7 33.♗d4 ♗xc4 34.♖xc4 ♖xa5 35.♗xc6+ ♔d8 36.♗b7 1-0

A03.13

78.♗g1!!

Der Läufer verlässt den Einflussbereich des Springers und der weiße König trennt und dominiert die schwarzen Kräfte.

78...♔e6

- 78...♘d1 79.♔d3 ♘b2+ 80.♔c3 ♘a4+ 81.♔b3+-

- 78...♘a4 79.♔c4 ♔e5 80.♔b3 ♔f4 81.♗h2+ ♔f3 82.♔xa4 ♔g2 83.h4+-

79.♔c3 ♘a4+

79...♘d1+ 80.♔c2+-

80.♔b3 ♔d5 81.♔xa4 ♔e4 82.♗h2 ♔f3 83.♗d6 ♔g2 84.h4 1–0

A03.14

84.♖f3+! ♔g4

84...♔g2 85.♖c3 ♘a5 86.♔d5+- (Karpow im 'Informator 46/38')

85.♖d3!

Nun sind König und Springer dauerhaft voneinander getrennt und der Turm gewinnt, wie die Faustregel vorhersagt.

85...♔g5

85...♘b2 86.♖d2+- (Karpow)

86.♔d5 ♘b6+

86...♘b2 87.♖d4 ♔f5 88.♔c6 ♔e5 89.♔c5! ♔e6 90.♔b4 ♔f5 91.♔b3! ♔e5 92.♔c3+- (Karpow)

87.♔e5 Sc4+ 88.♔e4 ♘b6 89.♖d8 Sc4 90.♖d4 ♘b6 91.♔e5 Sc8 92.♔e6 ♘a7 93.♔d7 1–0

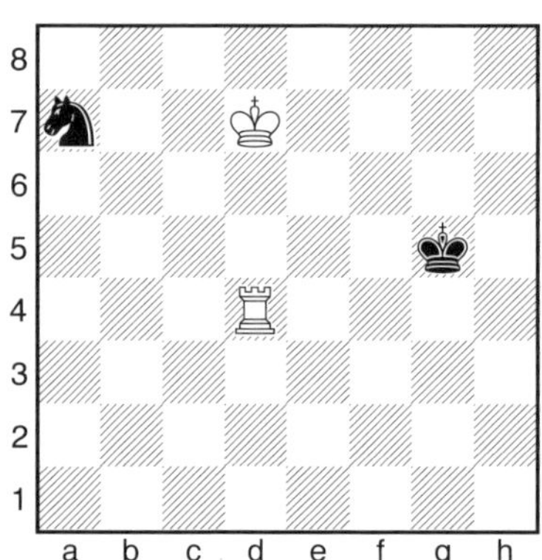

Diese Distanz, mittels derer der weiße König den gegnerischen Springer dominiert, könnte auch als Karpow-Distanz bezeichnet werden. Denn Karpow hat ja einen Großteil seines Lebensunterhalts durch das Dominieren gegnerischer Springer erwirtschaftet und verdient daher diese Bezeichnung.

A03.15

28.♕xb8! ♖xb8 29.♖xe4 f5 30.♖xc4 ♖d8

30...♕h5 31.♖cc1 ♖d8 32.d7 ♔f7 33.♗c6 f4 34.♖d5 ♕e2 35.♖dxc5 ♕d2 36.♖1c4 g5 37.♖xg5 fxg3 38.♖xg3+-

31.d7 ♕a6?

31...♔f8 ist zäher, sollte aber nach 32.♖xc5 ♕e6 33.♗c6 g6 34.♗b5 auf lange Sicht ebenfalls verlieren.

32.♖xc5 ♕e2 33.♖cc1 ♔f7

33...♕a6 34.♗c6 ♕xa5 35.♖d5 ♕b6 36.♖e5 ♔f7 37.♖e8+-

34.♗d5+ ♔f6 35.♖e1 ♕d3 36.♖ed1?

36.♖c6+ ♔g5 37.♗c4 ♕xd7 38.h4+ ♔g4 39.♗e2+ ♔h3 40.♖c4 gewinnt direkt.

36...♕e2?

Danach entscheidet der d-Freibauer den Tag.

36...♕a3 leistet viel mehr Widerstand; z.B. 37.♖c6+ ♔e7 38.♖e6+ ♔xd7 39.♖e2 ♕c5 40.♖ee1 ♕f8 41.♗f3+ ♔c7 42.♖c1+ und Weiß sollte gewinnen, aber einfach ist es nicht.

37.♗c6 g6 38.♖e1 ♕d2 39.♖cd1 ♕c2 40.♖d6+ ♔f7 41.♖e8 1–0

A03.16

35...e5! 36.fxe5 ♖xe5 37.♕a1 ♕e8!

Diagonale Damenrückzüge werden gern übersehen.

38.dxe5

38.♖d1 ♖e2 39.♖a3 ♕e4-+

38...♖xd2 39.♖xa5

39.♕e1 ♕d8

– 40.♖a1 ♕b6+ 41.♔f1 ♖xh2–+

– 40.♕e3 ♕d5 41.♖e4 ♖d3 42.♕e2 ♖d1+ 43.♔f2 ♖d2–+

39...♕c6 40.♖a8+ ♔h7 41.♕b1+ g6 42.♕f1 ♕c5+ 43.♔h1 ♕d5+ 0–1

Nicht jedoch 44...♕xa8? 45.♕xf7+ ♔h8 46.♕f6+ ♔h7 47.♕f7+ =.

Weiß gab auf angesichts von 44.♔g1 ♕c5+ 45.♔h1 ♖f2.

A03.17

20.♖xe6!!

Die Pointe der Kombination: Schwarz kann seine Verteidigung nicht mehr gut koordinieren.

20...♖a7

20...fxe6?! 21.♕xe6+ ♔g7 22.♗xc6+–

21.♖xg6+ fxg6

21...♔h7?! 22.♕h3+ ♔xg6 23.♗e4+ +–

22.♕e6+ ♔g7 23.♗xc6

Den folgenden Angriff mit ungleichfarbigen Läufern spielt Karpow stark. Überhaupt ist diese Konstellation eines seiner Lieblingsthemen.

23...♖d8 24.cxb5

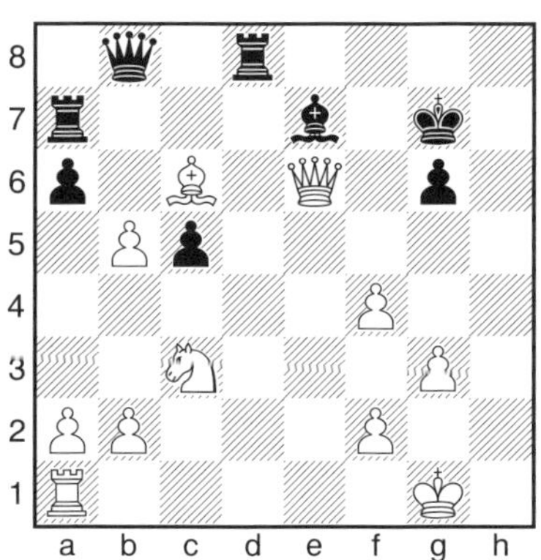

24...♗f6?

24...♖d6! 25.♕e5+ ♗f6 26.♕xc5 ♗d4 27.♕c4 ♕b6 28.♕e2 axb5 29.♗xb5 ♗f6 leistet deutlich mehr Widerstand.

25.♘e4 ♗d4 26.bxa6 ♕b6

26...♕xb2 27.♖d1 ♖f8 28.♗b7+–

27.♖d1 ♕xa6?!

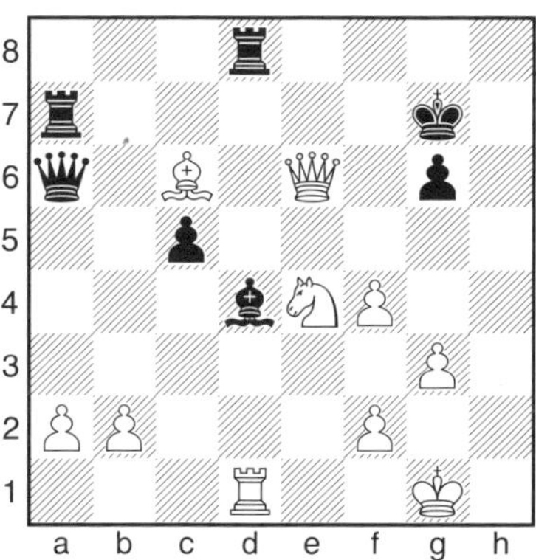

28.♖xd4!

Erneut wird ein wichtiger Verteidiger durch Qualitätsopfer beseitigt.

28...♖xd4 29.♕f6+ ♔g8 30.♕xg6+ ♔f8 31.♕e8+ ♔g7 32.♕e5+ ♔g8 33.♘f6+

33.♕e6+ ♔g7 34.♕f6+ ♔g8 35.♕g6+ ♔f8 36.♕h6+ ♔g8 37.♘f6+ ♔f7 38.♘h5 ♖d1+ 39.♔h2+– lautet der Computergewinn.

33...♔f7 34.♗e8+ ♔f8 35.♕xc5+

Selbst 35.♗h5 gewinnt.

35...♕d6 36.♕xa7 ♕xf6

Der Patt-Trick 36...♖d1+!? 37.♔g2 ♖g1+ war noch einen Versuch wert, obwohl Weiß mit 38.♔h3 ♖h1+ 39.♔g4 ♕xf6 40.♕a8+– entkommen kann.

37.♗h5 ♖d2 38.b3 ♖b2 39.♔g2 1–0

A03.18

29.♘b3! ♗b7 30.g4 hxg3+ 31.hxg3 ♖e8 32.g4 ♘d6 33.♘d4 1–0

A03.19

46...b4! 47.♔d4

Nach 47.axb4 hebt 47...c3! den Laden aus den Angeln.

– 48.♗xc3 a3 49.bxa3 ♔xc3 50.b5 ♗d5–+

– 48.bxc3 ♗c4 49.b5 a3 50.b6 a2 51.b7 a1♕ 52.b8♕

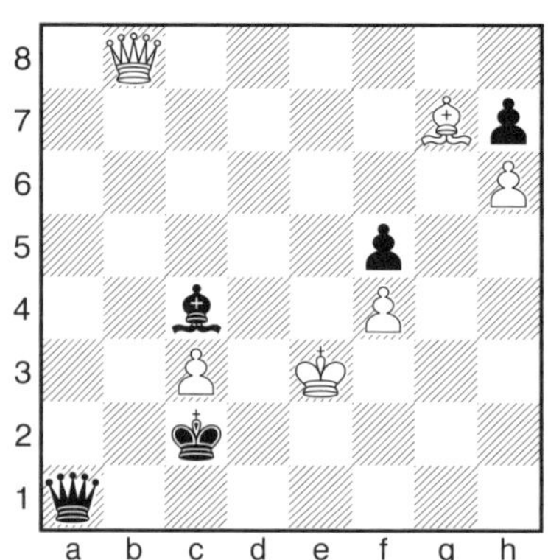

Und nun folgt das schöne Mattfinale 52...♕g1+ 53.♔f3 ♗d5+ 54.♔e2 ♕g2+ 55.♔e1 ♕g3+ 56.♔f1 ♗c4#.

47...c3 48.bxc3 bxa3 49.c4 a2 50.♔c5 ♔b1 51.♔b4 a1♕ 52.♗xa1 ♔xa1 53.c5 ♔b2 54.c6 a3 55.c7 ♗e6 56.♔c5 a2 57.♔d6 ♗c8 0–1

A03.20

75.♕f7+ ♔h6 76.♕f8+ ♔h5

76...♔h7 77.♕g8+ ♔h6 78.♕h8#

77.♕h8+ ♗h6 78.♕e5+ 1–0

78...♕xe5 79.g4#

A03.21

26...♘e7!

Die weißfeldrige Blockade und Kontrolle ist viel wichtiger als die Qualität.

– Nach 26...b4? kann Weiß die Stellung mittels 27.d5! ♖xd5 28.♗xe6 fxe6 29.♕xc4 vorteilhaft für seine Langschrittler öffnen.

– 26...♖e7?? scheitert an 27.axb5 ♘a7 28.♗a3 ♖b7 29.e6 f5 30.♗f3 ♖xb5 31.♕c7 ♘c8 32.♗c6+–.

27.♗xe6 fxe6 28.♕f1 ♘d5 29.♖f3 ♗d3

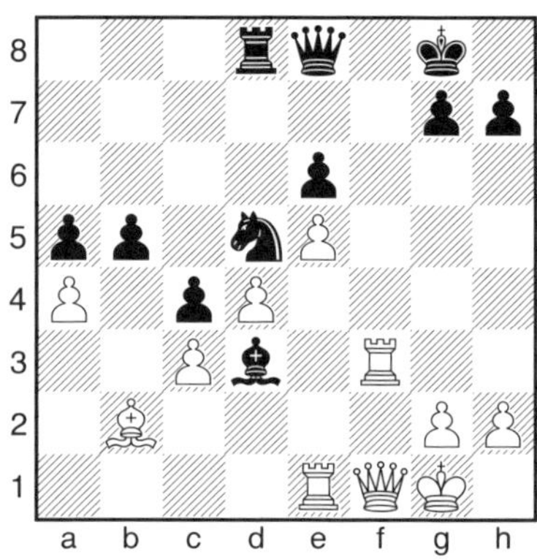

30.♖xd3!

Reshevsky gibt die Qualität zurück, bevor die schwarze Initiative am Damenflügel Gestalt annimmt.

30.♕f2? b4 spielt hingegen mit dem Feuer.

30...cxd3 31.♕xd3 b4 32.cxb4

32.c4? wird mit 32...♘b6 33.d5 exd5 34.cxd5 ♖xd5 35.♗d4 ♕e6 36.♕b3 ♖d6 gekontert.

32...axb4

32...♘xb4 33.♕b5 ♕xb5 34.axb5 ♘d3 35.♖e2 ♖b8 36.♖d2 ♖xb5 37.♖xd3 ♖xb2 38.d5=

33.a5 ♖a8 34.♖a1 ♕c6 35.♗c1 ♕c7

36.a6 ♕b6 37.♗d2 b3 38.♕c4 h6 39.h3 b2 40.♖b1 ♔h8 41.♗e1 ½–½

A03.22

19...♖xe3!

Ein starkes Opfer, das Schwarz gefährliche Initiative gibt.

20.fxe3 Sc5?!

20...♖e8!? 21.♕c1 ♗h6 22.♖b3 f5 macht mehr Druck. Der Turm gehört ohnehin nach e8, während der Springer von d7 aus mehr Optionen hat. Daher war dies auch aus Gründen der Flexibilität vorzuziehen.

21.♕c2?!

21.♖f3 ♖e8 22.♗f1 ist genauer und objektiv wohl ausgeglichen.

21...♖e8 22.♖f3 ♗h6 23.♕c3 ♕e7 24.♖b6??

Polugajewski ist offenbar völlig aus dem Gleichgewicht geraten, denn 24.♗d3 ♗xe3+ 25.♔h1 f5 26.♖b1 war nur leicht schlechter für ihn.

24...♘a4 0–1

A03.23

36.f3

Nach diesem typischen Zug nebst g4 gewinnt Weiß, weil entweder ein h-Freibauer entsteht oder der schwarze Bauer h5 schwach wird und in diesem Fall direkt fällt.

36...♗b7

36...c5 37.♗xa8 cxb4 38.g4+−

37.g4 ♗a8

37...hxg4 38.fxg4 ♗a8 39.h5 gxh5 40.gxh5 ♔f8 41.♔f6+− (Ftacnik in 'CBM 31')

38.gxh5 gxh5 39.f4 ♗b7 40.♗f3 ♗a8 41.♔xh5 1–0

41...c5 42.♗xa8 cxb4 43.♗c6 b3 44.♗a4 b2 45.♗c2 ♔d7 46.♔g5

A03.24

59...f3+!!

Das Bauernopfer öffnet Capablancas König den Weg ins Innere der weißen Burg.

60.♘xf3 ♔f4 61.♔f2

61.♘d2 ♗xd2 62.♔xd2 ♔xe4 63.♔e2 ♔d4 64.♔d2 ♔c4 65.♔e3 ♔xb5 66.♔e4 ♔c4 67.♔xe5 a5−+

61...♔xe4 62.♘g5+

62.♔e2 ♔d5 63.♔d3 e4+

62...♔d3 63.♔f3 ♔c4 64.♘e4 ♗d4 65.♘d6+ ♔c5 66.♘c8 ♔xb5 67.♔e4 a5 68.♘d6+ ♔b4 0–1

A03.25

50...♔b1

Zugzwang ist die schärfste Endspielwaffe.

- 50...♔c1 51.♔e2 ♔b1 52.♔d3 ♔b2 gewinnt ebenfalls.
- Nicht jedoch 50...♔xa2? 51.♔c2 ♔a3 52.♔b1=.

51.a3

51.a4 ♔b2 52.♔e2 ♔c1−+

51...♔c1 52.♔e2 ♗xa3 53.b4 axb4 54.♗a4 ♔b2 55.♔d1 b3 56.♗c6 ♔a1 0–1

A03.26

65.♗xe8! ♔xe8 66.♗f6!

66.♗xg3? ♔d8=

66...g4 67.♔c3 ♗d6 68.♗g7 ♗f4 69.♔b4 ♔d8 70.♔xb5 ♔c7 71.♔c5

♗e3+ 72.♔d5 ♗f4 73.♗f8 Zugzwang **73...♔b6 74.♗d6 ♗g5 75.♗xg3 1–0**

A03.27

45.♘f5+ ♔e6 46.♘e3 ♖a5 47.a4 ♗d5 48.♘xd5 ♖xd5+ 49.♔e4 f5+ 50.♔e3 ♖c5 51.♔d4 ♖d5+ 52.♔c4 ♖d1 53.♖xh3 ♖f1 54.♖h6+ ♔d7 55.♖d6+ ♔e7 56.♖d4 ♔e6 57.♔c5 ♖e1 58.b4 ♖e2 59.a5 ♖e1 60.b5 ♖c1+ 61.♖c4 1–0

A03.28

38.♘xd7!

38.♘e6? ♖c8 39.♔f3 c5 40.♔e4 ♘5b6 ist zwar besser für Weiß, macht aber nicht so viel Druck wie die Partiefortsetzung.

38...♖xd7 39.♖c6!

Nun ist der weiße Druck kaum zu neutralisieren.

39...♘b6 40.♗c1?!

Ungeachtet dieser Ungenauigkeit gewann Karpow später dennoch.

40.♗a5 war allerdings besser; z.B. 40...♖d5 41.♗xb6 cxb6 42.f4 ♔g7 43.h5 gxh5 44.♖xb6+–.

A03.29

50.♖a1!

Nach dieser starken Prophylaxe kommt der schwarze Turm nicht hinter den a-Freibauern.

50.♘xa5? ♖a3 51.♖d4 ♘gf6 52.♗e2 h6 ist auch besser für Weiß, aber nicht so klar wie die Partiefolge, weil die Türme dort ungünstiger stehen.

50...♘gf6 51.♘xa5 ♖b2+ 52.♔e3 ♘d7 53.♘c6 ♖b3+ 54.♔f4 ♘e5 55.♘xe5 dxe5+ 56.♔g3 ♘d6 57.♔f2 ♖b2+ 58.♔g1 ♖b7 59.a5 ♖a7 60.a6 ♔e7 61.♔f2 ♔d7 62.♔e3 Sc4+ 63.♔d3 ♘b6 64.♗e2 ♔d6 65.♔e3 ♘d7 66.♖h1 ♘f8 67.♖h6+ ♔e7 68.d6+ ♔d8 69.♗b5 ♖a8 70.♖h5 f6 71.♖h6 ♖b8 72.♗c6 ♖b3+ 73.♔d2 ♖a3 74.♖xf6 ♖a2+ 1–0

A03.30

43.♘f4!

Das gierige 43.♖xf5?! ♘d3+ 44.♔f1 ♖e6 bzw. 44.♔e3 ♖xg2 45.♔xd3 ♖b2 46.b4 ♘a4 47.♘f4 ♖f2 gibt Schwarz lästiges Gegenspiel.

43...♖d6 44.♖xf5 ♘bd7 45.♔e2 ♔g7 46.h4 ♘f7 47.♗e4 ♘de5 48.♘h5+ ♔h6 49.♘g3 ♖e6 50.♔e3 ♔g7 51.♖f1 ♔f8 52.♘f5 ♘g4+ 53.♔f4 ♘f6 54.♗f3 ♘d5+ 55.♗xd5 cxd5 56.♖a1 ♔g8 57.♖a8+ ♔h7 58.♖a7 ♖f6 59.h5 ♔g8 60.♖d7 b4 61.cxb4 1–0

A04.01

30.♕h6!

Leitet ein hübsches Finale ein. Es gab keinen anderen Gewinnzug, aber ich (L.E.) bin mir sicher, dass Fischer diese Idee schon von Weitem gesehen hat.

30...♕f8

30...c1♕+ 31.♖xc1 ♖xc1+ 32.♔h2! ändert nichts: Schwarz wird matt gesetzt.

31.♕xh7+! 1–0

Die schöne, obwohl nicht allzu schwer zu sehende Mattidee.

31...♔xh7 32.hxg6+ ♔xg6 33.♗e4# bzw. 32...♔g8 33.♖h8#

A04.02

21.♘e5!

Schwarz steht so unkoordiniert, dass dieser überraschende Zug funktioniert. Der Springer kann nicht geschlagen werden und die schwarze Stellung fällt in sich zusammen.

21.e5 ♗xc2 22.♕xc2 ♘fd5 ist auch klar besser für Weiß, aber nicht so zwingend wie die Partiefortsetzung.

21...♕c8?!

Kein besonders gutes Feld für die Dame, aber die schwarze Stellung zu verteidigen ist schwer bis unmöglich.

- Nach 21...dxe5? 22.♗xe5 stehen die schwarzen Figuren so schlecht, dass der Springer nicht ausreichend gedeckt werden kann; z.B. 22...♕e6 23.♕f3 ♔g7 24.♘g4+-.

- 21...♕d8!? ist objektiv am zähsten, aber auch hier macht die schwarze Stellung keinen Spaß; z.B. 22.♘xg6+ fxg6!?

(22...♘xg6 23.♘f5+- ist eine positionelle Katastrophe.)

Und nun ist 23.e5! einer von vielen guten Zügen, die Weiß klares Übergewicht geben.

22.♘xg6+ fxg6 23.e5!+-

Und Weiß bricht durch.

23...♘fd5 24.exd6 cxd6 25.♗xd6 ♕d7 26.♗e5+ ♔h7 27.♗e4 ♖d8 28.♘g4 ♖gf8 29.♖f3 h5 30.♘e3 ♘xe3 31.♖f7+ 1-0

A04.03

9...♕xb2?

Der prinzipielle Zug, der allerdings auf eine schöne Widerlegung trifft.

Nach 9...0-0 wäre noch nicht viel passiert.

10.♖b1!

Die Idee hinter diesem Zug wird sogar von Engines nicht auf Anhieb gesehen, weil sie den Angriff offenbar unterschätzen.

Leider war die Stellung bereits nebenlösig, denn auch nach dem ruhigen Zug 10.0-0 ist der weiße Angriff übermächtig. Allerdings gewinnt der Textzug nicht nur schneller, sondern auch viel schöner!

10...♘xd5!?

Das war Euwes Plan bei 9...♕xb2. - Muss Weiß jetzt die Damen tauschen?

11.♘xd5!!

Die Widerlegung der schwarzen Idee. Reti opfert beide Türme und erhält im Gegenzug einen durchschlagenden Angriff gegen den unrochierten schwarzen König.

Nach 11.♖xb2? ♗xc3 wäre das schwarze Konzept hingegen aufgegangen.

11...♕xb1+ 12.♔f2 ♕xh1 13.♗xe7

Einer von vielen Gewinnzügen. Die Stellung erinnert an die 'unsterbliche Partie' Anderssen-Kieseritzky: Schwarz hat zwei Türme mehr, aber all seine Figuren stehen schlecht und können dem König nicht rechtzeitig zu Hilfe kommen.

13...d6 14.♗xd6 Sc6 15.♗b5 ♗d7 16.♗xc6!

Dieser schnellste Gewinnweg führt zum Matt.

16...bxc6 17.♕e2+ 1-0

– 17...♔f7 18.♘g5+ ♔g8 19.♘e7+ ♔f8 20.♘c8+ ♔g8 21.♕c4+ ♗e6 22.♕xe6#

– 17...♔d8 18.♗c7+ ♔c8 19.♕a6#

– 17...♗e5 18.♕xe5+ ♔d8 19.♗e7+ ♔e8 20.♕xh8+ ♔f7 21.♘g5#

A04.04

37.g6!

So durchbricht Weiß die letzte Verteidigungslinie.

37...♖g7?

Der kritische Zug, der jedoch eine traumhafte Schlusskombination erlaubt. Es gab aber ohnehin keine Rettung mehr.

– 37...♖f8 38.g7 ♖g8 39.♖g5!! Diesen schönen Zug sollte man gesehen haben, bevor man sich zu 37.g6! entschließt. Schwarz ist machtlos gegen ♖g1 nebst ♗h7 – und 39...♕xg5 führt nach 40.♕xc7+ ♔a8 41.♗b5+– zum Matt.

– 37...♗d7 ist objektiv am besten, aber es ist kaum vorstellbar, dass Schwarz hier ernsthafte Rettungschancen hat. Nach beispielsweise 38.♕xd5 fxg6 39.♗e4 ♕c8 40.♖e7 ♖d8 41.♕f7 ♔b8 42.♕xg6+– hat er nicht nur einen Bauern weniger, sondern steht auch noch komplett hinten drin.

38.gxf7 ♗xf7

Es sieht so aus, als wäre erst einmal alles gedeckt – das stimmt aber nicht ganz, wie Caruana mit einem doppelten Figurenopfer unter Beweis stellt.

39.♖e7!

Lenkt die Dame...

39...♕xe7 40.♗a6!

...und den König ab; Schwarz kann das Matt nicht verhindern.

40...♔xa6 41.♕a8#

A04.05

22...d4!

Ein für diese Struktur typischer Durchbruch. Trotzdem mussten die Konsequenzen genau berechnet werden, da es auch in der Folge nur einen einzigen Gewinnweg gibt. Alles andere hingegen ist weniger klar.

Auch nach 22...♖ed8 steht Schwarz sehr gut, aber Weiß kann hoffen, dass seine Verteidigung hält.

23.exd4 ♗xf3

Schwarz gibt seinen schönen Läufer, reißt dafür aber die weiße Königsstellung auf.

24.gxf3 ♕g6+!

Der einzige klare Gewinnzug. Nach z.B. 24...♖cd8 25.♘e4!± kann der Springer den König verteidigen.

25.♔h1 ♕h5!

Wieder der einzige Zug! Diese Stellung sollte man gesehen und richtig eingeschätzt haben, bevor man sich zu einem Zug wie 22...d4! entschließt. Es stellt sich heraus, dass Weiß keine Möglichkeit hat, den Bauern auf f3 vernünftig zu decken.

25...♕f5? trifft auf 26.♕d3!±.

26.♖g1

Noch am besten.

– 26.♕d3? funktioniert hier gar nicht, denn nach 26...♗d6! klingelt es auf h2.

– 26.♕f4? ♗g5–+ ist genauso hoffnungslos für Weiß.

– Und auch nach 26.f4?! ♕f3+ 27.♔g1 ♗d6!–+ bricht Schwarz durch.

26...♕xf3+ 27.♖g2

Weiß hat die erste Welle abgewehrt, aber verbleibt mit einer fürchterlichen Struktur und einem geschwächten König. In der Folge spielt Lasker nicht immer die besten Züge, aber gewinnt diese Partie dennoch recht sicher. Der weiße König bereitet ständigen Anlass zur Sorge.

27...♗f6−+

27...♖cd8−+

28.d5 ♖cd8 29.♕d1 ♕f5 30.♕b3 g6 31.♖d1 ♖b8 32.♕a4 ♖ed8 33.♕e4 ♕h5 34.f3 ♖b4 35.♕e2 ♔g7 36.♖g4 ♖b7 37.d6 ♗d4 38.♖d2 ♖xd6 39.♘e4 ♖e6 40.♘g3 ♕xg4 41.fxg4 ♖xe2 42.♖xe2 ♖xb2 43.♖xb2 ♗xb2 44.♘f1 ♗c1 45.♔g2 ♔f6 46.♔f3 ♔e5 47.♔e2 ♗f4 48.♔d3 ♔d5 49.a4 a5 50.♘g3 ♗xg3 51.hxg3 f6 0−1

A04.06

25...♖g6?

Ein lehrreicher Fehler. Wahrscheinlich hoffte Fischer auf Ideen wie ♘g5 nebst ♘f3 oder ♕g5 mit Angriff. Mit dem nächsten weißen Zug wird er allerdings strategisch komplett lahmgelegt.

25...♘e5! ist der einzige Zug. Wahrscheinlich hat Weiß hier leichten Vorteil, aber Schwarz spielt noch mit.

26.f4!

Ein starker prophylaktischer Zug, der die wichtigen Felder e5 und g5 deckt und Schwarz quasi zwingt, diesen Bauern *en passant* zu schlagen. Danach erwacht aber der weiße Läufer auf b1 zum Leben und sorgt für die Entscheidung.

26...exf3

Es gab bereits keine sinnvolle Alternative mehr. Nach z.B. 26...♔h7 27.♕d2+− steht sowohl der Springer auf f7 als auch der Turm auf g6 ziemlich traurig.

27.♕xf3+−

Schwarz kommt einfach nicht rechtzeitig, um die weißen Drohungen abzuwehren.

27...♖f8

27...♘e5 28.♗xe5 ♕xe5 29.♕xf5!+−

28.♗xf5! ♘g5 29.♕h5!

Mit diesem Trick geht Weiß aus der Fesselung und steht nun glatt auf Gewinn.

29...♖xf5

29...♕xe3+ 30.♔h1+− ändert nicht viel, denn Schwarz hat kein Feld für seinen auf g6 gestrandeten Turm.

30.♕xg6 ♘xh3+ 31.♔h2 ♖g5 32.♖e4 ♕f8 33.♕e8 1−0

A04.07

10...♗d7?

Ein naheliegender, aber schlechter Zug. Der Läufer steht hier nicht gut und wird in der Folge den anderen schwarzen Figuren im Wege stehen. Der 'Tempogewinn' durch den Angriff auf den Bauern b5 lässt den Zug zwar logisch aussehen, aber langfristig steht der Läufer einfach schlecht. Es geht hier nicht darum, konkret so schnell wie möglich die Figuren zu entwickeln, sondern langfristig zu denken. Das hatte ich (L.E.) allerdings während der Partie nicht erkannt.

Der Aufbau mit 10...b6 ist viel harmonischer. Die nächsten Züge von Schwarz sind ♗b7 nebst ♘c8−d6 und er steht nicht schlechter.

11.a4 Sc8 12.0–0 ♘e7 13.c4 ♘g6 14.♗g3±

Spätestens jetzt wird klar, warum der Läufer d7 so schlecht steht. Er blockiert die halboffenen Linien und wird von den weißen Bauern stark eingeschränkt. In der Folge spielte ich weiterhin schlecht und verlor die Partie.

A04.08

15...♘xe5!

Leitet eine schöne Abwicklung ein.

Auch nach 15...♗xc4 16.♕xc4 c5 steht Schwarz besser, aber der Partiezug ist deutlich besser.

16.♕xd8

16.dxe5? verliert direkt. Nach 16...♕xd5 17.♗xd5 ♖xe5+ 18.♗e3 ♖xd5–+ steht der weiße König nach wie vor in der Mitte – und hinzu kommen noch zwei Minusbauern.

16...♘xc4+!

Ein wichtiger Zwischenzug.

Nach 16...♖axd8? 17.♗xa6+– gewinnt plötzlich 'der Falsche', denn es gibt keinen guten Abzug und Schwarz hat einfach eine Figur weniger.

17.♕xe8+

Weiß gewinnt eine Qualität, aber das kann seine Stellung nicht retten.

17...♖xe8+ 18.♔d1 ♘xd2!

Der letzte wichtige Zug! Natürlich möchte man so einen schönen Springer nicht tauschen, aber im Gegenzug wird der Turm mit Schach auf der zweiten Reihe eindringen und sich die weißen Bauern schnappen

19.♔xd2 ♖e2+ 20.♔c1 ♖xf2–+

Materiell ist die Lage ausgeglichen, aber die weißen Figuren stehen viel zu schlecht und können sich kaum bewegen. Entsprechend brachte Fischer die Partie locker nach Hause.

21.g3 ♗b7 22.♖e1 ♗e4!

Dieser Läufer ist hier klar besser als der weiße Turm.

23.♖e3 ♖xh2 24.a4 h5 25.♖a3 g5 26.♖b3 f6 27.a5 h4 28.gxh4 ♖xh4 29.♖a3 ♖h7 30.axb6 axb6 31.♖a7 ♖e7 32.d5 ♔f7 33.♔d2 f4 34.♖e1 f5 35.c4 g4 36.♖b7 g3 37.d6 cxd6 38.♖xb6 f3 0–1

A04.09

32.♕e1!

Und der Läufer auf d4 hat kein Feld. Es gibt plötzlich keine Verteidigung mehr gegen ♖dxd4!. Auch nach anderen Zügen steht Weiß sehr gut, aber jetzt ist die schwarze Stellung direkt verloren.

Auch nach 32.axb6 ♕xb6 33.♕e1 ♕d8! steht Weiß klar überlegen, aber es gibt noch keinen direkten Gewinnweg.

32...♔f8

Was sonst? Schwarz kann das Feld e7 nicht rechtzeitig ausreichend unter Kontrolle nehmen.

33.♖dxd4! exd4 34.axb6

Die Pointe! Die schwarze Dame wird entscheidend abgelenkt – ein weiterer Nachteil von 31...b6.

34...♕xb6 35.♖e7

Die weißen Figuren dringen ein und Schwarz hat keine Verteidigung gegen die vielfältigen Drohungen.

35...h5 36.♖h7 ♖c7 37.♖h8+ ♔g7 38.♕e8 ♖ff7 39.♖g8+ 1–0

A04.10

39...♕d5!

Der klarste (und schönste!) Gewinnweg. Es gab noch einen weiteren Gewinnzug, der allerdings deutlich komplizierter ist.

– Der schwer zu sehende Rückzug 39...♕c7!? gewinnt auch. Denn einerseits hängt der Turm und gleichzeitig wird ♗d5 vorbereitet, da das Feld e5 dann von der Dame gedeckt wäre und der Läufer wegen des Matts auf h2 gefesselt wäre; z.B. 40.♖b6 ♗d5 bzw. 40.♖b5 ♖cxg2 41.♖xg2 ♖xg2 42.♔xg2 ♕c6+.

– Hingegen scheitert 39...♗d5?? natürlich an 40.♕e5+, denn plötzlich ist es der Weiße, der auf Gewinn steht!

40.♗xd5

40.♗e4!? wäre ein unglaublicher Zug gewesen, der Schwarz vor eine praktisch unangenehme Aufgabe gestellt hätte. Schwarz gewinnt aber auch hier in mehreren Varianten.

– Den Zug 40...♖xh2+ hatte ich (L.E.) gesehen. Nach 41.♔xh2 ♕h5+ 42.♕h3 ♕e5+ 43.♖g3 ♕xb8–+ gewinnt Schwarz den Turm zurück und verbleibt bei überlegener Stellung mit zwei Mehrbauern.

– 40...♖c1!! ist der 'klarste' Gewinn laut Stockfish, aber wer berechnet Varianten wie 41.♕c3+! f6!! 42.♕c7+! ♗f7!!–+? – Selbst wenn man diese Variante sehen würde, würde man wohl kaum daran glauben, dass sie funktioniert!

40...♗xd5+ 41.♖g2 ♖cxg2!

Der beste und einfachste Gewinnweg.

41...♗xg2+?! gewinnt auch (41...♖gxg2?? 42.♕e5+ +–), aber die Varianten sind viel komplizierter.

42.♔g1 ♔h7!–+ Dieser unglaubliche Zug scheint der einzige Gewinnweg zu sein! Konkrete Versuche hingegen bringen nichts ein.

(42...♗d5+ 43.♔f1 ♗c4+ 44.♔e1 ♖e2+ 45.♕xe2 ♗xe2 46.♔xe2 ♖g2+ 47.♔f3 ♖xh2= und dieses bekannte Endspiel ist bei bester Verteidigung nur remis.)

43.♖f8 ♗d5+ 44.♔f1 ♗c4+ 45.♔e1 ♖gg2! 46.♖e8 ♖ge2+ 47.♕xe2 ♖xe2+ 48.♖xe2 ♗xe2 49.♔xe2 ♔g6–+ und nach dieser langen und komplizierten Variante erreicht Schwarz ein gewonnenes Bauernendspiel.

42.♕e5+

Weiß muss Schachs geben, denn gegen das Matt gibt es keine andere Verteidigung.

42...f6 43.♕e7+

43.♕xd5 ♖g1#

43...♔g6 44.♕e8+ ♗f7

Das war mein Plan bei 39...♕d5!, denn Weiß wird entscheidendes Material verlieren.

44...♔g5!–+ gewinnt objektiv noch schneller, aber es reicht ja völlig, den 'sicheren' Gewinn zu sehen.

45.♕e3 ♖g1+! 0–1

Nach ♗d5+ verliert Weiß die Dame.

A04.11

15.♘d5!

Dieses typische Opfer macht hier kurzen Prozess. Auch nach anderen Zügen steht Weiß klar besser, aber es wäre bei weitem nicht so klar wie jetzt.

15.f4± nebst f5 ist auch sehr gut für Weiß. So oder so ist für Schwarz ei niges schiefgelaufen. Aber wenn man direkt gewinnen kann, sollte man dies auch tun!

15...♖fe8

Kritisch ist die Annahme des Opfers: 15...exd5 16.♖xd5 b5

(16...♕b4 17.a3!+− fängt die Dame.)

17.♖h5! Es ist wichtig, mit diesem Zug anzufangen!

(Nach 17.♕h6? ♗c6!= kann Schwarz sich noch verteidigen.)

17...♗g4

(17...♗c6 geht jetzt nicht mehr, denn nach 18.♕g3+! ♔h8 19.♕h4!+− deckt die Dame e4 und greift h7 an; Schwarz wird bald matt gesetzt.)

Nach 18.♕g3+− gewinnt Weiß eine Figur zurück und verbleibt mit starkem Angriff, einem Mehrbauern und der besseren Figurenstellung.

16.♘xe7+ ♖xe7 17.♖xd6

Weiß hat nicht nur einen Bauern mehr, sondern wird aufgrund der Fesselung in der d-Linie weiteres Material gewinnen.

17...♖c8

Was sonst?

18.♕d4! ♗e8 19.♕xf6 1−0

A04.12

21...♘xd4!

Ein starker Zug, der aber nicht leicht zu sehen ist, da man instinktiv die Berechnungen abbricht, weil ja der Läufer auf b7 hängt. Aber überraschenderweise funktionieren die Varianten für Schwarz.

Auch 21...♗a6 ist etwas besser für Schwarz, aber natürlich nichts Besonderes.

22.♗xb7

22.♘xd4? ♖xe4−+

22...♖xe3 23.fxe3

− 23.♗xc8? funktioniert nicht, da in allen Varianten zu viele weißes Material hängt. Nach beispielsweise 23...♘xf3+ 24.gxf3 ♖d3!−+ hängen alle (!) weißen Figuren und entscheidendes Material geht verloren.

− Und nach 23.♘xd4? ♖xa3 24.♗xc8 ♗xd4−+ hat Schwarz nicht nur Material mehr, sondern wird in Kürze entweder den Turm oder den Bauern f2 nehmen.

23...♘xf3+ 24.♗xf3

− 24.♕xf3 ♗xa1 25.♗xc8 ♕xc8−+

− 24.gxf3? ♗xa1 25.♕xa1 ♖c2−+

24...♗xa1 25.♕xa1

Bis hierhin war alles relativ forciert. Der Sturm hat sich gelegt und es sieht so aus, als wäre Weiß mit zwei starken Läufern verblieben. Das ist zwar richtig, aber konkret kann Weiß seine Figuren nach dem nächsten schwarzen Zug nicht vernünftig koordinieren.

25...♕d3!

Der einzige Zug, der schon vor 21...♘xd4! berechnet werden musste. Weiß bekommt seine Figuren nicht entknotet und wird zumindest einen weiteren Bauern verlieren.

26.♗b2?!

Gibt den Bauern direkt her, denn auch die Alternativen waren alles andere als schön.

− 26.♕b2 ♖c2 27.♕b4 ♕xe3+ 28.♔h1 ♕h6+ 29.♔g1 ♖xa2−+

− Der sehr hässliche Zug 26.♗c1!? ist wahrscheinlich am zähsten. Weiß klebt am Bauern e3, kann sich aber kaum noch rühren.

Nach 26...♖c3! droht ♕c2 nebst ♖xe3, wenn der weiße Läufer zieht. Schwarz gewinnt nach z.B. 27.e4 f5!!

Sehr schwer zu sehen, aber entscheidend. Die Stellung wird weiter geöffnet und Weiß hat keine Verteidigung mehr.

28.exf5 ♕d4+ 29.♔h1 ♕h4+ 30.♔g1 ♕e1+ 31.♔h2 ♕xc1–+

26...♕xe3+ 27.♔h2 ♖c2–+

Die schwarze Initiative ist viel zu stark. Vor allem die weiße Dame macht einen traurigen Eindruck.

28.♔h3 ♕h6+ 29.♔g3 g5 30.♗g4 ♕h4+ 31.♔f3 ♕f2+ 0–1

A04.13

21...♘g3!

Der einzige Zug, der Schwarz im Spiel hält! Alles andere ist schon sehr schlecht, da auch noch der Bauer c7 hängt.

- 21...♕g6?? 22.♘e5+–
- Nach 21...♘e7? 22.♕xc7+– gewinnt Weiß einen Bauern und steht überlegen.
- 21...♘h6? 22.♕xc7+–
- 21...b4!? ist ein interessanter Versuch, der aber auch zu weißem Vorteil führt: 22.♕xc7 ♖fc8!? 23.♕xd6 ♖xc1+ 24.♔g2 ♘xd6 25.♖xc1±.

22.fxg3

Die Annahme des Opfers sollte direkt zum Remis führen.

22.♕xc7!? wäre wahrscheinlich der beste Gewinnversuch gewesen, doch dann gelangt der Springer auf das schöne Feld f4.

22...♘e2+ 23.♔g2

Der Springer f3 muss für den Moment gedeckt bleiben.

(23.♔f1? ♕f6! ist viel zu riskant. Schwarz steht bereits besser, da Weiß nicht gleichzeitig Turm und Springer retten kann, und auf ♔xe2 folgt ein sehr unangenehmes Schach auf der e-Linie.)

23...♘f4+ 24.♔f1 (24.♔g1 ♘e2+=) 24...♕xc7 25.♖xc7

Zwar hat Weiß auch hier einen Bauern gewonnen, aber der mächtige Springer f4 gibt Schwarz gutes Gegenspiel.

25...♖ac8!

Ein letzter wichtiger Trick. Der aktive weiße Turm wird abgetauscht.

26.♖xc8 (26.♖xd7?? ♖c1+ 27.♘e1 ♖e8–+) 26...♖xc8

Weiß steht immer noch leicht besser, aber ich (L.E.) denke, dass die schwarze Aktivität groß genug ist, um hier das Remis halten zu können.

22...♕xg3+ 23.♔f1 f5!

Schwarz darf keine Zeit verlieren!

24.g5

Natürlich muss die f-Linie geschlossen bleiben.

24...f4!

Der nächste wichtige Zug. Bis hierhin sollte man vor 21...♘g3! gerechnet haben. Es droht ♗xh3+ und die Partie wird bald mit Dauerschach enden.

25.d6+

25.♖g1!? ♗xh3+ 26.♔e2 ♗g2! birgt eher Verlustchancen für Weiß. Hier ist schon 27.♖cf1!= der einzige Zug, der den Ausgleich hält, aber all das ist praktisch natürlich völlig irrelevant.

25...♔h8 26.dxc7 ♖ae8

Sperrt den König ab und sichert sich das Dauerschach.

27.♗d5 ♗xh3+ 28.♖xh3 ♕xh3+ 29.♔f2 ½–½

A04.14

25...♘xe3+!

Öffnet die weiße Königsstellung.

25...♖xe3? gibt den Sieg aus der Hand: 26.♗xc4! (26.fxe3?? ♘xe3+ 27.♔g1 ♕g3#) 26...♖xh3

Schwarz würde direkt gewinnen, wenn Weiß nicht die Ausrede 27.♕xg6+!! hätte. Dieser schöne Zug (statt 27.♖g1? bxc4–+) rettet den Tag, denn es ergibt sich ein ausgeglichenes Endspiel: 27...fxg6 28.♖h5+! bxc4 29.♖xh4 ♖xh1+ 30.♖xh1=.

26.fxe3 ♖xe3

Der Läufer e2 hängt und alle schwarzen Figuren nehmen am Angriff teil. Es gibt keine Verteidigung mehr.

27.♖xd6!?

Dies stellt eine kleine Falle.

27.♖d2 ♖f3+! 28.♗xf3 ♖e1+ 29.♔g2 ♕g3#

27...cxd6

Nicht besonders schwer zu sehen. Trotzdem gab es die Chance, einen Schritt vor dem Sieg zu patzen.

27...♖xe2?? 28.♖xg6+!+– wäre eine kalte Dusche für mich gewesen, denn danach gewinnt Weiß.

28.♖h2 ♕g3 29.♖f2 ♕xh3+ 30.♔e1 ♕h4 0–1

Weiß hat keine Verteidigung gegen die Drohung ♖xe2+ mit Gewinn.

A04.15

19.♔h1!±

Ein verrückter, aber sehr guter Zug. Weiß verschmäht den Läufer und deckt lieber den wichtigen Schutzbauern auf h2. Psychologisch besteht die größte Hürde darin, diesen Zug überhaupt als Kandidat wahrzunehmen und nicht ‘auf Autopilot’ den Läufer zu nehmen, wie man es wahrscheinlich in einer Blitzpartie machen würde.

19.♔xf1? verliert zwar objektiv noch nicht, ist aber sehr riskant; z.B. 19...♖xh2! 20.♕f7.

(Nach 20.♘xc7? ♖xh7–+ droht sowohl ♔xc7 als auch ♖h1+ mit Turmgewinn.)

Nach 20...♕c4+! 21.♔g1 ♖h8 hat Schwarz riesigen Angriff. Es dürfte am Brett ein Ding der Unmöglichkeit sein, so eine Stellung gegen Tal zu verteidigen. Ganz konkret ist der Springer auf e7 unantastbar: 22.♕xe7?? ♕g4+ 23.♔f1 ♖h1#.

19...♕e5

Andere Damenzüge ändern nichts an der objektiven Bewertung der Stellung.

– 19...♕d6 20.♖xf1 ♕xe6= ist Zugumstellung zur Partie.

– 19...♕c4!? 20.♕xe7 ♖g1+! ist eine weitere Remisvariante, Schwarz muss Dauerschach geben.

(Nach 20...♖g8? 21.♘f4!± ist bei Weiß plötzlich wie durch ein Wunder alles gedeckt.)

21.♔xg1 ♕g4+ 22.♔xf1 ♕c4+ 23.♔e1 ♕e4+ 24.♔d1 ♕h1+ 25.♔e2 ♕e4+ =

20.♖xf1

Erst jetzt schlägt Fischer den Läufer. Diesmal steht der König sicher und bei Schwarz hängen zwei Figuren. Es gibt nichts Besseres, als hier das Dauerschach mitzunehmen.

20...♕xe6

20...♖g6 21.♕xe7 ♖xe6 hält die Partie noch am Laufen, aber nennenswerte Gewinnchancen hat Schwarz hier nicht; z.B. 22.♕f8+ ♔d7 23.♖b1.

21.♔xg2 ♕g4+ ½–½

A04.16

16.♖xf8+!

Danach fliegt die schwarze Stellung auseinander.

16...♕xf8 17.♕a4+! 1–0

Diesen Zwischenzug (statt 17.♕xe4?? ♕e7) musste man noch sehen, da alles andere überhaupt nicht klar wäre. Schwarz gab hier bereits auf, da er in allen Varianten entscheidendes Material verliert oder Matt gesetzt wird.

- 17...♔f7 18.♖f1+ +–

- 17...♔d8 18.♖d1+ ♔c8 19.♕c4+ ♔b8 20.♖d7+–

- Nach 17...b5 ist 18.♕xe4 nur eine von vielen Gewinnvarianten. Der Turm hängt und Schwarz schafft es nicht, seine Stellung zu konsolidieren; z.B. 18...♖d8 19.♕c6+ ♖d7 20.♗c5 ♕f5 21.♖e1 usw.

A04.17

14...♘b4!?

Ein sehr konkreter Zug, der dank eines kleinen Tricks wunderbar funktioniert.

14...♖ac8! wäre ebenso stark gewesen. Die schwarze Initiative ist brandgefährlich, aber am Brett halte ich 14...♘b4 für den menschlicheren Zug, da dieser direkt Material gewinnt. Doch auch hier sieht es schlecht für Weiß aus. Welchen Zug man macht, hängt letztlich vom Typ ab. Will man lieber Material gewinnen oder weiter auf Angriff spielen?

15.♘xb4

15.♕c4 ♕a5! 16.♘xb4 ♗xb4+ 17.♔f2 ♖ac8 sieht auch übel aus. Schwarz gewinnt mindestens seinen Bauern zurück und verbleibt mit einer starken Initiative.

15...♕xc1+ 16.♗xc1 ♗xb5

Das war die Idee. Schwarz hat eine Qualität gewonnen, aber Weiß hat noch einen Pfeil im Köcher, der vorher berechnet werden musste.

17.♘d5!

Ein sehr guter Versuch; der Springer greift mit Tempo den Läufer an, und nach wie vor hängt noch der andere Läufer auf b5. Hat Fischer sich verzockt?

17.♗xb5 wird mit 17...♗xb4+ gekontert.

17...♗h4+!

Nein! Mit Schach geht der Läufer aus der Reichweite des Springers und Schwarz verbleibt mit einer Mehrqualität. Alle anderen Züge hätten sogar glatt verloren; z.B. 17...♗xf1?? 18.♘xe7+ ♔h8 19.♖xf1+–.

18.g3 ♗xf1 19.♖xf1 ♗d8

Die Lage hat sich beruhigt und Schwarz hat Material gewonnen. Ganz klar ist die Stellung zwar noch nicht, aber letztendlich verwertete Fischer den Vorteil.

20.♗d2?!

20.g4!

20...♖c8

20...f5!–+

21.♗c3 f5! 22.e5 ♖c5 23.♘b4 ♗a5 24.a3 ♗xb4 25.axb4 ♖d5–+ 26.♔e2 ♔f7 27.h4 ♔e6 28.♔e3 ♖c8 29.♖g1 ♖c4 30.♖e1

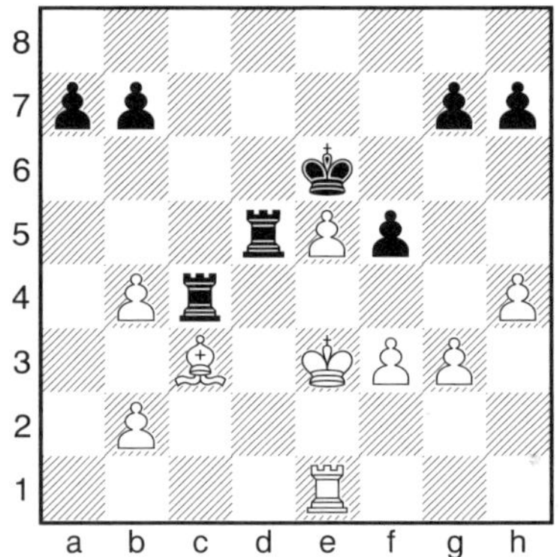

Wie bricht Schwarz den letzten Widerstand?

30...♖xc3+!

Der klarste Gewinnweg, denn das entstehende Bauernendspiel ist dank des entfernten Freibauern glatt gewonnen.

31.bxc3 ♖xe5+ 32.♔d2 ♖xe1 33.♔xe1 ♔d5 34.♔d2 ♔c4 35.h5 b6 36.♔c2 g5 37.h6 f4 38.g4 a5 39.bxa5 bxa5 40.♔b2 a4 41.♔a3 ♔xc3 42.♔xa4 ♔d4 43.♔b4 ♔e3 0–1

A04.18

21...♘xd5!

Zerstört das weiße Bauernzentrum. Alle schwarzen Figuren stehen perfekt, daher ist es auch nicht überraschend, dass 'etwas in der Luft liegt'. Insbesondere, weil der weiße König noch in der Mitte steht und nicht in Sicherheit rochieren kann.

22.♗c4!?

Ein interessanter Konter, der seinerseits eine taktische Idee verfolgt.

22.exd5 verliert relativ forciert: 22...♗b5! 23.♖d1 (23.♗e4 f5–+) 23...♕a6

(23...h6! ist objektiv am besten, aber was ist das denn bitte für ein Zug??? – 24.♗xh6 ♕a6 25.♗xb5 ♕xb5 26.♖d2 ♗b6–+)

24.♗xb5 ♕xb5 25.♖d2 h6!

Neben anderen guten Zügen der objektiv stärkste Zug. Entweder Dame oder Läufer werden vom Feld e7 abgelenkt.

(25...♗b6?! 26.♗e7!±)

Nach 26.♗xh6 ♗b6–+ wird der König den Angriff nicht überleben; konkret droht ♖c1+.

22...h6!!

Ein Wahnsinnszug! Wieder wird die Koordination der weißen Figuren durch einen kleinen Bauernzug entscheidend durcheinandergewirbelt.

22...♘e3? 23.♗xf7+! war die weiße Idee. Plötzlich sind alle drei Ergebnisse möglich und Schwarz hat Glück, dass er nicht direkt matt gesetzt wird: 23...♔g7! (23...♔xf7? 24.♕xh7+ ♔e6 25.♕xg6+ ♔e5 26.f4#) 24.♗xe3 ♗xe3 25.♗xe8 ♖xe8 mit unklaren Verwicklungen.

23.♗xd5

– Nach 23.♗xh6 ♘e3!–+ verstellt der eigene Läufer der Dame die Sicht nach h7. Weiß verliert glatt, da die ♗xf7-Taktik nicht mehr funktioniert.

– 23.♕xh6 ♗f2+! 24.♔f1 ♖xc4–+

23...hxg5 24.♕xg5

Schwarz steht hier völlig auf Gewinn.

In der Folge spielt MVL zwar nicht immer die besten Züge, fährt aber den Punkt sehr sicher nach Hause.

24...♗f2+ 25.♔f1 ♗b5 26.♕d2 ♗e3 27.♕d1 ♕f6 28.♔e1 a4 29.♖b1 ♖c7 30.b3 a3 31.f4 ♖ec8 32.e5 ♕f5 33.♗c4 ♖d7 34.♗xb5 ♖xd1+ 35.♖xd1 ♕c2 36.e6 fxe6 37.♗d7 ♖c3 38.♗xe6+ ♔f8 0–1

A04.19

43.g5!

Dieser starke Zug nutzt die Fesselung des Springers aus und beseitigt einen wichtigen Schutzbauern des schwarzen Königs. Sowohl objektiv als auch praktisch ist das klar die richtige Entscheidung, da es am Brett immer unangenehm ist, mit offenem König zu spielen.

43...fxg5 44.♗xg5

Das Material ist zwar ausgeglichen, aber der schwarze König bietet von nun an ständigen Anlass zur Sorge und überall lauern taktische Gefahren...

44...♔f7?

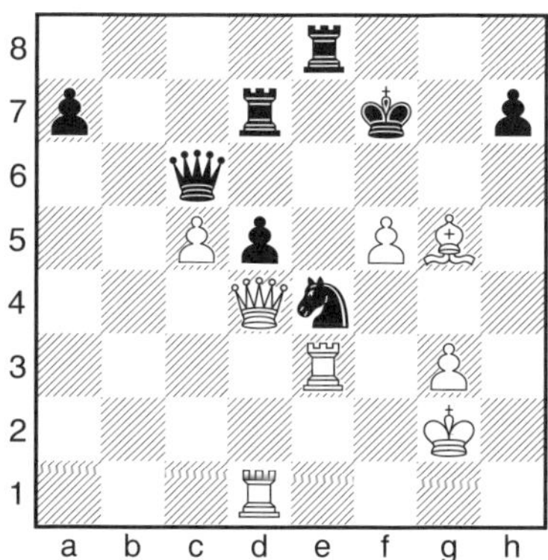

Ein logischer Zug, denn der König deckt den Turm und entfesselt damit den Springer. Doch hat er einen taktischen Haken. – Und zwar welchen?

44...♘xg5?? 45.♖xe8+ +–

44...a5!? ist praktisch vielleicht am besten. Schwarz braucht unbedingt Gegenspiel. Allerdings ist es hier auch sehr fraglich, ob er mit dem offenen König überleben kann.

45.♖xe4!

Weiß nutzt die Fesselung des Bauern d5 aus und dringt mit der Dame entscheidend in die geschwächte Stellung ein.

45...♖xe4

45...dxe4 46.♕xd7+ +–

46.♕h8

Nun gibt es keine Verteidigung mehr. Der König ist alleingelassen und dem Angriff hilflos ausgesetzt.

46...♕xc5 47.♕xh7+ ♔e8 48.♕g6+ ♖f7 49.♖c1!

Die entscheidende Verstärkung des Angriffs. Weiß gewinnt eine Qualität zurück und der schwarze König bleibt weiterhin hoffnungslos schwach.

49...♖c4 50.♕e6+ ♖e7 51.♕g8+ ♔d7 52.♗xe7 ♔xe7 53.♖f1

Das Material ist zwar ausgeglichen, aber der starke f-Bauer sowie der weiterhin ungeschützte schwarze König sind die entscheidenden Faktoren für das Urteil: Weiß gewinnt leicht.

53...♖c2+ 54.♔h3 ♕c4 55.f6+ ♔d7 56.♕f7+ ♔c6 57.♕e6+ ♔c7 58.♖f4 1–0

A04.20

30...♖a4!

Objektiv nicht am besten, aber praktisch definitiv die richtige Entscheidung. MVL steckt weiteres Material ins Geschäft, um den Angriff wiederzubeleben.

Nach 30...♖a3 31.♕e3± wird Weiß seine Stellung früher oder später konsolidieren, während es für Schwarz keinen klaren Weg gibt, zum weißen König durchzudringen.

31.♗xa4

Weiß muss sich den Turm schnappen, da auch noch ♖xd4+ drohte.

Nach 31.♔d3?! ♖a3! steht der König im Weg, so dass die Verteidigung ♕e3 nicht mehr funktioniert. Weiß muss bereits aufpassen, nicht zu verlieren.

31...♕xc3+

Und plötzlich muss Weiß wieder auf seinen König aufpassen, während Schwarz eh nichts zu verlieren hat.

32.♔d1?!

Schon der erste Fehler. Das zeigt, wie schwer diese Stellung mit Weiß zu spielen ist.

32.♔e2! ♕c4+ ergibt Zugumstellung zur Partie, lässt aber die Alternative im 32...Zug nicht zu.

32...♕c1+

32...♗xd4! hält sich alle Optionen offen. Das schwarze Gegenspiel reicht objektiv zum Remis, aber am Brett ist die praktische Aufgabe definitiv größer für Weiß; z.B. 33.♗c6 (33.♗c2 ♗f6∞) 33...♖b8! 34.♔e2 ♗f6.

33.♔e2 ♕c4+ 34.♕d3 ♕xa4

Nach wie vor steht Weiß sehr unkoordiniert und der König bleibt schwach. Daher verwundert es nicht, dass Leko in Zeitnot nicht den besten Zug findet.

35.♘c6?

Der sehr krumme Zug 35.♖h4!+− hält den Laden noch gerade eben zusammen. Trotzdem kann man hier mit Schwarz weiter praktische Probleme stellen, doch objektiv sollte Weiß bei bestem Spiel gewinnen. Eine Beispielvariante zeigt, was Weiß alles berechnet haben musste: 35...♖c4!? 36.♖xb2! ♗xd4 (36...♖xd4 37.♖b8+ +−) 37.♖d2! (37.♖b8+? ♔g7 unklar) 37...♕e8+ 38.♖e4+−.

35...♖e8+ 36.♔f2

Der König strebt nach g3, wo er einigermaßen sicher stehen würde. MVL hat aber ein Gegenmittel vorbereitet:

36...♕f4!!

Ein unglaublich starker Zug. Obwohl er einen ganzen Turm mehr hat, kann Weiß kaum etwas machen und sieht sich Drohungen wie ♗f6−h4 ausgesetzt. Der Rest der Partie gehört nicht mehr unbedingt zu unserem Thema, es war nur wichtig zu erkennen, dass Weiß nach 30...♖a4! deutlich größere praktische Probleme lösen muss als nach anderen Zügen. In der Folge gewann MVL diese Partie sogar noch in schönem Stil.

37.♖be1?

37.♖h3 ♕c1 (37...♗f6 38.♔g2±) 38.♖h1 ♕f4=; 37.♖bg1!?±

37...♖xe1 38.♖xe1 ♕h2+ 39.♔f1 ♕h1+ 40.♔f2 ♕h2+ 41.♔f1 ♗f6!−+

Die entscheidende Verstärkung des Angriffs. Weiß hat keine Verteidigung, da er sich auch noch um den Bauern b2 kümmern muss.

42.♖d1 ♗h4 43.♕d4 ♗g3! 44.♘b4 b1♕ 45.♖xb1 ♕h1+ 46.♔e2 ♕xb1 47.♘d3 ♕c2+ 48.♔f1 ♕d2 49.♕e4 ♗h4 50.f4 ♕d1+ 51.♔g2 ♕g4+ 52.♔f1 ♔f8 53.♕e3 ♕f5 54.♕f3 g5 55.♔e2 g4 56.♕g2 ♕g6 57.♕h1 ♗f6 58.♔e3 ♔g7

59.♕g2 ♗d8 60.♕b2+ ♔h7 61.♕h2+ ♔g8 62.♕b2 ♗a5 63.♕g2 ♗b6+ 64.♔e2 g3 65.♘e1 ♗a5 66.♘d3 ♔f8 67.♔e3 ♗b6+ 68.♔d2 ♕g4 69.♔c3 ♗e3 70.♔c2 ♗xf4 71.♘e1 ♗e5 0–1

A04.21

15...h6!!

Dieser unglaubliche Zug lässt Schwarz am Leben. Die weiße Dame musste unbedingt von ihrem Posten vertrieben werden, erst danach konnten die weißen Figuren eingesammelt werden.

Beide Figuren waren übrigens vergiftet.

– 15...fxe6? verliert glatt, denn nach 16.♘xe6 g6 17.♘d5!+– wird Schwarz überrollt und bald matt gesetzt.

– 15...♕xc3? scheitert an einer sehr schönen Variante. Besonders wichtig ist hier die Dame g5, die viel zu mächtig steht.

– Gerade deshalb war es unbedingt notwendig, 15...h6!! einzuschieben. Nach 16.♘f5! ♕xe5 17.♘h6+ ♔h8 18.♘xf7+! macht sich die schwache Grundreihe bemerkbar; z.B. 18...♖xf7 19.♕d8+ ♘f8 20.♕xf8+ ♖xf8 21.♖xf8#.

– 15...♘c6? lässt Weiß freie Hand am Königsflügel, und es gibt bereits mehrere Gewinnwege, z.B. diesen forcierten: 16.♖xf7 (16.♘f5+–) 16...♖xf7 17.♗xf7+ ♔xf7 18.e6+ ♔g8 19.♘xc6 bxc6 20.♕d8+ ♘f8 21.e7 ♗f5 22.♕xa8 ♕xe7 23.♕xc6+–.

16.♕h4?!

Mit einer sehr unangenehmen Entscheidung konfrontiert, findet Bilek nicht den gefährlichsten Angriffszug. Die Varianten zu berechnen war allerdings nicht einfach.

1) Nach 16.♗xf7+? ♖xf7 17.♕d8+ ♖f8 18.♖xf8+ ♕xf8!–+ deckt die Dame den Läufer und Schwarz gewinnt.

2) 16.♕h5! ist objektiv am besten. Da f7 hängt, bleibt Schwarz keine Zeit, die weißen Springer zu schlagen.

2A) Nach 16...♕xc3? 17.♖xf7! ♕xd4+ 18.♔h1 hat Schwarz beide Springer eingesammelt, ist jedoch hilflos dem folgenden Turmabzug ausgesetzt und wird mindestens die Dame verlieren; z.B. 18...♘xe5 (18...♔h8 19.♖bf1!+–) 19.♖d7+ ♔h8 20.♖xd4 ♗xe6 21.♕xe5 Sc6 22.♕xe6 ♘xd4 23.♕d7+–.

2B) Und 16...fxe6 17.♘xe6 ♕xc3 18.♘xf8 ♘xf8 19.♕f7+ ♔h7 20.♕xf8 führt zu einer sehr unklaren Stellung, in der alles Mögliche passieren kann.

3) Mit der völlig verrückten Engine-Variante 16.♕g3!? fxe6 17.♘xe6 ♖xf1+ 18.♔xf1! ♕e7 19.♘c7 ♘b6! 20.e6! ♗xe6 21.♘xa8 ♕f8+! 22.♕f2 ♘xa8 23.♕xf8+ ♔xf8 24.♖xb7= kann Weiß ebenfalls das Gleichgewicht halten. Aber natürlich ist es völlig unmöglich, das alles am Brett korrekt zu berechnen.

16...♕xc3!

Jetzt kann und sollte Schwarz den gefährlichen weißen Springer schlagen. Der weiße Angriff ist mit der Dame auf h4 statt g5 nicht mehr durchschlagend.

17.♖xf7! ♖xf7 18.♕d8+ ♘f8 19.♗xf7+ ♔xf7 20.♖f1+ ♔g6 21.♖xf8

Bis hier waren die letzten Züge relativ forciert. Schwarz hat eine Figur mehr, aber sein gesamter Damenflügel steht noch hinten drin.

21...♗d7?!

21...♕e1+! 22.♖f1 ♕xe5 23.♕xc8 ♕xd4+ 24.♔h1 ♕e4 mit leichtem schwarzen Vorteil ist die Empfehlung einer Engine, aber nach wie vor ist es völlig unklar, wie der Damenflügel entwickelt werden soll. Immerhin hat Schwarz jedoch den e-Bauern gewonnen und den weißen Springer abgetauscht.

22.♘f3 ♕e3+ 23.♔h1 ♕c1+ 24.♘g1 ♕xc2

Nach wie vor bleibt die Stellung völlig unklar, und es ist kein Wunder, dass Weiß im 27. Zug auf Zeit verlieren wird. Schließlich kann man mit begrenzter Zeit schlicht nicht alles berechnen. Die Engine beharrt natürlich auf '0.00', aber das ist praktisch gesehen natürlich völlig egal.

25.♖g8 ♕f2 26.♖f8 ♕xa2 27.♖f3

Vermutlich mit nur noch Sekunden auf der Uhr gespielt.

27...♔h7

Und Weiß verlor diese wahnsinnig spannende Partie auf Zeit. Um Züge wie 15...h6!! zu sehen, hilft in diesem Fall nur das Ausschlussverfahren weiter. Wenn man sieht, dass alle anderen Züge verlieren, dann muss man sich einfach dazu durchringen, den letzten möglichen Zug zu spielen, anstatt weiter Zeit zu investieren. Man kann eh nicht alles berechnen und es reicht, wenn man keinen direkten Verlust sieht und weiß, dass man sowieso keine Alternative hat.

A05.01

11...♘g6!!

Das zeigt eine typische Pragmatiker-Qualität. Fischer reduziert die Dynamik gegen den Aktivspieler Spasski. Das sollte auch für Reflektoren leicht lösbar sein.

11...exf4? 12.♗xf4 g5 13.e5 spielt Weiß in die Karten.

12.♘xg6 fxg6 13.fxe5 dxe5 14.♗e3?! b6 15.0-0 0-0 16.a4 a5!

Sehr stark. Die weißen Läufer sind wirkungslos und der Bauer a4 ist schwächer als der Bauer b6.

17.♖b1 ♗d7 18.♖b2 ♖b8 19.♖bf2 ♕e7 20.♗c2 g5 21.♗d2 ♕e8! 22.♗e1 ♕g6 23.♕d3 ♘h5! 24.♖xf8+ ♖xf8 25.♖xf8+ ♔xf8 26.♗d1 ♘f4 27.♕c2?

27.♕b1 ist zäher.

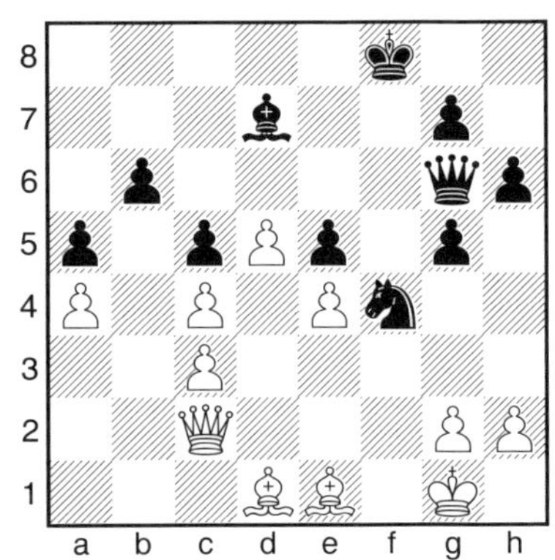

27...♗xa4!! 0-1

A05.02

37.♖c6!

Weiß nimmt den Bauern e6 aufs Korn, der unweigerlich fallen wird. Das ist eine typische Reflektor-Qualität. Es gibt viele Kandidaten für Weiß, aber nur dieser 'passt genau'.

- 37.♖xh7? kann mit 37...♗c5 38.♗e8 ♖xe3+ 39.♔g4 e5 40.f5 e4 41.♖h6+ ♔g7 42.♖e6 ♖e2 43.f6+ ♔h6 44.♔f5 ♗f8 beantwortet werden.
- Oder 37.♗e8? ♗e7= bzw. 37.♗c4?

♖c3 38.♖c6 ♗d6 mit jeweils guten Remischancen.

37...♖a7 38.♗c4 ♖e7 39.e4 ♗h6 40.e5+ 1–0

A05.03

39.♘f7+

So fängt Kasparow den Turm h5 ein.

Nach 39.♖xd5? b3 40.♖d7 (40.♘f7+?! ♔g8 41.♖xh5 ♖xe6=) 40...b2 41.♖b7 ♖a8 42.♖xb2 h6 sollte Schwarz sich halten können.

39...♔g8 40.♘f4 1–0

Solche Rechenaufgaben können Aktivspieler und Pragmatiker in der Regel sehr gut lösen.

A05.04

23...♕c6!

Ein solcher Konter entgeht Aktivspielern und Pragmatikern nur selten.

23...♖xd6? 24.exd6 ♕c8 wird mit 25.d7 pariert; z.B. 25...♕a6 26.a3 ♕a4 27.axb4 ♕d1+ =.

24.a3

24.♖xc6?! ♖d1# bzw. 24.♕xh6 ♕e4+ 25.♔a1 Sc2+ 26.♔b1 ♘a3+ 27.♔a1 ♕b1#

24...♖xd6 25.exd6 ♕xd6 26.axb4 cxb4 27.♕e4 b3 28.♘d4 ♖f4 29.♕a8+ ♗f8 0–1

A05.05

20.♘h6+!

20.f4? kann mit 20...♗xb2 21.e5 g6 abgewehrt werden.

20...♔h8 21.♕xe5

21.♘xf7+?? ♕xf7 22.♕xe5? ginge aufgrund von 22...♕xf2+ 23.♔h1 ♕f1+ nach hinten los.

21...♕xe5 22.♘xf7+ 1–0

Eine kleine Kombination typisch für den Reflektor Capablanca. Diese Kombination sollten allerdings alle 4 Spielertypen leicht finden.

A05.06

19.h4!

Starke und eher für einen Reflektor typische Prophylaxe vom Theoretiker Peter Heine Nielsen.

19...♗e6 20.♖d6 ♖ad8 21.♖xd8 ♘xd8 22.♘g5 ♗xb3 23.axb3 ♘f6?

23...♕h5 war zäher (Huzman in ‘CBM 109’).

24.♖d6 Sc6 25.♘d5 ♖d8 26.♖xd8+ ♘xd8 27.♘e7+ ♔f8 28.♘f5 ♕g6 29.♕d2 Sc6 30.♕d6+ ♔e8 31.♕c7 1–0

A05.07

78.♔c2!

Der Dominanz-Tanz muss so gestartet werden, damit Weiß König und Springer im Griff behalten kann. Eine typische Reflektor-Qualität. Allerdings sollte es auch für Aktivspieler und Pragmatiker berechenbar sein.

- 78.♔d3? a4! 79.♗xa4 (79.♗f7 a3 80.♔c2 ♘d2=) 79...♔e6 80.♗b5 ♔f5 81.♔c2 ♘a3+ 82.♔b2 ♘xc4+ 83.♗xc4 ♔xf4=
- 78.♔b2? ♘d2 79.♗f7 ♘f1 80.♔b3 ♘g3=

78...♘a3+ 79.♔d3!

Das sperrt den Springer in der Garage ein.

79...♔e6 80.♗g6!

Der schwarze König muss am Ausbruch gehindert werden.

80...♔f6 81.♗e4 a4 82.♔c3 ♔e6

82...♘xc4 83.♔xc4 ♔e6 84.f5+ ♔f6 85.♔c3 ♔e5 86.♗c2 ♔f6 87.♔b2+-

83.♗d3 ♔f6 84.♔d2!

Der König muss zuerst zum f-Bauern. Der in Gareevs Garage eingesperrte Springer kann erst später abgeholt werden.

84.♔b2? ♘xc4+ 85.♗xc4 ♔f5=

84...♔e7 85.♔e3 ♔d6 86.♔e4 ♔e6 87.f5+ ♔d6 88.♔f4 ♔d7

88...♘b5 89.cxb5 ♔d5 90.f6 a3 91.♗b1+-

89.♔e5 ♔e7 90.♔d5 ♔f6 91.♔xc5 ♔e5 92.♔b4

Endlich kann der Springer eingesammelt werden.

92...♘xc4 93.♔xc4 a3 94.♔b3 ♔d4 95.f6 ♔xd3 96.f7 1-0

A05.08

22...♖fc8!!

Eine sehr dynamische und für Pragmatiker typische Lösung, um Gegenspiel in der b-Linie zu bekommen.

Nach 22...b5? 23.♘c5 a5 24.♔d2 verfügt Weiß über die bessere Leichtfigur.

23.♔d2

- 23.♘xb6 ♖c6 24.♖xc6 ♗xc6 25.♘xc4 ♗d5!=

- Und 23.♖xb6? ♗c6! ginge sogar nach hinten los.

23...♗c6 24.♘c3 ♔f8 25.e4 ♔e7 26.e5 f5 27.♔e3 b5 28.d5 exd5 29.♖d1 b4 30.♘xd5+ ♗xd5 31.♖6xd5 ♖c7 32.♖c1 ♖b5 33.♔d4 ♖xd5+ 34.♔xd5 ♖d7+ 35.♔c5 ♖d2 36.♖xc4 ♖xb2 37.♖xb4 ♖xa2 38.g4 fxg4 39.fxg4 ♔e6 40.♔d4 ♖d2+ 41.♔e4 ♖e2+ 42.♔f4 ♖f2+ 43.♔g5 ♔xe5 44.♖a4 ♖f7 45.♖xa6 ♖b7 46.♖a8 ♔e6 47.♖a4 ♔e5 48.♔h6 ♖c7 49.♔g5 ♖b7 50.♖a1 ♔e6 51.♖f1 ♖b4 52.h5 gxh5 53.gxh5 ♖b5+ 54.♔h6 ♖b7 55.♖f6+ ½-½

A05.09

54.♘cb5!

Ein Aktivspielerzug von Aronjan. Wegen der Störung der schwarzen Koordination sollte er auch für Reflektoren gut zu finden sein. Pragmatiker brauchen dafür allerdings wohl eine passende Reihenfolge von Kandidaten bei ihrer Berechnung.

Die folgenden drei Alternativen geben Schwarz Remischancen.

- 54.♘db5? ♗xb5 55.♘xb5 ♘b4 56.♘d4 Sc6=
- 54.e4? ♘b4 55.e5 ♗c8
- 54.f5? ♘e5 55.♖f4 ♘g4

54...♘b4

54...♗xb5 55.axb5 ♘b2 56.f5 a4 57.fxg6 fxg6 58.bxa4 ♘xa4 59.♖f6+-

55.f5 Sc6 56.fxg6 fxg6 57.♖f6 ♗xb5 58.♘xb5 ♘e5 59.♘d4 ♔d7 60.♖xb6 ♖c8 61.♖b5 ♔d6 62.♖xa5 ♖f8 63.♖a6+ ♔d7 64.♖f6 ♖xf6 65.gxf6 ♔e8 66.a5 ♔f7 67.a6 ♘d7 68.a7 ♘b6 69.♔c3 ♔xf6 70.♔b4 1-0

A05.10

19...♗h6!

Sehr aggressiv und typische für bestimmte Theoretiker, die gut mit dem Läuferpaar umgehen können. Sollte allerdings auch für Aktivspieler gut zu finden sein.

20.fxe6 fxe6 21.♖xf6 ♖cf8! 22.♖xf8 ♗xf8!

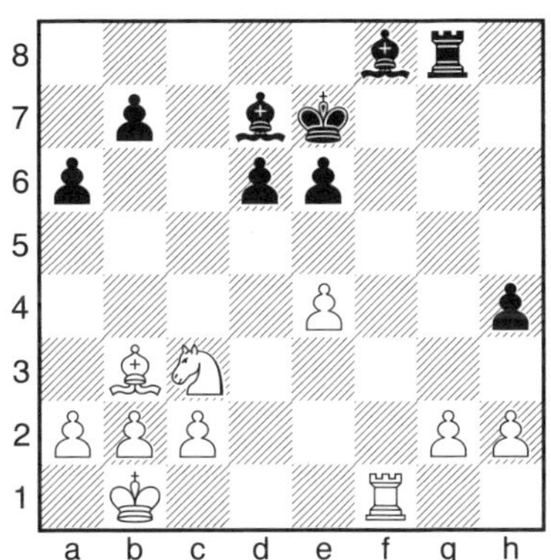

Schwarz will ein Turmpaar tauschen, um dem weißen Gegenspiel den Zahn zu ziehen. Botwinnik hat nun dank seiner überlegenen Läufer mehr als genug Kompensation für den Bauern.

23.♖f2 ♗h6 24.♗c4 ♗e3 25.♖e2 ♗g1 26.g3 hxg3 27.hxg3 ♖xg3 28.a3 ♗e8 29.♔a2 ♗h5 30.♖e1 ♗d4 31.♖h1 ♖g5 32.♔b3 ♗e5 33.♗d3 ♗g6 34.♖h4 ♖g3 35.a4 ♗f6 36.♖h1 ♖g4 37.♖e1 ♗e5 38.♘d1 ♖f4 39.♘c3 ♖f3 40.♘b1 ♗g3 41.♖g1 ♗xe4 42.♘d2 ♗d5+ 43.♔a3 ♖f2 44.♘e4 ♗h2 45.♖g6 ♗xe4 46.♗xe4 d5 47.♗d3 ♗e5 48.♖g8 ♔d7 49.b4 ♗f6 50.♖g1 ♖h2 51.♔b3 ♔d6 52.♖d1 ♔e7 53.c4 ♖b2+ 54.♔a3 dxc4 55.♗xc4 ♖c2 56.♗b3 ♗b2+ 57.♔a2 ♖f2 58.♗c4 a5 59.bxa5 ♗c3+ 60.♔b3 ♗xa5 61.♗b5 b6 62.♔c4 ♔f6 63.♔d4 ♖f4+ 64.♔e3 ♔e5 65.♖h1 ♖e4+ 66.♔d3 ♖g4 67.♖h5+ ♔d6 68.♖h8 ♔e5 69.♖h5+ ♔f4 70.♖h3 ♖g8 71.♖h4+ ♔e5 72.♖h5+ ♔d6 73.♖h4 ♖g3+ 74.♔e4 ♗d2 75.♗d3? 75.♔d4 war angesagt.

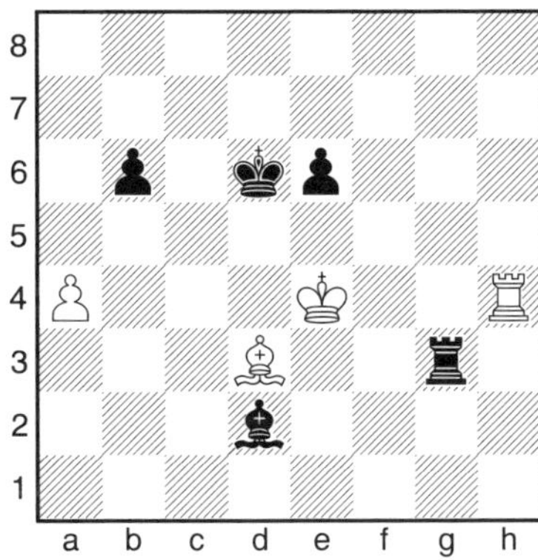

75...♗g5?

75...♔c5! zog das Netz zu.

76.♖h5?

76.♖h1 war weit zäher.

76...♔c5 0–1

A05.11

36...♕e7!

Die entstehende sichere schwarzfeldrige Blockade sichert nur Schwarz Chancen, auf Gewinn zu spielen. Diese gute Verteidigung sollte für Reflektoren und Pragmatiker leicht zu finden sein.

37.♕e6?

37.♕xe7+ ♔xe7 38.♖xa4 ♖d6 39.g3 ♖g8 40.♔g2 ♖xh6 41.♗e2 war das geringere Übel.

37...♖d6?!

37...♕xe6! 38.fxe6 ♗d7! 39.exd7+ ♔xd7 war genauer. Nun ist es sehr fraglich, ob Weiß dem schwarzen Druck auf Dauer standhalten kann.

38.♕g8+ ♕f8 39.♕g3?

Das sollte nach hinten losgehen.

Weiß musste mit 39.♕xf8+ ♔xf8 40.♖xa4 die Notbremse ziehen. Danach steht Schwarz besser, aber die weiße Burg ist nicht leicht zu stürmen.

39...♕xh6?

Das kaltblütige 39...♗d7 war stärker; z.B. 40.♕xe5+ ♔d8 41.♕g3 ♖xh6 42.♖f2 ♗e8 43.e5 ♖h5-+.

40.♖xa4?

40.♕g8+ ♕f8 41.♕xf8+ war erneut angesagt.

40...♕c1+ 41.♔f2

41.♔h2 ♖h6+ -+

41...♕xb2+ 42.♔f3 ♔f7 0-1

A05.12

35...♔c6!!

Der König vervollständigt die Verteidigung höchstpersönlich und ganz im Stil eines Steinitz-Königs. Diese gute Verteidigung sollte für Reflektoren und Pragmatiker zu finden sein. Allerdings nicht einfach.

36.♖ba3?

Kasparow kann vermutlich seinen Augen nicht trauen und will mit dem Kopf durch die Wand.

Nach 36.♗xc7! ist folgende Variante mehr oder weniger forciert: 36...bxc4 37.♖b7 ♖xc7 38.♖xa6+ ♖xa6 39.♕b5+ ♔d6 40.♕xa6+ ♔e7 41.♗xd5 ♖xb7 42.♗xb7 ♕b8 43.♔f2 ♕c7=.

36...bxc4 37.♖xa6+ ♖xa6 38.♖xa6+ ♗b6

38...♘7b6 schlägt den Angriff ebenfalls ab.

39.♗c5

39.♕b4 ♔b7 40.♖a1 c3 41.♕b3 c2 42.♖c1 ♖c6-+

39...♕d8! 40.♕a1

40.♗a3 ♔b7-+

40...♘xc5 41.dxc5 ♔xc5 42.♖a4 0-1

A05.13

31.♕a1!

Ein typischer Reflektorenzug, der aktive Prophylaxe betreibt und nach dem die schwarze Koordination in Unordnung geraten wird. Die anderen Spielertypen können ihn auch finden, wenn Sie lange genug danach suchen.

31.♗xb5? ♖xb5 32.♖bxb5 ♗xb5 33.♖xb5 ♕xa6=

31...g5?!

31...c4!? ist zäher, aber Weiß hat danach die Trümpfe in der Hand; z.B. 32.♕g1 ♖a8 33.♗d4 ♗c6 34.♖a1 ♔h8 35.♕e3 h6 36.♖bb1 ♔h7 37.♔h2 ♗f8 38.g4 mit starker Initiative.

32.♗xb5 ♖xb5?! 33.♖axb5 ♗xb5 34.♖xb5?!

34.♕a5!+- ist sogar noch stärker.

34...gxf4 35.♕a5 ♕xe5 36.♖b7 ♖xb7 37.axb7 f3 38.gxf3 ♗d6 39.♔g2 ♕h2+ 40.♔f1 ♕xh3+ 41.♔e2 ♕h2 42.♕xa7 ♔f6 43.♕a8 1-0

A05.14

36.♕b4 ♘c5 37.♗h7!

Solch genaue Berechnung ist typisch für Pragmatiker.

37...♖gc8

37...♖g7 38.♖a5+-

38.♖a5 ♘a6 39.♕d6 ♔a8 40.♖b6 ♖c6 41.♖axa6 bxa6 42.♖xc6 ♖b8 43.c3 1–0

A05.15

24.♗c4!

Eine typische Akitvspieler-Kombination.

24...♘xf3

24...♕xc4?! 25.♗h6+-

25.♕xc3 ♘e5 26.♖xd6 1–0

A05.16

31...♘f4!

Eine kleine Kombination, die für alle Spielertypen zu finden sein sollte.

32.♖xd8

32.♗xe6 ♘e2+ 33.♔f1 ♘xc1-+

32...♖xc4 33.♗xf4 ♔xd8 34.exf5 ♗xf5 35.♗e3 c2 36.g4 ♗e4 37.♗b6+ ♔d7 38.♗xa5 ♖d4 0–1

Spielertypen in den aktuellen Top 10

Natürlich stellt sich die Frage, wie die Spielertypen unter den Schachspielern verteilt sind. Was deren Gesamtheit anbetrifft, können wir keine verlässliche Antwort geben, sondern müssen uns auf Spekulationen beschränken. So ist zu vermuten, dass Aktivspieler und Pragmatiker am häufigsten sind, wobei viele Pragmatiker in der Jugend Aktivspieler waren. Theoretiker sind selten und Reflektoren am seltensten. Allerdings sollten Theoretiker am häufigsten unter Schachtrainern und -autoren anzutreffen sein. Aber das sind, wie unbedingt betont werden muss, letztlich reine Vermutungen. Etwas verlässlicher wird die Sache jedoch, wenn man einen repräsentativen Querschnitt unter die Lupe nimmt - wie beispielsweise die Top 10 der Schachwelt. Ein solches Herangehen führt aktuell (auf Basis der Eloliste vom 1.April 2020) zu folgendem Bild.

1	Carlsen, Magnus	NOR	2863	1990	Reflektor
2	Caruana, Fabiano	USA	2835	1992	Pragmatiker
3	Ding, Liren	CHN	2791	1992	Pragmatiker
4	Njepomnjaschi, Jan	RUS	2784	1990	Pragmatiker
5	Vachier-Lagrave, Maxime	FRA	2778	1990	Pragmatiker
6	Grischuk, Alexander	RUS	2777	1983	Aktivspieler
7	Aronjan, Levon	ARM	2773	1982	Aktivspieler
8	So, Wesley	USA	2770	1993	Pragmatiker
9	Radjabov, Teimour	AZE	2765	1987	Aktivspieler
10	Giri, Anish	NED	2764	1994	Theoretiker

Zum Vergleich noch die Liste vom 1.Juli 2005, also dem Zeitpunkt, an dem Lars Bo Hansen sein Buch 'Foundations of Chess Strategy' verfasst hat.

1	Kasparow, Garri	RUS	2812	1963	Aktivspieler/Pragmatiker
2	Anand, Viswanathan	IND	2788	1969	Aktivspieler
3	Topalow, Wesselin	BUL	2788	1975	Aktivspieler
4	Leko, Peter	HUN	2763	1979	Theoretiker
5	Ivantschuk, Vassily	UKR	2752	1969	Aktivspieler
6	Kramnik, Wladimir	RUS	2744	1975	Theoretiker
7	Svidler, Peter	RUS	2738	1976	Pragmatiker
8	Polgar, Judit	HUN	2735	1976	Aktivspielerin
9	Bacrot, Etienne	FRA	2729	1983	Aktivspieler/Pragmatiker
10	Aronjan, Levon	ARM	2724	1982	Aktivspieler

Diese Listen lassen gewisse Schlüsse zu.

1. Eine Begründung für die Überlegenheit von Magnus Carlsen besteht darin, dass unter seinen Konkurrenten kein einziger Reflektor vertreten ist. Und wie bereits an anderer Stelle näher ausgeführt, ist es so gut wie unmöglich, dessen spezielle Qualitäten zu erlernen bzw. nachzuahmen. Denn wie sollte man so etwas wie ein 'absolutes Gehör' für die Harmonie und Koordination der Figuren erlernen? – Andererseits ist Magnus Carlsen natürlich durchaus in der Lage, die Qualitäten eines Aktivspielers oder Theoretikers 'nachzuahmen' bzw. sich ihrer zu bedienen. Hinzu kommt noch der rein praktische Vorteil, dass seine Gegner mit diesem seltenen Spielertyp weniger Erfahrung haben als mit anderen und sich entsprechend weniger gut darauf einstellen können.

2. Während man Theoretiker unter den Top 10 eher selten antrifft, sind Reflektoren sogar eine krasse Ausnahmeerscheinung.

3. Da es jedoch andererseits immerhin 5 Reflektoren unter den 16 Weltmeistern gibt, führt dies zu folgender Vermutung: Wenn starke Reflektoren ein extrem hohes Niveau erreichen, haben sie gute Chancen, sogar Weltmeister zu werden. Und wenn sie dies schaffen, kann ihre Regentschaft sehr dominant werden und entsprechend lang andauern, wie beispielsweise die von Karpow und Carlsen.

4. L. B. Hansen hatte ja vorhergesagt, dass es mit der Zeit immer mehr Aktivspieler an der Spitze geben wird. Allerdings ist diese Vorhersage nicht eingetreten. Vielmehr gibt es mehr Pragmatiker, was vermutlich besonders auf den Einfluss der Computer und auf die Betonung der sportlichen Aspekte zurückzuführen ist.

Ein Blick auf die Modelle anderer Spieler und Autoren anhand gut einzuordnender Zitate

Mit der folgenden Darstellung können wir erklärtermaßen nur an der Oberfläche kratzen. Hier wäre sicher viel mehr möglich und vielleicht nimmt sich ja eines Tages ein *Theoretiker* dieser interessanten Aufgabe an.

Das auf der vereinfachenden Einteilung 'Taktiker und Strategen' basierende Modell, entspricht grob demjenigen der Spielertypen 'Aktivspieler und Pragmatiker' (auf Seiten der Taktiker) sowie 'Reflektoren und Theoretiker' (auf Seiten der Strategen).

Der renommierte Trainer und Großmeister Wladimir Tukmakow untersucht in seinem Buch 'Modern Chess Formula' allerlei Phänomene in der Schachwelt aus dem Blickwinkel, welche Änderungen durch die moderne Computer-Technologie hervorgerufen wurden. Viele seiner Thesen lassen sich aber auch gut aus dem Blickwinkel des vorliegenden 'Modells der 4 Spielertypen' erklären und interpretieren. Wir haben beispielhaft einige von Tukmakows diesbezüglichen Zitaten ausgewählt.

„Solche Vorgänge zeigen sich auch oft in den Partien des Kollegen von Maxime Vachier-Lagrave im Klub der Grünfeld- und Sizilianisch-Spieler - Jan Njepomnjaschi. In seinem Spielstil bekennt sich der Russe zu den gleichen Prinzipien wie sein hochrangiger französischer Kollege. Ein begrenztes aber hervorragend analysiertes und perfekt zu seinem Stil passendes Eröffnungs-Repertoire, das auf Dynamik und offene Stellungen abzielt, was ja die hauptsächliche Charakteristik dieses Ansatzes ausmacht. Beide spielen schnell, sind von ihren Stärken überzeugt und versuchen, immer wiederkehrende Probleme durch 'brute force'-Berechnungen zu lösen." (Seite 115)

Was Tukmakow hier beschreibt, ist typisch für Pragmatiker!

„Selbst solch hoffnungslose Raufbolde wie Hikaru Nakamura und Schakhriyar Mamedyarow spielen seit Kurzem deutlich vorsichtiger." (Seite 86)

Wie wir erwähnt haben, werden viele Aktivspieler im Laufe der Zeit pragmatischer und somit auch vorsichtiger.

„Carlsen ist gewissermaßen immer noch ein einzigartiges schwarzes Schaf in der modernen schachlichen Elite." (Seite 159)

Na klar - er ist ja auch der einzige Reflektor!

„Giri glaubt an die gleiche Eröffnungs-Philosophie wie Kramnik. In seiner Vorbereitung strebt er danach, selbst winzigste überraschende Details auszuschließen." (Seite 162)

Beide sind ja auch Theoretiker, die in ihren Systemen einfach *alles* verstehen wollen.

„Kasparows wirklicher Nachfolger war Anand. Die Zutaten zu seinem einzigartigen Cocktail waren im Wesentlichen die gleichen." (Seite 195)

Beispielsweise haben beide als Aktivspieler die Eröffnungstheorie in vielen zumeist recht scharfen Varianten vorangetrieben.

„Am anderen Ende des Spektrums befindet sich Magnus Carlsen. In gewissem Sinne ist er die Reinkarnation von Karpow. Wie sein Vorgänger ist Magnus überzeugt, dass er jeden beliebigen Gegner aus jeder beliebigen ausgeglichenen Stellung heraus überspielen kann. Daher besteht Carlsens Ziel darin, die Eröffnungsphase so schnell wie möglich zu überspringen und auf eigenständiges Spiel zu setzen."(S.196)

Als Reflektor hat Carlsen ja auch Fähigkeiten, welche die anderen nicht haben, und ist daher nicht unbedingt auf Eröffnungsvorteil angewiesen.

„Anders als der Amerikaner Fabiano Caruana zieht Anish Giri es jedoch vor, selbst die kleinsten Risiken zu vermeiden, und zwar selbst dann, wenn die Maschine nichts gegen diese einzuwenden hat. Er strebt nach absolut steriler schachlicher Reinheit und wegen dieses Ansatzes wird ein Remis zum wahrscheinlichsten Ergebnis." (Seite 196)

Das ist der Grund für die vielen Remisen von Theoretikern wie Ulf Andersson, Peter Leko und eben auch Anish Giri.

„Es ist schwierig, den Spielstil eines WM-Kandidaten zu beschreiben. Zumindest ist es mir lange Zeit nicht gelungen. Es ist bekannt, dass Fabiano im Laufe seiner Karriere oft den Trainer gewechselt hat und dass die meisten davon die sogenannte 'sowjetische Schachschule' repräsentierten. Daher suchte ich nach einem seriösen strategischen Fundament seines Spiels, wie auch nach einem Algorithmus zur Suche nach dem besten Zug. Allerdings blieb meine Suche erfolglos. Das Geheimnis erschloss sich mir unerwartet ... sein Cheftrainer ist zu allen Zeiten der Analyse-Computer gewesen. ... Für Caruana gibt es im Grunde keinen ausgeprägten Stil und sein Spiel gleicht dem eines Computers." (Seite 260)

Das dürfte auch dazu geführt haben, dass heutzutage so viele Pragmatiker in den Top 10 der Weltrangliste vertreten sind. Und außerdem dürfte es klar sein, dass Tukmakow mit 'Computer' hier 'Alpha Beta Engines' wie 'Stockfish' - und nicht etwa 'Alpha Zero' meint.

„Die ganze Partie entwickelte sich nach Carlsens typischem Skript. Eine höchst unbeeindruckende Eröffnung, ein nicht gerade überzeugendes Mittelspiel und dann - eine für das ungeübte Auge kaum wahrnehmbare und allmähliche Stellungsumwandlung zu Gunsten von Weiß." (Seite 471)

Das hier beschriebene Phänomen ist durchaus typisch für einen Reflektor, nur dass wir bezüglich der 'nicht gerade überzeugenden Mittelspiele' doch widersprechen möchten. Denn auch in diesem Bereich bringt Magnus Carlsen viele sehr beeindruckende Beispiele hervor, und zwar besonders dann, wenn die gegebenen Charakteristika einer Stellung seinen Reflektor-Qualitäten entgegenkommen.

Weitere Zitate ...

... von Pragmatikern:

„1.e4 best by test.“ (Fischer)

„To get squares you got to give squares.“ (Fischer)

Spasski wird in dem Buch ‘Russians vs Fischer’ von Dimitri Plisetski und Sergei Woronkow in Bezug auf die Partie Spasski – Fischer (Olympiade Siegen 1970) in der Anmerkung zu 27...♖d4 wie folgt zitiert:

„Unglücklicherweise für Fischer ist die Stellung dergestalt, dass es extrem schwierig ist, Varianten zu berechnen. Fischer braucht jedoch Genauigkeit und Klarheit. Er pflegt einen außergewöhnlich ‘reinen’ Spielstil und fühlt sich unsicher in Stellungen, die sich nicht durch genaue Analyse erschließen lassen.“

Eine vortreffliche Beschreibung eines Pragmatikers!

... von Hyperaktivspielern:

„Es gibt korrekte Opfer und meine.“ (Tal)

„Zentralisiere und opfere!“ (Tal)

„Greift der Gegner eine deiner Figuren angreift, so greife zwei von seinen an.“ (Tal)

... von Theoretikern:

Nimzowitsch (in seinem Klassiker ‘Mein System’)

Zu dieser Partie bemerkt Amos Burn:

„An excellent game on the part of Herr Nimzowitsch, well illustrating his strategic skill.“

So schmeichelhaft dieses Lob für mich auch ist, so muss ich doch bemerken, dass es wahrscheinlich nicht allzu schwerfällt, gut zu manövrieren, wenn ein geschlossenes System hinter einem steht.“

Mauricio Flores Rios (in seinem Buch ‘Chess Structures’)

„Ich beabsichtige nicht, Regeln zu lehren, die für alle Stellungen angewendet werden können. Solche Regeln gibt es typischerweise nicht... Mein Ziel besteht darin, einen leicht verständlichen strategischen Leitfaden für die häufigsten Stellungsarten zu erstellen.“

Der Autor trifft dann eine Unterteilung von 28 Bauernstrukturen in Eröffnung und frühem Mittelspiel und untersucht diese im Detail. Ein für Theoretiker sehr typisches Vorgehen. In ihren Strukturen kennen sie sich sehr genau aus.

... von Reflektoren:

Sadler und Regan (in ihrem Buch ‘Zeitenwende im Schach’)

„Es hat den Anschein, als würde ‘AlphaZero’ dadurch so sicher gewinnen, dass er die Kräfte des Gegners maximal einschränkt und dann dessen stärkste Figur durch Abtausch eliminiert. Im Go hat diese Spielweise sehr lässig gewirkt. Im Schach gemahnt sie an die meisterhafte Strategie eines Karpow oder Carlsen!“

Natürlich ist ‘Alpha Zero’ äußerst universell und kann auch sehr gut rechnen, aber diese Beschreibung des Spielstils deutet doch auch auf die außergewöhnlichen Qualitäten eines Reflektors hin.

Quellenverzeichnis

Lars Bo Hansen, 'Foundations of Chess Strategy', GAMBIT 2005

Lars Bo Hansen, 'Secrets of Chess Endgame Strategy', GAMBIT 2006

ChessBase Magazin

ChessBase Nachrichten (www.chessbase.de)

CORR Database 2015/2018

'Dvoretski's Endgame Manual', 5.Auflage 2020

Flores Rios, Mauricio, 'Chess Structures', Quality Chess 2015

Mega Database 2020

Meyer, C.D. & Müller, K., 'The Magic of Chess Tactics', (in Buchform: Russell 2002; als ChessBase DVD 2009)

Meyer, C.D. & Müller, K., 'Magic of Chess Tactics 2', 2013 (ChessBase DVD)

Meyer, C.D. & Müller, K., 'Magische Schachendspiele', 2020 (ChessBase DVD)

Meyer, C.D. & Müller, K., 'The Magic of Chess Tactics 2 (Intuition, Imagination & Precision)', (in Buchform: Russell 2017)

Müller, K., 'Endgame Corner' (www.ChessCafe.com)

Nalimov Endgame Tablebases

NEW IN CHESS

Plisetsky, Dmitry & Voronkov, Sergei, 'Russians vs Fischer', Moscow Chess World 1994

Sadler & Regan, 'Zeitenwende im Schach', New in Chess 2019

Schachmagazin 64

www. schachbundesliga.de

Tukmakov, Vladimir, 'Modern Chess Formula', The powerful impact of engines, Thinkers Publishing 2020

Über die Autoren

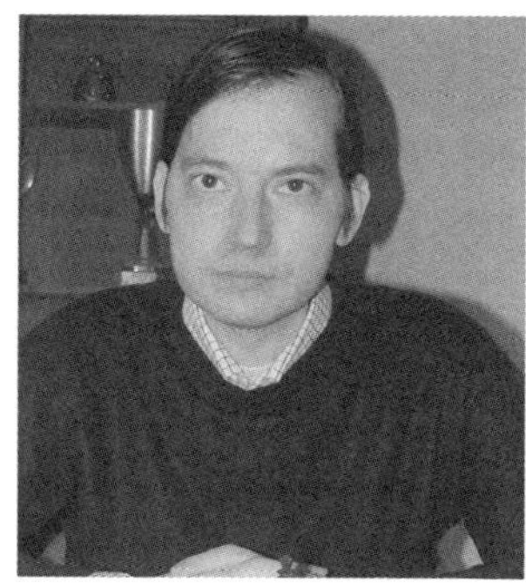

Dr. Karsten Müller wurde am 23. November 1970 in Hamburg geboren. Er studierte Mathematik und promovierte 2002. Von 1988 bis 2015 spielte er für den 'Hamburger SK' in der Bundesliga und 1998 errang er den Großmeister-Titel. Er gehört dem Typus der 'Aktivspieler an, ist als Autor und Trainer jedoch eher dem der 'Theoretiker' zuzuordnen.

Zusammen mit Frank Lamprecht ist er Autor der hochgeschätzten Werke *Secrets of Pawn Endings* (2000) und *Fundamental Chess Endings* (2001). Zusammen mit Martin Voigt schrieb er *Danish Dynamite* (2003), mit Wolfgang Pajeken *How to Play Chess Endgames* (2008), mit Raymund Stolze *Zaubern wie Schachweltmeister Michail Tal* sowie *Kämpfen und Siegen mit Hikaru Nakamura* (2012).

Aufmerksamkeit fand auch Müllers Buch *Bobby Fischer, The Career and Complete Games of the American World Chess Champion* (2009) sowie besonders auch seine exzellente Serie von ChessBase-Endspiel-DVDs *Schachendspiele 1-14*. Müllers beliebte Rubrik *Endgame Corner* erschien unter *www.ChessCafe.com* von Januar 2001 bis 2015, seine Rubrik *Endspiele* im *ChessBase Magazine* seit 2006.

Der vielbeschäftigte und weltweit anerkannte Endspiel-Experte wurde 2007 als 'Trainer des Jahres' vom Deutschen Schachbund ausgezeichnet. Im Joachim Beyer Verlag sind bereits 7 seiner Bücher erschienen: *Schachtaktik*, *Positionsspiel*, *Verteidigung* (zusammen mit Merijn van Delft), *Schachstrategie* (zusammen mit Alex Markgraf), *Italienisch mit c3 und d3* (zusammen mit Georgios Souleidis) sowie *Magie der Schachtaktik* und *Magische Endspiele* (zusammen mit C.D. Meyer).

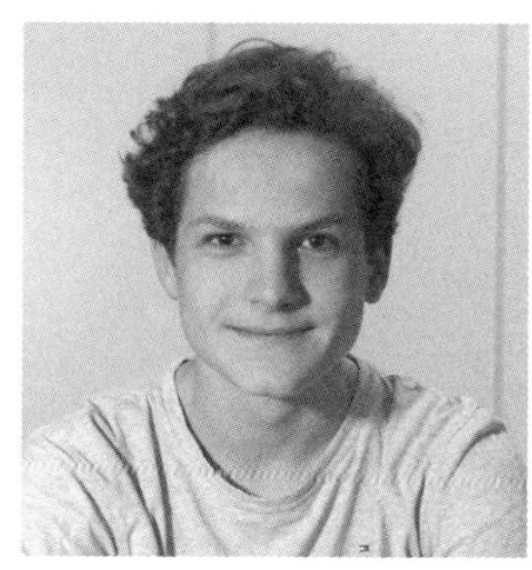

Luis Engel wurde am 14. Oktober 2002 in Hamburg geboren. Zusammen mit seinem Zwillingsbruder Robert trat er 2011 in den Hamburger SK ein und spielt für seinen Verein seit der Saison 2017/18 in der Bundesliga. Im Oktober 2019 erfüllte er seine 3. GM-Norm und ist aktuell nach Vincent Keymer der zweitjüngste Großmeister in Deutschland. Im Jahr 2020 gewann Luis die deutsche Meisterschaft der Herren. Außerdem ist er amtierender Deutscher Jugendmeister U18. Im Gegensatz zu Karsten Müller ist Luis Engel vom Spielertyp Pragmatiker.

Aktuell studiert er in Hamburg Jura.

Spielerverzeichnis

Spieler mit Weiß gegen ...

Spieler mit Schwarz gegen ...

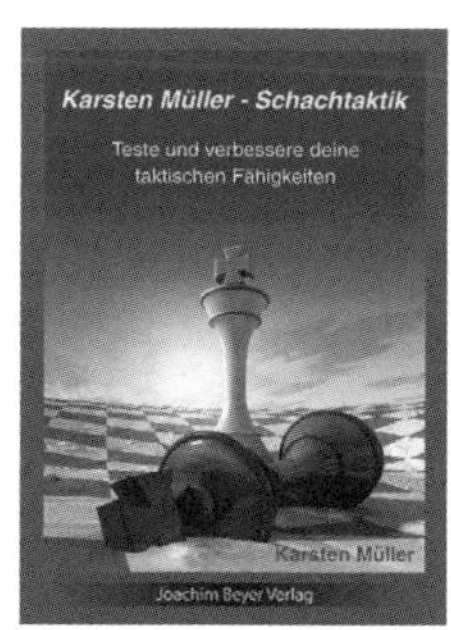

Karsten Müller

Karsten Müller – Schachtaktik

Teste und verbessere deine taktischen Fähigkeiten

268 Seiten, gebunden, Leseband

Unter den Übungs- und Testbüchern nimmt GM Karsten Müllers Schachtaktik einen hervorragenden Platz ein, wie man aus dem Erfolg der englischen Erstauflage ableiten darf. Das nun erstmals in deutscher Übersetzung erhältliche Werk versammelt insgesamt 565 Denksport- aufgaben aus dem Bereich der Taktik, wobei sämtliche Phasen der Schachpartie berücksichtigt werden. Der erste Teil des Buchs stellt alle erdenklichen Elemente und Motive der Schachtaktik in kurzer Form vor und verknüpft diese jeweils mit einer Reihe von lehrreichen Übungen, die sich vornehmlich an fortgeschrittene Anfänger richten. Der zweite Teil bietet Testaufgaben variierender Schwierigkeit, die den ambitionierten Vereinsspieler bis hin zum Meister ansprechen. Die Beispiele sind überwiegend der zeitgenössischen Turnierpraxis entnommen und befinden sich häufig auf großmeisterlichem Niveau. Kurze Hinweise (Lösungshilfen) zu den Tests werden in einem separaten Kapitel angeboten. Zwischen den beiden Hauptteilen des Buchs präsentiert der Autor außerdem eine kleine Auswahl der schönsten Kombinationen der Schachgeschichte sowie einige taktische „Perlen“ aus jüngeren Turnieren.

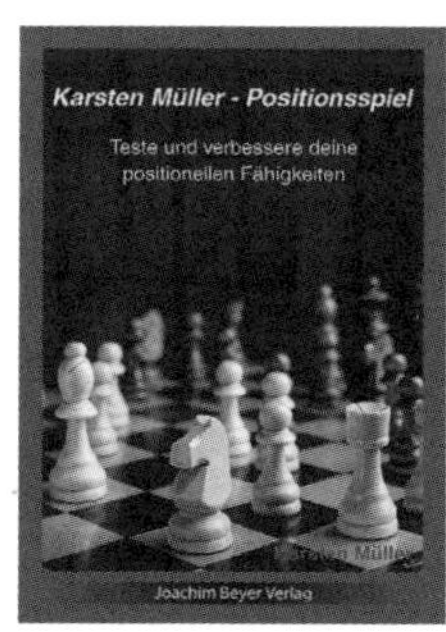

Karsten Müller

Karsten Müller – Positionsspiel

Teste und verbessere deine positionellen Fähigkeiten.

332 Seiten, gebunden, Leseband

Das Positionsspiel unterscheidet sich grundlegend vom Kombinationsspiel, das durch taktische Manöver einen schnellen Materialgewinn oder das Matt anvisiert. Das Positionsspiel zielt hingegen darauf ab, die Stellung allmählich zu verbessern, bis diese für einen entscheidenden Schlag reif ist. Bei dieser Schritt-für-Schritt-Strategie ist in der Regel keine präzise Berechnung oder abschließende Bewertung der Abspiele möglich. Zudem besteht oft eine Wahl zwischen verschiedenen gesunden Fortsetzungen, die dem Spieler eine schwierige Entscheidung abverlangt. Meist kann diese Entscheidung nur aufgrund eines tiefen Verständnisses des Stellungsspiels getroffen werden, zuweilen lediglich intuitiv aus einem Positionsgefühl, das erst durch eine mehrjährige Spielpraxis ausgebildet und erworben werden muss.

Das vorliegende Werk will die Fähigkeiten des Spielers im Stellungsspiel verbessern, den Positionsblick schärfen und helfen, ein Gefühl für die richtigen strategischen Entscheidungen zu entwickeln. Zu diesem Zweck präsentiert der Autor eine Vielzahl von sorgfältig ausgewählten, instruktiven Übungs- und Testaufgaben. Der Leser ist aufgefordert, sich mit diesen intensiv zu befassen und die Lösungen zu erarbeiten, die nachstehend im Buch angegeben werden (häufig weiter ausgeführt bis zum Partieende). Zahlreiche dem Positionsspiel zugehörigen Motive werden thematisiert: Schlechte Läufer, Domination, Unterminierung, Prophylaxe, Blockade, positionelle Qualitätsopfer, Farbkomplex-Schwächen, u.a.m.

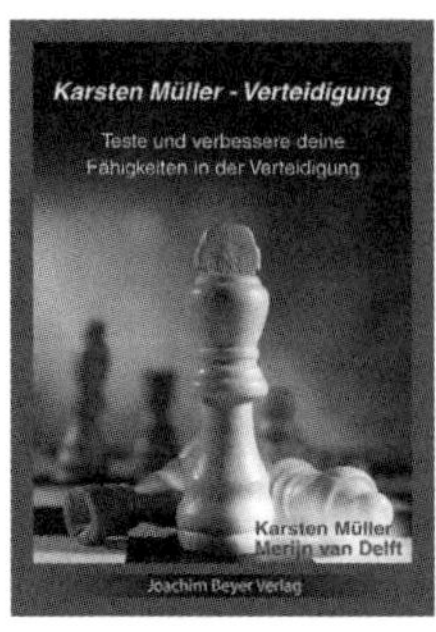

Karsten Müller / Merijn van Delft

Karsten Müller – Verteidigung

Teste und verbessere deine Fähigkeiten in der Verteidigung

260 Seiten, gebunden, Leseband

Die Autoren haben sich in diesem Buch der Verteidigung in besonderer Weise angenommen, indem sie den Leser nicht nur anhand instruktiver Beispiele in die einzelnen Themen einführen, sondern ihn gleichzeitig motivieren, als Löser von ausgewählten Übungen und Denksportauf- gaben an die „Grenzen seiner Komfortzone" zu gehen. Zu den behandelten Themen gehören: Prinzipien und Methoden des Verteidigers – Verteidigung gegen einen Königsangriff – Neutralisierung einer Initiative – Rettung des Remis – Passive oder aktive Verteidigung – die Entwicklung von Gegenspiel, aber auch sonst nur stiefmütterlich behandelte Fragen wie die der Verteidigung gegen den Minoritätsangriff. Einem der findigsten und zähesten Verteidiger unter den Weltmeistern, Tigran Petrosjan, ist ein eigenes Kapitel gewidmet, zudem ist die deutsche Ausgabe um ein neues Kapitel mit aktuellen Beispielen und Testaufgaben erweitert worden. Die Übungen richten sich an versierte Vereinsspieler, bei der ernsthaften Beschäftigung mit diesen „Herausforderungen" winkt als Lohn, die eigenen Fähigkeiten in der Verteidigung erheblich verbessert und gefestigt zu haben. Nur derjenige, der auch die Verteidigung beherrscht und bis zum Partieende nicht aus den Augen verliert, wird letztlich beim Kampf am Brett Erfolg haben!

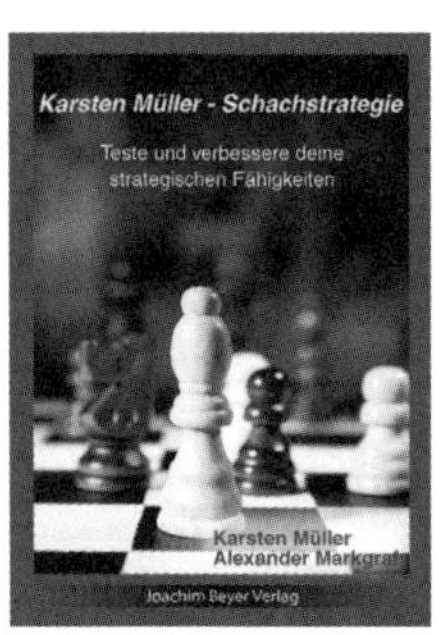

Karsten Müller / Alexander Markgraf

Karsten Müller – Schachstrategie

Teste und verbessere deine strategischen Fähigkeiten

284 Seiten, gebunden, Leseband

Im Schach strategisch spielen bedeutet, langfristige Ziele zu planen und diese möglichst auch innerhalb einer begrenzten Partiephase zu erreichen. Das strategische Spiel unterscheidet sich damit im Wesen vom Kombinationsspiel, das die Umsetzung kurzfristiger Zielsetzungen mit taktischen Mitteln betreibt. Es liegt in der Natur der Sache, dass eine Strategie in kleinen Schritten, die meist taktischer Natur sind, zum Erfolg geführt wird. Strategisches und taktisches Vorgehen sind daher eng miteinander verwoben und nicht scharf voneinander zu trennen. Bekanntlich gilt: Alle guten Züge haben einen strategischen Zweck, und überwiegend weisen sie zugleich taktische Elemente auf.

Dies ist der vierte und krönende Schlussband von Karsten Müllers Reihe zu Lehr- und Übungsbüchern, die sich dem Mittel- und Endspiel widmen. Thematisch nahe verwandt mit dem vorhergehenden Band „Positionsspiel", will dieses Werk weitere Schwerpunkte im Bereich der strategischen Spielführung setzen und wiederum den Leser anleiten, sich anhand zahlreicher Übungs- und Testaufgaben zu verbessern. Zu den Kernthemen gehören Prophylaxe, der richtige Abtausch, Domination, Verwertung eines Vorteils, u.a.. Fraglos richtet sich dieser Trainingskurs an fortgeschrittene Spieler, die bereits auf grundlegende strategische Kenntnisse zurückgreifen können.

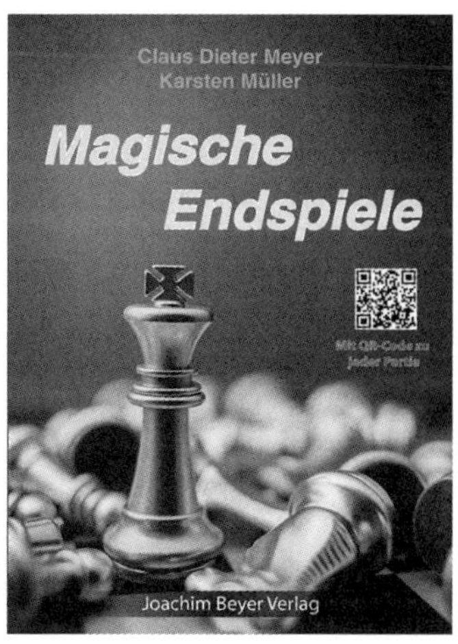

Claus Dieter Meyer / Karsten Müller

Magische Endspiele

180 Seiten, gebunden, Leseband

Mittels QR Codes bei jedem Diagramm können Sie die Stellung direkt auf Ihr Smartphone holen und diese analysieren oder nachspielen, je nach Bedarf. Das umständliche und fehlerbehaftete Eingeben per Hand entfällt und die analoge und digitale Welt gehen direkt ineinander über.

Dieses Buch ist das letzte Produkt der Zusammenarbeit zwischen dem renommierten Großmeister Dr. Karsten Müller und dem Bremer Schachtrainer und Analytiker FM Claus Dieter Meyer (1946–2020), dem es am Herzen gelegen hat, zum Abschluss noch ein Werk über Endspiele herauszubringen.

Im Mittelpunkt stehen solch „magische Themen" wie Matt, Patt und Zugzwang. Der Fokus liegt auf Beispielen, in denen „Magie" und lehrreiche Inhalte auf eine Weise verknüpft sind, dass auch viele Faustregeln veranschaulicht werden können und – was fast noch wichtiger ist – viele Ausnahmen von den Regeln.

Begleiten Sie den König von Luis Engel beim Marsch über das halbe Brett. Bewundern Sie die Eleganz eines Magnus Carlsen in einem Endspiel mit ungleichfarbigen Läufern. Bestaunen Sie den Blackout eines Siliziummonsters gegen einen Artgenossen.

C.D. Meyer hat sich in seiner unnachahmlichen Art auf die Suche nach diesen Beispielen begeben. Seit Beginn seiner Trainerlaufbahn trieb ihn die Lust am Entdecken von Pointen, die Freude am Erforschen tiefgründiger Zugfolgen und die Suche nach einem Hoffnungsschimmer in scheinbar aussichtsloser Lage an.

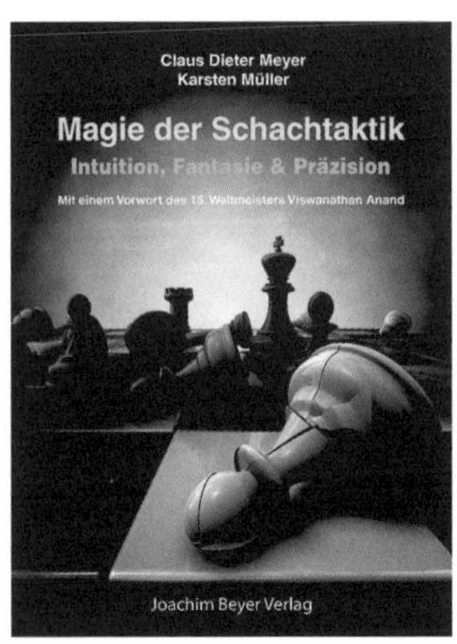

Claus Dieter Meyer / Karsten Müller

Magie der Schachtaktik

Intuition, Fantasie & Präzision

324 Seiten, gebunden, Leseband

Schach gilt als ein strategisches Spiel, das zu 99% aus Taktik besteht - so ein verbreitetes und wohl auch legitimes Zitat. Denn nahezu jeder Zug in einer Schachpartie ist mit taktischen Elementen oder Motiven verknüpft. Folgerichtig ist das ständige Trainieren der Taktik auf hohem Niveau unverzichtbar für ambitionierte Spieler, die sich im Turnierkampf behaupten und dort reüssieren wollen.

Das vorliegende Trainingswerk beabsichtigt keineswegs die Vermittlung fundamentalen Taktikwissens. Vielmehr richtet es sich an fortgeschrittene Spieler, die sich intensiv mit komplizierten und tiefgründigen taktischen Themen befassen wollen, um ihre Fähigkeiten auf diesem Gebiet zu optimieren. Die ausgewählten Beispiele und Übungen zu Angriffstechniken und Transformationen sind teilweise so komplex, dass zur Wahrheitsfindung langwierige und im Kampf am Brett nicht mehr kalkulierbare Analysen erforderlich sind. In solchen Fällen gewinnen die im Untertitel genannten Qualitäten ⇄Intuition, Fantasie & Präzision⊕ zunehmend an Bedeutung. Es ist das ausdrückliche Anliegen der Autoren, diese Fertigkeiten beim Leser zu entwickeln und so weit wie möglich zu vervollkommnen. Dieser Lernprozess wird angefacht durch die Freude an kreativen und brillanten taktischen Ideen.

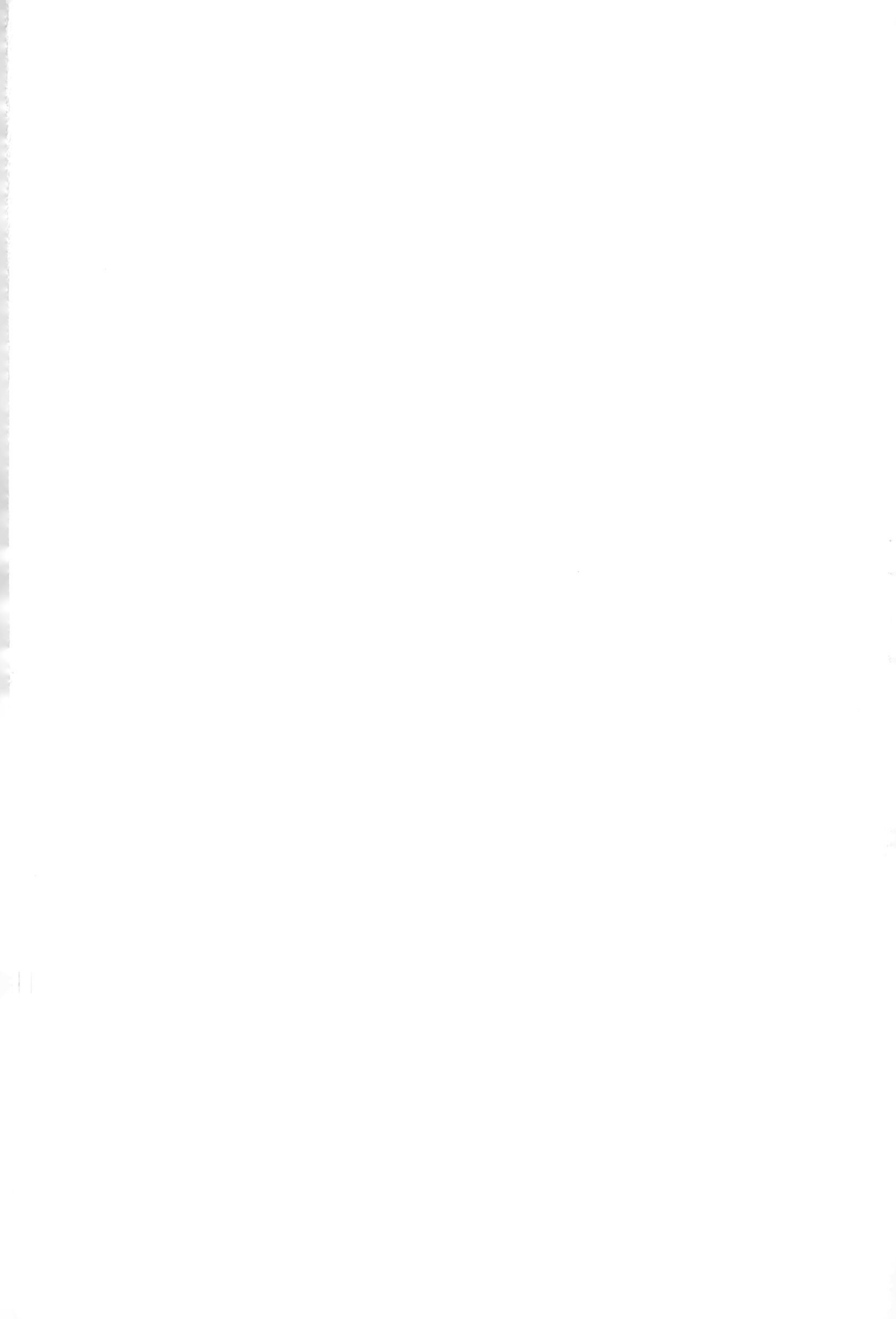